Eisted
GENEDLAETHOL CYMRU

MEIRION A'R CYFFINIAU
2009

CYFANSODDIADAU
a
BEIRNIADAETHAU

Golygydd:
J. ELWYN HUGHES

Cyhoeddir gan Lys yr Eisteddfod

ISBN 978 0 9553901 1 1

Argraffwyd gan Wasg Gomer,
Llandysul, Ceredigion SA44 4JL

CYNGOR YR EISTEDDFOD GENEDLAETHOL 2009

Cymrodyr
Aled Lloyd Davies
R. Alun Evans
Gwilym E. Humphreys
James Nicholas
Alwyn Roberts

SWYDDOGION Y LLYS

Llywydd
Dafydd Whitall

Is-Lywyddion
Dic yr Hendre (Archdderwydd)
Elfyn Llwyd (Cadeirydd Pwyllgor Gwaith 2009)
Richard Davies (Cadeirydd Pwyllgor Gwaith 2010)

Cadeirydd y Cyngor
Prydwen Elfed-Owens

Is-Gadeirydd y Cyngor
Garry Nicholas

Cyfreithwyr Mygedol
Philip George
Emyr Lewis

Trysorydd
Eric Davies

Cofiadur yr Orsedd
John Gwilym Jones

Ysgrifennydd
Geraint R. Jones, Gwern Eithin, Glan Beuno, Bontnewydd, Caernarfon, Gwynedd

Prif Weithredwr
Elfed Roberts, 40 Parc Tŷ Glas, Llanisien, Caerdydd, CF14 5DU (029 20763777)

Trefnydd
Hywel Wyn Edwards

Dirprwy Drefnydd
Alwyn M. Roberts

RHAGAIR

Mae'n bleser gennyf gyflwyno i'ch sylw gyfrol *Cyfansoddiadau a Beirniadaethau Eisteddfod Genedlaethol Meirion a'r Cyffiniau, 2009.*

Gosodwyd 51 o gystadlaethau eleni yn y gwahanol feysydd (Barddoniaeth, Rhyddiaith, Drama, Dysgwyr, Cerddoriaeth, Gwyddoniaeth, etc.) ac fe ddenwyd dros saith gant a hanner o gystadleuwyr, y nifer uchaf ers blynyddoedd. Tair cystadleuaeth a fethodd ddenu'r un ymgeisydd (o gymharu â phedair y llynedd a dwy yn 2007) ac fe ataliwyd y wobr bedair gwaith (o gymharu â saith yn 2008, un yn 2007 a naw yn 2006). Cynhwysa'r gyfrol 58 o feirniadaethau ac er nad oedd Mai 15 (y dyddiad cau ar gyfer derbyn beirniadaethau) nac yng nghalendr nac yng nghof ambell feirniad, dim ond dyrnaid bach iawn o feirniaid a achosodd drafferth eleni gan feiddio bod ychydig ddyddiau'n hwyr yn cyflwyno'u beirniadaethau.

Wrth edrych yn ôl i 1938, pan gyflwynwyd y gyfrol yn ei ffurf bresennol, fwy neu lai, am y tro cyntaf, mae'n ddiddorol sylwi sawl golygydd a fu wrth y gwaith dros y blynyddoedd a phwy oeddent. W. J. Gruffydd a G. J. Williams oedd yn golygu cyfrol 1938 ar y cyd ac R. T. Jenkins a Thomas Parry, eto ar y cyd, a olygodd gyfrolau '39, '40 a '41. Yna, rhwng hynny a diwedd yr ugeinfed ganrif, cafwyd nifer o wahanol olygyddion, gan gynnwys Geraint Bowen, Dewi Machreth Ellis, Gomer M. Roberts, T. H. Parry-Williams, J. T. Jones (Porthmadog), T. J. Morgan, Stephen J. Williams, ac eraill. Sefydlwyd patrwm yn ystod chwarter olaf y ganrif o gael Golygydd ar gyfer Eisteddfodau'r De bob yn ail â Golygydd gwahanol ar gyfer y Gogledd; bu J. Tysul Jones, T, M. Bassett, W. Rhys Nicholas, W. J. Jones a minnau yn rhan o'r cynllun hwnnw tan ddiwedd y ganrif. O'r flwyddyn 2001 ymlaen, fodd bynnag, un Golygydd sydd wedi bod yn gyfrifol am y gwaith bob blwyddyn yn ddi-dor. Fel mae'n digwydd, hon yw'r ail gyfrol ar bymtheg o *Gyfansoddiadau a Beirniadaethau* i mi ei golygu a pha ryfedd ei bod yn gynyddol anos cael geiriau gwahanol i ddweud yr un peth o flwyddyn i flwyddyn!

Ond mae angen crybwyll eto'r broblem flynyddol o safbwynt ymyrraeth y Golygydd â'r Cyfansoddiadau buddugol. Mae un neu ddwy o enghreifftiau lle bu'n rhaid i mi ymatal rhag golygu 'gormod' – teimlwn reidrwydd i gael gwared â rhai gwallau ond penderfynais adael sawl gwaith gwreiddiol fwy neu lai fel yr oedd ac fel y gwelsai beirniad yn dda i'w wobrwyo.

Elwais eleni eto, fel yn y gorffennol, ar gydweithrediad effeithlon arferol Hywel Wyn Edwards, Trefnydd yr Eisteddfod, a phwysais yn drwm ar drefn effeithiol a chymorth parod Lois Jones yn Swyddfa'r Eisteddfod yn yr Wyddgrug. Mae fy niolch yn ddiffuant iddynt eu dau yn ogystal ag i'r Dirprwy Drefnydd, Alwyn M. Roberts, am ei gymorth yntau.

Diolchaf i Dylan Jones, Cyhoeddiadau Nereus, Y Bala, am gysodi'r emyn-dôn fuddugol ac i Diana Davies, hefyd o'r Bala, am fwrw golwg ar y fersiwn sol-ffa. Bu cydweithio â Gari Lloyd, y cysodydd, eto'n orchwyl rhwydd a didrafferth ac adlewyrchir hynny yng ngwaith argraffu cymen a glân Gwasg Gomer.

J. Elwyn Hughes

CYNNWYS

(Nodir rhif y gystadleuaeth yn ôl y *Rhestr Testunau* ar ochr chwith y dudalen)

* * *

ADRAN LLENYDDIAETH

BARDDONIAETH

TESTUNAU A GWOBRAU ARBENNIG
LLYS YR EISTEDDFOD GENEDLAETHOL

ADRAN DRAMA A FFILM

Rhif. *Tud.*

ADRAN DYSGWYR

Cyfansoddi i Ddysgwyr

PARATOI DEUNYDD AR GYFER DYSGWYR
AGORED I DDYSGWYR A SIARADWYR CYMRAEG

Ieuenctid

Cystadleuaeth i ddisgyblion ysgolion uwchradd a cholegau trydyddol 16-19 oed

ADRAN DAWNS

ADRAN LLENYDDIAETH

BARDDONIAETH

Awdl/Cerdd mewn cynghanedd gyflawn heb fod dros 200 llinell: Cyffro

---

BEIRNIADAETH BRANWEN JARVIS

Rhoddwyd digon o ryddid i'r beirdd eleni. Mae'r testun, 'Cyffro', yn eang a phenagored ac, yn wir, cafwyd cryn amrywiaeth yn y math o bynciau a drafodwyd. Nid oedd rhaid i'r beirdd ychwaith gadw at fesurau traddodiadol yr awdl, a manteisiwyd ar y rhyddid hwnnw gan nifer ohonynt. Ond, ysywaeth, saith yn unig a gystadlodd. Gan fod y nifer mor fach, dywedaf air amdanynt bob un yn unigol, heb eu corlannu'n fras i ddosbarthiadau. Nid oes arwyddocâd i'r drefn.

Pwy?: Cerdd hir, ymdrechgar a gafwyd yma, gan un sydd, 'dybiwn i, yn dal i ymaflyd yn y grefft ond nad yw eto wedi llwyddo i gynhyrchu'r llyfnder hwnnw, o ran sain a rhediad, sy'n nodweddu'r beirdd gorau. Pan ddigwydd hynny, bydd yma fardd da oherwydd mae'n amlwg fod ganddo adnoddau cadarn o ran geirfa, gwybodaeth a deall. Ar hyn o bryd, fodd bynnag, mae'r canu, yn rhy aml, yn oreiriog ac aneglur ei ystyr, yn enwedig yn y darnau myfyriol hynny sy'n ceisio crynhoi ystyr ac arwyddocâd. Gwell yw'r darnau sy'n adrodd stori, yn sionc ac uniongyrchol. Dyma'r gwledda wedi'r hela, a'r 'twrch yn gelain';

> a'r sbri'n pylu, arafu mae'r afiaith;
> hoe yw'r arfer ar ôl bore hirfaith.
> Arlwyir, trwy law hywaith, fara gwyn
> osai ac enllyn, a chaws o Gynllaith.

Daw'r llinellau hyn ar y dechrau, a'r bardd yn agor ei gerdd â chyffro'r helfa, a'r gwledda wedyn: agoriad dramatig, sy'n atgoffa'r darllenydd o olygfa gychwynnol hanes Pwyll a Rhiannon yn y Pedair Cainc. Yn y Canol Oesoedd y gesyd *Pwy?* ei gerdd, ond nid disgrifio un digwyddiad na chyfnod cyfyngedig y mae, oherwydd wedi dechrau'n benodol fel hyn, mae'r gwaith yn ymledu i sôn am ymdrechion a brwydrau nifer o'r tywysogion. Cydnabyddir eu dewrder a'u harwriaeth, ochr-yn-ochr â'u methiannau a'u hanobaith. Rhyw 'gyffro' cyffredinol yw hwn felly, cyffro cyfnod stormus yn ein hanes. Ar ddiwedd y gerdd, ceir darn o gywydd tawelach ei naws. Gwaetha'r modd, nid yw ystyr y darn hwn yn gwbl eglur i mi, ac y mae'n enghreifftio prif wendid yr awdl hon: yr aneglurder a ddaw o geisio gwneud gormod.

Rufus: Cyffro serch a gawn gan *Rufus,* ond bod y cyffro'n digwydd ddwywaith – y tro cyntaf yn llawen ac yn ifanc obeithiol, a'r eildro hefyd yn llawen, ond y tro hwn yn waharddedig ac o'r herwydd yn betrus. Hanes dwy garwriaeth sydd yma, felly, ac fe adroddir yr hanes yn rhwydd a dymunol drwy gyfres o ddelweddau yn bennaf. I'r garwriaeth gyntaf y rhoddir y sylw mwyaf, gan i honno arwain at briodas. Ystrydebol braidd yw'r delweddau a ddefnyddir – cwm cyfrin yr atgofion, llif afon yn ddrych o ddyheadau'r ddau, heulwen a goleuni'n gwenu, a'r bont dros yr afon yn arwydd o'u huniad. Ond ystrydebol neu beidio, fe'u defnyddir yn ddeheuig ddigon, a cheir nifer o ddarnau swynol ac effeithiol:

> . . . daeth y dydd
> I weled gyda'n gilydd
> Fawredd y bont ryfeddol
> Roddai haf ar erwau'r ddôl.
> Un hud i'w thramwy ydoedd,
> Ein hardd Fendigeidfran oedd.

Daeth y blynyddoedd â'u diflastod, fodd bynnag. Canu 'hen diwn' y mae'r ddau, ac 'anodd fu'n hydref ninnau'. Ond daeth Siwan i fyd y bardd, ac fe'i gwelir fel Morfudd Dafydd ap Gwilym. Daw hi, y 'seren siriol', â'r gwanwyn yn ôl i'r byd. Fe drodd hi 'Yn wyrth o gyffro nerthol', a hi 'Ydyw fy adwy tua'r dyfodol'. Mae'r gerdd yn gorffen yn y fan honno, yn obaith ac yn oleuni i gyd: dim sôn am hanes yn ei ailadrodd ei hun. Mae'r ffaith honno, rywsut, yn dweud llawer wrthym am natur y gerdd ar ei hyd: ceir ynddi ddiffyg dyfnder a diffyg myfyrdod. Serch hynny, gall *Rufus* fynegi'r hyn sydd ganddo i'w ddweud yn effeithiol ar gynghanedd. Manteisiodd yn llawn ar ryddid yr amodau i blethu'r mesurau traddodiadol â darnau o *vers libre* cynganeddol, er bod y gynghanedd yn denau iawn yn y rhain weithiau a'r rhythmau'n herciog. Ceir ambell wall gramadegol, hefyd, ond gwallau mân iawn ydynt.

42340: Lluniodd *42340* gerdd sy'n sobreiddio rhywun. Disgrifio y mae ymweliad, un haf, ag Auschwitz. Ei fab, a fu yno o'i flaen, a'i hanogodd i fynd a rhoddir darn gweddol hir ar ddechrau'r gerdd i ddisgrifio'r annog. Lleihau'r effaith ddramatig y mae'r agoriad hwn; gwell fyddai ei hepgor a symud yn syth at yr ymweliad, sy'n cynnig, dyn a ŵyr, ddigon o ddeunydd i daro'r darllenydd yn ei dalcen. Mae dweud hynny yn mynd â ni at graidd y cwestiwn y mae'n rhaid i feirniad ei ateb ynglŷn â'r gerdd hon: ai natur a hanes Auschwitz ei hun sy'n cyffroi'r darllenydd, ynteu a yw'r bardd wedi llwyddo, drwy ei eiriau, i ychwanegu at y darlun sylfaenol a miniogi'r profiad? Cyfres o ddarluniau a geir yma: y porth enwog a'r geiriau difesur eu heironi creulon sy'n datgan fod 'gwaith yn ein rhyddhau'; simneiau mwg y ffwrneisi; lluniau, dillad a manion bethau calonrwygol yr amgueddfa (rhif un o'r carcharorion yw 42340); y lein oedd yn cario'r teithwyr i mewn i'r gwersyll at eu tynged. A defnyddio'r olaf o'r rhain yn enghraifft, sut driniaeth a roddir i'r darlun?

Yna dod at ben draw'r daith,
dod yno ddim ond unwaith,
a hen dawch yn rhesi du
fel anwedd yn diflannu,
a'r funud mor derfynol,
un trên hir nad yw'n troi nôl.

Yn y darn hwn, fel mewn darnau eraill, y mae *42340*, mi gredaf, yn llwyddo'n bur dda i gyfoethogi a dwysáu ymateb y darllenydd i'r hyn a ddisgrifir. Gallaf ddychmygu un neu ddau o'n beirdd gorau yn peri inni ymdeimlo, drwy rym eu geiriau, â thristwch anaele'r lle a'n cyffroi i'n gwaelodion. Gallai meistr mawr ar y gynghanedd hefyd ei throi'n offeryn godidog ar gyfer trin pwnc fel hwn. Ond llwyddiant cymharol yw eiddo *42340*. Gwendid amlycaf y gerdd yw'r nifer o linellau gweinion a geir ynddi. Mae angen ei thocio a'i thynhau drwyddi, fel yr awgrymais yn barod. Ar yr un pryd, ceir yma ddarnau sy'n dechnegol effeithiol. Ni chyfyngodd y bardd mohono'i hun i'r mesurau traddodiadol (er bod ei ddefnydd o'r mesur cywydd, yn arbennig, yn dra medrus ar adegau). Ceir ganddo, er enghraifft, baragraff brawddegol ei rediad sydd eto wedi ei gynganeddu'n dynn yn ei wahanol gymalau. Petai *42340* yn fwy hunanfeirniadol, yn fwy parod i hepgor darnau a llinellau nad ydynt yn talu am eu lle, gallai fod yn ymgeisydd cryf.

Sarn: Cyflawnodd *Sarn* gryn gamp, sef llwyddo i adrodd stori wyddonias ar gynghanedd. Nid peth hawdd o gwbl yw cynnal naratif, ac yn arbennig naratif sy'n cynnwys cryn dipyn o dyndra disgwylgar, o fewn ei hualau. Un o gyfrinachau llwyddiant *Sarn* yw cadw'r cynganeddion yn gymharol syml, ac y mae'n llwyddo hefyd i lunio llinellau sydd, at ei gilydd, yn rhedeg yn rhwydd. Yn gymysg â'r darnau storïol, ceir darnau disgrifiadol byw iawn. Dyma, er enghraifft, ddisgrifio'r storm sy'n torri ar y Berwyn un noson yn Ionawr 1974, y storm sy'n rhoi cychwyn i'r hanes. Awgrymir nad storm gyffredin mohoni, gan godi chwilfrydedd ar unwaith:

Roedd murmur annaturiol ei gynnwrf
fel gwenyn trydanol,
su dwfn yn cwmpasu dôl
â'i hisian, hisian ysol.

Yng ngoleuni'r storm arallfydol, gwêl y bardd a'i frawd Rhys 'fod cysgodion dynionach/ yno'n gwau fel bodau bach'. Traflyncir Rhys gan y storm, ond daw tro annisgwyl a dychrynllyd:

> Eithr ar wedd y dieithr un,
> yn wyrthiol ac yn wrthun
> yno rhoed nodweddion Rhys
> mor sydyn, mor arswydus:
> wyneb brawd ar wyneb brith
> y lleidr o hud a lledrith.

Dyfynnais ddigon i ddangos beth yw natur cynnwys cerdd *Sarn*. Y mae'n cynnal dirgelwch yr hanes yn effeithiol at y diwedd, a'i allu disgrifio diamheuol yn ychwanegu'n ddirfawr at awyrgylch drydanol y cyfan. Nid ar unwaith y deuthum i hoffi gwaith *Sarn*. Rhaid cyfaddef nad yw straeon gwyddonias fel hyn at fy nant fel arfer. Ond, a rhoi'r rhagfarn honno heibio, fe'm rhwydwyd fwyfwy gan y gerdd. Mae'r stori'n cydio, mae'r disgrifio'n lliwgar, ac mae'r digwyddiadau'n gyffrous. Ond y mae yma wendidau amlwg. Nid yw *Sarn* yn dweud ei feddwl yn glir bob tro. Tua'r canol, ceir cryn aneglurder yn yr hanes. Ar ben hyn, mae'r gerdd yn dirwyn i'w therfyn mewn modd ffuantus ac arwynebol braidd.

Corryn: Dysgodd *Corryn* reolau sylfaenol y gynghanedd yn weddol effeithiol, ond erys yn arf cwbl fecanyddol yn ei law. Pentyrrir y naill linell ar ben y llall, heb roi digon o sylw i ystyr llinellau unigol, nac i ddatblygiad ystyr o linell i linell. Gwag eiriau a geir yn rhy aml, yn clecio'n gynganeddol, mae'n wir, ond yn amddifad o eglurder ystyr. Dyfynnaf ychydig linellau i ddangos natur y canu:

> Y bugail sydd ar begwn
> Y talp o wyddor byd hwn,
> Cae estron heb ddaioni,
> Gwair amhur i natur ni.

Dyna *Corryn* ar ei waethaf anramadegol. Ond, a bod yn deg, gall ganu'n well o lawer. Pwnc y gerdd yw ymladdfa, ac un o'r ymladdwyr yn cael ei drywanu i farwolaeth:

> Yr argae wedi'r ergyd – yn gollwng,
> Trwy'r gyllell ei fywyd,
> Fe suddai o fae ei fyd,
> Trwy ei gur at dir gweryd.

Mae *Corryn* yn gorffen yr englyn hwn â llinell ragorol, er bod y llinell o'i blaen yn bur wan.

Gwendid y gerdd o ran ei chynnwys yw'r diffyg symud a datblygiad sydd ynddi. Mae'r dechrau'n bur addawol: corryn ar wal cell carchar, a'i symudiadau'n gymaint o gyffro ag a wêl y carcharor caeth. Symudir wedyn at y cyffro mawr, a'r anfadwaith a yrrodd y trywanwr i'w gell. Ond aros yn ei hunfan y mae'r gerdd wedyn. Ailadroddus yw hi o hynny tan y diwedd, wrth i'r bardd ddal i ddisgrifio'r ymladdfa'n syrffedus. Mae arwyddion yn y gerdd y gallai *Corryn* ddatblygu'n englynwr derbyniol. Fodd bynnag, dylai feistroli ei grefft o fewn cerddi byr eu cwmpas i ddechrau, cyn anelu at greu cerdd gynganeddol hir.

Man Gwyn: Un o wendidau'r gerdd hon yw nad yw hi'n llwyddo i gyfleu'r cyffro y gofynnwyd amdano yn y testun. Ceir yma ddigon o symud, mae'n wir – symud tŷ – ond lleddf braidd yw'r awyrgylch a grëir, a myfyrdod yn hytrach na chyffro yw ymateb y bardd i'r mudo a wnaeth yn ei fywyd. Disgrifir gwerthu'r fferm, ei gartref yn blentyn, i ddechrau, a'r symud i Gaerdydd. Defnyddir arian y gwerthiant i wella'r cartref newydd, ac mewn darn effeithiol o gywydd, mae'n diriaethu'r gwerthu a'r gwario:

Gwerthu'r tir am dir Caerdydd
I ni gael cychwyn newydd . . .
Codi'n cegin fesul cae –
Dôl Lefn sy'n ei dodrefnu,
Dolau'r Tarth hyd lawr y tŷ;
A diben y llechen las
Yw i ddyn y brifddinas
Gael cloncian am fan a fu
Yn aelwyd i'w hen deulu.

Un o rinweddau *Man Gwyn* yw nad yw'n gorsentimentaleiddio. Cydnebydd, yn ddigon gonest, fod symud o'r wlad i'r ddinas, er gwaethaf yr hiraeth a'r colli gwreiddiau, yn gallu dod â manteision hefyd. Yno, meddai, 'mae 'na waith, a'r rhyddid/ I wreiddio ein gobaith'. Ceir symud wedyn i Lundain ac, yn y diwedd, eir yn ôl i'r wlad i fyw; a cheir pwyso a mesur rhinweddau a gwendidau'r mudo bob tro. Mae'r ymdrech hon i roi dimensiwn ychwanegol i'r hanes, i ehangu arwyddocâd y mudo, yn ychwanegu at werth y gerdd ond nid yw'n llwyddo bob tro i gyfleu'n glir i'r darllenwyr yr hyn sydd ar ei feddwl. Anwastad yw cerdd *Man Gwyn*. Gall lunio llinellau eglur a sicr eu hergyd ar ei orau ond, yn rhy aml, y mae'n syrthio i bwll aneglurder. Rhaid dweud bod dechrau'r gerdd, hanes yr arwerthiant ar y fferm a'r ymsefydlu yng Nghaerdydd, yn sicrach o ran cynnwys a mynegiant na'r ail hanner.

Dail yr Onnen: Cyffro heddwch sydd gan *Dail yr Onnen*, cyffro a ddaw 'i dagu bidogau'. Mewn sawl peth, mae ei gerdd yn mynd â ni'n ôl i'r bedwaredd ganrif ar bymtheg. Mae ei geirfa'n llawn rhai o hoff eiriau'r ganrif honno: 'anhyfreg', 'nudden', 'addien'. Ar ben hynny, mae'r ymdriniaeth haniaethol â'r testun yn ein hatgoffa dro ar ôl tro o'r ehediadau athronyddol goreiriog a geid yn awdlau'r cyfnod. Rhaid i *Dail yr Onnen* wreiddio'i linellau mewn profiad, a rhoi iddynt wisg o gnawd. Bodloni y mae ar ailadrodd rhyw obeithion niwlog. Mae hyn yn arbennig o wir am y darnau a genir ar fesurau hirion:

Yn nerth i arwain daw'n wyrth a erys
Yn fywyd arwr, yn fyw hyderus
A'i fynd di-saib gan ddileu pob rheibus
Awydd i rawd am ryfel ddifrodus,
A'i afael mewn byd clwyfus – ar faes cad
A dry yr anfad yn dir yr enfys.

Gwell ganddo yw'r llinellau cywydd, a all fod yn ddigon sionc a phwrpasol:

Drwy'r byd o hyd heb wanhad
Y bydd holl ddynolryw byd
Yn ieuo hedd â'u bywyd.

Ychydig iawn o ddatblygu ystyr a geir yn y gerdd. Sefyll yn ei hunfan y mae, yn ailadrodd dro ar ôl tro ei neges ganolog, sef y sicrwydd y daw ysbryd heddwch i reoli'r byd. Yn ei hoptimistiaeth hawdd, a'i diffyg o ran mynd i'r afael â'r grymoedd a'r cymhellion hynny a fydd yn gwrthwynebu ei ysbryd gobeithiol ef, rhaid dweud nad yw'r gerdd hon yn argyhoeddiadol ei chynnwys na'i thechneg.

O ystyried y cerddi drwodd a thro, yr oedd dau brif wendid yn dod i'r amlwg. Diffyg pensaernïol oedd un, diffyg trefn a datblygiad. Roedd tuedd gref i ogordroi tua chanol y gerdd, a chanu'n ailadroddus a gwastraffus yn hytrach na symud ymlaen. Diffyg mewn meddylwaith oedd y llall, bodloni ar ystrydebu'n hawdd, neu ymateb yn arwynebol i sefyllfa. Yr oedd aneglurder yn y meddwl hefyd yn fai ar nifer ohonynt.

Y tair cerdd orau i mi oedd eiddo *Man Gwyn*, *42340* a *Sarn*. O'r tair hyn, yr oeddwn i'n ffafrio gwaith *Sarn*. Hoffais ei ffresni a'i newydd-deb ond, eto, yr oedd yn y gerdd ormod o ddiffygion i allu ei gwobrwyo. Nid yw'n rhydd o bell ffordd o'r gwendidau cyffredinol hynny y bûm yn eu disgrifio. Nid yw'r Gadair ymhell o'i afael; ond nid yw wedi ei chyrraedd y tro hwn.

Mae'n drueni gorfod dechrau beirniadaeth â brawddeg yn cynnwys y gair 'siomedig', ond dyna oedd y gystadleuaeth eleni – o ran nifer a safon. Er bod gan y saith cystadleuydd ar y cyfan afael dda ar hanfodion a rheolau'r gynghanedd, prin yw'r farddoniaeth a gynhyrchwyd, ar wahân i ddarnau prin yng ngwaith y goreuon. Roedd y testun 'Cyffro' yn destun da a esgorodd ar amrywiaeth o themâu. Gwaetha'r modd, bai mawr y beirdd yn gyffredinol oedd eu methiant i fynd o dan groen eu testun a'r canlyniad oedd canu arwynebol a di-fflach. Mae hyn yn syndod gan fod, fel y gwyddom, beth wmbreth o feirdd cynganeddol yng Nghymru ar hyn o bryd a allai ennill y Gadair.

Dail yr Onnen: Awdl a gafwyd gan y bardd hwn ac mae'n agor yn ddigon addawol ac yn darlunio byd heb ryfel a dynoliaeth yn byw'n gytûn. Testun eang, ac edmygaf ei obaith cadarn. Mae ei gerdd yn dywyll mewn mannau ac mae ganddo dueddiad i bentyrru ansoddeiriau sy'n drysu'r darllenydd ac yn amharu ar rediad ei gerdd. Hefyd, ceir darnau helaeth sy'n ailadroddus ac mae hynny'n peri i'w gerdd fynd i'r gors heb symud ymlaen. Mae ei neges yn un bwrpasol ond gellid bod wedi cyfleu'r hyn sydd ganddo i'w ddweud mewn llai o eiriau. O ran crefft, mae ganddo afael ar reolau'r gynghanedd ond mae'n pentyrru geiriau anghyfarwydd er mwyn cynnal y gynghanedd. Hefyd, fe symuda'r orffwysfa er mwyn diben y gynghanedd yn hytrach na rhediad naturiol y llinell. Arwydd, efallai, mai'r gynghanedd yw'r feistres ac nid y llawforwyn.

Rufus: Manteisiodd y bardd hwn ar hanfodion y gystadleuaeth gan ddod â'r mesurau traddodiadol ynghyd â *vers libre* cynganeddol. Cân serch sydd ganddo yn agor fel hyn: 'Rhy breifat i fynd ato/ Yw cwm nos Sadyrnau'r co'./ Hwn yw cwm fy nghrwydro cudd/ A hynt y gwir ramantydd'. Mae'n creu darlun o lannau Ynys Môn a gwrthrych ei serch fel 'Duwies ar ffurf blodeuyn'. Cyfeiriad at Flodeuwedd, wrth gwrs, ac â ymlaen i sôn am Draeth Llifon, pont dros y Fenai fel Bendigeidfran ac ymhellach ymlaen yn ei gerdd daw Dwynwen, Dafydd ap Gwilym a Morfudd i'r darlun. O ran techneg, mae ganddo hanfodion cerdd alegorïaidd yn nechrau'r gwaith ond nid yw'n datblygu. Trueni am hynny gan ei fod yn gwybod gwerth llinellau da ac mae ar ei orau yn y wers rydd gynganeddol, megis yn y llinell 'Siwan fy ffantasïau'. Tuedda hefyd i ddefnyddio hen drawiadau a bodloni ar y rheini yn lle chwilio am rywbeth gwell.

Corryn: Y cyffro yng ngherdd y bardd hwn yw ffrwgwd mewn tafarn sy'n arwain at drywanu a marwolaeth. Mae'r gerdd yn agor yn addawol iawn gan ddisgrifio gwrthrych y gerdd mewn cell yn syllu ar gorryn yn gwau ei we mewn cornel uchel yn y gell. Delwedd drawiadol a ddengys addewid o'i datblygu. Gwaetha'r modd, mae'r bardd yn gadael y ddelwedd gan fynd at stori'r ffrwgwd a'r rhesymau y tu ôl i hynny (gwraig yn cael ei tharo gan gar a'r gyrrwr wedi bod yn yfed). Mae'r gerdd yn fwy o stori fer nag o farddoniaeth gan nad yw'n datblygu ei thema na 'chwaith y ddelwedd addawol honno ar ddechrau'r gerdd. Yn wir, mae'r disgrifiad o'r ffrwgwd a'r trywanu yn meddiannu rhan helaeth o'r gerdd fel pe na bai'r bardd yn gwybod pryd i dewi a symud ymlaen. Serch hynny, mae hwn yn fardd addawol a chanddo lygad am destun da. Yr hyn sydd ei angen yw datblygu ei ddefnydd o ddelwedd ganolog, chwaeth am eiriau a chynildeb.

Pwy?: Awdl ar destun y mab darogan. Mae hon yn awdl sy'n dechrau mewn arddull glasurol am helfa a gwledda canoloesol gan ddefnyddio geirfa hynafol. Nid yw'n canolbwyntio ar un wledd na helfa 'chwaith gan y daw cyfeiriadau at Gynllaith, Dinmael a Sycharth i'r gerdd o fewn ychydig hir-a-thoddeidiau. A dyna yw gwendid y gerdd yn y pen draw, gan ei bod yn enwi ac ailenwi arwyr ac ymladdwyr dros ryddid ar draws sawl canrif, gan gynnwys Llywelyn (nid yw'n glir pa un), Owain Glyndŵr, Owain Lawgoch, Elin (?), Cadell, trichant Catraeth (a Llywelyn eto, yn yr un anadl â thrichant Catraeth). Nid wyf am fod yn llawdrwm ar y bardd, mae ganddo destun eang iawn ac mae'n uchelgeisiol iawn yn ei gynganeddu a'i ddefnydd helaeth o hir-a-thoddeidiau. Mae angen iddo ganolbwyntio ar un agwedd o'r thema a datblygu'r thema honno'n fwriadus.

Dof yn awr at y tri bardd yr wyf yn eu gosod uchaf yn y gystadleuaeth.

Sarn: Dyma'r gerdd fwyaf gwreiddiol yn y gystadleuaeth. Ei thema yw digwyddiad un noson o Ionawr ym 1974 a alwyd 'the Welsh Roswell'. Cafwyd daeargryn sylweddol ar draws ardal mynyddoedd y Berwyn a theimlwyd y dirgryniad cyn belled â Lerpwl. Honnwyd bod goleuadau wedi eu gweld yn yr awyr uwchben yr ardal. Honnodd rhai, hefyd, i'r awdurdodau ddarganfod llong ofod wedi disgyn yn y mynyddoedd a chyrff marw bodau o fyd arall arni. Mae'r bardd yn dechrau'r gerdd fel hyn: 'Beth yw cyfrinach y cyfrinachau?/ Estyn heno mae cadwyn o glustiau/ sy'n gwrando, gwrando am awgrym o gryndod,/ am y dwndwr tu hwnt i'r mudandod . . . yn y nos tra hunwn ni,/ a oes ateb i glustfeinwyr SETI?' (cyfeiriad at gymdeithas 'Search for Extraterrestrial Intelligence'). Mae gan y bardd hwn ddawn i adrodd stori a dyna a gawn ganddo yn ei gerdd. Yn gryno, mae ef a'i frawd, Rhys, yn darganfod y llong ofod ac mae Rhys yn cael ei gipio gan yr *aliens* gan adael rhith yn ei le; 'un hwyr o Ionawr oedd hi, un nos oer/ a seriwyd ar feini/ coffa'n paranoia ni, dwy awr a gerfiodd stori'. Dengys yr englyn hwn gryfder y bardd ond hefyd ei wendid. Gall greu awyrgylch a'i gynnal drwy gydol ei gerdd. O ran crefft, gall y bardd lunio llinellau cofiadwy ac mae ar ei orau'n canu yn y wers rydd gynganeddol fel yn y darn agoriadol. Defnyddia'r gynghanedd lusg, y draws fantach a'r draws gyferbyn yn aml (mae tua thraean ei linellau'n syrthio i'r dosbarthiadau hyn o gynghanedd). Golyga hynny y cawn linellau o gynghanedd lusg a thraws fantach yn britho rhai darnau; er enghraifft, mae yn y darn clo ddeuddeg llinell, gan gynnwys pedair llinell o lusg a phedair llinell draws fantach. Ddwywaith y gwelais y bardd yn llithro. Mae'r llinell 'dod â'r cŵn adref i'w cau' yn wallus, ac felly hefyd 'rhaeadr o fellt yn ffrwydro'. Gwerthfawrogaf wreiddioldeb testun y gerdd a phe bai'r bardd wedi gwneud mwy nag adrodd stori a rhoi mwy o sylw i'w grefft byddai o fewn golwg y Gadair.

Man Gwyn: Lleolir y gerdd hon yng nghefn gwlad, yng Nghaerdydd ac yn Llundain. Cerdd ynglŷn â diboblogi cefn gwlad a'r newid yn natur bywyd gwledig a chymdeithas amaethyddol. 'Adre' wyf yn Nyth-y-Dryw,/ Adre', er nad adre' yw/ Stad fy nhad – ar werth ydyw'. Sonia'r bardd am arwerthiant ei gartref: 'O flaen y cut mae barcutiaid yn hel/ Yn haid am eu tamaid'. Defnyddia'r mesur cywydd deuair fyrion i gyfleu arddull yr arwerthwr 'Un postyn – punt/ Y pwmp – pumpunt . . . "Oes dwy am stên?"/ Ergyd. "Bargen"'. Mae'n medru creu naws yn ddeheuig iawn a gŵyr werth llinellau da fel y dengys yn yr englyn hwn: 'Mae degau o gymdogion yn saethu/ Yn syth am fargeinion;/ Aros mae'r gynnau mawrion/ am eu hawr, am y fferm hon'. Symuda'r gerdd wedyn i Gaerdydd lle mae'r arian o'r arwerthiant yn ariannu bywyd dinesig: 'Dôl Lefn sy'n ei dodrefnu,/ Dolau'r Tarth hyd lawr y tŷ'. Llundain wedyn a'r llefarydd yn symud o'r fan honno a phâr cyfoethog yn prynu ei dŷ ac yntau'n symud yn ôl i ddechrau'r gerdd a chartref ei deulu, neu rywle tebyg, gan gyfannu'r cylch. 'Gwelsom lun olew newydd ar y we –/ Nyth-y-Dryw'r Arlunydd'. Mae'n sôn am ailgynllunio'u cartref newydd gan ailddarganfod y nodweddion hanesyddol i'r adeilad – y palisau a'r trawstiau pren – a gwneud y cartref newydd yn amgylcheddol gyfeillgar: 'Â'n eiddo yn amgylcheddol gywir/ Daw'r gïach a'r wennol/ I'n nef i'n croesawu'n ôl/ I wanwyn y gorffennol'. Mae eironi a sylwebaeth grafog y bardd yn treiddio trwy'r gerdd ac yn gryfder amlwg. Serch hynny, fe welir hefyd wendidau gramadegol ynddi, megis ansicrwydd ynghylch cenedl enwau a chystrawen. O ran crefft, mae gennyf amheuon am y caniad a leolir yn Llundain a'i arwyddocâd. Mater arall sydd yn fy mhoeni yw ei ddefnydd o eiriau neu ymadroddion anfarddonol sy'n tanseilio naws ei gerddi, a darnau nad ydynt yn gwneud synnwyr o gwbl. Mewn un hir-a-thoddaid, dywed: 'I foddi dannod fe ddaw y dynion/ heibio i adrodd mewn welis budron'. Sylwais ar lithriadau yn y gynghanedd mewn ambell fan; er enghraifft, nid oes cynghanedd yn y llinell 'Nid yw'r bywyd tragywydd', ac nid yw'r gynghanedd yn gyfforddus yn y llinell hon 'I dŷ cul ei adwyon' gan mai ar ôl 'cul' y mae'r llinell yn torri'n naturiol ac er mwyn cynnal y gynghanedd rhaid oedi yn annaturiol ar ôl 'tŷ'. Nid oes amheuaeth am allu'r bardd hwn. Mae'n medru llunio llinellau cofiadwy iawn. Serch hynny, mae diofalwch ieithyddol a chynganeddu llac yn dangos nad yw wedi gwir chwysu dros ei gerdd. Mae angen iddo fod yn fwy hunanfeirniadol a digyfaddawd wrth docio llinellau a darnau gwan neu ailadroddus o'i gerddi. Gwaetha'r modd, nid wyf yn credu iddo lwyddo i'r graddau y gallai gael ei ystyried yn deilwng o'r Gadair eleni.

42340: Daeth y gerdd hon i'r brig gennyf o'r darlleniad cyntaf. Cerdd a leolwyd yn Auschwitz ac a adroddir gan un yn ymweld â'r lle dieflig hwnnw ac, os deallaf yn iawn, yn ein tywys trwy arddangosfeydd neu amgueddfa. Mae'r gerdd yn dechrau â sgwrs rhwng mab a'i dad a'r mab yn annog ei dad i ymweld ag Auschwitz. Mae'r tad wedyn yn ein tywys drwy'r lle 'wrth weled y mynediad/ nesáu ar ras mae'r sarhad,/ a ffin yr hen gasineb . . .' Mae'n disgrifio lluniau o resi'r carcharorion, a'r trên a'r traciau: 'Ar y lein, daw'r olwynion/ nôl o hyd ar harn y lôn,/ trên ar rigol y dolur . . .' Wrth ddilyn y daith hon drwy'r gerdd, mae'r bardd yn creu darluniau o'r profiad ac mae ei ddawn i ddisgrifio hynny'n amlwg, megis yn y disgrifiad o'r giard yn didoli'r carcharorion ar y platform '. . . aros mae y rhesi mud/ yn eu llwyd, ac yno'n llu/ yn uno a gwahanu; [proest i'r odl]/ a'r wialen, ddaw o rywle'n/ arwydd oer, i'r chwith neu'r dde'. Siom i mi yw nad yw'r bardd wedi mynd i'r afael â'r testun a datblygu naws a chyfleu effaith yr ymweliad arno ef yn uniongyrchol. Taith gan dywysydd twristiaid yw'r gerdd, taith a ddylai fod yn ddirdynnol ac ysgytwol ond ni theimlaf yr effaith honno ar y bardd ac nid yw'n rhoi cyfle i ni weld na deall yr effaith honno arno. O ran crefft, mae'r bardd yn dueddol o fodloni ar y llinell gyntaf a ddaw heb geisio anelu'n uwch yn gynganeddol nac yn farddonol. Daw nifer o linellau cynghanedd lusg a thraws fantach ynghyd mewn mannau yn y gerdd. Mae'n dueddol, hefyd, o ddefnyddio technegau 'fformiwla' i gynganeddu megis yr arferiad 'Un wyneb yn ein hanes','Un rhif ar streipen ddienw'. Y trueni yw nad yw'r bardd yn camu allan o'r rhigol yma a'i fynegi ei hun yn ei lais ei hun. Mae'n berffaith amlwg i mi ei fod yn fardd da ac rwyf yn rhwystredig drosto nad yw'n fwy mentrus a thorri'i gŵys ei hun. Gwaetha'r modd, mae darnau o'i gerdd yn anghydnaws â'i destun. Yr argraff yw bod rhai darnau wedi eu hysgrifennu ar gyfer cerdd arall. Mae'r darn agoriadol yn enghraifft dda o hynny: 'ewch chi'ch dau tra bo eich dydd/ i'r dre, ac ewch ar drywydd . . . O'r dref, fydd bws fawr o dro,/ ond un awr, deunaw ewro'. Mewn mannau, mae'r bardd yn ailadrodd geiriau neu syniadau, megis y gair 'geiriau' sy'n ymddangos chwe gwaith mewn darn byr o gywydd. Y mae hwn yn fardd da, does dim amheuaeth am hynny. Yr hyn sy'n rhwystredig i mi ac yntau yw y gallai fod wedi gwneud mwy o destun mor fawr a dwys. Er ei gryfderau amlwg, mae'r gwendidau uchod yn gorbwyso'r cryfderau hynny ac, felly, er mawr siom i mi yr wyf o'r farn nad yw yn deilwng o'r Gadair eleni.

Dim ond saith o Gymry oedd â'u bryd ymarferol ar ennill Cadair yr Eisteddfod Genedlaethol eleni. Ac mae hynny'n destun siom.

Wedi dweud hynny, nid ar chwarae bach y mae gweithio awdl (neu gerdd mewn cynghanedd gyflawn) 200 llinell. Mae gofyn i'r bardd fod â rhywbeth o werth i'w ddweud. Mae gofyn bod â rhyw weledigaeth hefyd ynglŷn â dweud y rhywbeth hwnnw mewn ffordd gynganeddol newydd, ac mewn ffordd sy'n asiad cyson o rymuster a chynildeb. Ar ben hynny, mae gofyn chwysu! Mae angen y gwaith caled, caib-a-rhaw hwnnw sy'n golygu misoedd o ymlafnio, o bwyso a mesur perthynas y dweud a'r ystyr; misoedd o gywiro a gwella; misoedd o chwynnu a thocio.

Nid oes ôl y chwysu hwnnw ar gerddi'r gystadleuaeth hon eleni. A chan weithio'n fras o'r bôn i'r brig, dyma nhw.

Dail yr Onnen: Wedi dyfynnu pedair llinell agoriadol awdl fuddugol Eisteddfod Genedlaethol 1986 (er nad wy'n siŵr iawn pam), mae'r awdl hon yn dechrau gyda'r englyn penfyr a ganlyn:

> Gwybod aruchel odiaeth – inni'n fyw
> Ddaw o fyd difodiaeth
> I irfaes lain ei arfaeth

cyn mynd ati i ddathlu dyfodiad heddwch i'r byd, fel y gwnaeth y tro diwethaf i mi feirniadu'r gystadleuaeth hon. Gwaetha'r modd, mae'r pentwr o haniaethau ac ansoddeiriau (mae deuddeg ohonynt yn ei naw llinell cyntaf), ynghyd â'r arddull anfanwl a chwyddedig, yn cymylu'r ystyr ac yn difa unrhyw agosatrwydd posib. Mae am gwmpasu'r hil a'r ddaear gyfan yn ei fyfyrdodau. Oni fyddai'n well iddo ganolbwyntio ar lai o gowlaid, a dechrau wrth ei draed, fel petai?

Corryn: Carcharor yw arwr yr awdl wreiddiol hon. Bu hwn mewn ffrwgwd feddwol, ac fe'i trywanwyd, cyn iddo droi ar ei ymosodwyr. Cawn holl hanes y noson waedlyd hon, a gwelwn ymgais lew i lunio naratif dramatig – hyd yn oed os yw'r iaith a'r cynganeddu'n wallus ar brydiau. Ond roedd gwaith ymestyn ar y digwyddiad er mwyn cynnal cerdd mor hir, ac yn y pen draw, mae'r bardd yn baglu wrth iddo orymdrechu i ddisgrifio'r ymladd, gan fynd yn bentyrrus a ffuantus ei arddull.

Pwy?: Mae ieithwedd ac arddull yr awdl uchelgeisiol hon yn rhoi'r argraff o ganu mesuredig a chlasurol. Tiroedd Maldwyn a'r Gororau yw lleoliad myfyrdodau'r awdl, ac mae'n agor gyda disgrifiad epig ei naws o helfa ganoloesol a'r wledd fawreddog sy'n dilyn. Dyma ail bennill *Pwy?*, pennill sy'n nodweddiadol o'i ganu decsill ar hyd y gerdd:

> Daw fory'r hela difyr a hwyliog
> a ddengys foesau rheibus yr hebog
> a'i aml waddolion uwch Dinmael ddeiliog.
> A wele hwyaid yn ebyrth pluog,
> celf gain ar gigwain i gog sy'n darpar
> i'r bolgar orchest adar odidog.

Fel y soniais, mae'n creu *argraff* o ganu mesuredig a chlasurol. Oes, mae yma gystrawennu cadarn a cherddediad urddasol, ond sylwch ar y ddau ansoddair cyfystyr yn y llinell gyntaf, a niwlogrwydd ystyr y drydedd linell. Sylwch wedyn ar ffug-arwriaeth y disgrifiad o'r hwyaid, ac wedyn ar natur lafurus mynegiant y toddaid. Mae ei benillion cywydd wedyn yn gyfuniad o gyfeiriadaeth at ddigwyddiadau yn hanes Cymru (ac yn benodol felly at ddyfodiad a diflaniad ei meibion darogan honedig) ac o haniaethu ac athronyddu amhendant am arwyddocâd y digwyddiadau hynny. Nid yw pobol a phrofiadau ac emosiynau'r gorffennol yn dod yn fyw felly, gwaetha'r modd. Mae gan *Pwy?* hawl i'w arddull wirebol, wrth reswm; ond, at fy nant i, rhyddieithol a chyffredin (heb sôn am dreuliedig gynganeddol) yw ergydion fel

> Mae ceraint llawn braint a bri
> yn herio gorsedd Harri;
> a dylai brawd wylio brad
> a lwyddodd drwy deyrnladdiad.

Rufus: Darganfod cariad newydd ('Siwan fy ffantasïau') wedi i hen garwriaeth chwythu ei phlwc yw testun cyffro'r gerdd hon gyda'i chyfuniad o fesurau traddodiadol a llinellau'r *vers libre* cynganeddol. Mae'r stori'n cael ei hadrodd yn ddeniadol gan gynganeddwr profiadol sydd, o dro i dro, yn taro ar gyfuniadau cofiadwy, e.e. 'Duwies ar ffurf blodeuyn' ac 'Mae oesoedd yn y mwsogl'. Ond yn rhy aml o lawer, mae'n gynganeddwr pedestraidd a diog. Er mor 'rhwydd' yw'r englyn a ganlyn, er enghraifft, mae'n rhwydd oherwydd bod ynddo ddau hen drawiad ac oherwydd amharodrwydd y bardd i fod yn fwy manwl a dethol. Beth, wedi'r cwbl, yw union ystyr 'haenen aflonydd o baradwys' a'r berfenw 'cyfiawnhau' yn y pennill hwn?

> I dawelwch ein dolydd – daeth awen
> Yn haenen aflonydd
> O baradwys rhyw brydydd
> I gyfiawnhau dechrau'n dydd.

Erfyniwn ar *Rufus* i fod yn fwy cyson hunanfeirniadol, oherwydd mae deunydd cerdd dda yn ei gân.

Sarn: Dyma gerdd wreiddiol arall sy'n dechrau'n atmosfferig a dramatig, y tro hwn gyda chyffes wely-angau. Mae'n hen gwyn, wrth gwrs, nad yw beirdd o'r byd hwn, fel petai. Os gwir y gair (ac mae'n amheus gen i), ni bu erioed cyn wired ag yn achos y gerdd hon, oherwydd stori am *aliens* yn dod i Benllyn ar Ionawr 23 1974 yw hon. Ac yn dod yn eu llong ofod. Ac yn cipio ffermwr lleol, sef brawd llefarydd y gerdd. Na, nid tynnu eich coes ydw i. Er mae'n bosib, wrth gwrs, mai tynnwr coes yw'r bardd. Neu ei fod yn defnyddio'r *aliens* fel trosiad am ymwelwyr estron o fath gwahanol yn dod i'r Fro Gymraeg . . . Beth bynnag yw'r bwriad, mae'n adrodd y stori'n syndod o afaelgar, gyda disgrifiadau byw a brawychus wedi eu cynganeddu'n hyderus. Serch hynnny, mae diffyg disgyblaeth yn ei amlygu ei hun. Yn wir, mae camp a rhemp *Sarn* i'w weld yn y pennill hwn; pennill sydd yn cymysgu ei ddelweddau wrth ddisgrifio'r ymweliad arallfydol:

> Ynni gwyllt drwy'r nef yn gwau,
> rhwygwyd y nen gan ddreigiau'n
> hofran uwchlaw fel gwifrau.

Man Gwyn: Yn hon, mae tynged ffermdy'r teulu, sef Nyth-y-Dryw, yn ein harwain ni o gefn gwlad i Gaerdydd i Lundain ac i gefn gwlad yn ôl. Nid wyf yn siŵr weithiau pwy sy'n llefaru ymhob caniad o'r gerdd, a beth, felly, yw'r union linyn storïol sy'n cysylltu'r tri lleoliad. Rywsut mae arwyddocâd trosiadol y lleoliadau hynny'n bwysicach na mecaneg y naratif. Os yw'r pynciau a'r themâu'n rhai cyfarwydd iawn, cawn ddiweddglo annisgwyl sy'n gweld Nyth-y-Dryw'n cael ei adfywhau ar sail egwyddorion amgylcheddol, cyn i'r llinell glo enigmatig ddatgan: 'Dan ein traed mae'r rhod yn troi'. Dyma gerdd (awdl, i bob pwrpas, ac eithrio dwy linell sydd heb bartneriaid odledig) a roddodd dipyn o foddhad cynganeddol i mi, nid yn gymaint oherwydd bod yma amrywiaeth o fesurau (gan gynnwys englynion proest cyfnewidiog), ond oherwydd yr ymgais amlwg i roi rhywfaint o sglein newydd ar y dweud ac i wneud hynny drwy ddiriaethu profiadau a chanfyddiadau. Er enghraifft, dyma ddisgrifiad o'r ffermwyr yn yr ocsiwn:

> Mae degau o'i gymdogion yn saethu
>   Yn syth am fargeinion;
>   Aros mae'r gynnau mawrion
>   Am eu hawr, am y fferm hon.
>
> Cildroi a gwylio'i gilydd, heb roi winc,
>   Pawb â'i bris aflonydd,
>   O bobtu sŵn saethu sydd –
>   Dwylo'n targedu'r dolydd.
>
> Munud o dân a dim ond dau'n aros,
>   dau twelf bôr llawn sieciau . . .

Ond mae ganddo hefyd linellau gwallus, gwaetha'r modd, ynghyd â nifer o lithriadau ieithyddol. Er enghraifft, nid yw'n sicr o'r gwahaniaeth rhwng 'ei' ac 'eu', na 'chwaith yn parchu'r arfer safonol (a llafar) o droi'r fannod yn gollnod 'r' ar ôl llafariad: cawn ganddo 'fe ddaw y dynion', 'prynu y peiriannau', 'ddenu y ddau wyneb'. Digon hawdd cywiro'r rhain, wrth gwrs – ond dylid bod wedi eu cywiro cyn anfon y gerdd i Swyddfa'r Eisteddfod.

42340: Dyma gyfansoddiad gorau'r gystadleuaeth.Ymweliad ag Auschwitz yw testun yr awdl, a chawn ein tywys o amgylch y gwersyll sydd bellach yn amgueddfa i un o'r cyfnodau mwyaf dieflig yn hanes y ddynoliaeth. Dyma ddewis testun mawr, un sy'n gofyn am awen fawr. Mae angen, felly, weledigaeth bersonol newydd, 'dybiwn i, i gyfiawnhau ceisio crisialu mewn geiriau rywbeth sydd mor ddirdynnol ond sydd, hefyd, oherwydd llyfrau, lluniau a ffilmiau, wedi mynd mor gyfarwydd neu dreuliedig, bron, yn ein hymwybyddiaeth. Ac mae angen chwaeth ddigamsyniol, ynghyd â chrefft ddisglair, i fynegi'r cwbl yn llwyddiannus. Cerdd gan dwrist yw hon yn cofnodi'r pethau yn Auschwitz sy'n ein hatgoffa o erchylltra'r Holocost. Dyna'r union beth a ddisgwyliech, wrth gwrs. A dyna un o wendidau mawr yr awdl: mae'r cwbl mor rhagweladwy, wrth i'r bardd oedi wrth ryw olygfa neu'i gilydd, gan ddweud beth a welodd neu beth a ddigwyddodd yno, a dweud mor ofnadwy oedd hyn oll i'r carcharorion a'u hanwyliaid ac, wrth gwrs, i ni'r hil ddynol. Bron na fedrech ddarllen *guidebook* i Auschwitz ac ymdeimlo â'r un pethau. Ni chawn y weledigaeth amgen neu'r ymateb personol a fyddai wedi gwneud y gerdd yn ychwanegiad at y corff o lenyddiaeth a chelfyddyd sydd eisoes yn bodoli am y lle hwn. Nid nad oes gan *42340* allu fel bardd a chynganeddwr, cofiwch. Dyma'i ddisgrifiad o'r geiriau enwog sydd i'w gweld o hyd ar fynedfa Auschwitz:

> Un bwa iaith sydd uwchben
> a theirant bob llythyren.

Ond mae'r cwpled ysgubol hwn yn ymddangos mewn caniad 24-llinell lle mae 'iaith' neu 'geiriau' yn ymddangos wyth o weithiau, ochr-yn-ochr â'r haniaethau 'sarhad', 'casineb', 'twyll', 'brad', 'ofn', 'poen', 'cynddaredd', 'anwiredd', a 'celwydd'. Dyma gynganeddwr, felly, yn ceisio sawl ffordd wahanol o ddweud yr un peth, sef bod yr iet yn ymgorfforiad o ddiawledigrwydd y gwersyll, er enghraifft: 'Bwa'r iet fu'n dwyll a brad/ a damniol ei gondemniad' neu 'Mae holl eiriau'r darnau dur/ yn estyn yn ddidostur' neu 'Y celwydd nad yw'n celu/ arno'n dew yw'r haearn du'. Dyma'i dechneg drwy'r gerdd gyfan i bob pwrpas ac, felly, ni chawn fawr o ddatblygiad syniadol nac emosiynol. Rwy'n deall pam, wrth reswm. Un coffâd o wae ar ôl y llall yw Auschwitz. Ond, ar ben hyn oll, mae *42340* yn fardd diog (neu frysiog). Cawsom ganddo berlau fel ei ddisgrifiad o'r siambr nwy: 'Mae gwagle y lle yn llawn/ a'r erlid yn siambr orlawn'. Ond sylwch ar 'gwagle y'. Byddai cywiro hwn wedi bod mor hawdd: 'Y mae gwagle'r lle yn llawn'. Mae ei atalnodi a'i frawddegu hefyd weithiau'n llac. Beth, er enghraifft, yw'r cysylltiad cystrawennol rhwng llinell gynta'r pennill hwn a'r ddwy linell nesaf?

> Ffordd ddeuol a marwolaeth,
> a ni'n gweld trwy'r weiren gaeth
> y niwlen dros ddynoliaeth.

Mae'n ailadrodd fformiwlâu treuliedig, er enghraifft, dechrau llinellau gydag 'un': 'Un cwmwl', 'un bwa', 'un gaethglud', 'Un wyneb' (ddwywaith), 'Un rhif', 'un bore', 'un trên'. Yn ogystal, ceir hen drawiadau ganddo megis 'lein/olwynion', 'celwydd/celu', 'a hen gri yn y graean', 'fel anwedd yn diflannu,' 'a'r funud mor derfynol,' 'blodau/bwledi', 'talent/teulu', 'rhy ifanc i ryfel'. Darllenais yr awdl droeon, gan obeithio y byddai grym y farddoniaeth, fel petai, yn gorbwyso'r ystyriaethau am ddiffyg disgleirdeb ei weledigaeth, chwaeth a chrefft. Ond, i mi o leiaf, nid oes i farddoniaeth rym heb ddisgleirdeb y pethau hyn. Er gwaetha'r rhannau unigol trawiadol, felly, teimlwn fwyfwy mai awdl o *short cuts* oedd hon. Mae *42340* yn fardd abl. Ond nid yw'r awdl yn deilwng ohono, nac yn deilwng o'i destun. Ac, yn fy marn i, gwaetha'r modd, nid yw'n deilwng 'chwaith o Gadair yr Eisteddfod Genedlaethol.

BEIRNIADAETH M. WYNN THOMAS

Daw un peth yn berffaith amlwg wrth ddarllen deugain a phedair o ymdrechion am y Goron eleni: ni all pob un ohonom hawlio i'r un graddau fod barddoni yn y gwaed. Ac nid yw pob llenor, 'chwaith, yn barddoni 'run fath. Diddorol oedd sylwi ar yr amrywiaethau o ran ffurf a thestun ymhlith y cyfansoddiadau. Serch hynny, tueddai'r testun gosod i esgor ar gryn dipyn o ymgolli'n atgofus yn yr hyn a fu – teulu a châr a gollwyd, ffordd o fyw a erydwyd, ardal a ddifwynwyd, chwedl a hanes a ollyngwyd o'r cof. Profiad prin, ysywaeth, oedd clywed tinc y cyfoes yn y canu ac anaml, hefyd, y gwelwyd unrhyw ymdrech i arbrofi o ran iaith neu fesur neu ffurf. Ond os oedd hynny'n rhywfaint o siom, da medru adrodd bod llawer o'r canu'n gymen, bod rhai o'r cerddi'n rymus, a bod y goreuon yn wirioneddol ardderchog.

Er hwylustod, rhannaf y cerddi'n bedwar dosbarth bras iawn, gan ddechrau gyda'r un isaf. Ni ddylid gosod unrhyw bwys ar drefn y drafodaeth o fewn y dosbarthiadau hyn.

Y PEDWERYDD DOSBARTH

Cerdd am yr anfarwol John Charles sydd gan *Er Cof*, a braf yw dod ar draws yr enwau cyfarwydd a 'oferai . . . dros wefusau gwâr/ mor rhwydd ag adrodd bendith ddiwedd pnawn' pan oeddwn innau'n fachgen – Kelsey, Tapscott a'r criw – er ei bod hi'n anodd maddau am absenoldeb Cliff Jones a'r Ivor Allchurch digymar! Mae'r testun yn hudo sylw, ond mae diffyg sbonc yn y sgrifennu, yn rhannol oherwydd y rhythmau llipa a hefyd am fod yr ymadroddi braidd yn brennaidd: 'Glynai'r bêl wrth dy esgid/ fel ci wrth sawdl ei feistr'. Mae tipyn mwy o amrywiaeth ffurf a mynegiant yng ngwaith *Llais o'r Llan*, gan ddechrau gyda chyfres o linellau ar ffurf diemwnt. Mentrwyd myfyrio yn y dilyniant ar gariad Duw at ddyn ond, gwaetha'r modd, ni lwyddwyd i ochel rhag un o beryglon pennaf canu crefyddol ein cyfnod ni, sef dibynnu ar ddulliau oes grefyddgar a fu o ymadroddi. Mae diffuantrwydd y canu i'w glywed yn y cerddi i gyd ond mae'r odli rhwydd yn cyfyngu ystyr yn barhaus o fewn terfynau cyfforddus, megis yn y llinellau clo: 'Yn ei gymundeb mae rhinweddau gras/ Sy'n galw pawb i rannu'r ddwyfol dras'.

Mae cynnig *Effrata* yn fyfyrdod ar sylw trawiadol bachgen bach, ei fod am fod yn unben ar ôl iddo dyfu i fyny. Ceir portreadau o Stalin, Franco, Mussolini, Hitler, Saddam Hussein a 'Seneddwyr Israel'. Ymddengys cynildeb y canu yn gryfder ar y dechrau ond mae nerth y sylwadau ergydiol ailadroddus yn pylu rhywfaint wrth i'r dilyniant fynd yn ei flaen, serch eiliadau llachar megis y deyrnged i Lorca, 'Sbia, mae blows organdi'r nos/ yn rhydd'. Gwendid i'r gwrthwyneb a geir gan *Mynydd Bach*, sef tuedd i bentyrru geiriau ac i or-gyfoethogi mynegiant. Ac eto, ceir ambell drawiad hyfryd, megis wrth sôn am 'lifeiriant Llugwy'n llafar/ Yn llifo dros gerrig yr anawsterau'. Prin iawn yw'r enghreifftiau o wreiddioldeb mynegiant, ysywaeth, yng ngwaith *Esther*, yn rhannol oherwydd bod y dathliad o gariad Crist unwaith yn rhagor yn gaeth i ystrydebau crefyddgar ac yn cael ei fynegi'n ormodol mewn iaith ryddieithol, ac eithrio ambell ymadrodd wrth fynd heibio, megis 'Trown y tudalennau/ gan ollwng paill/ oes oesoedd'.

Ysgogodd y testun 'Yn y Gwaed' ambell fardd i fentro i fyd y 'cromosomau', fel y gwna *Lise*, ond fel yr â'r gwaith rhagddo, mae'r pwyslais fwyfwy ar atgofion am hynafiaid. Unwaith yn rhagor, amlygir diffyg clust at rythm, yn ogystal ag at fywiogrwydd iaith, wrth i'r gerdd raffu cyfres hir o linellau undonog. Mae *nwadin* yn barotach o lawer i adael i'w frawddegau lifo dros lannau ei linellau, gan ffrwythloni ystyr o bryd i'w gilydd: 'Mi ddaw yfory, a'i wawr pinc-tafod-babi/ yn llyfu gweddillion y nos'. Ceir ymdrech hefyd i gyfoethogi mynegiant ond mae hynny'n esgor weithiau ar ymadroddi chwyddedig: 'Gan gario creithiau ei llosgiadau cnawdgoch/ yn fflamau ei chydwybod'. Ymddengys yr un gwendid yng ngwaith *Nodi*, wrth drin cwlwm perthyn, a chydnabod y berthynas gymhleth rhwng rhieni a phlant. Mae'n taro deuddeg o dro i dro, wrth sôn am geir angladd yn llithro'n slic drwy gatiau mynwent, 'Fel ceiniogau i gadw-mi-gei,' neu wrth bortreadu tad sy'n trin ceir mewn garej: 'Metel am ei ben,/ Bonet car fel clustog/ Yn byddaru'r byd'. Eithr ceir hefyd lawer o ganu llipa, 'Y boi bach ar ben y byd,/ A'r bydysawd wedi'i oleuo gan fys bawd babi'.

Un o'r peryglon pennaf, 'debygwn i, wrth fentro arfer y wers rydd, yw bod y barddoni wedyn yn rhy lac ac yn ddi-lun. Heb ddisgyblaeth ffurf ac odl, mae'r cyfan yn dibynnu ar glust hynod fain sy'n medru synhwyro pryd yn union i amrywio rhythm ac i newid y cywair. A phrin iawn yw'r rheini sy'n meddu ar y ddawn honno. Amlygir y gwendid hwn dro ar ôl tro yng ngherddi cystadleuaeth y Goron eleni, megis yng ngwaith *Ynysowen*, sy'n cyfosod hanes echrydus claddu'r ysgol yn Aber-fan â'r hanes am y lladdfa fawr a fu ganrifoedd ynghynt 'ar lethrau'r mynydd uwchben yr ysgol'. Er yr ymdrech i ddynwared llymder disgybledig yr Hengerdd yn y dechrau, ac yna i arfer dull llawer mwy llac a chyfoes o lefaru yn yr ail ran, ni lwyddir yn aml i amrywio'r canu mewn modd cofiadwy. Ond mae'r cynnig hwn yn frenin ar ymgais *Salem*, sy'n frith o ymdrechion aflwyddiannus i sgrifennu mewn dull cynnil o ffraeth. Fel yr awgryma enghreifftiau gwan fel 'Gyda diwedd einioes/ Daw diwedd y grefft', nid yw'r awdur yn meddu ar y glust sydd ei hangen i droi gosodiadau moel yn gân i gyd.

Problemau i'r gwrthwyneb fydd yn debygol o godi wrth lunio llinellau sy'n odli. Mae ymdrechion ysbeidiol *Siarl a'i Longofod Fictorianaidd* i'r cyfeiriad hwnnw yn cloffi am eu bod yn ddibynnol ar eiriau llanw: 'trydar, trydar! fel seiren las,/ sŵn adenydd fel hofrennydd cas'. A phan yw'n rhoi'r gorau i ymdrechu, mae'n dueddol o syrthio i bydew datganu clogyrnaidd: 'Ac ymhen y daith honno mae gwylanod/ i'w gweld yn dilyn y medelwyr i'r maes;/ yn codi'u golygon at weddillion ddoe,/ a chlegar yng ngolwg y fynwent benisel'. Ac fe fyddai'n well pe bai *Plasma* wedi gosod ei 'gerddi' ar bapur ar ffurf rhyddiaith, oherwydd dyna a geir yn ei waith ef – er mai rhyddiaith ddi-liw fyddai honno. Fel y dywedodd Ezra Pound, cyn medru sgrifennu barddoniaeth dda, yn arbennig yn y wers rydd, rhaid gallu sgrifennu rhyddiaith arbennig o dda yn gyntaf.

Mae llawer iawn mwy o fynd yng ngherddi *Pen Ceffyl Mewn Pedol,* a da hynny, yn arbennig o ystyried eu bod yn deyrnged i berfformiadau'r gitarydd Martin Taylor. Nid peth rhwydd yw ceisio cyfleu'r profiad o ymateb i gerddoriaeth mewn geiriau ond llwyddir i awgrymu hynny mewn llinellau megis 'Drymiau'n siffrwd fel pampas, y plu ysgafn'. Braidd yn fregus, efallai, yw'r ymdrech i gysylltu â'r testun – 'Beth petai'r "athrylith" wedi llifo'n goch/ cyn ei greu' – ond mae hynny'n wir am nifer helaeth o'r ymdrechion eraill hefyd yn y gystadleuaeth eleni, ac nid drwg o beth mo hynny bob tro. Eithr, gwaetha'r modd, nid yw'r canu'n llwyddo i gynnal ei safon, er gwaethaf yr ymgais barhaus i newid y rhythm a'r cywair, ac ymddengys yn llafurus o 'farddonllyd' ar brydiau: 'Doist yma yn nhwll y nos gyda brwsh ysgafn/ i chwipio gwe gofidus o'r nenfwd'.

Ceir gan *Cwm Bach* ddechrau addawol i'w waith: 'Unwaith, pan oedd goleuni/ yn llanw Ystafell Gynddylan/ a'r mân bryfed fel acrobatiaid yn y gwres'. Eithr ysywaeth, nid yw cam dros y trothwy bob tro yn hanner y daith ac y mae'r ymgeisydd hwn yn diffygio'n fuan, gan syrthio'n ôl ar ymadroddi hamddenol. Mae'r cyfan yn gymen ond nid oes cyffro yng ngwead y geiriau tan i ambell ymadrodd ein cynhyrfu, megis 'Dagr miniog y cytseiniaid yn pylu'. Gresyn na chafwyd llawer mwy o enghreifftiau beiddgar eraill tebyg. Gwaetha'r modd, ni cheir eiliadau cyffrous tebyg wrth ddarllen *Pant Teg,* am fod y canu mor undonog ac mor gyson ei guriadau. Mae'n sôn am 'linc-di-loncian yn anhysbys/ Ar balmant llydan,' a phrofiad nid annhebyg a ddaw wrth ddarllen ei linellau.

Mae *Siors* yn mentro ymdrin ag ymdrech person i osgoi mynd yn gaeth i'r ddiod, a'r modd y mae'n troi at 'mariwana' yn lle hynny. Gwaetha'r modd, nid yw'r darn yma'n farddoniaeth, ac yn achos yr ymgeisydd hwn, o leiaf, gwell fyddai pe bai wedi ceisio trin y profiadau drwy gyfrwng rhyddiaith. Eto fyth, dyma gynnig sy'n haeddu ei ganmol am ei fod yn ceisio mynd i'r afael â realiti hyll y bywyd cyfoes, a phrin iawn, iawn yn y gystadleuaeth hon yr oedd unrhyw ymgais i wynebu hynny. Yn wir, fe gafwyd llawer gormod o ganmol hynafiaid ac o farwnadu'r hyn a fu. Enghraifft o hyn yw cerdd *Synfyfyriwr,* galarnad o'r dechrau i'r diwedd sy'n gresynu'r cyfan a gollwyd gan Gymru ar hyd y canrifoedd, am iddi gael ei goresgyn, o gyfnod 'Hengist, Horsa a'u hil' hyd at gyfnod 'canu pop y Sais' ein cyfnod ni, gan estroniaid. Nid cerdd mo hon, mewn gwirionedd, eithr moeswers sur.

Y TRYDYDD DOSBARTH

Perthyn rhyw naturioldeb dengar i ddilyniant *Cae Helyg* yn y dosbarth hwn, a cheir cyffyrddiadau hyfryd yn y gyfres, megis cof llanc am ddiwrnod lladd mochyn pan nad oedd yn bosib iddo 'adael ffenest/ gymylog fy ofn' wrth wylio'r mochyn druan yn sefyll yn ei unfan ar ôl tyllu ei wddwg, 'wedi ei garcharu yno, ac yn siglo'i/ goesau'n wan fel baban'. Ochr yn ochr ag enghreifftiau fel hyn, yn anffodus, ymddengys sawl llinell lipa, gan gynnwys ambell eiliad sentimental. Mae'r atgof am fachgen yn gofalu'n annwyl fod ffon ei fam-gu yn gyfan ac yn ddibynadwy yn ddigon effeithiol, ond gwan yw llinellau clo'r gerdd hon, wrth i'r crwt ymateb i'w marwolaeth hi: '"Ffarwel, mamgu", dywedais/ "edrychaf i ar ôl eich ffon"'. Nid yw'r fath linell yn deilwng o'i lle mewn cerdd a fedr sôn yn afaelgar am fodryb sy'n dechrau 'brawddeg a'i gadael i hongian/ fel sgarff dros ei hysgwydd'.

Gwaed cenedl ddrylliedig yn hytrach na thylwyth sydd yn mynd â bryd *Y Brain,* er mai'r adar duon rheibus ac ysglyfaethus hynny yw gwir destun y dilyniant. Gall y canu fod yn addawol o delynegol: 'Trwy'r drws agored/ lledu wna y gwyll/ a rhuthr adain/ yno uwch y crud'. Ond mae'n llawer mwy tebygol o orffwys yn gyfforddus ar ystrydebau megis 'sepia'r cof' neu 'dod trwy wyll/ y canrifoedd tywyll' neu 'plethwyd iaith/ yn gwlwm tyn o berthyn'. A lle bo *Y Brain* yn hoff o gyffredinoli am gyflwr cenedl gyfan, hanes un ferch yn unig a geir gan *Machlud,* a honno'n un o blant y capel sy'n colli ei ffydd ac yn cael ei thanseilio'n seicolegol o'r herwydd: 'Afonydd ei theimladau/ Gyda phydredd yn trymhau,/ O sugno bryntni geiriau'. Mae'r defnydd o odl yn eithaf celfydd yn y gerdd hon drwyddi, er na lwyddwyd i sicrhau'r hyblygrwydd mynegiant sydd ei angen os am osgoi syrffedu. A cheir sawl enghraifft anffodus o bwyso ar eiriau llanw: 'Bws yn cludo criw o'r ysgol – lawr i'n/ Dinas fawr deheuol,/ Yn hapus ar yr heol/ Heb ddioddef unrhyw lol'.

Braf iawn oedd derbyn cyfres o gerddi'n ymwneud yn benodol â phrofiad y ferch o waedu'n fisol, am fod hynny'n ymestyn testun y gystadleuaeth i feysydd ehangach o brofiad dynol nag y rhoddwyd sylw iddynt mewn barddoniaeth tan y chwarter canrif ddiwethaf. Ac y mae ymdrech *28* yn fywiog drwyddi. Ar ganol y dilyniant, fe ddaw'n eglur ei fod yn ymwneud â'r profiad nodweddiadol gyfoes o genhedlu drwy ddull ffrwythloni artiffisial: 'Nid etifedd Eden mohonot/ eithr epil y profdiwb/ *in vitro* – a nawr ynof i'. A phan ddaw drama'r geni, fe ddeil yr ymgeisydd gymhlethdod teimladau corfforol croes y fam i'r dim: 'a cheir dy gyfarch hefyd,/ gan fy nghroth grynedig,/ yn jig galar y geni,/ cyn llifo ei cholled/ coch, cras, cignoeth,/ dros wely hysb yr ysbyty'. Mae llawer i'w ganmol ynghylch y cerddi hyn ond, gwaetha'r modd, ni lwyddwyd i gynnal y safon hyd y diwedd. Nid yw sôn am y babi fel 'baton bach cotwm' i'w drosglwyddo yn *relay* dilyniant bywyd – o fam-gu i fam i ferch – yn taro deuddeg i'm clust i. Ac yn yr un modd tybiaf mai gwell fyddai osgoi ymadroddion dof megis 'Ond dacw ti o'r diwedd/ mewn perffeithrwydd pitw,/ yn llenwi fy mreichiau, a'm bron'.

Amrywiaeth gwahanol ar y deunydd arferol a amlygir gan *Jacanori*, gan fod y gerdd ar ei hyd yn ymgais i ddynwared dull y rapwyr cyfoes o adrodd stori: 'Mae'r awen ar sbri./ 'Rwyf yn rapiwr o fri./ Cân ar fy min./ A gitâr ar fy nghlun'. Dull o farddoni ar lafar yw rapio, wrth gwrs, ac nid yw'n hawdd dal ar bapur fomentwm y llefaru na sicrhau na fydd y bît ergydiol cyson yn merwino'r glust ac yn marweiddio'r deall. Ond mae'r ymgeisydd yn cael hwyl go dda arni, a hawdd mwynhau asbri'r cyfan wrth i *Jacanori* adrodd hanes y frwydr dros hawliau'r iaith Gymraeg, gan ganolbwyntio ar yr ymdrech i sefydlu S4C. Mae'n gerdd ysgafn, ddifyr ac effeithiol. Hawdd maddau'r mannau gwan, gan fod y rheini'n gweddu ar un ystyr i'r canu-ar-y-pryd, a dull ffwrdd-â-hi y trwbadŵr cyfoes o ymadroddi. Mae'n demtasiwn mawr i goroni *Jacanori* pe na bai ond er mwyn gweld pa fath o rapio gorseddol a ddeilliai o hynny; ond pwyll piau hi, gwaetha'r modd.

Pur wahanol, mae'n debyg, fyddai'r profiad o goroni *Omar*, gan ei fod yn dirmygu'r fath ddefod fel 'sioe bypedau': 'Yn Awst ein dathlu/ tynnwn fêl o'r tannau,/ gweiniwn y cledd a bloeddio/ "Heddwch", er bod arfau'r brad/ cyn llymed heddiw ag erioed'. 'Ymchwydd burum digofaint' yn y gwaed yw testun ei ddilyniant ac mae'n crynhoi nifer o enghreifftiau o'r rhai sydd wedi gorfod ysgwyddo baich dioddefaint y gorffennol. Mae grymuster angerdd a dirmyg yn y canu ond nid yw bob tro'n cael ei ffrwyno'n effeithiol gan eiriau na'i gyfeirio'n ddi-feth gan ffurf. Amlygir yr un gwendidau yng ngherdd *Dau* sydd eto fyth yn canu dan deimlad: 'Dôi hunan-wawd i nadu/ Â dirmyg a'm dirymai./ Na thwylla dy hunan:/ Nid opera fawreddog mo hon/ Ond opera sebon yn y bôn'. Mae'r cyfan yn troi'n orfoledd ymhell cyn y diwedd dan ddylanwad nwyd serch ond mae llawer gormod o ddatganiadau llac yn y gwaith hwn ar ei hyd: 'Atseiniem wres ein gilydd,/ A chlywem guriad oes caru'. Mae'r delweddu'n llafurus: 'Gwyliem gyda'n gilydd/ Ein opera wych yn parhau/ Gan ddilyn sgript/ Rhaglennu ein genynnau'. Ac yn anaml iawn y bydd yr ymadroddi'n dreiddgar o gryno.

Mae gwendidau *Dwmplen Malwoden* yn bur debyg, a'r un mor amlwg. Rhaid cyfaddef fy mod i'n ei chael hi'n anodd dirnad beth yw'r ddolen sy'n cydio'r naill gerdd yn y dilyniant hwn wrth y llall, a chaf yr un anhawster i ddeall perthynas y cyfan â thestun y gystadleuaeth. Wrth adrodd yr hanes am lysdad yn ceisio dysgu ei blentyn i yrru car, llwydda'r ymgeisydd i sgrifennu'n bur effeithiol: 'Bustachu at y briffordd a wnawn/ a thrio sleifio allan, heb niweidio neb'. Ond camsyniad oedd dwyn Waldo i gof wrth geisio canu cerdd i 'Cymry' (er mai 'Cymru' a olygir, mewn gwirionedd): 'Nenfwd fy nhŷ, gofod fy enaid./ Syniad mawr fy mebyd;/ cornel fach fy mywyd'. Nid dyma'r unig esiampl yn y gerdd hon – nac, yn wir, yn rhai o'r cerddi eraill – lle mae'r afael ar yr iaith braidd yn ansicr, a braf dod ar draws cynnig *Maes y Groes* sy'n gwneud defnydd da o iaith frith ambell gynnyrch yr ysgolion dwyieithog: 'Ni'n cael bad press ni yn,/ yma ar y ffin./ Mae'r puryddion iaith actually/ yn 'poen yn y tin"'. Os yw'r gerdd hon yn y dilyniant yn gwneud hwyl am ben y siaradwr, y mae hefyd yn dangos tipyn o gydymdeimlad ag ef, wrth awgrymu nad yw ei amgylchiadau teuluol a chymdeithasol yn llawer o gefn iddo. Hoffais fywiogrwydd y canu – 'Un min nos haf 'mhell yn ôl/ ymestynnodd amser ei lastig/ a bu'n drugarog wrth ddau "Swog"'. Mae 'na ddyfeisgarwch egnïol yn y dilyniant hwn drwyddo, a hawdd cydymdeimlo â'r dymuniad – a adlewyrchir, wrth gwrs, yn null y canu – 'fod y Gymraeg hyd bafin dinesig/ a beirdd Cymraeg yn cael *strît cred,*/ nid eu dysgu ar gyfer arholiad yn unig bellach'.

Mae ymdrech *Ann Griffiths* yn dipyn o orchest, gan ei bod wedi dewis mabwysiadu dull arbennig o gaeth o ganu sy'n dibynnu'n llwyr ar amrywiaeth o fewn patrymau cyfyng o ailadrodd. Y nod yw creu momentwm cynyddol er mwyn cyfleu profiad creiddiol, sef gorfod dewis rhwng 'Na' ac 'Ie' wrth ymateb i gyfleoedd y mae bywyd yn eu gosod ger ein bron. Dywedwn 'na', felly, wrth driciau 'yn twyllo,/ A'r twyllo yn gyffro/ A'r cyffro yn gyffur/ A'r cyffur yn gysur,/ A'r cysur yn pylu/ A'r pylu yn grefu', ac yn y blaen. A dywedwn 'Ie' wrth ddathlu y 'direidio sy'n neidio,/ A'r neidio yn ddawnsio,/ A'r dawnsio yn llawen,/ A'r llawen yn chwerthin,/ A'r chwerthin yn ddynol,/ A'r dynol yn ddwyfol'. Neges y gerdd ar ei hyd yw'r modd y mae pob profiad, boed yn bositif neu i'r gwrthwyneb, yn anorfod glwm ag un arall, ac mae'n cyfleu hynny'n effeithiol dros ben, eithr ar draul cadw o fewn terfynau sydd, erbyn y diwedd, braidd yn gaethiwus, a chan fethu gwisgo cnawd y profiadau dynol am esgyrn moel y cyffredinoli parhaus.

Cerddi i'r gwrthwyneb yw dilyniant *Ap ap ap*... Fel yr awgryma'r ffugenw, testun y canu yw llinach ac ach, a hyfryd gweld amrywiaeth cyson yn y mynegiant wrth bortreadu 'Taid a Nain' a 'Dada' a rhai o aelodau eraill y teulu. Mae anwyldeb twymgalon yn y portreadau hyn ynghyd ag edmygedd wrth gofio am dad a oedd yn 'rebal anorffenedig', 'yn farnwr di-wyro/ na ildiai air i'r stiward a'i gachwrs gynffonwyr'. Dengys y bardd ei hun ei fod yn medru agor 'cwysi'r Idiomau,' ond nid yw bob tro'n medru ymatal rhag rhethregu'n sentimental: 'Lle bu crochan wlatgar yn ffrwtian/ dros ofargrafangau pentan/ hen genedl dan warchae'. Peth peryglus yn aml fydd hi i fardd ganiatáu i'w ddychymyg ddychwelyd i 'erwau erstalwm'. Ac ar ôl cymaint o sefyllian uwchben yr hen ffordd Gymreig o fyw, daw cyfres *Tŷ Isa* o gerddi fel chwa o awel iach, gan eu bod yn trafod y berthynas rhwng Cymro ifanc a Nongquase, 'ffrind/ Balch croenddu' o Dde'r Affrig. Rhydd hynny gyfle i fyfyrio uwchben hanes llwyth y naill a'r llall ohonynt, gan gyfaddef rhan y Cymry yn y rhyfel yn erbyn y Zulu a chael golwg ddadrithiol ar arwyr megis Michael D. Jones a'i antur fawr ym Mhatagonia wrth sylwi ar ymateb y ferch: 'A Non yn gweld/ Trwy ei llygaid hi,/ Ac yn gofyn am dynged/ Indiaid y tir'. Mae symlrwydd y canu, a'r weledigaeth newydd a ddaw wrth gyfosod profiadau'r Cymro a'r ferch o lwyth y Xhosa, yn weddau cyfoethog ar y dilyniant hwn. Ac ar y diwedd ceir priodas effeithiol rhwng y ddeufyd hyn: 'Braw Aber-fan/ Eto'n friw i mi/ A chof sawr Soweto/ Yn ei thagu hi'. Er nad yw rhinweddau'r gwaith hwn byth yn ddisglair, maent yn sicr i'w gwerthawrogi a'u parchu.

YR AIL DDOSBARTH

Yn naturiol, gan fod ymgais *Dôl-y-fasarnen* yn trin profiadau Cwm Rhondda ac ardal cymunedau glo'r De, fe apeliodd yn ddirfawr ataf. Er mai darnau o waith Idris Davies a osodir ar y blaen, daw canu Kitchener Davies a Rhydwen Williams ac eraill yn syth i'm cof, ac yn wir nid yw'r gerdd hon yn llwyr annheilwng o'i chymharu â'u cerddi hwy. Hawdd ymdeimlo ag ing ac angerdd y cof am yr hyn a fu, wrth i'r glowyr 'Offrymu eu heinioes i'r imperialwyr lle mae'r coed/ Yn rhegi a chablu pwysau'r mynyddoedd ar eu cefn'. Ac o bryd i'w gilydd bydd llinellau'n gwirioneddol gynhyrfu'r dychymyg, megis wrth ddisgrifio parc y Rhath liw nos: 'Lliwiau'r nos yn gorymdeithio'n garnifalaidd yn y glaw/ a secwins y strydoedd yn serennu ar fronnau'r Taf./ Nid oes ar dudalen lân y nos/ ond coma eiddil o leuad lle bu'r geiriau'n gwreichioni'. Mae'r cyfan yn gaboledig a gwelir ôl un sy'n medru trin iaith yn ddeheuig ar y gerdd o'i dechrau tan ei diwedd. Y gwendid mwyaf yn achos y canu deniadol hwn, debygwn i, yw'r duedd gyson i ymollwng i rwyddineb rhethregu ac i nofio'n esmwyth ar lif geiriau wrth gofio am y 'tramiau'n cario'r gwaed du o'r Cymoedd/ a'r Bae'n ferw gan weithwyr,/ morwyr a chyfalafwyr'.

Os yw barddoni mewn modd gwreiddiol am brofiadau'r maes glo yn anodd, yna mae'n siŵr o fod yn anos fyth coffáu trasiedi erchyll Aber-fan. Ond dyna a wna *Sedilia*, gyda'r bwriad o lunio 'Cerdd ddogfen i deledu'.

Ac yn wir, byddai'n ddiddorol iawn gwrando ar y gerdd hon yng nghyswllt llun a ffilm. Mae'n gynnil o awgrymog o'r dechrau: 'Coch fydd eira'r cwm/ ambell aea'/ graean y Cyngor/ fel ôl gwaed/ ar yr aur gwyn./ Rhuddem, ym mhob diferyn'. Hawdd gweld bod gan y bardd luniau mewn golwg a fyddai'n cynganeddu'n effeithiol â'r geiriau. Mae'r cyfan yn gelfydd, wrth i'r awdur gadw cyfrwng y teledu mewn cof ar hyd yr amser. Ac mae'r ymadroddi' gallu bod yn hamddenol ar dro ac yn hyfryd o gynnil bryd arall: 'Yr hedd di-huddug,/ A'r distawrwydd llwydwyn// Cyn i'r domen lo dorri llinach/ A datod llinyn'. Ymhellach clywir lleisiau'r rhai sy'n medru tystio i'r hyn a ddigwyddodd ar y diwrnod erchyll hwnnw ym 1966. Dyma gerdd i'w gwerthfawrogi ac mae iddi glo cofiadwy sy'n nodi bod i 'bob hanes trist/ ei dwristiaeth' ond mai unig fwriad y bardd yw gosod 'Geiryn neu ddau ar gamera, dyna i gyd,/ Er mwyn diosg hualau/ Yr hyn a fu'. Ardderchog. Ond golyga sgript deledu yn anorfod fod angen lluniau i gyfoethogi a chyfannu'r gwaith, a dyna'r teimlad a erys ynof ar ôl darllen y gerdd nodedig hon.

Am 'igam-ogamu'r inc o'r naill linell i'r llall/ a cheisio gwneud synnwyr o'r byd' y mae *Ceridwen,* wrth dywys ei baban ar hyd gwythiennau'r hanes sydd yn ei waed. Try 'alawon y gwaed' yn 'alawon ddoe/ ac alawon yfory'. Llwydda'r canu i ddal synwyrusrwydd profiad – 'Dringo dros gamfa, sy'n crawcio dan y straen', 'Pwnio'n traed i'r tir, a phlannu cysgod siâp esgidiau/ yn gusanau ar hyd wyneb yr ehangder mawr'. Ac mae'n well gen i'r rhannau hynny na'r rhai sy'n sôn am Ferched Beca a Glyndŵr. Unwaith y mae'r gwaith yn crwydro i'r cyfeiriadau hynny ac oddi ar lwybrau hanes yr unigolyn a'r teulu, mae'n mynd ar gyfeiliorn ac yn colli ei rym. Trueni am hynny, am fod deunydd barddoniaeth dda, gynhyrfus, yn cael ei wastraffu. Erbyn y diwedd, nid oes digon ar ôl o'r dyfeisgarwch addawol a ymddangosai ar y dechrau.

Mae dilyniant *Dwywaith yn Blentyn* dipyn yn symlach ei wead ac yn debycach i'r lluniau bras, lliwgar a geir mewn llyfrau plant bach. Dyma i chi gof am Sioni Wynwns 'a rhaffaid o gwestiynau/ heb eu hateb/ o'r golwg mewn clawdd prifets/ rownd y tro'. A dyna i chi'r sylw bachog am arholiad a fu'n fwgan i sawl cenhedlaeth o blant bach: 'Ysbryd yw'r lefn plys/ sy'n gallu byw mewn plant/ ar ôl i'w fywyd ddod i ben'. Ac os teimlo a wna dyn ar ôl darllen rhai o'r ymdrechion blaenorol na chyflawnwyd yn llwyr eto y doniau a amlygir yn y canu, yna'r teimlad a ddaw yn sgîl gwaith *Dwywaith yn Blentyn* yw ei fod wedi arfer y ddawn gyfyng o ddathlu diniweidrwydd cyfnod plentyndod hyd eithaf ei allu.

Yr hyn y mae *Sawl 's' sy'n Mississippi* yn ei ddal i'r dim yw cyffro cyfnod hwyrach pan fo caneuon canwr gwlad fel Johnny Cash yn medru troi'n obsesiwn. Mae wedi llwyddo i gyfuno 'caneuon gwlad' Cymru – sef yr hen benillion a'u tebyg – â'r profiadau cyfoes yr oedd Johnny Cash yn medru eu lleisio mewn ffyrdd mor gofiadwy. Mae cyffro braf yn y dilyniant hwn, ac mae'r edmygedd o'r Americanwr yn esgor ar amrywiaeth creadigol iawn o fynegiant. Prin iawn yng ngwaith yr ymgeiswyr eraill yw'r ddawn sydd gan hwn o gyfleu asbri aflonydd: 'dawnsio fel y pïod anwadal/ sy'n chwarae triwant yn yr ardd'. Mae'r cyfan yn codi calon ac yn arwyddo'r hyn sy'n bosib y tu hwnt i'r hen arferion treuliedig o farddoni a'r hen destunau cyfarwydd. Ac os oes gan Johnny Cash lawer i'w ddysgu i feirdd Cymru, ceir beiddgarwch dihysbydd yng ngherddi gorau beirdd America yn ogystal, a gresyn na fyddai mwy o'n beirdd ni yma yn sylwi ar hynny.

Y gwaed, wrth gwrs, yw llif angau ynom yn ogystal â llifeiriant bywyd. Y clefyd melys, neu glefyd y siwgr, yw testun *bonheddwr bach,* ac mae'n dechrau drwy gofio am y termau meddygol sydd yn ei waed yntau: ramipril, methyl hydroxybenzate, titanium dioxide. Elwa o'i brofiad mebyd o afiechyd ei dad, am ei fod wedi galluogi bardd i amsugno rhywfaint o ddealltwriaeth meddyg a gwyddonydd: 'Mae gobaith mewn gwyddoniaeth./ Rhyfeddais ar liwiau'r enfys a ddeuai o balet dy bledren/ gyda mam yn profi dy ddŵr a'i chariad hefyd./... Mae grym mewn miligramau'. Ac am ei fod yn hen gyfarwydd â'r clefyd sydd yng ngwaed y teulu, sylla ar ei feibion ifainc, diofal gyda llygaid mwy gofidus na'r cyffredin: 'mae bomiau yn llechu yn eu bioleg hwythau,/ ffrwydradau y dyfodol yw'r rheiny'.

Atgofion un a gollodd gymar sydd gan *Koinonia,* a hynny mewn cyfres o gerddi sensitif, gafaelgar. Llwyddir i gyfleu sioc y golled annisgwyl i'r dim: 'Yn y llun,/ ni welaf hyd heddiw addewid/ o newid yn cropian i'r ffrâm'. Dethlir yr hapusrwydd a fu: 'Er gwybod nad oedd gorwel/ y tu hwnt i'th orwel di,/ ac na allwn innau droedio/ tywod dy dreiau di/ mi wn im fethu gwrthod/ y sipsi ynot ti'. Canu tawel, a manylion tyner, dyna rinweddau'r dilyniant swynol, hiraethlon hwn.

Y DOSBARTH CYNTAF

Fe ddown yn awr at oreuon y gystadleuaeth, yn fy ngolwg i. Mae cyfres *Llinyn Brau* yn haeddu sylw i ddechrau am ei bod yn rhoi teyrnged i Charles Darwin, ganrif a hanner ar ôl cyhoeddi *The Origin of Species*: '*Nesonimus trifasciatus./ Nesominus melanotis./* Dau enw gwelw'n sownd wrth goesau,/ pedwar gair sy'n adrodd cyfrolau/ am un a fentrodd hedfan syniad/ i ganol stormydd gwawd'. Ar ôl dechrau yn amgueddfa ysblennydd Gwyddorau Byd Natur yn Ne Kensington, mae'r gerdd yn datblygu wrth i ddamcaniaeth chwyldroadol Darwin arwain yr awdur at olwg newydd arno'i hun ac ar y byd natur y mae'n ddarn annatod ohono. Mae'n gwylio adar Manaw, er enghraifft, gan ddychmygu eu 'fflic-fflacio'n sydyn drwy gawodydd trochion/ ar siwrnai ddi-derfyn hyd y tonnau llwydion'. Ond ar yr un pryd, mynna fod gan yr hil ddynol 'nodau sy'n unigryw/ ymhlith creaduriaid byw/ y ddaear'. Eithr mae'r dilyniant yn gorffen drwy sylwi ar 'sain [y] trachwant' a fydd yn 'alaw ein difodiant'. Nid yw'r canu ar un gwastad ar hyd yr amser, efallai – ceir ambell ymadrodd cymharol gloff: 'Ar y siwrnai "sha thre"/ ail grëwn gynnwrf y ddinas/ ar gynnwrf llychlyd y dydd'. Serch hynny, mae'n llwyddo ar y cyfan i drin myfyrdod mewn modd hyfryd o delynegol.

'Cyfarwydd byd natur,' oedd Darwin yn ei ffordd hynod wreiddiol ei hun, a dyna'r union ymadrodd a ddefnyddir gan *Cwm Rhiwarth* i ddisgrifio'i dad, a rannodd gyfrinachau byd natur ag ef, fel rhyw 'Wydion y Mabinogion'. Wrth iddo wneud hynny, fe enynnodd ddychymyg ei fab, gan gyfoethogi ei iaith yn arw, a chynnyrch hyn oll yw'r gyfres o gerddi grymus a geir ganddo. Mae'r cyfan yn gyforiog o hud a lledrith hiraethlon y cof am gyfnod a fu yn hanes cefn gwlad, pan oedd mam yn rhwbio 'ei balchder i'r rhesi sêr ar hoelion y trawst', a thad yn 'doctora'r cloddiau cerrig/ a chribo gwallt y gwrychoedd blêr.' Os oes 'na wendid yn y canu telynegol moethus hwn, yna hwyrach mai tuedd i oreuro cof â geiriau yw hynny, ac i fwytho ymadrodd: 'A chyn i ganhwyllau'r bythynnod wylo dagrau gwêr,/ fe glywem y brain boldew ar eu silffoedd derw/ yn prepian eu cwyn yn y gwag'. Ond mae'n wendid hawdd iawn i'w faddau, ac o bryd i'w gilydd ceir gan *Cwm Rhiwarth* ddisgrifiadau mwy trawiadol o gyfoes eu naws. Dyma'r modd y mae'n sôn am olion y Dyfrgi, er enghraifft: 'Ar wefl y dorlan roedd marciau ei ewinedd/ fel marciau teiars ar darmacadam y stryd'. Trueni, wedyn, ei fod yn ymollwng yn llac i ambell sylw llipa fel hyn: 'Rhoed llwybrau ôd lle bu'r âr/ a sgarff Duw dros gorff daear'.

Diflaniad yr hyn a fu sydd gan *Eleth* hefyd, gan ganolbwyntio ar nychdod cymdeithas werinol o gloddwyr mwynau: 'stumog wag o sefyllian/ lle gynt bu gwledd o gopor/ yn atseinio o'r graig'. Canolbwyntir ar weddillion y gymdeithas ddrylliedig honno drwy hoelio sylw ar un o'i phlith a agorodd siop gigydd yn y pentre nad yw bellach ond 'amgueddfa o gyflogaeth'. Ymdeimlir â'r tyndra sydd wrth wraidd ei fywyd wrth i'r dilyniant ddarlunio'n annwyl o sylwgar y berthynas agos, gymhleth rhyngddo ef a'i wraig: 'Cyn nos, fe fydd cymodi –/ dan ei gesail, ysgwydd oen 'di besgi;/ yn sŵn y saim melys sori,/ cig cydwybod yn glyd yn y popty'. Llwydda'n rhyfeddol o gelfydd i ddal sgwrs y pâr ar gân, heb amharu ar delynegrwydd disgybledig y gerdd. Weithiau bydd cymhlethdod y brawddegu yn drysu fy neall i – 'mae . . . ffraeo brawd-a-chwaer ar dafod/ y triogl melyn a'r lemwn sur/ yn brathu hiraeth i'r bore./ Defnyn ar wefus y dydd'. Ond anaml y digwydd hynny.

Prin iawn, iawn yn y gystadleuaeth hon, ysywaeth, y cafwyd enghreifftiau o gerddi'n manteisio ar ieithweddau brith ond bywiog ein dyddiau ni. Ond dyna a geir – a hynny felly i'w werthfawrogi'n arw – yn nilyniant *O'r galon*. Hwyrach fy mod yn ei orbrisio ychydig o'r herwydd, 'wn i ddim, ond hoffais afiaith a nwyfusrwydd y canu, sy'n dechrau drwy'n croesawu 'i gaffi'r siarad, siarad,/ lle mae'r merched hardd yn blasu coffi heb ei yfed/ a chwyrlïo sidan eu bywydau./ Y dynion glam tu fas/ yn smygu'n flêr'. Pwy a all wrthod y fath wahoddiad? Ond buan y sylweddolwn mai testun y gân yw colli cymar ifanc i afiechyd creulon, ac mai'r her a wyneba'r awdur yw sut i gyfleu 'gwaddol fy ngwefr i/ yn eiriau da', heb i'r cyfan droi'n 'dwdls brau o wynebau neis/ nad wyf yn eu hadnabod'. Mae'r gyfres yn pendilio'n ôl ac ymlaen rhwng cofio am gyfnod caru ('[ein] gwefusau/ yn goch gan loli pops') ac ymateb i fywyd gwag y presennol, lle y gall egni dihidans plant bach achosi penbleth yn y meddwl: 'Rwyt ti'n rhedeg. Drwy'r tŷ bach twt/ yn ysgafn o ddinistriol/ heb weld y rhwystrau./. . . Ti'n gwingo,/ yn gnonyn o gwestiynau/ nad wyf am eu hateb'. Dw i ddim yn siŵr fod pob cerdd yn y gyfres hon gystal â'r goreuon. Nid oeddwn yn arbennig o hoff, er enghraifft, o'r delyneg 'Y ferch ar y bont,' sy'n sôn amdani'n ymbaratoi i neidio i'w thranc. A theimlaf hefyd fod llinell glo'r gyfres gyfan yn siomedig o wan: 'Ar foreuau fel hyn gallwn newid y byd'. Ond ar eu gorau, y mae'r cerddi cynnil yn y dilyniant hwn yn meddu ar ynni cyffrous o aflonydd.

Yr hyn sydd yn mynd â bryd *Nefyn* ar y dechrau yw'r bwlch trist rhwng ddoe a heddiw'r genedl a amlygir yn y gwahaniaeth rhwng yr hen chwedlau sydd ynghlwm wrth enwau bro a chyflwr y bröydd hynny yn ein dyddiau ni. Dyma i chi ei fyfyrdod ar Gwm Cowlyd, er enghraifft: 'Llyn dall/ a churlaw/ bonion esgyll/ fy mreuddwydion hurt'. Ceir ambell gyfeiriad pwrpasol at alarnadau'r beirdd – 'Mor hirfaith/ hun yr arwyr/ a heno/ hynaf oll ŷm ni', meddir am Glyn y Groes, gan gofio am Guto'r Glyn. Efallai bod tuedd i ailadrodd ymadroddion ac i gael blas ar deimladau sydd eisoes yn hen gyfarwydd i'r sawl sydd wedi pori ym marddoniaeth Gymraeg yr hanner canrif ddiwethaf – sonnir, er enghraifft, am y 'swp/ o englyn llwfr/ ar y llechen las', wrth sylwi ar gyflwr Cwm Hir heddiw. Serch hynny, fe gwyd *Nefyn* ei galon tua'r diwedd, wrth sylwi ar ei nai a'i dafod 'rhwng ei ddannedd/ yn efelychu/ hynt y siswrn'; ac yn y gerdd glo am Tretŵr fe'n rhybuddia 'Nac oeda,/ i wyll y nos/ na sylla'n ôl'. Anwastad yw'r canu yn y gyfres hon, ond hoffais uniongyrchedd glân, clasurol rhai o'r cerddi a'r modd y maent yn gwnïo hanes, chwedloniaeth a'r bywyd cyfoes i greu brodwaith geiriol cyfoethog.

Moelni'r mynegiant sydd hefyd yn dal ein sylw yn nilyniant nerthol *Cwtin*, wrth inni brofi ing colled. Mae'r gyfres deimladwy o atalgar hon yn dechrau drwy fynegi'r chwerwder a ddaw i lanw'r gwacter wedi'r golled. Yna, fesul cerdd, olrheinir yr holl hanes tuag yn ôl, gan orffen drwy gofio'n hiraethlon am noson oer ddwy flynedd union ynghynt pan fu'r pâr yn chwerthin yn eira'r Nadolig heb sylwi ei fod yn 'prysur ddiffinio sgerbwd/ y dyffryn', na'i fod wedi gorwedd, 'a'r lloer/ wedi dechrau llwydo/ eisoes/ yn dy fêr'. Fel y gwelir, gŵyr y bardd yma sut a phryd i dorri'r llinell ac i amrywio'r rhythm. Noder yr enghraifft a ganlyn, wrth sôn am 'angladd y llwch' yn yr amlosgfa: 'A'r hyn sy'n weddill/ yw'r syndod syfrdanol/ o weld/ bod dy fydysawd i gyd/ yn gallu gorwedd/ mewn pwys/ neu ddwy/ o lwch'. Yn wir, mae'r canu ar ei hyd yn y dilyniant hwn o'r safon uchaf. Yr unig amheuaeth yn ei gylch i'm tyb i oedd y gallai'r mynegiant haearnaidd o ddisgybledig fynd ychydig bach yn gaethiwus o undonog erbyn y diwedd. Ond mae'n bur debyg y byddai modd ateb yn deg fod hynny'n gweddu i'r profiad o gael eich dal yng nghylch seithug galar.

Fe ddof, yn olaf, at ddau gynnig sydd, yn fy marn i, yn rhagori ychydig ar hyd yn oed y goreuon a gafwyd hyd yn hyn. Nid yw cyfres *Fferegs* o gerddi am y clefyd melys yn dechrau'n arbennig o addawol, am fod y gerdd gyntaf, 'Cymynrodd,' braidd yn anystwyth ei rhythm a'i mynegiant. Ond o hynny ymlaen mae'r canu'n prysur fagu traed, wrth i *Fferegs* olrhain yr hanes cudd am dad a oedd yn 'blentyn perth,/ cyswynfab cêl i ferch benfelen'. Cyn y diwedd, clywn y ferch yn adrodd ei hanes, ac y mae'r tad yntau'n cael cyfle i leisio'i ofid. Certmon oedd ef, llanc a ymunodd â'r fyddin a chael ei ladd yn ffosydd y Rhyfel Mawr, ac mae'r gerdd dafodieithol lle mae'n lleisio ei brofiad yn gofiadwy o rymus: 'Pob cam o'r lein i Weipers man'co/ ma'r ffosydd wedi troi'n gafen gwga'd,/ a'r llaid diwaelod yn nhir neb/ sy'n llyncu dynion a'u certweinie/ yn dwyn i'm cof y mignenni mawn/ ar hyd a lled y corsydd ar lefele'r Rhos/ lle cerddwn ni'r d'wetydd hwnnw,/ ac ma'r atgof yn crawni fel 'y nghlwyfe . . .' Yn wir, y mae'r gyfres o gerddi ar ddiwedd y dilyniant hwn i gyd yn arbennig o nerthol, gan gynnwys y soned glo ysgubol o dda sy'n gorffen drwy ddwyn i gof eiriau olaf y bachgen bach 'anghyfreithlon' hwnnw a aned i'r ferch benfelen a'r certmon. Fe dyfodd yn ddyn 'poenus o dafotglwm' a chlywn yr atal-dweud yn ei olaf gri: 'Ond cofiaf fyth, a'i fywyd bron ar ben . . ./ [y] crwt amddifad y tu ôl i'r llen/ yn llefain am ei Fam/, a'i eiriau clir/ mor huawdl o boenus, ac yn ei lef/ dim ond "ca-cariad" yn drech nag ef'. Fe ddaw hyn â chyfres wych Tony Harrison o sonedau, *The School of Eloquence,* yn syth i'm cof.

'Pan oedd ofon ohoni/ fel hoelen foel ynof i . . .': mae *Moelwyn* yn hoelio'n sylw'n syth o'r dechrau, wrth fynegi'r profiad o 'ddweud adnod' yn blentyn. Ac wrth gwrs, mae treiddgarwch y mynegiant yn dibynnu'n llwyr ar y gynghanedd ac ar fesur y cywydd. Yn y gorffennol, fe'i gwnaed yn glir o bryd i'w gilydd gan reolau cystadleuaeth y Goron nad derbyniol fyddai pryddest neu ddilyniant o gerddi a ddefnyddiai'r gynghanedd neu'r mesurau traddodiadol yn gyson. A phriodol hynny, yn fy marn i, rhag i gerddi'r Goron ymdebygu i gerddi'r Gadair ac i'r wers rydd ddiflannu o'r tir. Ond yn niffyg cyfarwyddyd clir i'r perwyl hwnnw y tro hwn, rhaid derbyn dilyniant *Moelwyn*. A phleser pur ar olwg arall yw gwneud hynny, oherwydd y mae o safon lachar. Diffyg ffydd yw thema'r gyfres ar ei hyd, wrth i'r bardd geisio dirnad y bwlch rhyngddo ef a'i Dad a'i Daid, 'daeogion y Bendigaid,/ y gwŷr da, garedigion/ y ffydd fawr ffieiddiaf hon'. Mae cymhlethdod ei deimladau'n esgor, dro ar ôl tro, ar wirebau a gwrthebiadau trydanol o dreiddgar wrth iddo simsanu rhwng dau feddwl nid yn unig ynghylch sicrwydd ffydd ond hefyd ynghylch gwerth ei grefydd amgen ef o farddoni: 'Camp y cywydd yw cuddio/ wylo coeth teulu o'u co';/ nid diawlio'n noeth, ond dal 'nôl,/ naddu'r boen yn dderbyniol'. Ac eto, wrth gwrs, drwy gyfrwng cerdd y ceir y gwirionedd deifiol o noeth hyd yn oed am ddiffygion barddoniaeth ei hun: 'Ni waeth i ni iaith na nef:/ diaddurn yw dioddef'.

Mae'r wedd hunangyfeiriol yma ar y canu – y modd y mae'n gyson yn ei amau ei hun – yn cyfoethogi'r cyfan yn ddirfawr, yn fy marn i. Wrth ddwyn i gof ymdrech plentyn mewn dosbarth celf i dynnu llun Duw, cofia fod 'rhai o'm rhes eisoes wrthi/ (y rhai hurt a'r rhai *arty*)./ Ond dalen wen yw 'nuw i.' O orfod cynhyrchu rhywbeth, 'Mi weithiaf, rhag methu,/ dduw tawel:/ duw *cop-out* nid duw capel'. Ond serch iddo ymwrthod â chredu, mae meddylfyd crefydd yn cyniwair drwy'i gân yntau ac yn anesmwytho ei geiriau ar ei hyd: 'seiadaf â'r trosiadau;/ bwytaf, yfaf sillafau./ Mewn gair mae'n gymun geiriau'. Onid 'chwarae cuddio' yw pob celfyddyd? Onid yw'r dirgelion eithaf yn amlwg ac eto ynghudd ym mhob celfyddyd fawr? Onid yw'r gwirioneddau gwaelodol ('run fath â'r Duw na fedr ef gredu ynddo) yn mynd yn 'dawelach fesul dalen/ tawelach na rhwd hoelen'? Ac yn wyneb erchyllterau bywyd, onid oes rhaid inni gyfaddef 'n[a]d yw duw nad yw yno/ neu dduw mewn cerdd, 'ma na 'co'. Ffin denau sydd rhwng gwireb ac ystrydeb ond gŵyr *Moelwyn* yn union sut i'w throedio hi.

Hawdd fyddai amlhau'r enghreifftiau o gymhlethdod cynnil, cyfoethog y canu yn y dilyniant eithriadol hwn. Felly, er y cafwyd gan *Fferegs* ddilyniant annwyl o gofiadwy, *Moelwyn* piau'r Goron yn y pen draw.

Daeth 44 o gerddi i'r gystadleuaeth yma eleni a chyda chynifer wedi cystadlu does ryfedd bod yma gryn amrywiaeth yn y safon ac yn nulliau'r beirdd o drin y testun diddorol yma. Mae'n amlwg i'r testun fod yn un apelgar ac nid hawdd fu bod yn bendant ynglŷn â threfn teilyngdod a dosbarthu, ond yn sicr roedd y testun yn rhoi digon o libart i unrhyw un. Rhaid nodi, fodd bynnag, i eiriad y testun eleni roi problem gan nad oedd sôn am gyfyngu ar y math o fesurau a ddisgwylid ac fe fanteisiodd un cystadleuydd ar y cyfle i gynnwys dilyniant o gerddi caeth yn y mesurau traddodiadol. Diddorol fydd sylwi ar ganlyniadau'r geiriad yma ar gystadleuaeth y Goron yn y dyfodol. Chwiliwn i am thema eitha' cyfoes neu, o leiaf, am thema a fyddai'n gwneud i mi ysu am ddarllen ymlaen ac, yn hynny o beth, ni chefais fy siomi gan fod yma feirdd dawnus iawn sy'n feistri ar eu crefft ac yn gyson eu safon. Mae yma hefyd nifer sydd wedi bodloni'n rhy fuan ar eu cerddi a heb fynd ati i gaboli'n ddigonol. Dyma fel y gwelais i'r gystadleuaeth a nodaf rif y dosbarth y gosodais hwy ynddo ar ddiwedd fy sylwadau am bob cystadleuydd.

Tŷ Isa: Dilyniant o gerddi am ferch groenddu o Dde'r Affrig yn cael ei thrwytho yn hanes ardal y Bala ac fe gysylltir hynny â dioddefaint ei llinach hithau. Mae yma ambell linell drawiadol iawn fel 'teisen disgwyl trên' ond fe aeth y canu'n ffwrdd-â-hi a rhyddieithol iawn mewn sawl man. Thema dda a oedd yn haeddu gwell gofal dweud ond, o dynhau a chaboli, fe fyddai'n llawer gwell. (2)

Synfyfyriwr: Pryddest atgofus ei naws am frwydrau dros yr iaith a Chymreictod ond mae cymaint wedi ei ddweud am hynny gan eraill fel mai anodd yw dweud rhywbeth newydd. Teimlais i mi glywed y cyfan o'r blaen ac mae angen mwy o reolaeth ar y canu penrhydd a strwythur llinellau. (3)

Fferegs: Saith o gerddi sy'n mynnu sylw o'r darlleniad cyntaf ac mae dehongliad y bardd o'r testun yn grefftus ac yn hynod gyfoes. Darlun teimladwy o ddioddef y clefyd melys ac er nad wyf yn or-hoff o doriad ambell linell, mae'r grefft yn pefrio mewn llinell lle mae'n disgrifio'r 'smotyn coch yn crynu ar fy mys/ fel chwilen fach'. Mae'r gerdd 'Cerddinen' yn un o gerddi unigol gorau'r gystadleuaeth. Mae'r iaith lafar sydd mewn sawl llinell yn cyfoethogi'r dweud bob tro, ac fe deimlais y gofid a'r rhwystredigaeth sy'n perthyn i atal-dweud yn y soned sy'n cloi'r dilyniant er i'r bardd gamodli unwaith. Ond mae hon yn glamp o soned ac fel un sy'n dioddef o'r un broblem, fe gefais wefr o'i darllen. Y gonestrwydd sydd i'w weld a'i deimlo yn y cerddi yma sy'n eu codi i dir uchel, ac mae'r dewis o fesurau'n gweddu i'r profiadau a'r teimladau bob tro. Cerddi i'r galon a'r glust a gefais i yma, yn enwedig felly yn y gerdd dafodieithol am y Rhyfel Mawr. Yr ydym yng nghwmni bardd hynod o ddawnus gyda sicrwydd profiad a dychymyg. (1)

Ap ap ap . . .: Darluniau o'i deulu sydd gan y bardd yma, disgrifiadau o agosatrwydd perthnasau a llinach ac mae ganddo ddawn i roi lliw ar y cymeriadau hynny. Ar brydiau mae yma orliwio wrth i'r brawddegau fynd yn drymlwythog ac fe gollir rhythm y dweud oherwydd hynny. Prin fod angen pethau fel 'gwael dir', 'diddan gwmni' a 'diamserol geulad' ond, wedi dweud hynny, mae yma fardd sydd ar ei orau yn gwybod beth yw rhin geiriau yn enwedig felly yn ei gerdd i 'Ewyrthod'. O hogi ei grefft, fe fyddai hwn yn uwch yn y gystadleuaeth. (2)

Siors: Taith y bardd trwy gyfnodau anodd yn ei fywyd, fel caethiwed i gyffuriau, alcoholiaeth ac ysmygu, yw cnewyllyn y canu yma. Mae yma ymgais at gael cerdd odledig ond mae sawl camgymeriad amlwg a chanu rhyddieithol iawn yn amlach na pheidio. Tenau yw'r gerdd o ran awen. (3)

Ann Griffiths: Ffugenw mentrus, a dweud y lleiaf! Cerddi wedi eu rhannu dan ddau bennawd 'Na' ac 'Ie' a'r cyfan yn llinellau byr ac odledig sy'n tueddu i wneud y gwaith yn undonog (e.e. dwsin o linellau'n dechrau gydag 'A'). Cylch bywyd sydd yma, y dianc o'r negyddol i'r positif, o fethiant i lwyddiant, ac o siom i lawenydd, ond er bod ambell gwpled sy'n taro deuddeg mae yma hefyd ganu llac a digyfeiriad. Prin fod y canu'n destunol iawn 'chwaith. (3)

Pant Teg: Wyth o gerddi sydd unwaith eto'n dilyn llwybr bywyd o ddedwyddwch stori Siôn Blewyn Coch i lesgedd henaint. Cawn gip sydyn ar sawl profiad ar y daith a'r bardd yn defnyddio naws y tymhorau i fachu'r hanesion. Mae yma sawl darlun teimladwy er nad oes fawr o ddim byd newydd. Mae agosatrwydd mam yn amlwg yn y dilyniant ond braidd yn anwastad yw'r safon er bod sawl llinell sy'n llawn addewid am bethau gwell. (2)

Cwm Bach: Dilyniant o saith o gerddi gydag ambell deitl fel 'Abram a greodd sgwter' yn ennyn diddordeb! Mae yma hefyd sawl tinc gogleisiol ac roedd hynny i'w groesawu, ond anwastad yw'r safon. Ar ei orau, gall fod yn rymus fel yn y gerdd 'Insiwlin' sy'n gerdd unigol dda, ond casgliad o gerddi sydd yma ac nid dilyniant. Er hynny, mae yma fardd sy'n dangos llawer o addewid. (2)

Maes y Groes: Agoriad bregus i'r gerdd gyntaf a chlogyrnaidd yw'r gwaith drwyddo. Ceir ymgais i fod yn stroclyd yma ac acw ond mae angen mwy na 'Heb ni, there'd be no Cymru' wrth drin a thrafod bratiaith y Gymru hon. Oes, mae yma ddarluniau o'r iaith yn ardaloedd y ffin ond darluniau heb fawr o wefr ydynt a phrin fod yma reolaeth ar fydr llinellau. (3)

Pen Ceffyl Mewn Pedol: Teyrnged a gawn i'r gitarydd jazz Martin Taylor ond prin iawn yw miwsig y canu yma. Mae'r gerdd odledig 'Tegan' yn colli yn y mydr yn aml a hyd y llinellau'n amrywiol iawn a phrin fod yr Awen yn agos at linellau fel 'Lobscows felly fu dy fywyd'. Mae cerddor mor ddawnus â Martin Taylor yn haeddu gwell teyrnged na hon. (3)

Dwywaith yn Blentyn: Mae'r pennill cyntaf yn llawn addewid ond dirywio fu'r hanes wedyn wrth i'r canu atgofus am ddigwyddiadau fel y cárnifal lleol a'r Busby Babes fynd yn gatalogaidd eu naws. Teimlais i'r bardd ddefnyddio'r testun yn esgus i rannu atgofion yn unig ac arwynebol yw'r gwaith ar y cyfan. (3)

Dwmplen Malwoden: Chwech o gerddi heb fawr o gyswllt rhyngddynt ac yn llawn o linellau byrion o ddisgrifio llythrennol. Os bardd ifanc sydd yma, fe fyddai darllen gwaith rhai o feistri'r *vers libre* o fantais iddo allu ymdeimlo â rhythmau llinellau. Dyma esiampl o'r math o ganu a geir ganddo: 'Lawr y lôn a rownd y stad/ heibio'r capel, heibio'r parc/ a thros y bont i stopio'n stond/ wrth yr arwydd stop'. Mae'n cymylu ystyr sawl llinell wrth bentyrru geiriau ac ailadrodd diangen. Sylwais ar sawl gwall yn y sillafu. (3)

Dau: Canfod cariad yw thema ganolog y bryddest yma ond prin yw gwefr y canfod hwnnw ac mae dechrau sawl brawddeg gyda'r un gair yn tueddu i ferwino'r glust. Mae llinellau fel hyn yn dangos yn eitha' eglur gerddediad y bardd: 'Nid barddoniaeth sy'n briodol/ Ond sgript ryddieithol ystrydebol'. Ceir tuedd hefyd i ddefnyddio'r gair cyntaf a ddaw i'r meddwl. (3)

Omar: Cefais beth trafferth gyda'r gwaith yma ar y dechrau oherwydd i'r dweud fod yn garbwl ac aneglur a phrin iawn yw'r mireinder sydd ynddo. Fel sawl ymdrech arall, aeth y bardd i ganu'n arwynebol a rhyddieithol yn rhy aml a cholli rheolaeth ar linellau (3)

Jacanori: Yn ôl ei gyfaddefiad ei hun, 'rapiwr o fri' yw *Jacanori* ac mae 'bît yn y gwaed,/ a bît yn y traed'. Mae hefyd yn honni ei fod yn gwybod 'be' ydi be' a 'pwy ydi pwy' ond ni lwyddodd i ddatgelu ei grefft i mi. Cawsom stribed o benillion llac eu gwead a'u hystyr, odli blêr a cherdd heb iddi fawr o gyfeiriad. Dyma fo ar ei waethaf efallai: 'Tanio i'r to, to y tŷ haf/ ta ta tŷ haf ta ta'. (4)

Plasma: Cyflwynodd ei waith gyda Phrolog sy'n agor fel hyn: 'Ym melynder y gwaed/ A lif trwy fy rhydweli/ Llecha Rhesus plws a minws/ Hyn ac arall'. Yna cawn ddilyn Brochfael Ysgithrog (Pendefig Gwlad

Powys) wrth iddo hela, cyn cyrraedd at Epilog sy'n dilorni ysfa dyn i ladd a dinistrio, gan sôn am Gilmeri, Alabama ac Auschwitz. Nid pregethu yw gwaith bardd, ond pregeth wantan iawn sydd yma beth bynnag. (4)

Siarl a'i Longofod Fictorianaidd: Naw o gerddi nad ydynt, yn sicr, yn ddilyniant ac, yn wir, fe gefais drafferth yn ceisio'u dehongli. I mi, mae'r testun yn hollol annelwig yn y casgliad hwn. Canu gwasgarog, er bod yma ambell gwpled ar y dechrau sy'n dangos peth addewid, ond mae angen llawer mwy o ddisgyblaeth nag a welir yma (4)

28: 'Y Cerddi Coch' yw'r is-deitl ar y cerddi hyn a chochni'r gwaed cyn ac wedi genedigaeth yw hwnnw. Mae'r gerdd 'Aros' yn esiampl o'r bardd ar ei orau ac er i mi gael trafferth gyda'r gerdd 'Gorffen', mae'r canu diflewyn ar dafod hwn yn dangos addewid bendant. Llwyddo i raddau'n unig fu'r hanes yma ond, yn sicr, mae gwell i ddod. (3)

Machlud: Pryddest storïol am ferch anffodus yn ei gwaeledd, gyda sawl pennill ar ffurf englyn ond heb arlliw o gynghanedd ac mae yma sawl camgymeriad ieithyddol a chamodli. Aneglur yw'r mynegiant drwyddi draw a chyffredin yw'r eirfa hefyd. (4)

Dôl-y-fasarnen: Fel cyflwyniad i'r gwaith, ceir geiriau Saesneg o waith Idris Davies ac ategu'r geiriau hynny wrth ddisgrifio dirywiad y pyllau glo a geir yma. Gwenwyn y llwch o'r pyllau hynny sy'n rhedeg trwy wythiennau'r gerdd: 'Ond yn y gwaed yr oedd gwenwyn/ y llwch a'r llanastr du'. Tueddir i bentyrru ansoddeiriau mewn llawer o linellau nes i sawl rhan fynd yn druth geiriol. Teimlais i mi glywed y cyfan o'r blaen er nad wyf yn dilorni'r ymdrech ar sail hynny. (3)

bonheddwr bach: 'Mae geiriau yn y gwaed' – dyna linell agoriadol y gerdd gyntaf yn y dilyniant diddorol yma ac mae peth clyfrwch yn y defnydd o eiriau wrth iddo ddisgrifio'r 'clefyd melys' fel 'rhywbeth y byddech yn dymuno'i gael'. Efallai iddo or-ddefnyddio'r chwarae ar y gair 'melys' yma ac acw, yn enwedig felly yng nghyswllt angladd ond mae ganddo ddawn i dynnu lluniau geiriol. Sylwais ar y sinigiaeth yn y disgrifiad o'r dyn llaeth yn Llundain. Gwendid amlwg y cerddi yw'r llinellau hirfaith sy'n torri ar rediad y cyfanwaith ond dyma ymgais a roddodd bleser i mi. (2)

Salem: Er bod yma ambell frawddeg eitha' trawiadol, mae yma hefyd doreth o linellau byrion nad ydynt yn arwain i unman, ac mae'r diffyg rheolaeth ar y *vers libre* yn amlwg drwy'r gerdd. Erbyn y diwedd mae'r canu stacato wedi troi'n fwrn. (4)

Ynysowen: Dechrau anffodus oedd y llinell 'Hafod Tanglwys, ys tywyll heno/ heb dân'. Trychineb Aber-fan sydd yma a chysylltir hynny â hen chwedl leol sy'n honni i laddfa ddigwydd yn yr union fan yn y bumed ganrif, ac mae yma wead rhwng y ddau ddigwyddiad. Disgrifiadau dygn mewn sawl man er iddo fynd yn gatalogaidd iawn ar brydiau ac fe aeth y canu'n herciog. Er bod yma ymdrech greadigol wrth geisio cysylltu'r ddau ddigwyddiad, mae gwefr yr Awen ar goll. (3)

Y Brain: Dyfyniad o waith R. S. Thomas am Gymreictod sydd ganddo ar y dechrau ac yna saith o gerddi sy'n brin o fod yn ddilyniant er bod ambell frawddeg sy'n plesio. Anodd yw dilyn ei resymeg ambell dro wrth iddo ddisgrifio cymhlethdod Cymreictod heddiw, yn enwedig yn y gerdd 'Pwy wyt ti?'. (3)

Nodi: Casgliad o gerddi sy'n llawn o ymadroddi gwallus a di-raen ac yn anodd eu dehongli. (4)

nwadin: Er bod ymgais at greu dilyniant, rhyddieithwr sydd yma ac nid bardd. Mae llinellau clogyrnaidd fel 'a blagur ei ewinedd pinc yn cripian am gardod' yn enghraifft o'r gwaith afreolus yma. (4)

Lise: 'Lliwiau fy hynafiaid' sydd gan *Lise* yn ei phryddest ond byddai'r ymdrech yn llawer gwell fel cerddi ar wahân gan mai darluniau unigol sydd yma. Mae'r agoriad yn ddigon derbyniol ond disgrifiadau amwys iawn a geir wedyn ac aeth y cyfan yn undonog ei naws mewn mydr ac iaith. Mae ôl brys ar y gwaith hwn. (4)

Koinonia: Dilyniant telynegol ei naws gan un sy'n eitha' sicr ei gerddediad wrth i gariad redeg yn y gwaed. Fe'm swynwyd gan y gerdd 'Y sipsi ynot ti' sydd ymhlith y cerddi unigol gorau yn y dosbarth hwn. Efallai na lwyddodd i gynnal yr addewid amlwg sydd yn y gerdd honno mewn ambell gerdd arall ond mae yma ymdeimlad o gariad at eiriau a pharch at grefft. Canu diffuant ac apelgar sy'n sicr ar frig y dosbarth yma. (2)

Esther: Dyma fardd crefyddol y gystadleuaeth a gwaed aberth Crist yw'r llinyn cyswllt rhwng y cerddi. Gwendid y cyfan yw bod geiriau cyfarwydd o emynau ac adleisiau o eirfa weddigar yn britho'r cyfan ac fe deimlais i mi eu clywed sawl tro o'r blaen. Nid wyf yn bychanu gonestrwydd cred y bardd o gwbl ac nid peth hawdd yw creu barddoniaeth grefyddol ond mae naws weddigar y cerddi'n tueddu i'w gwneud yn undonog ac ymadroddllyd. (3)

Mynydd Bach: 'Y gwytnwch yn y gwaed' sydd gan hwn, mewn dilyniant o gerddi heb destun i'r un ohonynt. Teyrnged i genhedlaeth y caledi yn Eryri a geir ond, gwaetha'r modd, teyrnged ydyw sydd wedi ei dweud o'r blaen, a hynny sawl tro gan eraill. Ceir tuedd amlwg i bentyrru disgrifiadau a geiriau ac mae yma ddiffyg crefft (e.e. dechreuir sawl llinell gyda'r un gair fel yn y gerdd agoriadol). (3)

Effrata: Dilyniant o gerddi cyfarch i wahanol bobl sydd yma, gan gynnwys ei fab ei hun, Stalin, Hitler, Franco a Seneddwyr Israel yn eu mysg! Thema a phatrwm newydd, efallai, wrth iddo gystwyo sawl unben, ond cyffredin yw'r gwaith. Dyma fo'n cyfarch Franco: 'Gwranda? Lwyddaist ti ddim/ I dewi'r caniadau dyfnion/ Naddo?'. Mae yma hefyd sawl gwall ieithyddol. (3)

Er Cof: Cerdd er cof am y pêl-droediwr John Charles ond, er y deyrnged ac edmygedd y bardd, aeth y cyfan yn gatalog o yrfa ddisglair ei arwr. Ffeithiau moel sydd yma ac ychydig o farddoniaeth. (4)

Cwm Rhiwarth: Mae cariad at Natur yn fwrlwm yn y cerddi hyn ac fe ŵyr y bardd hwn rin a phŵer geiriau. Amlygir hynny yn ei gerdd agoriadol wrth iddo ddisgrifio darn o dir 'byrrach nag anadl chwarelwr/ glanach na chydwybod lleian'. Dyma ddilyniant sy'n llawn gwybodaeth wrth i'r awdur ymfalchïo yn yr etifeddiaeth a gafodd gan ei dad a hynny ar aelwyd 'â'i llond hi o chwerthin'. Llwyddodd i gyflwyno darluniau byw o grefft ei dad mewn cwysi 'mor berffaith â brechdanau fy mam ar hambwrdd pobl ddiarth' ac mae ei gerdd i'r 'Eryr Tinwyn' yn delyneg odidog. Gwendid amlwg y cerddi hyn yw bod sawl llinell wedi troi'n gatalog o enwau sy'n arafu rhythm sawl llinell drawiadol, ac fe ddigwyddodd hynny dro ar ôl tro, ond fe ddaeth yn agos iawn at y brig. (1)

O'r galon: Dilyniant craff o gerddi sy'n llawn rhamant a phryder hefyd ac yn gymysgfa felys-chwerw dan law bardd dawnus iawn. Mae llinellau fel 'mewn anobaith y mae gwir adnabod' yn dangos cryfder yr emosiwn sydd mewn sawl cerdd ac er nad yw'r gerdd am 'Y ferch ar y bont' yn talu am ei lle rywsut, mae'r gweddill yn llawn darluniau geiriol trawiadol iawn. Darllenais 'Mwmbwls yn y Gwanwyn' sawl gwaith a chael ynddi'r un wefr bob tro gyda llinellau fel 'straeon dan soseri' yn y disgrifiad o'r caffi yn profi dawn y bardd hwn. Efallai nad yw'r safon yn cael ei chadw ymhob cerdd ond mae yma lawer mwy nag addewid. (1)

Cae Helyg: Chwech o gerddi atgofus am ddyddiau plentyndod ond heb fawr ddim newydd ynddynt. Mae diffyg rheolaeth ar y canu rhydd ac, yn wir, fe ellid bod wedi ysgrifennu'r cyfan fel darn o ryddiaith. (4)

Ceridwen: Gwaed a gwead y perthyn sydd yn y bryddest yma ond annelwig yw'r perthyn a'r dweud drwyddi ac mae'r mynegiant yn aml yn llac. Prin fod llawer o feddwl y tu ôl i linellau fel 'Felly, dacw i ti gân am dy eni/ a'm geni i,/ faban glân'. Yma eto, fel mewn sawl ymgais arall, fe drodd y canu'n ddarnau o ryddiaith ac unlliw yw'r darluniau. (3)

Moelwyn: Methu canlyn a chredu'r llinyn crefyddol fu'n rhedeg yn y teulu ers amser yw thema gref y dilyniant ardderchog yma, ac eto mae'n dyheu ac yn chwilio am gryfder cred mewn sawl man. Roedd gweinidogaethu a chapelyddiaeth yn gryf yn y llinach ac mae ei farwnad i'w bregethwr o ewythr yn un o uchelbwyntiau'r dilyniant i mi: 'Yn ei ddim roedd e'n ddameg/ yn byw'r Gair heb air o'i geg/ nes roedd, fel 'tasai o raid/ y *logos* yn ei lygaid'. Dyma fo wedyn yn casáu dweud adnod; 'Pan oedd ofon ohoni/ fel hoelen foel ynof i/ a'r adnod yn ddefod ddu/ luosill i'm parlysu . . .' Ac yna 'y sedd lle dysgais gasáu/ Duw a wnaed o adnodau'. Nid oeddwn yn or-hoff o linellau fel 'duw *cop-out* nid duw capel' sydd braidd yn stroclyd, yn fy marn i, ond mae yma fardd sy'n feistr llwyr ar y gynghanedd ac mae ffresni iach yn ei ganu. A wnaeth o ymestyn terfynau'r gystadleuaeth a manteisio ar eiriad y testun wrth ganu'n gaeth a hynny yn y mesurau traddodiadol yw'r cwestiwn? (1)

Sedilia: 'Cerdd ddogfen i deledu: Aber-fan' yw is-deitl yr ymgais hon ac fe agorir gyda throslais yn dweud mai 'Coch fydd eira'r cwm/ ambell aea'/ graean y Cyngor/ fel ôl gwaed/ ar yr aur gwyn./ Rhuddem ym mhob diferyn'. Cymeriadau'n cofio ac yn ailadrodd y drasiedi a gawn wedyn – Cerddwr, Athrawes, Henwr a Garddwr ac eraill – ac mae yma beth sensitifrwydd a sawl brawddeg gyhyrog fel yn y cwpled hwn; 'Roedd y noson honno'n ddeialog o dortshys/ Yn iaith fain o oleuadau'. Ar ei orau, mae'n ardderchog, ond mae yma hefyd ganu anwastad iawn a thuedd i orffen sawl cerdd gyda llinell swta. (2)

Eleth: Dyma i mi un o sêr y gystadleuaeth eleni ac mae ei bryddest yn llawn o ddarluniau cofiadwy iawn wrth iddo ddisgrifio dau sy'n mynnu aros mewn ardal sydd wedi dadfeilio. Rwy'n fodlon maddau ambell linell wantan iddo a hynny ar sail pethau fel: 'ei enw sy'n wythïen wydn/ Bellach, fo yw fan hyn'. Bron na allwn arogli siop y cigydd wrth iddo 'roi cawod oer i'r cownteri' ac yna'r codi cynnar a'i 'blygain yn blygiadau/ o rannu rhyw betal o gwilt'. Mae ei ddisgrifiad o ddirywiad yr ardal mewn llinellau fel 'tyllau darbod sy'n sodlau'r lle' ac 'amgueddfa o gyflogaeth' yn esiamplau eglur o'i ddawn ac er yr holl boen am orffennol yr ardal mae gobaith yr yfory wrth i hwn 'ddod â haf i'r sgwâr, a dyfodol' a bod ynddi hi 'yfory'n cicio'. Roedd hon yn ymdrech a'm plesiodd yn fawr. (1)

Cwtin: Cawn gerdd gref ('Salm i Chwerwder') ar ddechrau'r dilyniant cymen iawn hwn, ac mae'r chwerwder hwnnw'n treiddio ar draws profiadau anodd rhwng Nadolig 2004 a Rhagfyr 2005. Mae'r ing o golli yn y gerdd 'Angladd y llwch' yn enghraifft o grisialu profiad yn deimladwy iawn wrth iddo 'gau cromfachau yn swyddogol ar dy fywyd' ac fe lwyddodd i gynnal ei chwerwder mewn llinellau sy'n gweddu i'w angerdd. Digwydd ambell lithriad ieithyddol (e.e. 'pwys neu ddau' sy'n gywir nid 'pwys neu ddwy') ond meflau bychain ydynt mewn dilyniant da. Daeth yn agos iawn i'r brig (2).

Llais o'r Llan: O'r gerdd goncrid gyntaf i'r soned sy'n cloi'r dilyniant, ceir cymysgfa o gerddi crefyddol, a does dim o'i le ar hynny. Yn wir, mae teimlad o ffydd a didwylledd y bardd yn y cyfanwaith. Mae'r cerddi odledig yn well na'r canu *vers libre* lle mae'r llinellau'n aml yn glogyrnaidd, ond mae sawl llinell yn adleisio llinellau cyfarwydd eraill a phrin yw unrhyw weledigaeth newydd. (3)

Sawl 's' sy'n Mississippi?: Anodd yw gweld dilyniant yn y casgliad yma o gerddi a phrin fod ailadrodd llinellau gwantan yn cryfhau dim ar y gwaith. Mae wedi claddu synnwyr yn aml mewn llinellau moel er efallai i un llinell o'i eiddo ddweud llawer am y cerddi yma. Dyma'r llinell: 'Methu o bell ydw i bellach!'. (4)

Nefyn: Tybed a oedd angen yr englyn sy'n cyflwyno'r dilyniant? Dilyniant o gerddi cynnil, yn rhy gynnil i dreiddio'n ddwfn i ganol y bwriad o ganu'n wladgarol a disgrifiadol sydd yma. Fe allai fod wedi gwneud llawer iawn mwy o'r delweddu ac mae'r llinellau byrion wedi gwneud y cyfanwaith yn undonog i'w ddarllen. Tebyg iawn yw adeiladwaith pob cerdd ac fe fyddai newid mesurau wedi cryfhau'r dweud. Wedi dweud hynny, mae yma sylfaen i adeiladu arni ac mae yma fwy nag addewid. (2)

Llinyn brau: Cerddi amserol wrth i ni gofio am Darwin ac mae yma ddisgrifiadau cryno a thrawiadol wrth i reddfau Natur gael sylw'r bardd. Er iddo agor yn gryf fel hyn: 'Mewn cwlwm mae cyfrinach/ Mewn cwrlyn celloedd mae ach', fe aeth wedyn i golli rhythm sawl llinell a thueddu i fod yn stroclyd hefyd sawl tro. Prin fod angen iddo droi barddoniaeth yn bregeth tua'r diwedd wrth iddo ein cyhuddo fel cenhedlaeth o beidio gwneud dim i achub y ddaear. Mae ganddo ddisgrifiadau rhagorol mewn sawl cerdd, yn enwedig yn y gerdd 'Nabod' a llinell gofiadwy yw'r llinell 'Nid wrth ein cemeg yn unig/ mae ein hadnabod'. Pe bai wedi gallu cynnal canu fel yna, fe fyddai'n uwch yn y gystadleuaeth. (2)

Nid tasg hawdd fu dewis enillydd yn y gystadleuaeth hon eleni ac yn y diwedd mae'n sicr mai chwaeth bersonol sy'n penderfynu'r dewis. Yn fy marn i, mae pump o feirdd gloyw iawn, a gwaith o safon uchel a chofiadwy gan *Cwm Rhiwarth, Moelwyn, Eleth, O'r galon* a *Fferegs*. O'r rhain, rwy'n teimlo i gerddi *Moelwyn* a *Fferegs* ragori, ac fe ddaeth *Eleth* yn hynod o agos hefyd, ond yr agosatrwydd cynnes sydd yng ngwaith *Fferegs* a'm plesiodd fwyaf ac iddo ef y dyfarnwn i'r Goron eleni.

Oedd, roedd cynnyrch 44 o feirdd yn y pecyn trwm a gyrhaeddodd ychydig ddyddiau cyn y Pasg, ond ai yn y gystadleuaeth hon y mae lle'r mwyafrif ohonynt? Tybed? Fe welwch yn y man fod y rhan fwyaf ohonynt yn perthyn i'r ddau ddosbarth isaf, ac er bod beirdd da, a beirdd rhagorol, yn y gystadleuaeth, lleiafrif bychan ydynt. O ran seremoni ac Eisteddfod lwyddiannus, teilyngdod sy'n bwysig. O ran cyflwr barddoniaeth gyfoes, mae'n rhaid edrych ar rai pethau eraill. Gobeithiaf y bydd y sylwadau sy'n dilyn yn cyfeirio at rai o'r rheini.

Ychydig iawn o'r beirdd sy'n anobeithiol ac mae hynny'n galondid. Ond y siom fawr a gefais i yw'r diffyg cyffro o ran mynegiant a themâu. Ble mae'r beiddgarwch? Ble mae'r arbrofi? Hefyd, ac mae hon yn hen bregeth gen i, ble mae'r hiwmor? Siawns nad ydi hwnnw yn y gwaed! Dyma'r rhesymau, felly, pam y mae'r mwyafrif helaeth yn y ddau ddosbarth isaf gen i. Os uchelgais i ennill gwobr farddol sy'n peri i'r mwyafrif gystadlu, yna cyngor caredig fyddai ceisio'u hannog i fentro mewn eisteddfodau llai yn y lle cyntaf. Yn un peth, mae'r feirniadaeth yn y fan honno yn debygol o fod yn llai llym, a hynny oherwydd bod gan feirniaid un o brif gystadlaethau'r Eisteddfod Genedlaethol hawl, siawns, i ddisgwyl rhyw safon. Gobeithio, fodd bynnag, y bydd fy sylwadau innau'n deg ac adeiladol.

DOSBARTH 4

Plasma: Y rhain, mae'n siŵr gen i, yw cerddi mwyaf rhyddieithol y gystadleuaeth. Cerddi ydynt sy'n trafod diawledigrwydd, gan ganolbwyntio ar hela a rhyfela; cerddi sy'n llawn sôn am Frochfael Ysgithrog, Melangell, Cilmeri, Treblinka ac Auschwitz; a cherddi crefyddol yn eu hanfod. Ond maent yn gerddi aflwyddiannus, sy'n llawn gwallau iaith ac atalnodi echreiddig hefyd.

Jacanori: Rhyw fath o gân rap sy'n cyfeirio at arwyr cenedlaethol fel Owain Glyndŵr, Rhys Gethin a Gwynfor Evans, ac at ddigwyddiadau yn hanes Cymru – Tryweryn, llosgi tai haf, sefydlu'r Cynulliad Cenedlaethol. Dyma enghraifft sy'n gosod y safon: 'Bob yn ail dŷ, yn dŷ haf./ Nid yw'n deg yr holl dai haf./ Dim tai i Gymru [*sic*] da./ Na lle i deulu Wa'.

Siors: Rhyw fath o foeswers a gafwyd gan *Siors*. Magwyd y cymeriad sydd yn y cerddi gan dad alcoholig a dilynwn ei yrfa wrth iddo yntau suddo i uffern byd cyffuriau. Gwaetha'r modd, mae'r mynegiant yn gyffredin iawn a'r darluniau'n anfwriadol ddoniol: 'Yn sydyn ffurfiodd corwynt yn fy mol,/ rhyw gorddiad annaearol'. Dewisodd odli'r cyfan, gan wneud i'r wers rydd swnio'n ffwndrus a chloff, ac mae rhai darnau o gywydd (o ryw fath) digon cyffredin yma hefyd.

Machlud: Cerdd am salwch meddwl, ond cerdd gyfan gwbl amhersain. Fe'i lluniwyd ar rai o'r mesurau caeth traddodiadol, gan ddewis hepgor y gynghanedd. Yn anffodus i'r bardd, nid yw ei afael ar iaith yn ddigonol i lunio cerdd hir lwyddiannus: 'Poen hi'n llifo trwy waed ef'. Y mae gwallau iaith yn britho'r gerdd, gwaetha'r modd.

Esther: Nid barddoniaeth a geir yma, mewn gwirionedd, ond pregeth. Gellid dweud am nifer yn y gystadleuaeth hon eu bod wedi cyflwyno cerddi cwbl ddidwyll. Gwaetha'r modd, nid yw didwylledd gyfystyr â barddoniaeth. Gellid dweud hefyd yn achos y cerddi hyn nad yw'r ddiwinyddiaeth yn llwyr argyhoeddi bob amser 'chwaith: 'Yn amddifad/ a than bwysau pechod/ torrodd/ ei galon ar y groes'. Rhyfedd nad oes gan y bardd briflythrennau yn y frawddeg honno. Rhaid nodi bod yma nifer o wallau iaith hefyd.

Nodi: Dyma enghraifft arall o gerddi didwyll. Y broblem yn y fan hon, yn fy marn i, yw nad yw'r bardd, ar hyn o bryd, yn feistr ar ei grefft. Rwyf yn cael y mynegiant yn gymysglyd a thrwsgl, ac yn dywyll – nid am y rheswm mai dyna yw dymuniad y bardd ond oherwydd nad yw ei afael ar y grefft o ysgrifennu cerddi yn y wers rydd yn ddigonol eto. Dylai pob gair ennill ei le. Yn y frawddeg: 'A llafnau'r sgrin yn herio'r glaw/ Fel breichiau'n alltudio pryfaid', nid 'alltudio' yw'r gair yr oedd yn chwilio amdano.

bonheddwr bach: Dilyniant o gerddi sy'n sôn am salwch a marwolaeth tad y bardd. Y mae'r bardd ei hun bellach yn dioddef wedi iddo 'etifeddu'r' clefyd siwgr. Mae'n anodd beirniadu teyrnged bersonol, ond prin yw gallu'r bardd i ymglywed â rhythm. Gan fod gan y bardd hoffter o linellau hir iawn, mae hynny hyd yn oed yn fwy problematig. Caiff ambell beth anffodus ei ddweud hefyd – er enghraifft, ar ôl angladd ei dad: 'Troi a throsi, yn boeth ac yn grac fel y teisennau Pasg'.

Salem: Y mae'r bardd yn cymharu bywydau caled ei dad a'i daid wedi oes o weithio yn y chwarel gyda'i fywyd yntau. Cafodd goleg a gwaith ymhell o'i gymuned ac mae'n ffieiddio at hyn. Gwaetha'r modd, y mae'r cyfan yn llawer rhy arwynebol. Nid oes dim sy'n wreiddiol nac arbennig yn y mynegiant 'chwaith. Ond mae yma nifer o wallau iaith.

Llais o'r Llan: Yn y casgliad hwn fe geir cerddi yn y wers rydd nad ydynt, mewn gwirionedd, yn ddim ond rhyddiaith ar siâp cerdd, a cherddi mewn mydr ac odl digon crefftus ond nad oes iddynt unrhyw arbenigrwydd. Cerddi yw'r rhain sy'n nodi cymaint yw angen y byd i ddychwelyd at Dduw. Gwir neu beidio, yn nhermau barddoniaeth nid yw credu hynny'n unig yn ddigon.

Dwmplen Malwoden: Rwy'n tybio mai bardd ifanc sydd yma. Gwaetha'r modd, nid oes meistrolaeth ar iaith na chystrawen, a cheir llawer iawn gormod o wallau. Credaf mai yn y gerdd 'Llysdad' y daw'r bardd agosaf at ddarganfod ei lais ei hun – ond mae angen llawer iawn o waith ac ymarfer.

Dau: Cerdd anghynnil ac amleiriog am berthynas ddigon cythryblus mab a merch. Nid wyf wedi cyfrif nifer y llinellau sydd yn y bryddest hon – ond mae gormod! Fy nghyngor fyddai canolbwyntio ar sgrifennu cerddi byrion, a sicrhau bod pob gair yn hawlio'i le.

Lise: Pryddest yn sôn am Jane druan, Rhys o'r Blaenau a Dafydd. Y cyfan wedi eu gosod gan 'yr arlunydd': 'Â'i bwyntyll/ yn batrwm cyfrin/ ar ganfas gudd y cromosomau'. Cerdd gymharol fer yw hon ac mae'r mynegiant, ar y cyfan, yn ddigon cyffredin.

Pen Ceffyl Mewn Pedol: 'Teyrnged i'r Gitarydd Jazz: Martin Taylor'. Wn i ddim a oedd y bardd yn ymwybodol fod un o'r beirniaid eleni yn gwirioni ar jazz ond yn anffodus iddo fo 'chafodd y beirniad mo'i blesio. Ychydig iawn o farddoniaeth sydd yma. Nid yw dyfynnu Larkin ac R. S. yn mynd i achub y dydd 'chwaith!

Cae Helyg: Mae yma ddigonedd o waed! Gwaed labordy'r ysgol, gwaed y gwasanaeth trallwyso, y gwaed sy'n dilyn lladd mochyn a'r gwaed teuluol. Dyma gerddi hoffus ond nid yw'r mynegiant yn llwyddiannus na chywir yn aml iawn. Unwaith eto, mae cystrawen yn broblem. Byddai'n syniad i'r bardd ddarllen 'View of a Pig' gan Ted Hughes.

Pant Teg: Canodd hwn ar glamp o destun, sef iselder, a sut y mae llawer yn dewis dod â'r uffern honno i ben. A sut y mae hynny'n rhedeg yn y teulu hefyd. Ond ofnaf fod y thema yn fwy na dawn y bardd. Rwy'n ei chael hi'n anodd dod o hyd i ddyfyniad sy'n dangos ychydig o gyffro yn y dweud.

Synfyfyriwr: Rhyw gymysgedd o hanes Cymru a phregeth wleidyddol a geir yn y fan hon. Mewn iaith ffurfiol a chlasurol iawn, cawn ein harwain drwy bob cam a ddaeth i ran y Cymry dros y canrifoedd bron. Ac yna, yn ail ran y gerdd, fe eir ati i roi clod i'r ifanc, yn bennaf, a frwydrodd yn ddewr dros hawliau'r genedl. Ond y broblem yw fod y farddoniaeth yn brin, mae'r rhethreg yn rhemp ac mae'r iaith glasurol yn anaddas rywsut wrth ganmol y to iau.

Effrata: Roedd y syniad dechreuol yn ddifyr iawn. Mae'r bardd yn ymateb i sylw ei fab ei fod yn dymuno bod yn unben ar ôl tyfu i fyny. Beth sy'n dilyn yw cyfres o lythyrau at nifer o unbeniaid adnabyddus (a seneddwyr Israel). Ar y cyfan, digon cyffredin yw'r mynegiant, a phrin iawn yw pethau fel 'Sbia, mae blows organdi'r nos,/ yn rhydd' o'r gerdd 'Annwyl Franco'.

Er Cof: Cerdd deyrnged i'r pêl-droediwr John Charles. Pryddest sydd yma ond bod arni sawr pryddestau'r gorffennol. Cawn hanes bywyd a gyrfa Charles a hynny braidd yn gatalogaidd ar adegau. Prin iawn yw'r dweud gwreiddiol a newydd, a cheir llawer iawn gormod o bethau fel: 'Edrychwn arnynt o glydwch fy ngwely plu,/ rhesi o sêr yn goleuo'r ffurfafen/ ac yn tanio'r dychymyg'.

Siarl a'i Longofod Fictorianaidd: Roedd rhyw addewid yng ngherdd gyntaf y dilyniant hwn: 'Gwisga dy sgidiau cerdded, gyfaill,/ mae'r tywod yn drwm yn y trai:/ awn, tra medrwn, rhwng un llanw a'r llall,/ i chwilio'r cilfachau, y creigiau a'r clai'. Ond collais lawer o hyder yn chwaeth farddol y bardd gan iddo lunio cerdd ddigon hir i wneud cyfiawnder â'r Rhyfel Mawr i sôn am blant yn lladd bwji! Mae yma addewid ond y tro hwn mae llawer iawn gormod o bethau gwan hefyd.

Tŷ Isa: Cerddi digon hoffus am gyfeillgarwch rhwng rhywun o ardal y Bala a merch o Dde Affrica, Nongquase, sydd ar ymweliad â Meirionnydd. Mae yna ymson yma am hanes y ddwy genedl, y tebygrwydd a'r gwahaniaethau. Ac mae yma gofnodi cyfeillgarwch newydd yn datblygu. Ond nid yw'r cerddi hyn yn llwyddo i godi i dir uchel.

Dol-y-Fasarnen: Pryddest braidd yn hen ffasiwn ac ystrydebol sy'n trafod hanes cymoedd diwydiannol y de. Gwaetha'r modd, mae'r rhan sy'n sôn am y sefyllfa heddiw braidd yn yr un cywair. Felly, unwaith eto, mae'n rhaid i mi dynnu sylw at natur y dweud, a'r diffyg cyffro a newydd-deb sy'n perthyn i hwnnw. Gallai'r bryddest hon o ran ei chrefft a'i hieithwedd fod wedi bod yng nghystadleuaeth y Goron ar ddechrau'r 1970au.

Mynydd Bach: Yn sicr, mae'r bardd hwn o ddifri ond dyma gasgliad arall a fyddai'n elwa llawer iawn o fod yn llai haniaethol. Teimlaf unwaith yn rhagor fod diffyg cynildeb yn y dweud, nes bod y cyfan yn llethol erbyn y diwedd. Ond mae yma ddeunydd bardd da o bosib. A chofier, hyd yn oed mewn cerddi sy'n trafod materion mor ddwys â hyn, mae modd newid y cywair.

Ynysowen: Ceisiodd y bardd hwn gyfosod hanes neu chwedl brwydr o'r bumed ganrif â'r ddamwain erchyll yn Aber-fan yn 1966. Dau ddigwyddiad fwy neu lai yn yr un ardal. Roedd hynny'n syniad diddorol ond, gwaetha'r modd, trodd yr holl beth yn rhethreg sy'n brin o farddoniaeth: 'Sefwch allan, forwynion, ac wylwch/ oblegid y plant/ nad ydynt,/ na fyddant/ yn Aber-fan'. Unwaith yn rhagor, nid yw'r mynegiant yn codi uwchlaw'r cyffredin a'r ystrydebol yn aml: 'Erys y beddau bychain,/ y deugain mlynedd hyn,/ yn gofadail i drachwant/ ac i waed ar ddwylo . . .' Nid oes angen i mi ddweud yn yr achos hwn, rwy'n siŵr, nad ydw i'n amau didwylledd y canu.

28: Hanes merch yn dod yn gyfarwydd â'r cylch misol o waedu ac yn rhyfeddu at y posibilrwydd y gallai ddod yn fam, ac yn dyheu am hynny: 'Ond dal i erfyn ydwyf innau/ i lif y gwaed ddarfod;/ i dy gariad ymgartrefi [*sic*]/ yn annedd fy nghroth'. A diwedd trist sydd i'r dilyniant hwn. Rwyf yn ei osod yn y trydydd dosbarth gan i'r bardd ganu ar destun eithaf anghyfarwydd ym myd barddoniaeth Gymraeg. Nid yw'r safon yn gwbl gyson ac nid yw byth yn eithriadol o ddisglair.

Sedilia: 'Cerdd ddogfen i deledu: Aber-fan'. Pan fydd rhywun yn trafod cerddi ar destun fel hwn, mae'n rhaid bod yn ofalus. Unwaith eto, ni allaf amau didwylledd y canu. Ond ar ôl darllen, dydw i ddim yn meddwl bod y cerddi'n gyfraniad sylweddol at y broses o ddogfennu hanes yr erchylltra a'r blynyddoedd yn dilyn hynny. Rywsut mae'r dweud yn rhy gyffredin a rhy gyfarwydd. A oes modd dweud unrhyw beth newydd erbyn hyn? Wn i ddim. Ac eto, mae yma un llinell iasol o syml sydd yn mynd i aros yn y cof, lle mae'r bardd yn dyfynnu henwr: '"Pwy roi plant bach ar ben mynydd . . .?"' Hefyd, hyd yn oed pe baent ar gyfer y teledu, tybed nad yw'r cerddi'n rhy bytiog?

Ceridwen: Nid yw'n hawdd penderfynu ai pryddest ynteu dilyniant a gyfansoddwyd gan y bardd, nid bod hynny'n fy mhryderu. Cerdd, neu gerddi, i'w phlentyn ydynt. Mae'n rhaid dweud bod rhywbeth yn hoffus am y cerddi hyn ond mae rhai problemau yma hefyd. I mi, mae'r cyfan braidd yn haniaethol, ac nid oes gwreiddioldeb yn y mynegiant. Hefyd, i mi, gan fod y bardd yn siarad â'i phlentyn, mae rhywbeth yn eithafol o annaturiol mewn darn fel hwn: 'Dere ar daith drwy dy wythiennau,/ llithra gyda'r llif./ Rhyfedda at y nentydd rhuddgoch/ a chlyw sŵn dy galon fach yn pwnio'i neges/ yn nhympan dy glust'.

nwadin: Dyma ddilyniant digon uchelgeisiol. Yn y gerdd gyntaf, mae rhieni'n dotio at eu babi newydd; o hynny ymlaen mae pethau'n dirywio mewn cwmwl o gyffuriau. Mae'n anodd esbonio'r peth ond ambell waith mae rhywun yn teimlo bod gormod o eiriau mewn cerdd neu gerddi – 'rhy gormod', fel y bydd y to iau yn ei ddweud – a dyna'r teimlad sydd gen i yma. Dydw i ddim yn hoff o bethau fel 'bysedd-chwarae-piano' a 'perarogl-codi-blys' 'chwaith.

Ap ap ap . . .: Cerddi gan rywun sy'n hanu o deulu yn ardal y chwareli. Mae yma gerddi hoffus am hynafiaid, yn ogystal â cherddi sy'n ymboeni am y presennol. Anwastad yw'r safon ac mae rhywun yn dyheu am i'r bardd ddatod y ffrwynau rywsut a llacio rhywfaint ar y mynegiant. Hoffais y gerdd 'Dada'; nid yw'n gerdd orffenedig, efallai, a theimlo'r oeddwn fy mod yn ei mwynhau er gwaethaf y gwendidau sydd ynddi. Ac mae rhywun yn ymwybodol o'r gwendidau. Syndod oedd gweld cymaint o wallau iaith.

Ann Griffiths: Dyma sut y mae'r gerdd yn agor: 'Cau dwrn ar dynerwch/ Cau'r glust i dawelwch/ Cau'r llygaid o'r golau/ Cau'r blas ar wefusau/ Cau'r drws ar bob teimlad/ I fyw mewn un gwadiad'. A dyna yw patrwm y gerdd drwyddi. Roeddwn yn falch o weld rhywun wedi ceisio gwneud rhywbeth gwahanol, ac mae i'r gerdd ei rhinweddau. Mae hi mewn dwy ran, 'Na' ac 'Ie', ac fe welir o'r dyfyniad uchod beth yw bwriad y gerdd. Y broblem fwyaf yn ei chylch, o bosib, yw fod dewis y math yma o fesur neu siâp iddi yn peri bod rhywun yn disgwyl rhagor. Does dim digon o gig, efallai. Ond diolch amdani.

Omar: Mae potensial yma. Mae *Omar* yn canu am y dioddefwyr, y diniwed, yr anffodusion di-ddewis sy'n cario baich y byd. Mae'n mynd i fyd straeon tylwyth teg a hanes Cymru i wneud hynny, ac mae llawer iawn mwy o wreiddioldeb yma nag yng ngwaith y mwyafrif o'r cystadleuwyr eraill. Mae hefyd yn amrywio ffurf, ac yn defnyddio odl i bwrpas. Gwaetha'r modd, nid yw'r casgliad fel cyfanwaith o'r un safon. Mae hynny'n drueni.

Llinyn Brau: Pe bai'r bardd hwn wedi llwyddo i gynnal safon ei ganu gorau a mwyaf diddorol a gwreiddiol drwy'r casgliad, byddai'n uwch yn y gystadleuaeth gen i. Yn y gerdd gyntaf, mae'n adrodd hanes ymweliad ei deulu â'r amgueddfa yn Llundain lle cedwir peth o'r dystiolaeth am theorïau Darwin: '. . . swp o blu'r Galapagos/ mewn arch wydr'. Mae'n llwyddo, ar y cyfan, i drafod esblygiad mewn ffordd nad yw'n gatalogaidd a diflas – hynny yw, mae'n cofio mai barddoni yw ei waith. Yn ail ran y gerdd, mae'n sôn am y daith gartref ar y trên. Yn ddigon cynnil, mae'n sylwi fel hyn: 'yn sydyn,/ yn sglein y gwydr,/ yng nghrych ei dalcen/ ac ongl ei ben/ fe welaf . . ./ Yn bedair ar ddeg,/ yn blentyn, yn ddyn,/ mewn osgo a gwên/ gwelaf fi fy hun'. Mae'r sylweddoliad graddol hwn yn hynod o effeithiol. Mae ei ail gerdd yn trafod adar a'r drydedd yn dwrdio braidd yn sgîl twymo byd-eang. Nid yw'r rhain gystal yn fy marn i.

Cwm Bach: Fe ddywedwn i mai casgliad yn hytrach na dilyniant sydd yma ond bod y gerdd gyntaf a'r un olaf yn mynd â ni i fyd Cynddylan a Heledd mewn ymdrech at greu undod o fewn y casgliad. Gwaetha'r modd, dyma'r ddwy gerdd wanaf. Mae yma gerddi eraill digon difyr, gan fardd sy'n gwybod yn iawn beth y mae'n ei wneud. Hoffais 'Lladd Mochyn': '"Diaw, bois, mi waedodd yn neis!"' Doeddwn i ddim mor hoff o 'Insiwlin'. Cerdd grefyddol yw honno. Mae'n well o gryn dipyn na nifer o rai eraill yn y gystadleuaeth ond mae'r beirdd yn cael trafferth cyffredinol wrth ysgrifennu cerddi sy'n ymwneud â chrefydd. Testun cynhadledd, efallai!

Dwywaith yn Blentyn: Oes, mae rhyw sŵn hen ffasiwn yn y cerddi hyn. Ond *nostalgia* sydd yma ac mae'r arddull yn gweddu wedyn. Nid yw'r bardd yn anelu'n uchel ond mae'n llwyddo i greu awyrgylch cyfnod yn llwyddiannus. A dyna, mi gredaf, oedd y bwriad. Awn i fyd y cárnifal yn y pentref, lle 'Gwisgwyd lori Wil y Glo/ mewn dillad fflôt . . .' Mae cerddi eraill i'r 'Coronation', 'Y Busby Babes', 'Sioni Wynwns' a 'Rhodd Mam'.

Y Brain: Mae'r dyfyniad o'r gerdd 'Welsh Landscape': 'You cannot live in the present,/ At least not in Wales' gan R. S. Thomas, a geir ar ddechrau'r dilyniant hwn, yn bwrw'i gysgod dros y cyfan. Rwy'n edmygu'r bardd, ac eto mae gen i rai amheuon. Yn y gerdd agoriadol, mae'n personoli'r ffridd a'i gweld fel cyfarwydd, neu weithiau'n hen wraig, dro arall yn llances. Cymru yw hi, rwy'n tybio: '. . . a'i chwedlau'n chwarae/ rhwng y brwyn'. I mi, mae rhywbeth ychydig bach yn fursennaidd yn hyn, rhywbeth sydd damaid yn rhy ymdrechgar. Y presenoldeb mawr yn y cerddi yw'r brain, sy'n gwylio popeth, weithiau'n ddi-hid, weithiau ddim: 'Paid edrych yn ôl – ie dôs,/ ni fydd iti 'run wylnos/ gan neb o bwys, dim ond brain/ wel, y briw dan dy adain'. Byddai'n anodd dadlau bod hwn yn ddilyniant tynn hefyd. Fy hoff gerdd i yw 'Pwy wyt ti?' lle mae'r bardd wedi newid ychydig ar ei arddull; hoffwn weld cyhoeddi hon.

Maes y Groes: Dilyniant o gerddi hoffus iawn sy'n ymwneud yn bennaf â'r ymdrech yn y gogledd ddwyrain i warchod y Gymraeg. Anwastad yw'r safon, gwaetha'r modd. Rwy'n cael y rhythm yn gloff yn aml, ac mae hynny'n sicr yn wir yn y gerdd agoriadol. Hoffais y gerdd 'Adfer' sy'n adrodd hanes merch o Malpas: 'y goth anwylaf yn y byd' sydd '. . . isio dysgu/ cystrawennu Cymru'. A hwrê, mae yma hiwmor iach hefyd: 'Ddaru'r athro o'r Top dweud y daw o draw am 'sgwrs'./ Can't wait for the sgwrs'.

Eleth: Pryddest sy'n llawn hiraeth am hen ffordd o fyw ac am gymuned fel y bu unwaith: 'Dilyn edau ei gyndadau/ dros glais mynydd y mwyn/ at stumog wag o sefyllian/ lle gynt bu gwledd o gopor/ yn atseinio o'r graig . . .' Mae gan y bardd y ddawn i greu darluniau a dyna brif gryfder y gerdd. Ond mae'n cloi trwy bwysleisio, a chanmol siŵr o fod, ymdrechion rhai sy'n aros yn eu cymuned, yn y gobaith y daw gwell dyfodol. Cefais y rhythm yn chwithig ar brydiau, a'r odli weithiau'n feichus.

Sawl 's' sy'n Mississippi: Dyma un o'r dilyniannau difyrraf a mwyaf gwreiddiol. Mae yma gymysgedd meddwol o ganu'r blŵs a'n hen benillion ni. Ymdeimlir â rhyw anfodlonrwydd, rhyw ysfa i fynd, i deithio . . . i rywle; mae yma gariad a cholli cariad; mae yma reddf, boed yn ddynol neu reddf y drudwy i nythu dan y bondo. Mae yna amwysedd i'r canu sy'n gwbl fwriadol, rwy'n siŵr. Ond un o'r pethau diflas mewn bod yn feirniad ar gystadleuaeth fel hon yw gorfod manylu a chyfeirio at bethau nad ydynt bob amser yn taro tant. Soniais fod y bardd yn gwneud defnydd o'r pennill telyn, a thybiaf y bydd yn chwerthin am fy mhen yn cyfeirio at bethau fel hyn, ond dyma un pennill: 'Dwi ar y lôn dirionaf,/ a neb yn gyrru'n araf,/ dim ond y gorwel o 'mlaen i,/ a'r heli yn gyfalaf . . .' Ond i mi, mae'r drydedd linell yn gloff, ac mae enghreifftiau eraill hefyd. O'r gerdd 'Ar y Lôn' y daw'r pennill yna, ac i mi, honno o bosib yw un o gerddi gwanaf y dilyniant. Rwy'n cael llinellau fel 'un mwddrwg, hwnna ydio' ac 'ond tra bod lleuad uwch y lli/ mi fyddai'n cambihafio' yn annheilwng o ddawn y bardd. Felly, er bod yma bethau da iawn, ac rwy'n synhwyro bod yma fardd ardderchog, nid yw'r safon uchel yn cael ei chynnal drwy'r dilyniant i gyd. Rhyfedd oedd sylwi ar rai gwallau iaith gan hwn. O'r holl gystadleuwyr eleni, hwn yw'r un yr wyf yn cael trafferth penderfynu ble'n union y mae'n sefyll yn y gystadleuaeth!

Cwm Rhiwarth: Down at rywun sy'n hen law. Fe dalai i nifer fawr o'r cystadleuwyr eraill roi sylw i allu'r bardd hwn wrth saernïo llinell, gan fynnu'r rhythm cywir. Mae'r bardd yn cofio am ei dad, ac yn diolch iddo am ei gyflwyno i ryfeddodau byd natur. I raddau, wedyn, casgliad o gerddi unigol ar wahanol agweddau o'r byd hwnnw a geir ganddo, ond bod ganddo ddau ddarn byr ar ddechrau a diwedd y dilyniant i geisio tynnu'r cyfan at ei gilydd. Mae'n amlwg ei fod wedi'i drwytho yn y maes. Fe ddywed: 'Roedd barddoniaeth yn yr enwau hynny/ wrth iddo eu hanwesu dro ar ôl tro,/ a rhoi'r cerddi'n gynhysgaeth i mi'. Digon gwir. Ac mae perygl, o bosib, i fardd fynd i ddibynnu'n ormodol ar farddoniaeth yr enwau hynny.

Koinonia: Dyma ddilyniant o gerddi sensitif, crefftus sy'n trafod colli cymar oes. Mae yma gyfres o delynegion, a'r mwyafrif yn llwyddiannus. Yn aml iawn, gyda dilyniant o'r math hwn, y gerdd agoriadol (sy'n gosod y llwyfan) a'r gerdd olaf (sy'n cau pen y mwdwl) yw'r rhai gwanaf. Mae hynny'n wir yma hefyd ond nid cerddi sâl mohonynt. Mae dawn y bardd i greu darluniau yn beth prin iawn yn y gystadleuaeth hon eleni – er enghraifft, wrth gyfeirio at eu plant: 'Gwyliaf o bell/ ar walltiau'r tri/ yn ffarwelio a ph'nawn dydd Sul'. Mae'r gerdd 'Y Sipsi ynot ti . . .' yn hyfryd, ac yn gyfle i'r bardd ddangos ei allu mewn mydr ac odl. Mae'r bardd yn ddigon dewr i fentro rhywbeth ychydig yn wahanol hefyd, fel yn y gerdd 'Yn y gwaed (credoau Siapan)', lle mae'n rhoi pennill pedair llinell odledig yr un i bob un o'r grwpiau gwaed. A chrynhoir colled y bardd yn wych iawn yn y llinell: 'Lletach yw'r llidiart bellach'.

Cwtin: Dilyniant arall am golli cymar. Mae yma ganu cynnil a chrefftus ac, yn ddifyr iawn, dewisodd y bardd adrodd y stori am yn ôl. A theitl trawiadol y gerdd gyntaf yw 'Salm i Chwerwder': 'Canmolaf chwerwder,/ fy nghleddyf a'm tarian,/ iarll fy enaid,/ caer arian fy nghalon'. Llinell glo drawiadol y gerdd agoriadol hon yw: 'fy nghroth newydd'. Maes o law, daw dechrau newydd, a math o esgor ar fywyd newydd. Y mae'r gerdd olaf yn mynd â ni'n ôl flwyddyn a chawn y ddau allan yn mwynhau'r eira ac, mewn trosiad iasol, gwêl y bardd yr eira'n diffinio siâp y dyffryn 'yn llun pelydr-ecs perffaith'. Nid oes ffrils yn y dweud a thawel ac uniongyrchol yw'r mynegiant. Mae yma gryn gamp.

O'r Galon: Dyma ddilyniant eithaf soffistigedig. Ar ben hynny, mae'r ieithwedd ychydig yn fwy cyfoes na'r rhan fwyaf yn y gystadleuaeth; er, wedi dweud hynny, bardd digon gofalus, heb fod yn or- fentrus, sydd yma. Mae yma hefyd nifer o haenau i'r canu. Mae yma stori am fam ifanc y mae ei chymar yn marw, y mae perthyn, y mae gwahanol fathau o berthynas, y mae datgan bod gan bawb ei stori, y mae yma hefyd ddweud mor anodd yw hi i ddweud y stori honno ar brydiau. Nid dilyniant y gellwch chi dynnu dyfyniadau ysgytwol ohono ydi hwn, bardd tawel a gwylaidd sydd ar waith, ac mae'r wefr i'w chael yn y cyfanwaith. Gall y bardd hwn gyrraedd hyd yn oed yn uwch yn y gystadleuaeth hon yn y dyfodol, rwy'n siŵr.

DOSBARTH 1

Rwyf am gadw'r dosbarth cyntaf i'r tri bardd y byddwn i'n fodlon eu coroni.

Fferegs: Yng ngherdd gyntaf y dilyniant hwn, mae'r adroddwr yn esbonio iddo etifeddu'r clefyd melys gan ei dad. Pan ddarllenais i hon gyntaf, doeddwn i ddim yn rhy siŵr amdani ond yng nghyd-destun y dilyniant cyfan mae hi'n llwyr deilwng o'i lle. Fe ddatgelir yr hanes; roedd y tad yn blentyn siawns, a bu cywilydd am hynny ganddo ar hyd ei oes: 'ar gyfri'r gwarth o fod yn blentyn perth,/ cyswynfab cêl i ferch benfelen, dlawd/ a oedd yn fam ac eto nid yn Fam'. Hynny yw, ni chafodd ei fagu gan ei fam, yn unol ag arfer yr oes. Aeth ei dad yntau i'r Rhyfel Mawr a chael ei ladd. Wedi tyfu'n ddyn, roedd ganddo atal-dweud difrifol, sy'n cael ei grybwyll yn y soned glo. Beth sydd yma, felly, yw'r ymchwil am deulu a chefndir a pherthyn. Rwyf yn arbennig o hoff o'r dafodiaith sydd yn rhai o'r cerddi: 'Heno ma'r cog/ yn cysgu'n gordyn fel oen Melangell yn 'i wâl/ am y tro olaf un./ Fe gaiff 'i dwco cyn Dygwyl Fair/ ac ma' ciw-pi o wallt melyn 'dag e' ishws'. Dyma ddilyniant gyda'r grymusaf yn yr holl gystadleuaeth ac, yn sicr, mae'r *Fferegs* wedi llunio cerddi sy'n teilyngu'r Goron.

Nefyn: Credaf fod y dilyniant hwn yn rhagorol. Ond nid oes angen yr englyn cyflwyniadol, yn fy marn i. Cerddi byr, crefftus a chynnil a geir ganddo sydd yn mynd â ni drwy hanes a chwedloniaeth Cymru. Mae'r Mabinogi'n amlwg yma – er enghraifft, yn 'Dinas Dinlle': 'Fe gefais,/ am ddifwyno'r dryw, fy nhras.// Trwy warth/ a llosgach/ cefais dylwyth,/ enw,/ cymar// yn wymon/ a broc môr'. Mae ein chwedloniaeth ni cyn bwysiced â'n hanes ni yw'r neges; mae'n bosib, yn wir, fod ein chwedloniaeth ni'n llechu'n ddyfnach yn ein hymwybyddiaeth. Yn 'Cwm Hir', mae'n nodi mai'r cyfan sydd gennym i'n hatgoffa o'r hanes yw '. . . swp/ o englyn llwfr/ ar y llechen las'. Mae'n nodi'r un math o bryder yn y gerdd 'Glyn y Groes'. Tua'r diwedd, mae ganddo gerdd 'Nai', sy'n cloi 'a sylweddoli/ na fydd ei hen dad-cu/ fyth farw/ tra bo hwn, fy nai,/ ar dir y byw'. A dyna ni, mewn gwirionedd, yn ôl ym myd y Mabinogi. Fel y dywedais i, dilyniant rhagorol. A oes amheuon? Mae modd dadlau ei fod yn or-gynnil, a byddai rhai'n sicr yn dymuno rhagor o gig ar yr esgyrn. Wedi dweud hynny, 'alla i ddim nodi unrhyw wendid penodol o ran crefft yn y dilyniant. Fe fyddwn wedi hoffi gweld rhywfaint rhagor o amrywiaeth mewn mesur a chywair. Ond gallaf ddychmygu'r bardd hwn hefyd yn chwerthin am fy mhen am dynnu sylw at wendidau mor bitw. Ond braint a phryder beirniad yw gwneud y fath sylwadau – a dod at ddyfarniad. Mae *Nefyn* yn anffodus gan fod yna un arall yn y gystadleuaeth.

Moelwyn: Syndod oedd tynnu'r cerddi hyn allan o'r pecyn – nid dyma'r oeddwn i wedi'i ddisgwyl yng nghystadleuaeth y Goron! Dim ond wedyn y sylwais i ar union eiriad y gystadleuaeth, a rhaid oedd derbyn bod gan y cystadleuydd bob hawl i yrru'r cerddi hyn mewn cynghanedd gyflawn ar y mesurau traddodiadol i'r gystadleuaeth. Y gwir yw mai dyna, o'r darlleniad cyntaf, oedd yr unig amheuaeth ynglŷn â'r cerddi hyn. Mae'r rhain hefyd yn gerddi rhagorol. Dilyniant sydd yma yn dilyn marwolaeth ewythr i'r bardd. Nid cerddi coffa yw'r rhain, fodd bynnag, ond ymdrech un i ymgodymu â natur cred a diffyg cred. Roedd ei ewythr, fel ei dad yntau, yn weinidog yr Efengyl, ac mae tad y bardd yntau'n gapelwr selog. Yn y cywydd 'Marwnad y Pregethwr', mae'n dweud: 'Rywfodd, er ei ddioddef/ diwellhad, deallai ef/ mai hon oedd awr fwyaf mud,/ fwyaf huawdl ei fywyd . . .' Does dim pwrpas i mi ddyfynnu'n helaeth er cymaint yw'r awydd ond yn y cywydd 'Ymddiheuriad' mae'r bardd eto'n dweud: 'Y mae'r marwnad yn gwadu/ y diferion surion sy'/ yn fy ngwa'd, fy Nhad a 'Nhaid,/ daeogion y Bendigaid,/ y gwŷr da, garedigion/ y ffydd fawr ffieiddiaf hon'. Mae'r bardd yn ceisio chwilio am ei wirionedd ei hun mewn geiriau, mewn barddoniaeth, ac eto mae'n teimlo nad yw ym myd y gwirionedd yn y fan honno bob tro 'chwaith. Mae ef ei hun yn methu: 'Camp y cywydd yw cuddio/ wylo coeth teulu o'u co';/ nid diawlio'n noeth, ond dal 'nôl,/ naddu'r boen yn dderbyniol . . .' Mae ganddo syniadau gwreiddiol, fel chwilio am Dduw mewn gêm guddio, a cheisio tynnu llun Duw mewn gwers Addysg Grefyddol. Mae o hefyd yn chwilio

Enillwyr Prif Wobrau
Eisteddfod Genedlaethol Cymru
Meirion a'r Cyffiniau, 2009

Dyma gyfle i ddod i adnabod
enillwyr gwobrau mawr
yr Eisteddfod

Cyflwynir Cadair Eisteddfod Meirion a'r Cyffiniau gan Heddlu Gogledd Cymru. Fe'i cynlluniwyd ac fe'i gwnaed gan Dilwyn Jones o Celfi Derw, Maerdy, Corwen.

Cadair wag sydd yn
Eisteddfod Meirion
a'r Cyffiniau
yn 2009

Ni ddyfarnwyd
unrhyw un
o'r saith ymgeisydd
yn deilwng
o'i hennill

Mae'r Goron yn rhoddedig gan Ymddiriedolaeth Cronfa Park Jones. Cynlluniwyd a gwnaed y Goron gan Sarah Anderson o Fachwen, Caernarfon.

CERI WYN JONES
ENILLYDD Y GORON

Crwt o Aberteifi yw Ceri Wyn Jones, ond fe'i ganwyd yn Swydd Hertford a'i fagu ym Mhen-y-bryn yng ngogledd Sir Benfro. Mynychodd ysgolion iau Cilgerran ac Aberteifi, ac yna Ysgol Uwchradd Aberteifi. Yna, aeth i'r Brifysgol yn Aberystwyth lle graddiodd yn y Saesneg, cyn dilyn cwrs ôl-radd addysgu a mynd yn athro Saesneg i Ysgol Dyffryn Teifi, Llandysul, lle bu wedi hynny yn Bennaeth yr Adran Saesneg. Ers 2002, fodd bynnag, mae'n Olygydd Llyfrau gyda Gwasg Gomer.

Enillodd Gadair Eisteddfod Genedlaethol Meirion yn y Bala ym 1997 am ei awdl 'Gwaddol', ac mae'n llais ac yn wyneb cyfarwydd ym myd y talwrn a'r ymryson. Mae'n teithio ar hyd a lled y wlad yn darlithio, cynnal gweithdai barddoniaeth ac yn perfformio'i waith, ac astudir ei gerddi ar gyrsiau TGAU, Safon A a Gradd Prifysgol.

Ef oedd Bardd Plant Cymru yn 2003-04, ac yn sgîl gweithgarwch y flwyddyn honno, cyhoeddwyd ei gyfrol gyntaf i blant, sef *Dwli o Ddifri*. Cyrhaeddodd ei gyfrol gyntaf o gerddi i oedolion, sef *Dauwynebog*, y rhestr fer o dri ar gyfer Gwobr Llyfr y Flwyddyn yn 2008. Yn yr un flwyddyn, enillodd Ysgoloriaeth yr Academi Gymreig, a bu hynny'n fodd iddo ganolbwyntio ar gyfansoddi cerddi ar gyfer ei ail gyfrol o gerddi i oedolion.

Mae'n briod â Catrin, ac mae ganddynt ddau fab, sef Gruffudd (sy'n dair a hanner) ac Ifan (sy'n flwydd a hanner).

SIÂN MELANGELL DAFYDD
ENILLYDD Y FEDAL RYDDIAITH

Ganwyd Siân Melangell Dafydd yn Nolgellau, lle treuliodd dair blynedd gyntaf ei hoes cyn symud i hen dŷ cipar yng nghesail Garth Goch. Yno y magwyd hi, brin filltir o gaeau Rhiwlas lle cynhelir Eisteddfod Genedlaethol Meirion a'r Cylch, 2009.

Addysgwyd Siân yn Ysgol Bro Tegid ac Ysgol y Berwyn, Y Bala ond cwblhaodd ei chwrs Safon A yng Ngholeg Meirion-Dwyfor, Dolgellau. Graddiodd gyda gradd M.A. mewn Hanes Celf o Brifysgol St Andrews, Yr Alban, cyn gweithio mewn orielau gwahanol o Lundain i Chianti. Treuliodd flynyddoedd braf iawn yn Rheolwr Marchnata Sgript Cymru cyn mynd yn ôl i'r coleg i gwblhau gradd M.A. mewn Ysgrifennu Creadigol ym Mhrifysgol East Anglia (UEA), Norwich. Mae hi bellach yn gweithio'n llawrydd ac yn rhannu ei hamser rhwng Cymru a Pharis lle mae nofel i'w hymchwilio.

Enillodd Goron Eisteddfod Gadeiriol Llanegryn ym 1995 a Choron yr Eisteddfod Ryng-golegol ddwywaith – ym 1998 a 1999. Mae wedi cyhoeddi gwaith yng nghylchgronau *Planet*, *New Welsh Review*, *Taliesin* a *Tu Chwith* ac yn yr antholegau, *Storïau'r Troad*, *Coming up Roses*, *In Her Element*, *Laughing not Laughing* a *Tesselate*.

FFLUR DAFYDD
ENILLYDD GWOBR DANIEL OWEN

Magwyd Fflur Dafydd yn ardal Llandysul. Graddiodd mewn Saesneg ym Mhrifysgol Aberystwyth, cyn mynd ymlaen i ennill doethuriaeth am ei hastudiaeth o waith R. S. Thomas ym Mhrifysgol Bangor. Mae hi bellach yn darlithio yn yr Adran Saesneg ym Mhrifysgol Abertawe.

Daeth i'r brig mewn sawl cystadleuaeth yn yr Eisteddfod Genedlaethol, gan gynnwys gwobr y stori fer ac ysgoloriaeth Emyr Feddyg. Enillodd ei hail nofel, *Atyniad*, Fedal Ryddiaith Eisteddfod Genedlaethol Abertawe a'r Cylch, 2006, a derbyniodd ei nofel Saesneg gyntaf, *Twenty Thousand Saints,* wobr Oxfam a Gŵyl y Gelli am Awdur Mwyaf Addawol 2009.

Y mae hi hefyd yn gantores-gyfansoddwraig boblogaidd, ac fe fydd ei thrydydd albwm, Byd Bach, sef taith o gwmpas Cymru trwy gyfrwng caneuon, yn cael ei rhyddhau ym mis Hydref eleni, ar label Rasal.

Mae hi newydd briodi ag Iwan, ac mae'r ddau wedi ymgartrefu yng Nghaerfyrddin.

DYFED EDWARDS
ENILLYDD Y FEDAL DDRAMA

Magwyd Dyfed Edwards yn mhentre Rhosmeirch, Sir Fôn. Ei rieni yw Tom ac Emma, ac mae ganddo ddau frawd, Rhys a Llifon. Mae Dyfed yn briod gyda Marnie, ac maen nhw'n byw yn Swydd Caint. Addysgwyd ef yn Ysgol Gyfun Llangefni ac yn y Coleg Normal, Bangor. Bu'n newyddiadurwr am dros 20 mlynedd, gan ddechrau'i yrfa gyda Phapurau'r *Herald* yng Nghaernarfon. Dros y blynyddoedd, mae wedi gweithio i bapurau dyddiol yn Lerpwl, Newcastle, ac yn Llundain. Bu'n olygydd nos ar y *Daily Post* yng Nghyffordd Llandudno, ac roedd yn rhan o'r tîm a sefydlodd rifyn Cymraeg y papur yng Ngogledd Cymru yn 2003. Bellach, mae'n gweithio ar ei liwt ei hun. Mae o wedi ysgrifennu ffuglen a ffeithlen yn y Gymraeg, ac mae hefyd yn ysgrifennu nofelau yn y Saesneg o dan y ffugenw Thomas Emson. Ar hyn o bryd, mae ganddo gytundeb i ysgrifennu wyth nofel – dwy y flwyddyn tan 2012. Yn ogystal â hynny, arferai Dyfed fod yn ganwr-gyfansoddwr. Mae hefyd yn ddramodydd – enillodd y Fedal Ddrama yn yr Eisteddfod Genedlaethol yng Nghaerdydd y llynedd. Yn ystod wythnos yr Eisteddfod yn y Bala eleni, cafodd ei dderbyn i'r Orsedd.

am atebion ym myd natur. Bellach, mae meibion gan y bardd ac mae hynny'n cymhlethu pethau ymhellach. A ydi o'n mynd i drosglwyddo'r hyn a gafodd o? Wedi digalonni ar ei ymchwil bersonol ei hun hyd yn hyn, a fydd hynny'n newid oherwydd y bechgyn? A oes awgrym o hynny yn y ddau englyn sy'n cloi'r gyfres? Ac os oes newid, a fyddai'n deg i ni holi a yw hynny wedi digwydd yn ddisymwth braidd yng nghyd-destun y dilyniant? Dydw i ddim wedi sôn am y grefft na natur y cynganeddu – digon yw dweud fod yma feistr wrth ei waith.

Er i mi gael gwefr yng ngherddi *Nefyn*, credaf fod *Moelwyn* yn rhagori. Yn groes i'r graen braidd, felly, er nad oes bai ar *Moelwyn* sy'n llwyr ei haeddu, y fo sy'n cael y Goron eleni.

Y Dilyniant o Gerddi

YN Y GWAED

(Er cof am fy ewythr a fu farw rai dyddiau cyn y Nadolig 2003, wedi brwydr ddewr yn erbyn clefyd motor niwron. Roedd yntau, fel ei dad o'i flaen, yn weinidog yr Efengyl; ac mae ei frawd, sef fy nhad, yn para'n gapelwr selog)

Dweud Adnod

Pan oedd ofon ohoni
fel hoelen foel ynof i,
a'r adnod yn ddefod ddu,
luosill i'm parlysu,

deuai'n ddoeth broffwyd neu ddau
i'm cysuro â'm caseiriau:
'Ryw ddydd, fachgen, ar f'enaid,
byddi di'n gwneud gwaith dy daid!'

Marwnad y Pregethwr
(i'm hewythr)

Rywfodd, er ei ddioddef
diwellhad, deallai ef
mai hon oedd awr fwyaf mud,
fwyaf huawdl ei fywyd;
awr fain o benderfynol
i ymroi heb ddim ar ôl.

Ond er i hyn dorri'i hwyl,
gwenai'n styfnig o annwyl:
roedd dioddef yn ddefod,
roedd Duw'n y boen, roedd Duw'n bod,
ac Aled, â'i gred mor gry',
yn holliach gan anallu.

Yn ei ddim roedd e'n ddameg,
yn byw'r Gair heb air o'i geg
nes roedd, fel 'tasai o raid,
y logos yn ei lygaid.

Tystiai, heb godi testun,
gan ddadlau ag angau'i hun:
llai na dyn yn llawn o'i Dad
ac yn wan gan eneiniad.

Ac ef, wrth farw hefyd,
ddwedai ddweud ei Dduw o hyd.

Ymddiheuriad

Y mae'r marwnad yn gwadu
y diferion surion sy'
yn fy ngwa'd, fy Nhad a 'Nhaid,
daeogion y Bendigaid,
y gwŷr da, garedigion
y ffydd fawr ffieiddiaf hon.

Camp y cywydd yw cuddio
wylo coeth teulu o'u co';
nid diawlio'n noeth, ond dal 'nôl,
naddu'r boen yn dderbyniol:
ni bu artaith yn bertach,
na marw 'rioed lawn mor iach.

Ac roedd hyn, medd y gerdd hy,
rywsut yn glod i'r Iesu
a'r Duw anwar, dienaid!

Sori, 'Nhad, a sori, 'Nhaid:
ond rwyf i, ydw, ar fai'n
dwyfoli'r ergyd filain.

Ni waeth i ni iaith na nef:
diaddurn yw dioddef.

'Mi wn . . .'

Yn y capel a'i gelwydd,
man lle bo (a man lle bydd)
sicrwydd y distawrwydd du
yn rhy goeth i'w bregethu,
heno, ni waeth beth bynnag,
nid oes Dduw, dim ond sedd wag.

'Draw a Picture of God'
(sef gorchymyn gan athro cyflenwi mewn
gwers Addysg Grefyddol slawer dydd)

Mae tudalen i'w llenwi.
Y mae rhai o'm rhes eisoes wrthi
(y rhai hurt a'r rhai *arty*).
Ond dalen wen yw 'nuw i.

Wedi sbel ('sdim dewis, sbo),
gan wenu, hanner copïo,
yr wyf, fel pawb yn eu tro'n
gwneud dyn o gnawd ohono.

Yn y man,
wrth i'n *crayons* main (ail-law) droi'n sgribliadau cywrain,
cawn, wrth ein llun ein hunain,
droi duw a'i bryd yn draed brain.

Gwnawn ef (am taw ni a'i gwnaeth)
yn ddafad ddof at ein gwasanaeth:
hollalluog a llywaeth;

y duw sydd fel plastisîn,
i'w ffurfio a'i anffurfio'n erwin;
duw rhwydd i'w droi, hawdd ei drin.

Fe'i gwnawn yn arfog, neu'n eneth;
neu'n ddim, neu'n ddamwain,
neu'n bopeth;
hwn, o bawb, yn unrhyw beth!

Oh my God! Dyma gawdel!

Mi weithiaf, rhag methu, dduw tawel;
duw *cop-out* nid duw capel.

Ac fel dyn a weli yn y llun llipa, llwyd a wnes-i,
felly'n wir, ar fy llun i,
mae Duw gwan i'm digoni.

Chwarae Cuddio

Yng ngolau dydd mae'n cuddio,
a, boed barod neu beidio,
chwiliaf bobman amdano.

Af i chwilio rhwng cloriau,
neu, yn well, rhwng llinellau
cerddi ond, fel mewn cyrddau,

seiadaf â'r trosiadau;
bwytaf, yfaf sillafau.
Mewn gair, mae'n gymun geiriau.

Ar y silff yr erys e'n
dawelach fesul dalen,
tawelwch na rhwd hoelen.

A dyna pam rwy'n amau,
ac am ddweud mewn gêm i ddau
na cheir ond un yn chwarae.

I Fod yn Onest

Pan wasgo'n ddi-ildio ddwrn
y dirwasgiad i'r asgwrn
a'r ceilliau; pan fo'r cyllyll
a'r drylliau'n deganau gwyll
i'r rhai iau; pan fo'r rhai hŷn
yn rhyfela'n hirfelyn,
a'u chwerthin, fel ewinedd,
yn bwlio i'r byw alar bedd;
pan fo, i wneud wylo'n waeth,
rai'n poeri'n wyneb hiraeth;

nid yw duw nad yw yno,
neu dduw mewn cerdd, 'ma na 'co.

Dianc

Mae'r afon yn diogi am awr fendigaid
a'r aber ei hun yn harbwr enaid,
a'r haul hwyrol o euraid yn y dŵr
fel nef y lleygwr o flaen fy llygaid.

Yma'n anochel yr wy'n dychwelyd,
yma i anghofio am angau hefyd,
er mwyn, fel y crëyr mud ar y lan,
amenio'r hwyrgan ym Mhen-yr-ergyd.

A'i ddŵr yn addo rhyw wirioneddau,
dof yma i ddal, yn rhwyd fy meddyliau
dibwys, dragwyddoldebau glas y lli,
a'r tonnau'n torri tu hwnt i eiriau.

Ond, ar fy ngwaethaf, cyfraf sillafau
ei siarad amwys, a rhoi idiomau
i'r traeth, a chymariaethau – gan gau'r drws
i fôr dywedws' o fyfyrdodau.

Ni chlyw fy nghlust fain ond sain cytseiniaid
y llanw'n llyo llinell o hwyaid,
ac i mi, rhwng lli a llaid, mae drwy'r trwch
hiraeth a heddwch – a hir-a-thoddaid.

Trai ar yr Aber

Sgwn-i petasai genny'
rywbryd gwestiwn dwfwn, du,
i'w holi i'r niwl arian hwn
(rhyw 'ga'-i-ystyr?' o gwestiwn),
tybed pwy a atebai
y pagan hwn?
                Ond, pe gwnâi
a gawn ateb du-a-gwyn
na wawdiai'r cwestiwn wedyn
â gwawd soffistigedig,
fel gwnâi'r trai a'i grancod trig,

ac atebion gwymonllyd
y cregyn gwyn dua' i gyd
a'r pren derwen sydd â'r don
wedi'i olchi yn deilchion
ar y tywod llygodlwyd?

Ym mhadell wag y mwd llwyd,
pwy ŵyr a oes ateb pert
o gwbwl ar draeth Gwbert
neu wrth gefn gan y cefnfor?
Pwy? Dim ond piod y môr.

Pwy Bia'r Aber?
(wrth gerdded ar y traeth gyda Gruffydd,
pan oedd hwnnw bron yn dair oed)

Fy mab, pwy bia'r aber
a'r mân blu ar wymon blêr,
a dylifo'r dail ofer?

Pwy bia'r hen gragen gre',
mor bitw bach, ddiswache,
â'i gafel fel gaeafe;

Pwy bia'r amser chware,
o'r stori wast a'r hwrê
i'r pwyll yn nŵr y pylle;

neu dylle'r hen rwyd lwydgoch,
cysgod y pibydd coesgoch,
a gweiddi crac gwydde croch?

Pwy bia ysbail eiliad
hallt y lan, a diflaniad
rhyw lond trai o olion tra'd,

ac ôl gwiail y gawod:
tylle tywyll y tywod,
dafne du o fynd a dod.

A phwy sy' bia'r cariad
ymhob gwahardd a chwarddiad,
ymhob dim rhwng mab a'i dad?

Am na wn, fe'i hawliwn hi;
cipiwn nawr, cwpanwn ni
un llond llaw o ewyn lli.

Gwaith Dy Fysedd
(Gruffudd a'r Friallen)

Yn ei ddwrn mae'r dydd ei hun:

mân blu adar mewn blodyn
a phob petal fel calon;
mae 'moyn gofalu am hon.

A'r un gofal gwamal, gwyn
malodd bob petal melyn
lliw plisg, lliw pylu asgwrn.

Mae'n dda i ddim yn ei ddwrn.

Yn y Gwasanaeth Bedydd
(i Ifan)

Er dy fwyn, am awr, dof innau at raen,
at wrid a rhigolau
y sedd lle dysgais gasáu
Duw a wnaed o adnodau.

Anrheg Nadolig

Cest Grist pren mewn set 'leni (un dy dad),
a hawdd fydde iti
yn dy wharieth ei dorri,
ei falu'n shils – fel 'nes i.

Amser Gwely
(Darllen Stori'r Geni i Gruffydd ac Ifan,
allan o lyfr o straeon Beiblaidd a roddwyd
yn anrheg iddynt gan weddw fy ewythr)

Fesul ffaith, fe ailweithais adnodau
hen idiom, dewisais
eiriau rhwyddach, a rhoddais
y lluniau lliw yn y llais

er mwyn yn wir i minnau eto weld,
fel Taid, ac fel chithau,
wên babi gwan heb y gwae,
babi bach heb y beichiau.

Moelwyn

Englyn: Cylch

BEIRNIADAETH ALAN LLWYD

Derbyniwyd 75 ymgais, y nifer fwyaf o gynigion i'w hanfon i'r gystadleuaeth hon oddi ar Eisteddfod Genedlaethol Bro Delyn, 1991, ac y mae hyn ynddo'i hun yn hynod o galonogol. Mwy calonogol fyth yw'r ffaith fod yr englyn buddugol yn englyn ysgytwol – yn gampwaith, mewn gwirionedd. Llai calonogol, ar y llaw arall, yw'r ffaith fod yma bedwar 'englyn' digynghanedd, a sawl un gwallus.

Cafwyd pob math o gylchoedd yn y gystadleuaeth, nes bod pen y beirniad yn troi – er enghraifft, y '*Grand Parade* yn y Prif Gylch yn Llanelwedd', 'Cylch y Flwyddyn Eglwysig', modrwyau priodas, modrwy trwy drwyn tarw, Côr y Cewri, olwynion ceir, Olwyn Fawr y ffair, y Ford Gron, cylch darllen, cylch y rhod, cylch yr haul, cylch bywyd, cylch pregethu, ac yn y blaen.

DOSBARTH 3

Dechreuwn gyda'r englynion gwallus, englynion Dosbarth 3, cyn troi at yr englynion cyffredin. *Y Ddynes Ddirgel*: y gynghanedd gyrch yn unig sy'n gywir; *Conion*: englyn digynghanedd; *Pechadur gadwedig* [*sic*]: englyn digynghanedd arall; *Tremangell* (1) a (2): dau englyn digynghanedd eto; *Meithrin*: gwall gramadegol, sef diffyg treiglad, yn y llinell olaf – 'Cân i wlad a cyn[n]al iaith' – ond pe cywirid y gwall, lleddid y gynghanedd: 'Cân i wlad a chynnal iaith'; *Glenda*: cynghanedd bendrom yn y llinell gyntaf ('Arwr i mi drwy 'mywyd'); *Hoelen Un*: y llinell gyntaf yn fyr o sillaf, ond gellid yn hawdd ei chywiro: 'Hoelion ddoe *a* luniodd hwn'; *Llyfrbryf*: dwy 'd' yn ateb un: 'A chega: ond da sy'n dod'; *Madryn*: y llinell gyntaf yn hollol anghywir: 'Isio'i Fam, isio'i fwytho'; *Beckford* (2): y drydedd linell yn anghywir, gan nad yw'r 'n' yn 'erfyn' yn cael ei hateb ('Yn erfy*n* twyll, nerfau tynn'), a hefyd ceir tair prifodl wahanol yn yr englyn ('gwenwyn'/ 'gelyn'/ 'tynn'/ 'cyfrin'); *Bryneglwys*: gwall gramadegol yn yr esgyll; *Henwr*: dwy 'd' yn ateb un eto, a cheir yn yr englyn hefyd gynganeddu gwan iawn, gan gynnwys dwy gynghanedd Lusg; *Y creadur brawychus o'r blaned Zog*: yr un un yn union yw llinell gyntaf a llinell olaf ei englyn, 'Hen gylchen o lwch i lwch', llinell ddigynghanedd hollol, yn ogystal â'r ffaith fod 'llwch' yn brifodl ddwywaith ganddo – efallai fod pethau fel hyn yn gyfreithlon ar y blaned Zog ond nid ar y blaned hon.

Dyma gynnig *Caledfryn* wedyn:

> Ei chaer yn ei choroni, – brenhines
>   Y bryniau hen tani,
>   Ei gwaliau fel y gweli
>   Sydd yn gylch o'i hamgylch hi.

Ni all geiryn mor wan ag 'yn' gynnal y brif acen mewn cynghanedd. Yn yr ail linell wedyn, rhoir y brif acen ar 'hen', ond os yw'r gynghanedd gyrch, neu'r ail gynghanedd gyflawn, yn gynghanedd Groes neu Draws Anghytbwys Ddyrchafedig, rhaid i'r brif acen syrthio ar y drydedd sillaf fan bellaf yn ail ran y gynghanedd. Mae'n syrthio ar y bedwaredd sillaf yn englyn *Caledfryn*. Ceir hen, hen drawiad yn y llinell olaf.

DOSBARTH 2B

Cyffredin ac ystrydebol o ran mynegiant a chynnwys yw'r englynion sy'n dwyn y ffugenwau a ganlyn: *Cern, Glewlwyd Gafaelfawr, Hydrefwr* (trawiad cyfarwydd yn y llinell gyntaf, hen drawiad yn y llinell olaf), *Shadrach, Hen Gono, Myrddin, Mesach, Ioan,* $r^2 \pi = A$, *Abednego, Bachyn, Timcyn, Bugail, Moses, Aron, Clwt, Etifedd, Orbis, Iolo, Gofodwraig, Bachgennyn, Plato, Gwenhwyfar, Cellan, Brithyll, Wedi Mynd, Glaslyn, Prys, Dŵr Byw, Cân y Cyw, Bridie Murphy, Cylch Bywyd, Yma o Hyd, Rownd y Byd, Capten, Naomi, Eurgain, bobol bach, Beckford* (1) a (3), *Cosmos, Derfel, Michael Fish, Llyr, C.R., Tylwyth Teg* a *Teithiwr*.

DOSBARTH 2A

Ar y llaw arall, mae englynion *Ar Wib, Ffair y Byd, Hen Hwyl, Chwedl y Fam, Coco, Gwenwynwr, Disgybl, Mentra* a *Taid* yn codi uwchlaw cyffredinedd, ond heb gyrraedd safon yr englynion gorau yn y gystadleuaeth. Un o englynion gorau'r dosbarth hwn, efallai, yw englyn *Chwedl y Fam*:

> Â gwasgiad tynnwn nhw ataf – yng nghylch
>   Fy nghôl os iawn gofiaf,
>   Ond nawr afflau'u breichiau braf
>   Sy'n cylchu'n dynn amdanaf.

Englyn tebyg i eiddo *Si Hei Lwli* yn y Dosbarth Cyntaf yw hwn o ran naws, syniad a strwythur, ond mae mynegiant *Si Hei Lwli* yn llawer mwy celfydd. Gwan iawn yw 'os iawn gofiaf'.

Dibynnu ar grefft yn unig a wnaeth *Mentra*, a rhyw droi yn ei unfan, o fwriad, a wna'i englyn:

Trwyn yn din cynefinol – ar un daith
Trwyn yn din byth bythol
Trwyn yn din fel trên dynol
Trwyn yn din yw troi'n dy ôl.

Fel yna, yn ddiatalnod (eto'n fwriadol). Byddai'n well gen i'r ffurf 'trwyn-yn-din', ac mae blas ansoddair gwneud ar 'cynefinol'.

Dyma englyn arall o'r dosbarth hwn, eiddo *Taid*:

Deil cryfder hen arferion – yn y cwm,
'Run cymorth cymdogion;
'Run yw'r fref sy'n rhannu'r fron
A'i dir dan draed ei wyrion.

Cylch traddodiad a chylch parhad a geir yma. Mae'n dechrau'n ddigon cryf, ond wedyn beth yw bref 'sy'n rhannu'r fron'? Ac o ble daeth y taid sydd â'i dir 'dan draed ei wyrion' mor ddisymwth ddirybudd?

DOSBARTH 1

A dyma ddod at y goreuon, sef englynion y Dosbarth Cyntaf, gan ddechrau gyda chynnig *Siôn Emlyn*:

Fel llanc, a minnau'n strancio – am ryddid,
Mor hawdd oedd ei wawdio,
Ond, er hyn, o'i dorri o,
Bu dryswch heb ei drwsio.

Cylch diogelwch y teulu sydd gan *Siôn Emlyn*, a'r llanc gwrthryfelgar yn dyheu am adael y cylch a cherdded ei rych ei hun, ond yn mynd ar gyfeiliorn braidd ar ôl iddo dorri'r cylch. Englyn crwn.

Dyma gynnig *Si Hei Lwli*:

Fy maban, cau d'amrannau – heno'n dynn.
Huna, del; cei dithau
Yn y gwyll ryw noson gau
Yn dynn fy llygaid innau.

Englyn cytbwys, di-fefl am gylch crwn bywyd: y fam yn canu hwiangerdd i suo'i phlentyn i gysgu a chau ei lygaid, gan wybod y bydd ei phlentyn ryw noson yn y dyfodol yn cau ei llygaid hi. Englyn am drefn bywyd, neu fel y dylai'r drefn fod. Fi a newidiodd 'rhyw noson gau' yn y drydedd linell, gan fod angen treiglad yma. Englyn campus.

Englyn athronyddol-chwareus a gafwyd gan *Un Tro Arall*:

> Yn ddi-os, pan ddewisi hen drywydd
> di-ben-draw dy ffansi,
> yn dy ôl y deui di
> i'r un fan, er na fynni.

Englyn awgrymog sy'n dweud llawer yn ei ffordd ddiymhongar ei hun.

Mae un englyn ar ôl, eiddo *DSD*:

> Mae gwên yn angladd Mam-gu, un wên swil
> wythnos oed, a'r teulu
> yn eu heisiau'n anwesu'r
> wyres fach o'r oes a fu.

A hwn sy'n ennill, heb y rhithyn lleiaf o amheuaeth. Cylch bywyd sydd gan *DSD* dan sylw. Fel y mae un aelod o'r teulu'n ymadael daw aelod arall i gymryd ei le, ond mae mwy na hynny yn yr englyn hwn. 'Mae gwên yn angladd Mam-gu' i ddechrau. Nid gwên ond dagrau a galar a ddisgwylid mewn angladd, a daw'r llinell fel sioc inni; ond gwên 'wythnos oed' yw'r wên hon, gwên wyres y fam-gu sy'n cael ei chladdu, a gwên plentyn sy'n anymwybodol o'r tristwch a'r galar mawr sydd o'i gwmpas. Yma mae bywyd yng nghanol marwolaeth a marwolaeth yng nghanol bywyd. Llinell baradocsaidd yw'r llinell olaf. Y fam-gu a berthynai i'r 'oes a fu', nid y 'wyres fach'; ond mae'r teulu'n anwesu'r wyres fach yn eu colled, ac yn glynu wrth barhad, parhad teuluol. Mae'r wyres yn cymryd lle'r fam-gu, ac yn llenwi'r bwlch a adawyd ar ei hôl. Hi bellach yw'r fam-gu i'r teulu, yr un a ddaeth i gymryd ei lle, a'r un sy'n sicrhau parhad llinach y fam-gu. Mae hi, felly, yn wyres 'o'r oes a fu', gan awgrymu hefyd fod pawb yn y pen draw yn rhan o'r byd hwn o amser, ac yn rhan o drefn y cenedlaethau drwy'r oesoedd. Gobaith a geir yn yr englyn hwn, gobaith i'r dyfodol, a gwên yn lle galar wrth i fywyd drechu marwolaeth. Er mai gair gwrywaidd unigol yw 'teulu', y 'teulu hwn', peth cyffredin yw cyfeirio at deulu fel pe bai'n lluosog, a dyna a wneir yma, gyda chryn dipyn o gyfiawnhad. Byddai 'a'r teulu/yn ei eisiau . . .' yr un mor gywir o safbwynt y gynghanedd. Dyma gampwaith o englyn. Gwobrwyer *DSD*.

Yr Englyn

CYLCH

Mae gwên yn angladd Mam-gu, un wên swil
wythnos oed, a'r teulu
yn eu heisiau'n anwesu'r
wyres fach o'r oes a fu.

DSD

Englyn Ysgafn: Bai ar gam

BEIRNIADAETH MOI PARRI

Derbyniais 42 o gynigion. Roeddwn wedi gobeithio y byddai'r englyn buddugol yn amlwg ar y darlleniad cyntaf. Nid felly y bu. Yn hytrach, bu'n rhaid darllen ac ailddarllen cyn dod o hyd i'r gorau yn fy marn i. Oherwydd beiau cynganeddol, nid oedd gennyf ddewis ond rhoi rhai englynion o'r neilltu. Nid yw *Arfon* (tri chynnig) ymhell ohoni; mae ganddo ddigon o ddychymyg a dylai ddal ati ac ymuno â dosbarth cynganeddu os caiff y cyfle.

Mae brychau llai gan y canlynol: *Nedw, Pwy Eto* (bai bach yn y llinell gyntaf), *Sioni-hoi* (proest yn y llinell gyntaf), *Y creadur brawychus o'r blaned Zog* (clyfar, ond mae un sill ychwanegol yn fai ac mae ganddo feiau eraill hefyd) a *Derfel* (heb ateb y gytsain gyntaf un). Dalied y rhain ati, a phwy a wyr?

Fel sawl un arall, nid wyf innau'n hoff o weld defnyddio geiriau/ ymadroddion Saesneg i beri chwerthin. I fod yn deg, nid yw'n fai cyffredin yn y gystadleuaeth hon. Y pechadur mwyaf yn ddi-os yw *Jailbird*. Dyfynnaf ei englyn:

Ces fai ar gam am ddamej – ond y wraig
  Oedd y drwg'n y carej,
A phwy sy'n canu'n y cej
Yn barod am ei borej?

Mae'n bechod fod *Lle mynno* wedi gorffen ei englyn â'r geiriau 'sili sod'. Cafwyd amrywaeth helaeth yng nghynnwys y cynigion ond mae Gordon Brown, gollwng gwynt drewllyd, a phwy yw tad y plentyn, yn themâu gan fwy nag un. Yn eu mysg, y mae *Bîn ad, Pop, Powlyn, Gordon 2010, Unawdydd* a *Ffroenwr*.

Dyma englyn *Powlyn*:

Nain a Taid o flaen y tân, yn dawel
  Dawel, daeth un aflan
A fo'n swrth yn gofyn, 'Sân
well rhoi y ci 'ma allan?'

Hoffais yr englyn hwn gan ei fod yn creu llun yn fy nychymyg. Mae'n stori fer o englyn a phawb, siawns, yn cydymdeimlo â'r ci druan.

Mae 'na elfen dafodieithol yn yr englyn uchod a chafwyd hynny'n llwyddiannus iawn mewn ambell englyn arall, e.e. englyn *Dai Asbo*, englyn llwyddiannus er nad yw'r ailadrodd Dai / Deio a Duw / Duw yn ychwanegu ato:

Nage'n Dai sy i'w feio, – nage, Wil,
Fandal gwath ddath hibo –
Duw a'i wynt friwws dy do
Ie Duw, nage'n Deio.

Mae ambell un wedi cael paladr da ond wedi methu cael esgyll cystal ato, neu i'r gwrthwyneb gan eraill. Dyma epigram o esgyll gan *To arall*: 'Rho hyn o fai sy arnaf i / Ar anian fy rhieni'.

Paladr llwyddiannus sydd gan *hwsmon iaith* ond mae wedi methu cynnal y stori yn yr esgyll.

Yn y sied, er ei berswadio – cer 'mlaen
cer ymlaen; rwy'n gwylio
gyrrwr crand dros ffin gwrando'n
damio nawr . . . Ddy dom iw no!

Mae stori fach annwyl gan *Di Nam*. Gwn fod y drosedd hon wedi digwydd ar sawl aelwyd ac mae'r bychan fan hyn yn gwadu mai fo a wnaeth:

'Terrance! Ai ti fu'n torri â siswrn
wallt Siwsan y babi,
a'i guddio'm mol y ddoli?'
Bai ar gam roes Mam i mi.

Wrth gwrs 'torri gwallt Siwsan â siswrn' yw trefn arferol y frawddeg ond mae'n anodd cael hynny a chynnal y gynghanedd hefyd.

Yn ôl y beirdd, hefyd, mae 'na dipyn o grwydro carwriaethol. Y mae *Di-euog* yn fodlon derbyn y cyhuddiad o fod yn y Swan o hyd er mwyn cael cwmni Menna.

'Yn y Swan bob nos o hyd!' yr oeddwn,
Ceryddai f'anwylyd,
Minnau draw tu draw i'n stryd
Gyda Menna bob munud.

Chwarae teg i *Di-euog* am gael ei feio ar gam o fod yn y dafarn yn rheolaidd!

Mae *Cari*'n cael ei feio am gloi'r drws ar Seilo mewn englyn rhwydd a *Derfel* yn cael y bai am roi'r eglwys ar dân (rwy'n meddwl) mewn englyn mwy bratiog.

Cafodd *Chwarae Teg!* syniad gwreiddiol – Efa yn galw (o uffern, mae'n debyg!). Mae yma baladr hynod o addawol ond nid yw'r esgyll cystal ac mae'r cywasgu yn y drydedd linell yn rhywfaint o wendid (oni fyddai'r 'n' yn well ar ddiwedd yr ail linell?).

Chwi'n y Nef, clywch gri Efa! – ie, Efa
Yr afal sy yma
'Ndweud a dweud, fy nrwg a'm da
Wnes yn nawdd asen Adda.

Hoffais englyn *Bydd Byw Byth* ond go brin fod Dadi'n cael bai ar gam. Er pendroni lawer, mae'r gair 'Eirth' yn englyn *Ar y Clwt* wedi fy llorio'n llwyr. Mae englyn *Dim cyfiawnder* yn enllibus a phe bawn yn rhoi'r wobr iddo byddai'n rhaid i mi anfon llythyr twrna ato wedyn!

Mae straeon digon difyr gan *Tyff Lyc, Gweinidog, Menai, Hen Lanc, Pensaer* a *Nage Wir* (er gwaetha'r 'i' olaf yn ei drydedd linell).

Dyfynnaf englyn *Gweinidog*:

Mi alwes yn drws nesa – un nos Sul
Yno'n syth o'r oedfa;
Di-sail cyhuddiad Silla;
Sori Duw ces amser da.

Ai ei wraig yw Silla, ynteu'r wraig drws nesa? Nid wyf yn hollol siŵr ac mae ei linell olaf yn awgrymu ei fod ar fai!

Mae *Yn y ring* am feio'r tylwyth teg am ei fod yn hwyr adref ar ôl noson ar y seidr. Ond nid wyf yn deall sut na pham y mae'r seidr yn siarad Saesneg. Nid yw *Gwell hwyrach* wedi gweithio englyn hawdd ei ddeall. Nid yw'n rhedeg yn rhwydd ac mae'n swnio'n oreiriog.

Mae wyrion *Dafydd* wedi gwneud rhyw ddrygioni yn y tŷ ond maent yn gwadu. Hoffais y llinell olaf ond mae'r drydedd yn rhy drwsgl gen i. Dyma'i gynnig:

Tybed be' ddylwn i gredu – ar air
Yr wyrion, sy'n taeru,
A nhw'r unig rai'n fy nhŷ,
'Naddo wir! Nid ni ddaru!'

Fel y soniais, daw Gordon Brown i sawl englyn. Dyma gynnig *Gordon 2010* gyda defnydd effeithiol o'r gair 'gwyrol':

Nid y fi fu'n gyfrifol y tro hwn
Cans traha parlysol
Bancwyr a fu'n gur gwyrol.
A ga'i nawdd rhif deg yn ôl?

Ar y darlleniad cyntaf, roeddwn yn meddwl mai Gordon Brown oedd yn siarad yn englyn *Gŵyl Eidd-dra,* ond lle mae'r bai ar gam:

Erioed bûm fod eithriadol, – bod dawnus
A medrus, ond meidrol.
Ar fy llw, nid wyf ddwyfol;
Heibio wir â'r fath gybôl!

Nid wyf yn deall stori *Gŵr tlawd* yn llwyr. Os nad yw wedi talu am y nwyddau yn yr archfarchnad, yna nid yw'n cael bai ar gam. Mae dadl gyfreithiol *Wnion* yn gryfach. Ei amddiffyniad yw nad oedd yn y Bermo er cael ei gyhuddo o drais, trosedd ddifrifol ac o ddwyn crafat, a rhaid dweud bod ei drydedd linell wedi dod â gwên i f'wyneb.

Dyma'r englyn:

Heddiw ces fy nghyhuddo, – o drosedd
O drais yn y Bermo,
A dwyn crafat o fflat Fflo
Ddoe, a minnau ddim yno.

Mae *Ronald* druan yn y carchar a hynny oherwydd D.N.A. ac yntau'n ddieuog! Wn i ddim a yw'n wyddonol gywir. Go brin, ond mae'n englyn llwyddiannus:

Yn y gell wyf heno'n gaeth, – D.N.A.,
Dyna oedd, ysywaeth,
Ddigamsyniol dystiolaeth
Llawn o wae. Ond f'efaill wnaeth.

Y gwynt drewllyd yw maes *Pop* ac *Unawdydd*. Braidd yn drwsgl yw paladr *Pop* ond hoffais ei linell olaf. Am yr un rheswm, llinell gyntaf *Unawdydd* yw ei wendid.

Down bellach at y pedwar gorau yn fy marn fach i. Bu bron i mi â chynnwys cynnig *Powlyn* gyda'r rhain:

Mor athrist i mi yw'r athrod; – chwiliwch
Eilwaith eich cydwybod.
Da yr adwaen y drewdod,
Mi wn o din pwy mae'n dod!

Ffroenwr

Tybed ai'r ci druan sy'n siarad, ei berchennog efallai, neu gymar y drwgweithredwr?

Ni allaf, na'r un canghellor, eich dal
Uwch y don ddim rhagor,
Rhy astrus ydyw'r rhwystro'r
Drysu mawr ddaw dros y môr.

Gordon Brown

Dyma apêl o'r galon gan y Prif Weinidog, gŵr a fu'n Ganghellor mor llwyddiannus. Mae'r ymadroddion 'uwch y don' a 'dros y môr' yn rhoi undod i'r englyn. Mae'r llinell olaf yn f'atgoffa am linell fawr T. Arfon Williams am y drewi ym Môn.

A dyma englyn *Dilys*:

Pwy y gwr piau geiriad – y llinell?
Fe'i lluniais o'm profiad,
Do yn wir, drwy ordinhad
Yr awen. Nid hen drawiad!

Dilys

Go brin fod neb ohonom sy'n ymhél â'r gynghanedd heb fod yn y sefyllfa uchod. Mae naws glasurol i'r llinell gyntaf ac mae 'drwy ordinhad yr awen' yn ddweud cryf ac ardderchog. Englyn llwyddiannus iawn.

Ar ôl pendroni tipyn ynghylch y tri englyn uchod a'r englyn a ganlyn, penderfynais mai cynnig *Bonso* sy'n mynd â hi'r tro hwn. Fy mhrif reswm dros y penderfyniad yw ei fod yn ysgafnach na'r lleill a'r llinell olaf yn llinell mor wych. Ni all neb ond cydymdeimlo â'r hen gi bach. Gwobrwyed *Bonso.*

Y mae fy enw mwyach yn drewi
O draw, gweithred afiach
Yw rhoi'r bai ar derier bach, –
Rwy'n gi rhech i'r hen grachach.

Bonso

Yr Englyn Ysgafn

BAI AR GAM

Y mae fy enw mwyach yn drewi
  O draw, gweithred afiach
 Yw rhoi'r bai ar derier bach, –
  Rwy'n gi rhech i'r hen grachach.

Bonso

BEIRNIADAETH TEGWYN PUGHE JONES

Diolch i'r wyth a fentrodd i'r gystadleuaeth. Am bum englyn milwr y gofynnwyd ac, ar yr olwg gyntaf, mae'r rheolau'n ddigon syml – tair llinell seithsill yn odli'n acennog neu'n ddiacen fel y mynnir. Ond tipyn o gamp yw creu englyn milwr cofiadwy, cymaint mwy creu pump ohonynt. Nid oes lle i ganu llac a geiriau llanw, a dyna'r bai cyffredinol eleni, llinellau da yn brigo i'r wyneb ond yn cael eu boddi gan linellau gwannach. Gair byr am yr wyth, yn ôl y drefn y rhifwyd nhw gan Swyddfa'r Eisteddfod.

Henrietta: Mae'n ceisio bod yn smala, ac yn llwyddo ambell waith, ond er glaned ei chynghanedd a'i hiaith, mae gormod o eiriau llanw: 'Esgob, mae'i brisiau'n esgyn'.

Garmon: Mae'n hoff iawn o'i ansoddeiriau – dylai eu chwynnu'n ddidrugaredd:

'Crochenydd'

Ei ddi-nerf ddoniau hirfain
A'i droelli rydd lestr mirain
Yn dyst i rôl rhiniol rhain.

Bu'n glyfar iawn yn cyflwyno chweched englyn milwr i'r eilydd o bêl-droediwr. Gwaetha'r modd, gan fod gwall cynganeddol yn ei linell olaf, peniodd y bêl i'w rwyd ei hun.

Coed y Gof: Dylai chwynnu llinellau fel 'Aeth bri pedoli ar daith', gan fod ganddo'r ddawn i greu llinellau graenus – 'Lloned ef a hi'n llawn dail'. Dengys ddiffyg chwaeth yn ei englyn i'r 'Plymar': 'A'r beipen fel drifl henwr'.

Wil Weiars: Mentrodd yrru pum 'englyn milwr' cwbl ddigynghanedd; er bod modd gwthio yn erbyn y terfyn, 'ddeil hi ddim i chwalu'r clawdd.

cyffwrdd: Creodd englynion glân. Rwyf yn hoff iawn o'r rhai i 'David Petersen' a'r 'Rhew-beintiwr'. Ond nid yw'n ddi-fai; yn ei englyn cyntaf, nid yw 'gogoniant' yn talu am ei le ac yn ail linell ei englyn i 'Dic Jones', 'pridd' ac nid 'llaid' fyddai ei ddewis air – mae gwahaniaeth rhwng pridd a llaid ond gofynion yr odl a'i gorfododd i ddewis 'llaid'.

Llais o'r Llwyn: Mae ganddo ambell linell dda, fel ei linell olaf i'r 'Trefnydd Blodau'; cyffredin iawn yw'r ddwy linell arall:

> Talent yw gosod blodau,
> Er mor hawdd ydyw'r mawrhau
> Un llaw sy'n uno'r lliwiau.

Sylwais ar ddau lithriad bach: 'Drwy linach ei ddarluniau'– ateb 'd' efo 'dd'; a heb ateb y calediad yn 'I greu wal o'r cerrig rhydd'.

Dewi: Byddai ambell atalnod wedi bod o gymorth i ddeall ei waith ar brydiau. Hwyrach yr ymddengys 'A deall gwerth yw'i werth o' yn llinell seithsill ar bapur ond darllenwch hi'n uchel – llinell wythsill ydyw.

Giggsy: Hwn oedd yr olaf i ymddangos ac ef yw crefftwr y gystadleuaeth. Creodd bum englyn milwr i bum gwahanol fath o bêl-droediwr. Pe bai pob llinell cystal â'i linell olaf i'r 'Gwibiwr', sef 'Yn lleidr y tir llydan', byddai wedi ennill y gystadleuaeth yn hawdd. Ond braidd yn ddi-fflach yw gweddill ei gynigion, nid oes y wefr angenrheidiol ynddynt:

> Taclwr
>
> Yn ei gŵys gweithia'n gyson,
> A'i grefft yw cipio'r bêl gron.
> Yn galed, dyma'r galon.

Dau oedd yn y ras, *Giggsy* a *cyffwrdd*. Er cystal crefftwr yw *Giggsy*, mae *cyffwrdd* yn fwy o fardd ac mewn cystadleuaeth wan credaf ei fod yn haeddu'r wobr.

Y Pum Englyn Milwr

Plygwr Clawdd

Hwn yw hwsmon gogoniant,
cawr ei blwy' sy'n creu i'w blant
o'r bonyn ffyn eu ffyniant.

Dic Jones

Llafurwr y llafariaid,
un â'i lên yn un â'i laid
a'i rawn o wreiddiau'r enaid.

Bronfraith

Nid creu addurn yw'r turnio
na gwyrthiau ar frigau'r fro,
ond tŷ i deulu di-do.

Rhew-beintiwr

Rhyw 'loerig' arbenigwr
ydy hwn, a'i baent fel dŵr –
ei redyn wnaeth fi'n gredwr.

David Petersen

Â ddoe'r angerdd ar engan,
hwn yw draig ein darogan
a deunod tafod ein tân.

cyffwrdd

BEIRNIADAETH GERALLT LLOYD OWEN

Ymgeisiodd pedwar ar ddeg ac, yn naturiol, mae'n rhaid i rywun fod wrth droed yr ystol. Tro *Martha Plu Chwithig* yw hi eleni. Cywydd deuddeg llinell sydd ganddi ac mae'n dda gennyf ddweud bod eu hanner yn gywir er bod gwaith amddiffyn ar un neu ddwy o'r rheini. Gobeithio y cawn gwrdd eto maes o law.

Beidr Bodor: 32 llinell. Hen ŵr yn dychwelyd i'w fro enedigol ac yn gresynu o weld y newid. Ac eithrio un enghraifft o'r bai Rhy Debyg (traddodi/ traddodiad), mae'r cynganeddu'n ddi-fai ond yn elfennol a di-fflach: 'Cryf oedd ym mhethau crefydd/ A phawb yn arddel y Ffydd,/ A heini oedd yr heniaith,/ A gwiw yn ei dillad gwaith'. Cwpled olaf addawol ond braidd yn hwyr.

Hynafgwr: Myfyrdod ger Cader Idris. 36 llinell nad oes rhyw lawer i'w ddweud amdanynt oddigerth mai 'A'r hen dân bron edwino' yw'r unig un a dynnodd fy sylw am y rheswm iawn. Cofied *Hynafgwr* na ddylid aberthu treiglad ar allor cynghanedd ('Ciliodd haul a ciliodd hedd') ac nad drwg o beth yw osgoi geiriau hynafol fel 'llacáu'. Nid yw 'pan 'relo ti' yn dderbyniol ychwaith.

Hengwmanedd: Un o ddefaid crwydr y gystadleuaeth. Ni allaf ond ategu sylwadau'r beirniad yn 2006 wrth resynu gweld y llinell 'Yn lannerch gwyllt i lwynog' yn dal yma. Ni threiglir 'll' ar ôl yr arddodiad 'yn'. Mae 'I awch a her y chwarae' yn bendrwm ac 'Yn drist rhwng y deri a drain' yn rhy hir. Hawdd iawn fyddai cywiro'r diffygion hyn ond ni ddylent fod yma yn y lle cyntaf. Gwnewch hynny, da chi, cyn mynd ar grwydr eto.

Crawc y Frân: Y Preselau yw'r cynefin. Gwaetha'r modd, mae'r llinell gyntaf ('I ias o anian Mis Ionawr') yn amhosib' ei chywasgu i saith sillaf, ac mae'r drydedd ('Hyd heol a llwybr tawel') yn proestio. Felly hefyd 'Yn awr adref y crwydraf' ac nid oes arlliw o gynghanedd yn y llinell 'Yn eu dawns ag ewyn ton'. Beth a olygir wrth 'brân' yn 'cymylau bryniau'r brân'? Ai asgell aradr? Benywaidd yw'r frân honno hefyd. Nid yw 'Dacw y bilidowcar,/ Deifiwr a physgotwr gwâr' yn ddim amgen na chlecian geiriau. Mae'n ddrwg gennyf fod mor negyddol fy sylwadau ond mae'n rhaid i'r ymgeisydd hwn, fel sawl un arall, ddysgu cynganeddu syniadau.

Berwyn: Cywydd deunaw llinell am Lanwddyn gyda chwpled cyntaf eithaf addawol: 'Cyfarfod mae'r cysgodion/ yn ias y dŵr is y don . . .' ond wedyn? Wedyn, cawn y trawiadau hawdd, disgwyliadwy fel 'hen anheddau Llanwddyn' a 'llonyddwch yw Llanwddyn' a'r cwpled swrth hwn: 'a'r dyfroedd glandeg segur/ a mud yng nghysgod y mur'. Tri ansoddair olynol (glandeg, segur, mud) i ddisgrifio'r un peth. Mae'n swnio i mi fel pe bai *Berwyn* yn cyfansoddi yn ei gwsg.

Y Chwarelwr: Deunaw llinell eto. 'Gŵr y garreg a wyrai/ eto i'r hafn, cyn y trai;/ y llwyd brwd yn ei ddillad brau/ a rwygai gnawd y creigiau/ a'i annedd tan glogwyni/ yn dŷ o'r llwch uwch dŵr lli'. Ar wahân i'r ffaith ei bod yn rhy hir, llinell wantan iawn yw 'y llwyd brwd yn ei ddillad brau' ac yn nodweddiadol o lacrwydd sawl un arall o'i chymheiriaid. Cymaint gwell yw 'rhwd ar offer toredig/ a'n hiaith fel gaea'n y wig;/ erwau bro heb rawn ar bren . . .' hyd nes iddo ddifetha popeth: 'na gwanwyn wedi'r gynnen'. Pa gynnen?

Maes Meddygon: 50 llinell. Rhywun caeth i gyffuriau yn cael triniaeth mewn ysbyty ac yn dianc, yn ei ben, i'w 'bentref gwyn'. Meddai: 'Af o fyd y stryd a'i strach/ I natur ddiniweitiach/ Bro uniaith . . .' Ond 'Cân astrus acen estron/ Yn awel oer hyd y lôn' sydd yno bellach. Nid yw cyffelybu gafael gynyddol ei salwch i afael ymledol yr 'haint' mewnfudwyr yn fy argyhoeddi i; mae'n ffuantus. Rhaid dweud bod yma linellau da yn gymysg â rhai diog fel 'Cân astrus acen estron' uchod. Yn wir, mae hanner cyntaf y cywydd hwn yn llawer gwell na'r gweddill, a'r pum cwpled agoriadol yn wirioneddol dda.

Cafall: 30 llinell yn sôn am gynefino defaid ym Meirion a'r arfer o daflu cerrig mân atynt i'w cadw o fewn eu terfynau. Cyfeirir at y terfyn anweledig yn y cwpled rhagorol hwn: 'Mae yma fel wal meimiwr/ Yn y cof ac ar bob cwr.' Heb os, dyna linellau mwyaf cofiadwy'r gystadleuaeth. Gwaetha'r modd, braidd yn ddigyffro yw'r gweddill ac nid yw *Cafall* ar ei orau o bell ffordd mewn llinellau fel hyn: 'Hel chwarel i gylcharwain/ Ieuengaidd braidd hyd eu bro/ I'w gwaelod – hen fugeilio'.

Dŵr oer: Dafad grwydr arall ond un wedi ei chneifio rywfaint er 2006 – 32 llinell bryd hynny, 22 eleni. Ar ôl dechreuad addawol iawn ('Ni fu neb hyd y fan hyn/ erioed yn troedio'r rhedyn/ nad oedd yn adnabod iaith/ y mynydd yma unwaith.'), ceir rhyw suoganu fel hyn: 'Adnabod haf ac afiaith,/ morio'r gân Gymreig ei hiaith,/ a bobol bach brafiach bro/ i'n heniaith ydoedd honno'. Gyda llaw, byddai ambell goma'n fuddiol. I bob pwrpas, adnabod hyn ac arall yw'r cywydd yn ei grynswth nes ymdebygu i restr neges. Tueddir i ailadrodd hefyd. Cawn wybod ar y diwedd mai am Gwm Celyn y sonnir. Fel y dengys ei linellau agoriadol, mae *Dŵr oer* yn gynganeddwr llithrig ond rhaid iddo fod yn fwy hunanfeirniadol.

Mab y Mynydd: Gwaetha'r modd, ni ellir ystyried gwobrwyo'r ymgeisydd hwn oherwydd fy mod yn cofio darllen – a chanmol – rhai o'i linellau ar Y Talwrn beth amser yn ôl. Golyga hynny eu bod wedi ymddangos ar y We, sydd, 'dybiwn i, yn gyfystyr â'u cyhoeddi. Felly, rhag datgelu enw'r awdur, ni ddyfynnaf o'r cywydd, dim ond dweud bod yma addewid lachar.

Cymydog: Dyma gynganeddwr awdurdodol. Gall ganu'n epigramatig fel hyn: 'A gwyn fyd a esyd ôl/ ei fodiau ar ddyfodol/ ei gynefin a'i linach . . .' Ond och, ni ŵyr pryd i dewi. Pam ail-ddweud yr un peth, fwy na heb, ar ôl ei ddweud yn well y tro cyntaf? Mewn gwirionedd, yr hyn sydd yma yw cywydd deunaw llinell wedi dyblu ei hyd a haneru ei bwysau. Biti garw.

Esgaireiddon: 'Hen leisiau'r Garreg Lusog/ Ar y gwynt sy'n galw'r gog/ Yn ei hôl i flasu hin/ Hafau ei hen gynefin . . .' Gan mor swynol a rhwydd y llinellau agoriadol hyn, tybiwn fy mod yng nghwmni darpar enillydd ond buan iawn y'm dadrithiwyd: 'Ei hel yn ôl i lwyn ha'/ I hedfan dros Foel Glydfa,/ I'w nodau ddiasbedain/ Yn yr hedd uwch Rhyd-y-drain'. Mae'r awdur yn ysu am gael dianc i'w hen gynefin ond mae gofalon gwaith yn ei rwystro: 'Wyf wrth fy nesg yn pesgi,/ Heno'n llwyd ger sŵn y lli,/ Yn y glaw ger rhiw Penglais,/ Yn wargam wyf dan forgais'. Tinc ysgafn sydd i'r llinellau yma a'r rhai sy'n eu rhagflaenu yn ail ran y cywydd. Nid dyma'r lle iddynt. Ofnaf mai ymgais anwastad o ran cywair a chrefft a gafwyd.

Tofft: Dau ddwsin o linellau wedi'u rhannu'n chwe phennill a phob pennill yn uned un frawddeg. Taclus. Fel yr awgryma'r ffugenw, eir â ni i fyd hwylio neu bysgota mewn cwch. Meddai: 'Ar y cefnfor mae stormydd/ uwch môr ucha', dua'r dydd/ yn chwythu'r cwch, a throi cân/ hyd y dŵr yn rhu'r daran'. O ran eglurder, onid gwell fyddai 'yn rhu taran'? A chan fy mod yn sôn am eglurder, rhaid nodi bod yma un pennill lle cafodd yr awdur bwl go ddrwg o glymau chwithig: 'Mae'n ceisio'r seren heno,/ seren gain i'w arwain o,/ nes gweld hwnt i'r nos, o'i gwch,/ yn y diwedd ond düwch'. Hyd y medraf fi gasglu, yr hyn a olygir yw: er iddo chwilio am seren, ni wêl ddim ond düwch. Gwely'r môr yw lle'r pennill yna. Ond i wneud iawn amdano, dyma bennill rhagorol: 'Er i'r don roi iddo'r daith/ a'i gynnal drwyddi ganwaith,/ fe ŵyr hwn fod ei fôr o'n/ fôr hefyd sy'n ei frifo'. Mae'n wybyddus na fyddaf yn degymu mintys parthed calediad cytseiniaid ond fe'i caf hi'n anodd llefaru'r llinell 'nes clywed drwy'r rhaff wedyn . . .' heb i'r ddwy 'd' gyfysgwydd galedu'n 't'. Nid clywed ond gweld calediad a wnaf yn 'ond düwch' uchod. Diwedda'r cywydd fel hyn: 'Ryw fin hwyr ar derfyn haf/ y mae môr y storm arwaf/ nôl ymhell, a gŵyr bellach/ na fyn fwy na'r hafan fach'. Yr 'hafan fach', decini, yw'r cynefin.

Er nad yw'n cyrraedd yr un uchelfannau â rhai o'r lleill ar eu gorau, hwn, drwodd a thro, yw cywydd mwyaf gwastad y gystadleuaeth. Ac eithrio un pennill, mae'n eithaf didramgwydd ond dim mwy na hynny. O'm rhoi fy hun yn esgidiau *Tofft*, byddai'n well gennyf beidio â chrafu teilyngdod dan law beirniad nad yw'n swnio'n rhy frwd o'm plaid. Felly, er ei fwyn ef, a'm hygrededd innau, rhaid imi atal y wobr.

BEIRNIADAETH EIRWYN GEORGE

Daeth 37 o gyfansoddiadau i law. Diddorol yw sylwi bod nifer yr ymgeiswyr yng nghystadleuaeth y Delyneg ar gynnydd yn ystod y blynyddoedd diwethaf. Nodi ffaith yn unig yw dweud mai hon yw'r gystadleuaeth sy'n llwyddo i ddenu'r nifer fwyaf o gystadleuwyr yn Adran Barddoniaeth y Genedlaethol o flwyddyn i flwyddyn ar wahân i gystadleuaeth yr englyn weithiau. Eto i gyd, ychydig o'n beirdd mwyaf sy'n mynd i'r afael â chyfansoddi telynegion heddiw. Y prif reswm, 'greda i, yw oherwydd cyfyngder ei chwmpas. Mae angen cynfas helaethach i ymdrin â themâu cymhleth a chynhwysfawr. Eto, mae'n rhaid cydnabod bod cyfraniad Talwrn y Beirdd i hybu a diogelu'r delyneg wedi bod yn aruthrol. Nid pawb sy'n sylweddoli, rwy'n siŵr, fod rhaglenni'r Talwrn dros gyfnod o 31 o flynyddoedd wedi cynhyrchu'n agos i ddwy fil o delynegion. Ni ellir peidio â sylwi ychwaith fod y delyneg *vers libre* wedi disodli'r delyneg odledig i raddau yn ddiweddar. Er bod 70 o delynegion wedi eu cynnwys yng nghyfrol ddiweddaraf *Pigion Talwrn y Beirdd*, deg yn unig sydd wedi eu llunio ar fesur ac odl. Y mae'n agos i hanner y telynegion a anfonwyd i'r gystadleuaeth hon hefyd wedi eu cyfansoddi mewn *vers libre*.

Dyma geisio crynhoi prif nodweddion y delyneg fel y gwelaf i hwy. Cerdd fer, bersonol ydyw, yn troi o gwmpas un syniad neu deimlad canolog. Mae eglurder mynegiant a diweddglo effeithiol yn hollbwysig hefyd yn ogystal â sicrhau bod y gerdd yn gyfanwaith gorffenedig. Wrth gwrs, y mae'n rhaid i'r telynegwr hefyd arddel safonau crefft y bardd – cynildeb, osgoi traethu rhyddieithol a thrafod ei fesur yn effeithiol.

Fel y gellid ei ddisgwyl, y mae'r testun 'Gafael' wedi esgor ar amrywiaeth o bosibiliadau. Nid oes ond ychydig o'r telynegion yn ymwneud â themâu treuliedig fel serch, byd natur neu ddelfrydu ardaloedd penodol. (Nid oes dim o'i le ar hynny ychwaith os yw'r bardd wedi cael golwg newydd ar ei fater ac wedi llwyddo i fynegi'r cyfan mewn dull cofiadwy). Dewisodd nifer o'r cystadleuwyr fynd i'r afael â sefyllfaoedd creulon ac annymunol fel tor-priodas, cofio'r *Holocaust*, damweiniau erchyll, hunanladdiad a cham-drin plant. Y mae'r delyneg, erbyn hyn, yn ein dolurio weithiau!

Dyma fwrw golwg ar y cynhyrchion a ddaeth i law yn y drefn y rhifwyd hwy yn Swyddfa'r Eisteddfod, gan gadw'r goreuon i'w trafod ar y diwedd.

Yr Hwiangerdd: Dau bennill gwrthgyferbyniol yn sôn am berthynas y bardd â'i fam – ei gofal amdano pan oedd e'n blentyn a'i ofal ef amdani hi heddiw. Braidd yn anffodus yw'r ymadrodd 'A glywn gan mam fel plentyn'. Pan oeddwn yn blentyn yw'r ystyr. Nid yw pob ansoddair yn taro deuddeg ychwaith ond y mae yma nodyn diffuant a chyferbynnu effeithiol hefyd.

Aelod: Telyneg yn adrodd hanes dau aderyn yn mynd ati i adeiladu nyth a magu cywion sydd hefyd yn symbol o ofal rhieni a gwerth magwraeth dda. Teimlais fod yna ormod o ansoddeiriau yn y penillion cyntaf – 11 ansoddair mewn 12 llinell fer. Eto, mae'n rhaid cydnabod nad oes yma eiriau llanw o gwbl a bod y gerdd hefyd yn gyfanwaith gorffenedig.

Hen Lanc o Lŷn: Gafael ddiollwng bro arbennig sydd yma. Hen thema, mae'n wir, ond fe lwyddodd y bardd i gynnig safbwynt newydd ar y berthynas. Anghydnaws yw'r personoli yn y linellau 'i gynnig iddi ddogn o gysur/ a'i gwasgu'n dynn'. Mae'n feistr ar y *vers libre*.

Gwyrdd: Stori drist am ddyn talentog yn gwneud amdano'i hun cyn ei fod yn ddeugain oed. Nid llais telynegwr sydd mewn llinellau fel 'a ffrwydrodd y gwrthdaro/ gan niwlo dy resymeg'. Ond rwy'n edmygu crefft y bardd – tri ansoddair yn unig mewn cerdd o 23 llinell – a hefyd ei ddefnydd effeithiol o awgrymusedd.

Taid: Taid yn gweld rhod amser wedi troi mewn perthynas â'i ŵyr sydd gan y bardd yn ei feddwl, siŵr o fod. Ond cymysglyd iawn yw'r mynegiant ac ni lwyddwyd i fynegi'r profiad yn glir ac yn gymen.

Broc y Môr: Dau bennill naw llinell yr un yn gwrthgyferbynnu oerni'r gaeaf yn yr awyr agored a gaeaf ysbrydol y gŵr yn ei gartref wedi iddo golli ei gymar. Eto i gyd, mae cwmni'r plentyn bach ar yr aelwyd yn ei gynnal uwchlaw'r trallodion. Mae yma fardd pwerus a thelyneg wedi ei chynllunio'n gelfydd odiaeth. Hoffais newydd-deb ei fesur hefyd. Trueni mawr am drwsgleiddiwch y mynegiant yn y ddwy linell olaf. Oni bai am hynny, fe fyddai *Broc Môr* yn eistedd yn gyffyrddus yn y Dosbarth Cyntaf.

Jahbulon: Siglo llaw ag un o'r seiri rhyddion (mae'n un ohonynt hefyd) a ysgogodd ei awen. Wrth ddarllen y pennill cyntaf, cododd fy ngobeithion am weld telyneg ar bwnc newydd yn y Gymraeg. Tybed ai fy anwybodaeth ynghylch byd cyfrinachol y brodyr yw'r rheswm paham na fedraf ddeall y cyfeiriad at y pedair heol yn y pennill olaf?

Nant y Grug: Dau bennill yn personoli blodyn bach sy'n tyfu mewn hafn yn y graig ar yr Wyddfa. Gwaetha'r modd, mae yma rai cystrawennau chwithig a sylwadau anghyflawn. Tybed ai dysgwr neu ddechreuwr ydyw? Hoffais y syniad, serch hynny.

Llinon: Sôn y mae'r bardd amdano ef ei hun yn blentyn wythmlwydd yn cael ei achub o donnau'r môr. Geiriogrwydd di-alw-amdano yw rhywbeth fel hyn 'ynganodd fy ngheg synau aflafar ofn'. Y gwendid mwyaf yw fod y diweddglo ('yn hydref fy nyddiau') yn cyrraedd mor sydyn heb fod iddo unrhyw gysylltiad uniongyrchol â gweddill y gerdd.

Diolch: Telyneg ddramatig yn sôn am y bardd ei hun eto yn cael ei achub o ddŵr yr afon yn ystod taith ganŵ yn Ffrainc. Nid yw'r hen ddyfais o roi sioc i'r darllenydd ar y diwedd wedi apelio ataf erioed. Mae'n gas gennyf y gair gwneud 'fflachyn' am 'fflach' hefyd. Beth sydd o'i le ar 'eiliad'?

Achub: Fersiwn arall, i ryw raddau, o'r gerdd uchod gan yr un bardd eto. Mae hon yn gadarnach ei gwead na'r llall. Paham rhoi sylw i'r fam ar y dechrau gan nad oedd iddi ran o gwbl yn yr antur na'r achub?

Menna Lili: Telyneg goffa sydd hefyd yn delyneg serch. Mae'r mydryddu'n ddidramgwydd ond rhaid osgoi ansoddeiriau llanw fel 'Y môr a'i donnau hallt'.

Rhysyn: Telyneg goffa i fachgen a gollodd ei fywyd o ganlyniad i fwled strae. Mae angen tynhau'r mynegiant mewn mannau, e.e. 'Mi euthum innau . . .' – byddai 'Euthum' ar ei ben ei hun yn hen ddigon.

Dwygir: Gweddi ddwys yn datgan ffydd ddiysgog yn yr Arglwydd Iesu. Mae'r pennill cyntaf yn gafael ond rwy'n ofni mai adleisiau neu ailbobiad o'r emyn 'O fy Iesu bendigedig' gan Eben Fardd yw'r pennill olaf. Dylid ceisio osgoi odlau treuliedig fel 'trist' a 'Crist' hefyd.

Siôn: Cerdd deyrnged. Hoffais yr arddull storïol ac mae yma ambell gyffyrddiad trawiadol fel 'Hyd braich ei agosatrwydd'. Bardd cynnil yn ddi-os ond teimlaf fod ei ddull o ddweud yn y pennill olaf yn cymylu'r ystyr.

Sicraf Fry: Cynllun dyfeisgar. Pump o benillion sydd yma gyda dyfyniad o 'Weddi'r Arglwydd' yn is-bennawd i bob un ohonynt. Telyneg ar y ffurf gadwynog ydyw gyda phob pennill yn uned gyflawn ynddo'i hun a'r cyfan yn cael eu clymu ynghyd yn y pennill olaf. Nid tinc y telynegwr sydd mewn llinellau fel hyn: 'Er bod ein ffydd ar ollwng/ Fel jet sy'n drwm o fom/ Yng ngwrthdrawiadau'r meddwl . . .' Gymaint yn well yw'r canu diriaethol, uniongyrchol yn y pedwerydd pennill: 'Ar droeon enbyd bywyd/ Rwyf weithiau'n troi fy mhen/ Rhag gweled gwrid yr afal/ Ar waharddedig bren'. Pe bai'r penillion i gyd yn y cywair hwn, fe fyddai *Sicraf Fry* yn agos at frig y gystadleuaeth.

Y Gof: Perthynas deuluol eto. Er bod dwy linell olaf y pennill cyntaf yn taro deuddeg, rhyw gymhariaeth ryfedd yw sôn am freichiau'r hen ŵr yn cau am y bardd 'Fel mantell o eira gwyn'. Mae angen cywiro'r mynegiant mewn mannau hefyd.

Sŵn y Gwynt: Telyneg wedi ei lleoli ar glos ffarm. Mae ôl llaw brofiadol ar y dewis o eiriau a rhyw agosatrwydd yn y dweud. Anodd gwybod beth yn union yw'r achlysur. Mae'n drueni na fyddai'r bardd wedi gadael switsh neu ddau yn rhywle i oleuo'r darllenydd.

Llaw wen: Telyneg ar fesur dibatrwm o saith llinell – *vers libre* unodl efallai. Dyn ar ei wely angau oedd yr ysgogiad. Er bod y dweud yn deimladwy a'r arddull yn ddirodres, fe fyddai'r bardd wedi fy modloni'n well pe bai yna gyfeiriad penodol at yr 'ei' yn y pennill olaf.

Awel Mai: Y mae'r cyfeiriad at gwmnïaeth ei mam pan oedd hi'n blentyn yn y pennill cyntaf a'r profiad o ollwng gafael ar y berthynas am byth wrth iddi ddal ei llaw ar ei gwely angau yn y pennill olaf yn rhoi undod i'r gerdd. Gwaetha'r modd, rhyddieithol iawn yw'r mynegiant yn yr ail bennill.

Esyllt: Telyneg yn sôn am fachgen a fu'n grupil yn cerdded am y tro cyntaf. Trueni iddo gloi'r delyneg â llinell mor ansoddeiriog ag 'I'r fwyn angyles wen'.

Euros: Teyrnged i eneth mewn cadair olwyn. Ni ellir amau diffuantrwydd y bardd ond cofier nad yw nodi ffeithiau'n unig yn farddoniaeth.

Mabon: Profiad personol a dymunol hefyd. Fe fyddai'r gerdd ar ei hennill pe bai'r cyfeiriadau'n fwy penodol. Nid yw'r ystyr yn cael ei fynegi'n ystwyth bob amser ychwaith ond mae'r pennill olaf yn gafael.

Gwyn: Merch yn cael ei cham-drin yn y cartre' yw'r thema. Mae'n drueni i'r bardd fodloni ar restru'r diffygion a'r creulondeb yn unig yn hytrach na chreu darlun neu sefyllfa i ddangos cyflwr truenus y plentyn bach. Ac, o'r herwydd, collwyd cyfle efallai i esgor ar delyneg ingol a chofiadwy.

Afradlon: Yr ysfa am ddychwelyd i ddyddiau plentyndod. Telyneg hiraethus yn y dull hen ffasiwn ydyw sy'n canu'n hyfryd yn y glust hefyd. Nid oes dim yn newydd yn y thema na'r ymdriniaeth ond mae'n fynegiant o ryw ddymuniad sy'n rhan o brofiad pawb ohonom o bryd i'w gilydd.

Parc Eithin: Pennill chwe llinell yn cynnwys cynghanedd Sain Gytbwys Acennog ym mhob un ohonynt. Sôn y mae'r bardd amdano'n ymweld â dau yn eu henaint adeg y Nadolig. Pennill i'w cyfarch, efallai – ond nid telyneg.

Tegid: Dau bennill yn ymdrin â chyflwr gwraig weddw ar ôl iddi gladdu ei gŵr sydd gan y bardd hwn. Nid yw ei gystrawen na'i ddewis o eiriau'n foddhaol bob amser, e.e. sôn am y wraig 'yn byw heb fawr o nod' a dweud am yr ymadawedig 'cyn iddo fynd i'w glod'.

Cae Helyg: Gweld merch yn sefyll mewn arosfan wrth i'r bardd yrru heibio yn ei gar yw canolbwynt y gerdd. Canu ffwrdd-â-hi, rhyddieithol braidd, sydd yma'n bennaf, e.e. 'ar amrantiad meddyliais am barcio/ mewn bwlch agorodd rhwng dau gar'. Er bod yma brofiad wedi ei grisialu'n gryno, nid oes fawr o wefr yn y mynegiant.

Clysgafn: Math o delyneg serch eto, mi dybiaf. Cefais hi'n anodd iawn dilyn trywydd meddwl y bardd mewn mannau, e.e. 'y cysgod yn nrws y freuddwyd/ a gymell y tywyllwch yn ôl i'w gwallt'. Ni thâl hi i'r telynegwr adael y darllenydd yn ymbalfalu yn y tywyllwch. Eithr y mae'r fath brinder o ansoddeiriau a chynildeb ymadroddi yn dangos bod yma fardd sy'n gwybod ei bethau o leiaf.

Y DOSBARTH CYNTAF

Dieithryn: Cerdd ddramatig yn troi o gwmpas damwain yn ninas Mecsico. Mae yma ambell linell ysgytwol sy'n drwm o ystyr fel 'sŵn gwaed' ynghyd â rhai cyffyrddiadau trawiadol fel 'a sgrechfeydd digon main i grychu ffedog'. Gosodais y gerdd hon yn y Dosbarth Cyntaf oherwydd fy edmygedd o ddawn y bardd fel saer geiriau ond ni chefais fy argyhoeddi ei bod hi'n delyneg o'r iawn ryw.

Ioan: Mair, mam yr Iesu, sydd yma yn ymateb i dri digwyddiad yn hanes ei mab a hithau'n gafael yn ei law i ofalu amdano pan oedd yn blentyn, ei gofio'n llithro o'i gafael i fynd i weddïo yn y deml, a'i weld yn ei ollwng ei hun i ddwylo'i Dduw ar y groes. Mae yma gynllunio gofalus, mydryddu esmwyth a llithrig ynghyd â rhywfaint o wreiddioldeb yn yr ymdriniaeth hefyd.

Rhosyr: Telyneg Gristnogol o ddau bennill ar ffurf gweddi. Mae angerdd yn y dweud a chyferbynnu effeithiol rhwng tywyllwch yn y pennill cyntaf a goleuni yn yr ail. Nid yw 'chwilio'th gread' yn ramadegol gywir. Hawdd fyddai cywiro'r gwall drwy ddweud 'Yn nh'wyllwch anghrediniaeth/ Chwiliaf dy gread Di'. Hoffais hon yn fawr iawn.

Iolo: Telyneg yn sôn am fachgen a garcharwyd yn Auschwitz ynghyd â'i dad a'i fam a lofruddiwyd gan y Natsïaid yn y siamberi nwy yn dychwelyd i'r fangre ar gyfer y seremoni a drefnwyd yn 2005 i gofio rhyddhau'r carcharorion. Mae'r mydryddu'n lân ac yn ystwyth drwyddi draw. Er bod 'eira glân' yn y pennill olaf yn cyferbynnu'n effeithiol ag 'erchylltra brwnt' yn y pennill cyntaf, ni chefais fy argyhoeddi, rywsut, gan yr ymadrodd 'yn nodau'i gân' yn y diweddglo. Ai cyfeirio at ganu yn y seremoni a wneir yma?

Dolwar: Telyneg goffa i Ann Griffiths, yr emynyddes, ar ffurf un ddelwedd estynedig. Seiliwyd hi ar y llinell 'Gwna fi fel pren planedig, O fy Nuw' a briodolir i Ann ei hun yn un o'i hemynau. Y mae'r ddelwedd yn cael ei datblygu'n grefftus i gyrraedd diweddglo effeithiol.

Morlais: Ymson merch ddi-briod yn cario plentyn: 'Ti a fi,/ heb fwrn/ disgwyliadau/ dau deulu'. Hon yw'r fwyaf personol, unigolyddol a myfyrdodus o'r telynegion i gyd. Y mae rhythmau'r *vers libre* wedi eu hamrywio a'u hystumio hefyd i gyfleu teimladau'r ferch yn gryno a diflewyn ar dafod.

Hen Stori: Portread gafaelgar o ddafad-fagu wedi ei hamddifadu o'i hoen (oen Pasg, efallai) ac yn chwilio amdano ymhobman ar hyd y cloddiau heb wybod bod ei waed ar gyllell y cigydd yn ei ladd-dy. Mae yma ddisgrifio manwl, a chynnil ar yr un pryd, gan fardd sy'n amlwg yn canu o'i brofiad. Gŵyr ymhle'n union y mae'r ffin rhwng barddoniaeth a rhyddiaith hefyd. Hon yw'r delyneg berffeithiaf ei chrefft yn y gystadleuaeth ac fe fyddwn wrth fy modd yn ei gwobrwyo oni bai fod yna un ar ôl.

Trist: Thema gyfoes, gwaetha'r modd, gan fod tor-priodas yn rhywbeth mor gyffredin heddiw. Mae ôl llaw fedrus ar y dewis o eiriau. Fe fyddwn yn cysylltu'r lili wen â harddwch gan amlaf ond mae'r bardd fel pe bai'n troi'r gymhariaeth wyneb i waered i ddangos pryd a gwedd y tad a'r fam wedi pylu o dan y straen. Hoffaf amwysedd y berfenw 'plygu' sy'n awgrymu bod y ddau ohonynt nid yn unig yn plygu i ddidoli'r mân bethau ond eu bod hefyd yn benisel oherwydd y sefyllfa anorfod. Yn yr ail bennill, y mae 'clinigol' a 'glân' yn drwm o ystyr yn eu cyd-destun mewn 'tŷ' nad yw'n gartref mwyach. Rhag ofn i rywun ruthro ar ei ben i ddweud bod yna lithriad gramadegol yn llinell gyntaf y pennill olaf, cofier bod hepgor y rhagenw perthynol o flaen berf yn oddefiad mewn barddoniaeth. Gwych hefyd yw 'yng nghil eu llygaid' gan fod y ddau, am resymau amlwg, yn gwneud eu gorau i beidio ag edrych ar y plentyn ac, ar yr un pryd, yn methu peidio â gwneud hynny'n ddistaw bach. Mae'r diweddglo'n ysgytwol â dweud y lleiaf. *Trist* sy'n hawlio'r wobr.

Y Delyneg

GAFAEL

Doedd diben cecru mwyach
  A'r chwalu bron ar ben:
Dau wyneb oer yn plygu
  Fel blodau'r lili wen.

Ac ni bu anghytuno
  Wrth rannu'r mawr a'r mân
O'r ysbail briodasol
  Mewn tŷ clinigol lân.

Ond un anwesai degan
  Yng nghil eu llygaid hwy
Heb ddim i'w rannu rhyngddynt
  Ond calon oedd yn ddwy.

Trist

Soned: Rwy'n gweld o bell

BEIRNIADAETH VERNON JONES

Pleser eleni oedd darllen a chael rhannu'r profiadau a oedd mewn deunaw o gyfansoddiadau. At ei gilydd, mae'r beirdd i gyd yn grefftwyr gofalus a chynnil, a chyda thestun mor arbennig, nid rhyfedd fod y themâu'n eang a diddorol. Ond, fel y gellid disgwyl gyda'r testun yn gymal o emyn adnabyddus Watcyn Wyn, roedd naws grefyddol i nifer o'r sonedau, gyda thuedd gan y beirdd i droedio dros hen dir wrth chwilio am fynegiant newydd.

Yn naturiol, roeddwn yn croesawu gweledigaethau newydd a mynegiant ffres yn deillio o'r testun ond, yn amlach na pheidio, roedd tuedd i'r sonedwyr hyn wyro tipyn tua'r gwyll yn hytrach na'r wawr. Eto i gyd, cafwyd rhai cyffyrddiadau cynhyrfus a disglair sy'n aros yn y cof.

Mi af o un i un yn y drefn y daethant i law.

O'r Gwynfryn: Dyma'r unig un a aeth ati o ddifri gan ddehongli'r testun trwy annerch yr emynydd. Gwnaeth hynny'n ddigon cymeradwy gan ddyfynnu ambell gymal o'r emyn yn effeithiol. Teimlaf, er hynny, mai gwendid oedd enwi'r emynydd ddwywaith yn y chwechawd, 'Dychwel, O Watcyn Wyn . . .' a 'Tyrd i Gwmderi, Watcyn . . .' Soned dda, ond a gollodd ei gweledigaeth yn y chwechawd.

Cwm Hyfryd: Canodd soned rwydd iawn am y Cymry'n gweld o bell fywyd gwell yn y Wladfa, a dywed mai dyna yw ein breuddwyd ninnau hefyd. Chwithig braidd yw ymadrodd fel `hadau'r aros' ac, yn anffodus, aeth rhai llinellau'n rhyddieithol, megis 'Ac wedi misoedd hir yn nofio'r don'.

Conion: Pedwar curiad yn lle'r pump arferol sydd yn y mwyafrif o linellau ei soned. Pan gafodd afael arni tua'r diwedd, cawn ei linell orau 'A themlau Mamon yw'n capeli gynt'. 'Gadawiad crefydd a'n gwlad yn ddi-gred' yw ei bwnc ac, er ei ddidwylledd, braidd yn niwlog yw'r mynegiant.

Marian Llwyd: Saif ar gopa'r Boncyn Mawr a gweld o bell hen dyddyn lle bu'r teulu'n 'creu bywoliaeth' cyn i'r fforest gau am y cwm. Darluniau cartrefol hyfryd ond soned am dyddyn a'r bywyd gwledig ydyw yn hytrach na dehongliad o'r testun.

a drefnwyd cyn bod amser: Dringwn i dir uwch yng nghwmni'r sonedwr hwn. Mae mawredd y greadigaeth yn ei gynhyrfu ac er pelled y gorwel, cred fod ganddo yntau ran yn y mawl. Soned gref gan fardd da. Ond, gwaetha'r modd, mae ganddo un gwendid. Terfyna chwech o'r llinellau'n beiriannol braidd – er enghraifft, 'anweledig sêr', 'anwadal hynt' neu 'grochlefain gwan' a 'greadigaeth gain', etc. Roedd yma hefyd un cymal chwithig, sef `ym mhob gewyn o fy rhan'.

Henborth: Myfyrdod person sy'n gweld diwedd oes yn agosáu yw pwnc y bardd hwn. Y 'gragen glai' chwedl ef, yn cracio a'r enaid yn diflannu. Dyma soned a luniwyd yn ofalus gan grefftwr cyfarwydd. Mae ei ddarluniau'n gynnil ac effeithiol a'r gerdd yn adeiladu'n naturiol i'w huchafbwynt.

Henfardd: Hoffais gynllun y soned hon. Llwyddodd i weu pedwar tymor natur i mewn i'w fywyd gan resymu am golli sawl cyfle oherwydd beichiau bywyd. Dilynais ei resymeg gydag awch, dim ond i golli'r disgleirdeb cynnar cyn y diwedd. Rhaid wrth well clo na 'dylaswn wneud yn well'. Ie, wir!

Pensynnwr: Tybiaf mai'r un yw â *Henfardd*; tebyg yw eu harddull a 'creithiau henaint' sydd yn eu poeni. Darlunia natur yn dda, ond yma eto mae'n fyr ei anadl cyn cyrraedd y cwpled clo. Ar ei orau, mae'n fardd cyffrous, fel y dengys yma: 'Serenna dail y coed ar gopa'r bryn/ Fel clychau rhew yn gwawdio'r noson glaear'.

Ceri: Mae 'Bryn Yfory', 'llethrau Drennydd' a 'Bryn Gobaith' yn perthyn i'r oes o'r blaen bellach, a dylid eu hepgor. Ond mae'n soned dda. Yr haul nad oedd yn machlud ar yr ymerodraeth yw ei bwnc. Er cystal cyfansoddiad, mae yma ormod o linellau llac megis y llinell glo 'Rwy'n gweled amlinelliad dyddiau gwell'.

Onesimus: Dyma'r tro cyntaf i mi ddarllen soned a luniwyd yn llwyr â geiriau unsill. Tipyn o gamp, ac nid oes straen wrth ei darllen. Cerdd grefyddol eto. O bell y mae'n gweld Crist yn chwysu yn yr ardd, ac o bell y gwêl, trwy ffydd, holl saint yr oesoedd. Ac eto, 'Yn nes na'm gwaed a'm cnawd fy hun yw'r Oen/ Sydd wrth fy ochr yn awr mewn siom mor ddofn'. Dweud pethau yr ydym yn gyfarwydd â hwy a wna, ond mae'r agwedd bersonol yn y chwechawd yn cryfhau'r neges. Soned ddiffuant iawn.

Hysbysydd: Soned i Affrica (yn ôl ei theitl) sydd yma. Rhyddieithol yw ei arddull: 'Rwy'n gweld o bell broblemau'n hoes i gyd', pregeth sy'n dweud y drefn am ein hesgeulusdod o'r ddynoliaeth. Mae calon y bardd yn ei lle ond ei awen sydd ar goll.

Menna Lili: Agoriad grymus gyda neges bendant, gan adeiladu'n grefftus. Cwyna ein bod yn llygru'n hetifeddiaeth a'i throi'n 'fagwrfa feirws a heintiau gwenwynig'. Gwêl y 'dydd o brysur bwyso' yn agosáu, yn dilyn chwalu'r rhewlifoedd. Soned arbennig o dda ond teimlaf iddi golli'r weledigaeth braidd yn y cwpled clo.

Oriau'r Machlud: Diolch am soned gyfoes y cystadleuydd hwn. Mae bywyd lliwgar Bae Caerdydd yn cymell y bardd i fynd yno i fyw ond gwêl o bell megis y panorama llwydaidd wrth ei draed, a'r iaith yn madru yn ei blwyf, a thrwy hynny mae disgleirdeb y Bae'n pellhau 'drwy'r paent sy'n pylu ar y gynfas brau'. Defnyddiodd y ddelwedd o artist a'i liwiau yn dra effeithiol gan greu soned dderbyniol. Rhyw fân frychau sy'n fy mhoeni megis `olew'r drwch', ac `a'r palet' yn lle `a phalet' – os wyf yn dehongli'n iawn. Hefyd mae rhywbeth nad yw'n taro deuddeg yn rhediad llinellau 8 a 9.

fancw . . . yma: Cerdd ffres iawn ac yn wahanol i bob un arall o ran mynegiant a thema. Cafodd y bardd weledigaeth, ac mae rhythmau amrywiol y llinellau'n rhoi pleser i ni wrth eu darllen. Ceisio dyfod i delerau â phethau y mae'r bardd oherwydd y pellter sydd wedi mynd rhyngddo ef â'i gariad. Ac mae ganddo'i ffordd wreiddiol ei hun o ddweud hynny, gan ddefnyddio delwedd o bos croeseiriau, a gadael llawer i ddychymyg y darllenydd. Soned gyffrous iawn.

Obell: Soned grefyddol gref eto. Mae'r chwechawd yn wirioneddol dda gan ragori tipyn ar y llinellau agoriadol. Er 'bod ugain canrif o belydrau gwawr' wedi mynd 'i bydew angof yn niffaethwch bod . . . Mor drist yw gweled Un yn 'sgwyddo'r siom,/ Ynghyd â chroesbren, ar ei ymdaith drom'.

Siom: Yr un bardd, efallai, â'r un blaenorol. Mae gwell cydbwysedd yn y soned hon. Myfyria yn ei gell a gweld 'yng nglas ynysoedd cof . . . holl ryfyg tryblith byd' a'r siom fod 'eto ddrain a chroes a gwaed yn lli/ Ar fryn Golgotha ein Garawys ni'. Teimlaf ambell waith nad yw wedi taro ar yr union air yr oedd ei angen yng nghorff y soned.

Hawen: Ceisiodd arbrofi gyda'r odlau, acennog/diacen, e.e. cwmni/dŷ. Ychydig yw'r llinellau sy'n rhedeg yn esmwyth fel hon: 'Y munudau yn y car sy'n aros'. Mae eraill yn cynnwys pedwar curiad. Mae tipyn o waith twtio ar hon ac fe ddylid gwneud hynny oherwydd y mae yma addewid.

Bom: Fel yr awgyma'r ffugenw, gwêl o bell gwmwl y danchwa yn difa dynoliaeth. Mae yma linellau 9, 11 a 12 sill sy'n amharu ar rythm y soned. Pan sefydla'r llinellau'n 10 sill, ceir gwell mynegiant yn ogystal â rhythm. Mae'n gwella at y diwedd gyda chlo effeithiol: 'a minnau'n llesg, yn llyfu llwch y llawr,/ yn sibrwd trwy fy nagrau: "Iesu mawr"'.

Beth am y dyfarniad? Daeth *Henborth, Onesimus, Menna Lili, Oriau'r Machlud* a *fancw . . . yma* i'r prawf terfynol. O'r pedwar cyntaf a nodwyd, *Henborth,* yn sicr, a ddeuai agosaf at y wobr ond ar y blaen eleni, gyda'i soned gyffrous, y mae *fancw . . . yma,* a phleser yw cael dyfarnu'r wobr iddo/iddi.

Y Soned

RWY'N GWELD O BELL

Y pellter rhyngom? Dyna dri i lawr.
Un funud fach . . . dw i'n chwilio rhai sy'n haws:
Rwyf i'n y gwyll, ble'r wyt – ar doriad gwawr?
Pa werth yw'r lloer a 'mreuddwyd yn troi'n gaws?
Mae ymchwydd rhyw donfeddi yn fy mhen
fel grwndi dwy awyren rhwng ein bod,
fy ofnau fel y pryfyn ar y pren
sy'n rhannu'r bwrdd â bysedd fy mos cod . . .
. . . dim ateb. Nid yw'r holi'n ddigon clir?
Cei chwilio'r synnwyr rhwng y geiriau mân,
ac os bydd ateb paid â bod yn hir
mae'r dyddiau'n mynd, a ninnau ar wahân,
a'r llunia' welaf yma'n nwfn y nos
yn pwyso'n arw arnaf fel y pos.

fancw . . . yma

Cyfres o chwe phennill telyn: Llannau

BEIRNIADAETH PENRI ROBERTS

Derbyniwyd deuddeg cyfres o chwe phennill i'r gystadleuaeth hon eleni. Mae'r mesur yn un traddodiadol iawn ond yn agored i gael ei ddehongli mewn gwahanol ffyrdd. Ymhlith yr ymdrechion a ddaeth i law, fe welir penillion gwirebol a thrawiadau dwys, yn ogystal â sawl ymdrech sy'n gwyro at fod yn ddychanol ac ysgafn eu natur. Gwaetha'r modd, mae yna duedd tuag at sentimentaliaeth mewn amryw o'r cynigion ac mae hynny'n hen ffasiwn ac yn perthyn i oes arall, yn fy marn i. Dyma air am bob un yn unigol yn y drefn y derbyniwyd hwy o Swyddfa'r Eisteddfod.

Llan-ast: Mae'r ymgeisydd hwn yn nodi, i ddechrau, sut y daeth enwau'r llannau i fodolaeth yn ystod Oes y Seintiau. Er ei fod yn ceisio goglais gydag ambell linell, disgrifiadol ydyw ar y cyfan gan grwydro'r llannau braidd yn ddibwrpas.

Deiniol (1): Gan mai Eisteddfod y Bala yw hon, ro'n i'n disgwyl gweld cyfres o benillion telyn yn seiliedig ar y llannau enwog yn y cyffiniau, a dyna a geir yma. Mae'r gyfres yn sôn am Llangwm, Llandderfel, Llangar, Llanfor, Llanycil a Llanuwchllyn. Mae'n gyfres dda iawn hefyd, yn profi bod y bardd wedi myfyrio uwchben ei destun, gan sicrhau llinyn cyswllt rhwng y penillion. Er bod ychydig o anwastadrwydd yn safon y chwe phennill, mae hon yn gyfres ddiddorol iawn.

Cynefin: Mynd ar ôl neges grefyddol a wna'r ymgeisydd hwn:

> Tenau iawn yw'r gynulleidfa
> Yn Sant Pedr a Moreia,
> Lle bu llwybrau yr angylion,
> 'Does yn awr ond seddau gweigion.

Ein hannog i benlinio ger yr allor a wna er mwyn adennill ein traddodiad eglwysig a'n ffydd. Mae'r penillion yn llifo'n rhwydd o un i'r llall ond braidd yn bregethwrol a sentimental ydynt ar y cyfan.

Branwen: Tebyg iawn yw thema'r cynnig hwn hefyd. Adrodd ei hanes ei hun a wna'r ymgeisydd, o'i fedydd i'w briodas yn y llan. Mae'n amlwg fod y llan, neu'r eglwys, yn ganolbwynt ei fywyd – o'r crud i'r bedd. Tuedda tuag at sentimentaliaeth unwaith eto:

> Yn y Llan y nawnddydd yma
> Dagrau lifodd lawr fy ngruddia'.

Iolo: Mae'r ymgeisydd hwn yn fwy gwreiddiol a dychanol:

Tawel iawn ers dyddiau Dewi
A fu'r pentre ar lan Teifi,
Ond enwogrwydd a ddaeth eto
Am fod 'Daffyd' yno'n trigo.

Mae'n cyfeirio at y cymeriad hynod hwnnw yn y rhaglen deledu *Little Britain*, wrth reswm. Anwastad yw'r gyfres er hynny – yn dechrau'n addawol ond yn brin o stêm cyn y diwedd.

Menna Lili: Hoffais y gyfres hon wrth iddi fynd â ni o bentref i bentref, gan roi aml i glec gydol y daith. Dyma bennill ar Lanfihangel yng Ngwynfa, er enghraifft:

I'r hen eglwys fach hynafol
Daw'r plygeinwyr yn ddefodol,
Ond er hynny, nid oes croeso
I'r gŵr Mwyn oedd am blygeinio.

Hanes Rhys Mwyn yn ceisio moderneiddio'r Blygain a geir yma, a'r ffaith na chafodd groeso gan y plygeinwyr traddodiadol. Mae'n gyfres wastad o ran safon ac yn hwyliog o ran natur.

Gwas yr Hafod: Dewisodd yr ymgeisydd hwn arbrofi gyda'i fesurau ac mae hynny'n sicr yn gwneud y gyfres yn fwy diddorol. Rwy'n hoff iawn o'r gyfres ar y cyfan. Mae'n wahanol a difyr:

'Lle brwyn a mawn yw Llanbrynmair',
Neu dyna'r gair sydd iddo,
Ond tua'r fan ar ysgafn droed
Rwy'n myned, doed a ddelo,
I gwrdd, er gwaetha'r mawn a'r brwyn,
Â'r feinwen fwyn sydd yno.

Gwyrfai: Cyfres wedi ei seilio ar lannau yng Ngwynedd yw hon. Cyfres ysgafn, ddifyr ond heb gyrraedd safon uchel iawn.

Allt y Crib: Mae'r hen Dafydd ap Gwilym yn codi ei ben mewn sawl cyfres yn y gystadleuaeth hon ac mae o yma eto yn y pennill i Lanbadarn:

Y mae merched pert Llanbadarn
Yn creu trafferth yn y dafarn
Am nad oes un prydydd llawen
Yno i'w goglish gyda'i awen.

Gwaetha'r modd, er i'r ymgeisydd hwn ddechrau'n dda, mae'n mynd ar goll o'r trydydd pennill ymlaen.

Deiniol (2): Mae'r ymgeisydd hwn yn mynd â ni'n ôl i Benllyn unwaith eto. Mae'n olrhain dirywiad eglwysi ardal Penllyn. Rhyw neges drist sydd yn y gyfres, dirywiad crefyddol, ac wrth ddarllen rhwng y llinellau, dirywiad treftadaeth hefyd. Ar y cyfan, mae'r penillion yn wastad o ran safon ac yn drawiadol ar adegau.

Ceidio: Cyfres yn seiliedig ar bentrefi Pen Llŷn a gawn yma. Ceisio ein denu i'r llannau a wna, gan restru rhagoriaethau'r gwahanol leoedd, megis a wneir mewn hysbyseb i dwristiaid. Mae'n gyfres syml a gwastad ond heb godi i dir uchel iawn.

Miriam: Mae'r gyfres hon unwaith eto yn anwastad – dechrau'n dda ond yna'n mynd ar goll. Mae *Miriam* yn crwydro ardal eang iawn yn chwilio am gariad ond methais weld y cysylltiad maes o law, pan fu iddi bron â chael damwain car ger Llandeilo, cyn gweld 'sgwarnog yn cael ei gwrsio ar gaeau glas Llandyrnog. Gormod o grwydro, efallai!

Mae *Deiniol (1), Iolo, Gwas yr Hafod, Menna Lili* a *Deiniol (2)*, yn dod i'r dosbarth cyntaf a barnaf mai cyfres *Deiniol (1)* yw'r gyfres orau yn y gystadleuaeth.

Y Gyfres o Chwe Phennill Telyn

LLANNAU

Llangwm

Mi fûm yn Llangwm neithiwr
   A chlywais leisiau glân
Yn canu am Gwm Eithin
   Ag ysbryd yn eu cân.
Daeth rhith o ddyddiau'r Degwm
   I loetran ger y Llan
Ac un o'r Seiri Cochion
   O'i weithdy yn y man.

Llandderfel

Mae'r Gwanwyn yn Llandderfel
   Ac mae hi'n Ŵyl y Grog.
O'r neuadd clywaf emyn;
   O'r goedlan – cân y gog.
Mor ddwys yw'r cofio yma,
   A hithau'n dri o'r gloch;
Mor ddwys â dyddiau Derfel
   Y Sant a'i garw coch.

Llangar

Bu codi Eglwys Llangar
   Yn boen a blinder mawr,
A gwaith y seiri beunydd
   Yn chwilfriw ar y llawr.
Ond doethwr ddwedodd wrthynt
   Am hela yn y glyn
A chodi'r eglwys fechan
   Lle gwelent garw gwyn.

Llanfor

Ym mynwent Eglwys Llanfor
  Mae beddrod teulu'r plas
A godwyd gydag arian
  A gaed wrth ennill ras.
Bonheddwr mawr y Rhiwlas
  Sy'n gorwedd yn fan hyn
Am iddo roi ei arian
  Un tro, ar geffyl gwyn.

Llanycil

Pan welaf borth Llanycil
  Fe gofiaf, â mawrhad,
Ddau ŵr fu'n rhoi o'u doniau
  I godi calon gwlad.
Bu Thomas Charles mor ddiwyd
  Â'i gymwynasau fyrdd;
Moliannwn Bob Tai'r Felin –
  Gwerinwr bythol wyrdd.

Llanuwchllyn

Fan hyn mae'r Gilfach Goffa
  I anrhydeddu'r ddau
A weithiodd mor ddiarbed
  I'r heniaith gael parhau.
Fan hyn mae bwrlwm gwersyll
  Yn wyrdd a choch a gwyn;
A lle i gael eneiniad
  Yw'r Llan sydd Uwch y Llyn.

Deiniol (1)

Nodiadau'r bardd am y chwe Llan

Llangwm

Cwm Eithin oedd teitl cyfrol, a ystyrir yn glasur, gan Hugh Evans, am ardal Uwchaled.

Seiri Cochion: teulu enwog o grefftwyr a chantorion gwalltiau coch o

Langwm. Un o'i ddisgynyddion sydd wedi gwneud Cadair yr Eisteddfod Genedlaethol eleni.
Helynt y Degwm: rhai o Langwm oedd Merthyron y Degwm

Llandderfel

Cynhelir Eisteddfod Llandderfel ar Ddydd Gwener y Groglith bob blwyddyn ac am dri o'r gloch y pnawn atelir yr holl weithgareddau pan mae'r gynulleidfa'n codi i ganu emyn Hugh Derfel Hughes, 'Y Gŵr a fu gynt o dan hoelion'.
Dywedir bod Sant Derfel yn gallu cyrchu eneidiau o uffern a'i fod yn marchogaeth carw coch.

Llangar

Mae chwedl yn adrodd bod adeiladwyr Eglwys Llangar wedi anobeithio am fod eu gwaith yn cael ei chwalu bob nos. Cynghorodd gŵr doeth hwy i fynd i hela ac yna adeiladu'r Eglwys yn y man y codent garw gwyn.

Llanfor

Enillodd R. J. Lloyd Price, Y Rhiwlas, arian wrth fetio ar geffyl o'r enw Bendigo yn Ras y Jiwbili. Mae beddrod y teulu ar ffurf bwthyn ac uwchben y drws fe welir y geiriau: 'When to my latter end I go to meet my Jubilee, I'll bless the good horse Bendigo who built this tomb for me'.

Llanycil

Yma y mae beddrodau Bob Roberts Tai'r Felin a Thomas Charles, dau sy'n cynrychioli'r 'cyffredin a'r ysgolhaig' a dau a 'safodd yn y bwlch'.

Llanuwchllyn

Yn y gilfach, mae cerflun o Syr O. M. a Syr Ifan o waith Jonah Jones a gerllaw mae Gwersyll yr Urdd.

Byddai ymweliad â'r chwe Llan hyn yn bererindod ysbrydol a hanesyddol i unrhyw Gymro sydd am warchod ei etifeddiaeth.

Cerdd yn ymateb i un o'r ffotograffau yng nghyfrolau Geoff Charles, gan nodi'r llun a'r ffynhonnell

BEIRNIADAETH MERERID HOPWOOD

Genir pob cerdd o ysbrydoliaeth, a pham nad defnyddio llun fel yr ysbrydoliaeth honno? Mae hwn yn hen draddodiad, yn ddigon hen i gael enw mor astrus ag *ekphrasis* arno. Ond does dim angen term technegol i wybod beth sydd ar waith pan fo llun yn cael ei glywed neu lais yn cael ei weld; mae llinellau agoriadol awdl 'Afon', Gerallt Lloyd Owen, wedi ein hen atgoffa o'r gyfaredd honno, ac ers blynyddoedd bellach mae perthynas gyffrous wedi bod rhwng cerddi a lluniau yn arddangosfa Gelf a Chrefft yr Eisteddfod Genedlaethol.

Wedi edmygu cyfoeth athrylithgar lluniau Geoff Charles, roeddwn i'n edrych ymlaen yn fawr at ddarllen cynhyrchion y gystadleuaeth hon – ac ymatebodd un ar bymtheg i'r her. Yn anochel, cefais fwy o flas ar rai nag ar eraill ond mae'n braf gallu dweud na syrthiodd fawr neb i'r demtasiwn o wneud dim ond disgrifio'r llun. Mae bron pawb wedi ymateb yn greadigol i'r gwaith gwreiddiol, os nad gyda cherdd sy'n taro deuddeg bob tro i'm clust i. Rwyf am drafod y cerddi drwy roi ffugenw'r beirdd yn nhrefn yr wyddor.

Ap Herbert: Daeth ei waith, 'Sgwrs yn Swyddfa'r Heddlu', ag ysgafnder i'r gystadleuaeth. Mae'r gerdd yn llifo'n rhwydd yn null yr hen benillion a hiwmor y dweud yn codi gwên. Fodd bynnag, nid yw'n anelu at ddweud fawr ddim newydd, dyfalu cefndir storïol y llun yn hytrach na chynnig ei weledigaeth ei hun a wna.

Arian Poced: Cawsom gerdd sy'n dwyn y teitl 'Brechdanau'. Mae'n bachu ar y syniad o 'fôr o dato' ac yn cynnal delwedd y môr hwn yn ddeheuig. Mae'n canolbwyntio ar y cyferbyniad rhwng y diffyg lliw yn y llun gyda'r rhialtwch o liw yn y gwmnïaeth. Ond credaf ei fod yn gwneud cam ag ef ei hun wrth lunio llinellau fel 'Gwag yw'r potyn 'da'r cortyn', nad yw'n cyfrannu fawr ddim creadigol at y gerdd, yn fy nhyb i.

Cae Helyg: Cawn wedd fwy sinigaidd gan un sy'n gweld y grefft o dynnu ffotograff fel ystryw artiffisial. Mae'n tynnu ein sylw at y broses o osod camera a gosod pobl yn eu lle i'w dal mewn du a gwyn, cyn mynd a'u gadael, yn yr union le hwnnw. Nid yw tlodi gwrthrych y llun yn lleihau drwy fod wedi ei gofnodi ar ffilm. Mae'r syniad yn dda ac mae ôl tipyn o feddwl yma. Eto, fel gydag *Arian Poced*, ceir ambell linell ddi-fflach sy'n tynnu oddi ar gamp y gerdd; e.e. 'gwnaethoch ddatgysylltu'r camera o'r tripod'.

Coed y Gwmryn: Pedwar pennill digon syml o ran eu mydryddiaeth sydd gan y cystadleuydd hwn ond nid wyf i'n siŵr iawn beth yw ergyd y neges sy'n cloi'r gerdd. Beth neu bwy'n union yw 'gelyn mawr y dydd', tybed, a pham y dylem ni deimlo 'fflach' o ffydd y nyrs bengoch? Rwy'n dal i chwilio am y 'swîts', chwedl Waldo, sy'n goleuo'r gerdd hon; maddeuwch i mi am fod wedi methu dod o hyd iddo hyd yma.

Garan: Canodd gerdd i 'Arwr' ac mae'n fardd sicr ei draw; gall ddweud yn effeithiol, os nad weithiau'n orymdrechgar: 'Roedd ynot fflam a chwythwyd yn goelcerth/ Gan fegin dy brofiad'.

Glain y Glyn: Mae'n mynd â ni i Ddyffryn Ceiriog ac at Billy Meredith, y chwedl o bêl-droediwr medrus. Mae'n cyplysu'r pencampwr gyda Guto'r Glyn a Chynddelw ac yn dweud yn bert wrth sôn am 'Glain y Glyn' yn 'disgleirio ennyd/ ar brynhawn llwyd o hanes'. Cefais flas ar y gerdd hon, ac eto, teimlaf nad yw'r darn agoriadol yn gweithio'n dda fel cerdd. Efallai y gellid bod wedi tynhau ychydig ar rythmau'r llinellau hyn.

Iolo: Canodd benillion mewn mydr ac odl. Dewisodd ei fesur yn ddoeth, gan fod tinc hen ffasiwn y gerdd yn gweddu i'r dim i'w ddehongliad ef o'r llun. Fodd bynnag, rhyw dybio yr wyf fod yr angerdd a welwn yn y ffotograff enwog hwnnw o Garneddog a'i wraig Catrin yn gofyn, efallai, am rythmau sy'n cnoi'r enaid yn hytrach na llifo'n esmwyth drwy'r galon. Credaf fod angen mwy o'r creulondeb y cyfeirir ato ar ddechrau'r ail bennill.

Marcwis: Fel y gallech dybio o ddarllen ei ffugenw, mae hwn yn ein tywys i ardal Sir Fôn, neu o leiaf, at Bont Britannia. Mae'r dechrau'n afaelgar: 'Noson tân gwyllt ym mis Mai!', cyn mynd ymlaen i ddisgrifio'r bont ar dân. Mae'n esiampl dda o gerdd yn y wers rydd ac mae ôl gofal ar y torri llinellau ac ymgais i greu patrymau rhythmig effeithiol.

Nanmor: Cefais fy nghyffroi gan linellau agoriadol y cystadleuydd hwn: 'Dau yn hanner gwyro/ fel dwy [*sic*] ddyfynnod/ yn agor paragraff clo eu bywyd', ac roeddwn yn synhwyro y gallai'r gerdd hon fynd â hi. Ond, gwaetha'r modd, mae wedi ymestyn y ddelwedd o fyd orgraff mor bell nes iddo dorri dan straen, yn fy marn i. Mae'n sôn am 'goma', 'cystrawennau', 'brawddegau', 'deialog', 'stori' 'dyfn-nodau [*sic*]', 'ansoddeiriau', etc. nes i'r syniad golli ei swyn. Tybed na fyddai wedi bod yn well cadw'r 'atalnod olaf' sydd yn y pennill cyntaf tan y llinell glo a hepgor nifer o'r cyfeiriadau eraill at grefft ysgrifennu? Wedi dweud hyn, yn sicr mae yma feddwl effro a dawn dweud, a phe bai gwobr am y gerdd sy'n dechrau orau, hon fyddai'n ennill heb os.

Meinir: I Nant Gwrtheyrn yr awn y tro hwn gyda chyfres o gwestiynau i wrthrychau'r llun. Mae'r gerdd yn cymharu ddoe'r chwarelwyr gyda heddiw'r dysgwyr. Mae'r disgrifio'n ofalus, ond nid wyf yn dilyn yn hollol yr ystyr a roddir i'r bocs bwyd ar ddiwedd y gerdd.

Melin Penmachno: Tapestri sy'n ysbrydoli cerdd yr ymgeisydd hwn ac mae'n hel atgofion am y garthen a'r ffatri wlân. Nid wyf wedi fy argyhoeddi o batrwm y gerdd; ni allaf weld cyfiawnhad dros y torri llinellau a'r gosod igam-ogam yn y darn sy'n gorffen â 'sgertiau lond drôr'. Ond mae yma ddweud cofiadwy pan mae'n sôn am 'siarad y siafftau'. Efallai y byddai wedi bod yn well cadw'r iaith yn fwy naturiol a rhoi'r ansoddair ar ôl yr enw fel, er enghraifft, yn 'siriol gystrawen'.

Penniffardding: Triawd y Coleg sydd wedi deffro ymateb *Penniffardding* ac mae ef (neu hi) yn amlwg yn 'ffan'. Mae'n dotio at y canu ac yn disgwyl am y 'winc'. Yn wir, molawd sydd yma i grefft a champ y tri a arloesodd ym myd y radio. Ond nid yw'r gerdd yn mynd ymhellach na chanmol, a chredaf fod angen mwy na hynny mewn cystadleuaeth fel hon.

Glaw Mân: Mentrodd lunio filanél am Jâms Nantymoch, cymeriad a chanddo ben sgwâr, nodweddiadol o hil y 'Bobl Fach Ddu' a arferai fyw, cyn y Celtiaid, ar dir Cymru yn ôl y gwybodusion. Mae'n canu'n gelfydd ac yn dwyn i gof weledigaeth Waldo am y cwlwm tynn, y cyfamod rhwng daear a dyn a sut mae'r tywydd garw yn moldio pobl. Cymer ei brif thema o ddau gyferbyniad a ailadroddir bedair gwaith 'Mae gwên a deigryn ymhob deunydd crai' ac 'â'r doeau garw, gwâr ym mold y clai'. Pe gallwn newid dau beth bach, buaswn efallai'n awgrymu edrych eto ar y llinell 'Cadarn y safodd ef' a rhoi berf yng nghwpled cyntaf y pennill olaf. Ond mân bethau yw'r rhain. Dyma gerdd sy'n gweithio fel cerdd heb fod angen gweld y llun.

Kesia: Cerdd fer iawn a gafwyd, dim ond wyth llinell, ond mae'r dweud yn hardd iawn ac yn llwyddo i dynnu llun mewn geiriau o'r casglwyr cocos wrth eu gwaith. Cyfeiria at 'swae' yng nghanol y gerdd ac, yn wir, mae'r geiriau wedi eu gosod mor gelfydd nes llwyddo i ddawnsio'n ôl ac ymlaen. Mae yma adlais o 'Dysgub y Dail' wrth i'r gerdd orffen gyda'r sylweddoliad mai darfod a wna dyddiau dyn a bod rhaid manteisio ar gyfoeth y ddaear fel mae'n dod i ni.

Martha Plu Taclus: Cymharu Cymry heddiw gyda Chymry ddoe a wneir a'r myfyrdod hwn wedi ei ysbrydoli gan lun galarwyr wrth fedd Lloyd George. Fel gydag ambell un arall o gerddi'r gystadleuaeth hon, fodd bynnag, gwelaf doriadau chwithig a diystyr yn y llinellau. Wrth lunio cerdd *vers libre*, rhaid meddwl yn ofalus iawn, iawn am rythmau'r llinellau. Eu patrwm ar y clyw sy'n cyfrif – ac mae'n rhaid i'r patrwm ar y dudalen ddilyn y glust.

Pry Bach Maint Iach a Normal: Er gwaetha'r ffugenw gogleisiol, mae'r gerdd i'r llun 'Tai Llannerch y Medd' yn un deimladwy. Mae tinc hwiangerdd yma, sy'n adleisio nifer o hwiangerddi a charolau adnabyddus. Gorwedd swyn y gerdd hon yn hyder y bardd i osod Duw o flaen sinc y gegin ac i ddangos tasg amhosib menyw wrth iddi geisio cyflawni pob math o orchwylion o fod yn chwaer i fod yn athrawes, yn frenhines ac yn fam.

Os cewch chi gyfle i weld un o'r llyfrau sy'n dathlu casgliad Geoff Charles, gwnewch hynny ar bob cyfrif. Ynddynt cawn bortread ohonom ni a chyfle i ddod i'n hadnabod ein hunain yn well. Os cewch chi funud o hamdden wedyn, a chyswllt i'r we, ewch i wefan y Llyfrgell Genedlaethol, lle cewch weld nid yn unig y gwaith gorffenedig ond cyfres o luniau sy'n arwain at y gwaith hwnnw. Mae'n fraint cael cipolwg ar y broses sydd y tu ôl i ddewis ffotograff perffaith. Yn y cyfamser, gobeithio y gwnewch chi, fel fi, fwynhau ymateb *Glaw Mân* sy'n cipio'r wobr eleni.

Y Gerdd

JÂMS NANTYMOCH
(yn ymateb i ffotograff ar dudalen 83 *Cefn Gwlad Geoff Charles*)

Mae gwên a deigryn ymhob deunydd crai
yr haul a'r gwynt â'u gwrid a'u gwrym yn un
á'r doeau garw, gwâr ym mold y clai.

Yn bensgwar-benstiff glynodd at y bau
lle profodd fwynder a gerwinder hin,
mae gwên a deigryn ymhob deunydd crai.

Y tremio pell yn treiddio hwnt i'r rhai
na wyddant am gyfamod daear a dyn
â'r doeau garw, gwâr ym mold y clai.

Daw deunod cog â balchder bore-o-Fai
i'r cof i herio cloffni'r dyddiau blin,
mae gwên a deigryn ymhob deunydd crai.

Cadarn y safodd ef â'r drws ynghau
lle pyla'r gwyngalch, er mwyn tynnu'r llun
â'r doeau garw, gwâr ym mold y clai.

Bendefig balch, y cwlwm tynn yn frau
a'r hiraeth nas ynganwyd ar ei fin;
mae gwên a deigryn ymhob deunydd crai
â'r doeau garw, gwâr ym mold y clai.

Glaw Mân

Nodyn gan y bardd
Yn ôl yr anthropolegydd H. J. Fleure o Brifysgol Aberystwyth, roedd pen 'sgwâr' Jâms yn nodweddiadol o'r 'Bobl Fach Ddu', trigolion cynhenid yr ynysoedd hyn a oedd wedi goroesi ar lethrau Pumlumon. Gwerthodd Jâms ei benglog i amgueddfa wyddonol yn Llundain ym 1927 am £70 – pan fyddai ar gael!

Cân ysgafn heb fod dros ugain llinell: Arallgyfeirio

BEIRNIADAETH HEDD BLEDDYN

Daeth un gân ar ddeg i'r gystadleuaeth a cheir cryn amrywiaeth yn safon y cystadlu. Roedd y testun 'Arallgyfeirio' yn rhoi cyfle eang i'r cystadleuwyr gael ysgafnder a hiwmor yn y cynnyrch i'r graddau y gallasai sefyllfa hollol ffarsaidd fod yn gnewyllyn i greu ysgafnder yn y gân. Ar y cyfan, diffyg dychymyg a gwreiddioldeb sydd yn y cystadlu.

Nefar Sê Dai: Ymgais ddigon difyr i'w darllen ond gofynion y gystadleuaeth yw cân heb fod dros ugain llinell – mae yma ddeugain a phedair o linellau yn hon ac felly nid yw'n ateb gofynion y gystadleuaeth.

Robin Ddiog: Ymgais ddigon difyr am berson yn byw ar jeiros y wlad yn arallgyfeirio i werthu ceir ac yna'n *arall*-arallgyfeirio i bregethu ar y Sul. Fe ellid cael llawer mwy o ysgafnder yn y dweud.

Iolo: Cân yn ymwneud ag arallgyfeirio'r Archdderwydd Dic yr Hendre yn codi tîpis ar ei fferm. Roedd dechrau'r gerdd yn creu gobaith am gân ddigon hwyliog ond gan fod y gwrthrych yn berson sy'n bodoli ac yn adnabyddus, rhaid bod â gofal arbennig yn y dweud. Teimlaf fod yma ymylu ar fynd i sefyllfa sydd yn croesi'r llinell.

Diwedd y gân yw'r geiniog: Cân am Siôn a arallgyfeiriodd i gynhyrchu a gwerthu *rickshaws*. Mae rhediad hwylus i'r gân ond heb yr hiwmor a'r ysgafnder yr oeddwn yn gobeithio'i gael.

Gwyndaf: Arallgyfeirio amaethyddol a gawn yma sy'n ffeithiol gywir am nifer fawr o ffermydd cefn gwlad Cymru heddiw. Oherwydd hynny, mae yna ddiffyg dychymyg a gwreiddioldeb. Yr unig beth sydd ei angen i ffarmwr arallgyfeirio yn ôl y gân yma yw newid trefn dau air o 'cadw defaid' i 'defaid cadw'.

Smot: Cân arall am amaethyddiaeth. Ceir peth amrywiaeth yn y mesur ac mae angen treiglo hefyd yma a thraw.

Amaethwr Amgen: Mae patrwm eitha' anarferol i'r gân hon ond eto, teimlaf ddiffyg hiwmor ac ysgafnder a'r unig sbarc o ddychymyg ydyw newid enw ei fferm o 'Pant y Gog' i 'Pant y De' i gael mwy o fanteision, mae'n debyg, o'r Cynulliad.

Gethin: Arallgyfeirio amaethyddol eto, troi'r fferm yn sw. Cafwyd camodli, anghysondeb mesur, ac y mae yma un llinell ar hugain.

Rhywun: Dyma gân sydd yn mynd yn ôl i'r creu a gardd Eden. Cân sydd yn eitha' crefftus yn ei harddull ond heb yr ysgafnder a'r hiwmor sydd yn rhoi iddi'r hyn y mae'r gystadleuaeth yn gofyn amdano.

Nid oes unrhyw drefn teilyngdod yn y caneuon y cyfeiriwyd atynt ac, ar y cyfan, eitha' siomedig oedd y gystadleuaeth, ond y mae dwy gân ar ôl sydd yn ddigon derbyniol.

Ffarmwr Ffowc: Mae'r gân hon yn grefftus iawn, eto ym myd amaethyddiaeth, ond ceir arallgyfeirio y tro yma nid o gadw anifeiliaid ond i gadw llond swyddfa o wŷr DEFRA i fod yn fancwyr, a throdd hynny gyfrif banc y ffarmwr o fod yn goch i fod yn las. Mae yma gyferbyniadau cywrain, ac ar ôl rhoi'r biwrocratiaid a'r bancwyr yng ngharchar y Co Bach, mae'r ffarmwr mewn byd newydd. Cân ddychanol arbennig yw hon yn hytrach na chân ysgafn y gofynnir amdani yn y gystadleuaeth.

Tro Gwcw: Eto amaethyddiaeth yw'r thema ond y tro yma ceir tro annisgwyl yn y pennill olaf sef nad yw gwraig y ffarmwr yn hoff o'r arallgyfeirio i fyd twristiaid – roedd hi wedi arallgyfeirio yn ôl at ei mam, a'r cyfeiriad cynnil yn y pennill olaf yw mai dyna'r fantais orau o'r arallgyfeirio.

Anodd oedd dewis rhwng *Ffarmwr Ffowc* a *Tro Gwcw* ond, wedi hir grafu pen, rwyf am wobrwyo *Tro Gwcw.*

ARALLGYFEIRIO

Ai bendith yw arallgyfeirio?
Clustfeiniwch ar Wil Pant-y-rhos
Sydd â'i barabl yn llifo fel cwrw
Wrth far y Blac Leion bob nos:

Lle gynt yr oedd biswail, daw bysiau,
Gan arllwys eu plant fel i brom
I sglefrio a dringo a rasio
Lle unwaith pentyrrwn y dom.

Trwy'r cartws rhed 'twnnel cariadon'
Fel y gwelsoch sawl tro yn y ffair,
Cewch greision a phop yn y beudy
A sinema glyd yw'r tŷ gwair.

Fy mhriod ni hoffai'r gwelliannau:
'A dyna', medd hithau, 'paham
Yr wyf innau am arallgyfeirio
A dychwelyd i fyw gyda mam'.

A Wil? Nid oes neb yn hapusach
Wrth gyfrif ei bres gyda'r nos.
Ai bendith yw arallgyfeirio?
Gofynnwch i Wil Pant-y-rhos.

Tro Gwcw

Emyn dathlu ar gyfer unrhyw achlysur arbennig

BEIRNIADAETH SIÔN ALED

Roedd yn galondid gweld bod cymaint â thri a deugain wedi ymgeisio yn y gystadleuaeth hon. Fodd bynnag, er bod hynny'n brawf bod digon o ddiddordeb yn parhau yn y grefft o gyfansoddi emyn, siomedig oedd safon y rhan fwyaf o'r cyfansoddiadau, yn arbennig o safbwynt dibynnu ar ymadroddion ystrydebol, diffyg llyfnder yn y farddoniaeth a diffyg ffresni yn y dweud. Nid oedd cymaint ag un ymgeisydd wedi mentro ymhell iawn oddi wrth y mesurau traddodiadol ac er bod emynau traddodiadol eu naws, wrth gwrs, yn parhau'n gwbl dderbyniol, byddai wedi bod yn dda gweld rhagor o arbrofi hefyd.

Rhennais y cyfansoddiadau'n dri dosbarth, gan eu gosod o fewn pob dosbarth yn ôl y ffugenwau yn nhrefn y wyddor ac nid yn ôl unrhyw drefn o safbwynt teilyngdod.

Y TRYDYDD DOSBARTH

Betta, Branwen, Bryn Mair, Bryn Seion, Ceri-Ela, Gruff, Gwynfryn, Iolo, John, Martha, Molianydd, Nedw, Pen y Dalar, Rhwyddlwyn y Bryniau, Rhyd, Stryd y Glep, Tlysnu, William.

Prif nodweddion y cyfansoddiadau a osodwyd yn y Trydydd Dosbarth yw gormodedd o hen drawiadau, gwallau ieithyddol, ieithwedd anghyson a methiant i gadw at y mesur a ddewiswyd. Ceir hefyd sawl emyn nad yw ond yn dweud yr hyn sydd wedi cael ei fynegi'n fwy effeithiol mewn emynau sy'n adnabyddus eisoes. Nid yw hynny'n golygu o reidrwydd na all yr ymgeiswyr y nodwyd eu ffugenwau uchod fyth gyfansoddi dim o safon ond, yn sicr, mae gofyn iddynt oll ddysgu gwerth disgyblaeth a'r angen am brawf-ddarllen gofalus cyn mentro anfon gwaith ar gyfer cystadleuaeth yn yr Eisteddfod Genedlaethol. Yr un eithriad i'r sylwadau hyn yw gwaith *Stryd y Glep*. Gosodir ei gerdd yntau yn y Trydydd Dosbarth nid am fod y farddoniaeth yn arbennig o wael ond oherwydd mai cerdd ydyw yn hytrach nag emyn yn 'dathlu ail ddyfodiad Crist', fel yr awgryma'r agoriad swrealaidd: 'Mae'r Iesu cyrraedd ar y bws/ Ar fore'r trydydd dydd'. Mewn cystadleuaeth wahanol, efallai y gallwn fod yn fwy cadarnhaol amdani!

YR AIL DDOSBARTH

Dathliad: Emyn ar gyfer achlysur bedydd credinwyr, er y gellid ei ddefnyddio'n fwy cyffredinol. Ni ellir beio'r emyn yn ddiwinyddol ond diffyg newydd-deb sy'n ei gadw yn yr Ail Ddosbarth.

Dewi: Mae naws atyniadol i'r emyn Gŵyl Ddewi hwn ar y Mesur Salm Dwbl gyda'i odlau mewnol ac awgrym o gynghanedd. Fodd bynnag, teimlaf fod gofynion y mesur wedi llethu'r mynegiant ar adegau, ac mae gormod o bentyrru gwahanol ddelweddau. Mae deunydd emynydd effeithiol yn yr awdur, mae'n amlwg, ond disgyblaeth biau hi!

Dyled: Emyn ar gyfer Dydd Gweddi Byd-eang y Chwiorydd. Mae hwn, yn sicr, yn achlysur y mae angen mwy o emynau'n benodol ar ei gyfer a chafwyd emyn syml, gweddigar yma. Byddai'r awdur wedi gallu cyrraedd y Dosbarth Cyntaf pe bai wedi ymdrechu mwy i osgoi adleisio ystrydebol.

Elin: Emyn ar gyfer y Pasg sy'n llawn o orfoledd moliant ac sy'n priodi'n ddigon effeithiol â'r mesur 7.4.7.4.D ond sydd eto'n ddiffygiol o unrhyw ffresni trawiadol.

Esgair Mwyn: Emyn ar gyfer dathlu agor ysbyty, a newydd-deb y testun sy'n tynnu sylw ato. Ni fyddai llawer o achlysuron, wrth gwrs, pan fyddai gofyn ei ganu ond gellid ei addasu ar gyfer ei ddefnyddio adeg agor ward neu glinig, er enghraifft. Fodd bynnag, nid yw'r mynegiant gystal ag i godi'r emyn, fel y'i cyflwynwyd, i'r Dosbarth Cyntaf.

Ffrwd-y-fâl: Emyn ar gyfer Sul y Beibl sy'n gryf ei fawl am rodd yr Ysgrythurau gan Dduw ac yn myfyrio ar brif negeseuon y Beibl. Fodd bynnag, nid wyf yn teimlo ei fod yn diweddu'n ddigon effeithiol gyda:

> mwy llawenydd ddaw in' eto
> pan ddaw Cymru at ei choed,
> gan gydnabod Iesu'n Arglwydd
> ac ymostwng wrth ei droed.

Garan: Emyn ar gyfer dechrau blwyddyn sy'n eithaf llyfn ei fynegiant er nad yw'r iaith bob amser yn berffaith ac nad oes digon o ffresni ynddo i'w godi i'r Dosbarth Cyntaf.

Logos: Emyn ar achlysur 'cysegu' [*sic*] esgob ac mae'r awdur yn amlwg yn edrych yn ddisgwylgar tua dyfodol pan ellir gweddïo: 'Bydd i ni yn Fam yn Nuw'! Mae yma ddeunydd crai emyn effeithiol iawn gyda chyffyrddiadau fel 'Dwylo gweddi, dwylo'r stryd' ond mae angen rhagor o waith arno a theimlaf fod angen ychwanegu pennill canol at y ddau sydd yma.

Lleufer: Patrwm da ar gyfer emyn priodas yw trefnu'r penillion i fyfyrio yn eu tro ar y fodrwy, yr alaw, y blodau a gwisg y briodasferch. Gwaetha'r modd, fodd bynnag, nid yw'r iaith bob amser yn gywir ac nid oes dim arall sy'n newydd yma.

Menna Lili: Emyn dathlu genedigaeth y mae ei symlrwydd yn atyniadol ond nad yw'n dweud fawr ddim na ddywedwyd o'r blaen a chyda'r odlau'n arbennig o gyfarwydd.

Merin: Fel llawer o emynau'r Ail Ddosbarth, nid gwallau amlwg yw gwendid yr emyn Adfent hwn ond diffyg unrhyw ffresni trawiadol.

Mona: Hoffais yn fawr y syniad o gyfansoddi emyn i ddathlu cyfeillgarwch mewn oedfa goffa ond digon cyffredin yw'r mynegiant, gwaetha'r modd.

Onesifforus: Emyn sy'n ffres ei destun yn y Gymraeg yn yr ystyr ei fod yn dathlu'r Offeren o'r safbwynt Catholig. Mae grym yma ond credaf i'r ffaith i'r awdur ddewis mesur sy'n gofyn cynnal yr un odl deirgwaith ym mhob pennill lethu'r mynegiant i raddau. Byddai'n werth yr ymdrech i ail-lunio'r emyn ar fesur llai beichus.

Owain: Emyn priodas sy'n ddigon derbyniol i'r glust ond nad yw'n llwyddo i ddianc rhag cyffyrddiadau sydd bellach yn ystrydebol megis: 'Yn siriol fel y wawr' a 'rhin dy gariad mawr'.

Tlws yr Eira: Carol Nadolig sy'n atyniadol yn ei symlrwydd ond eto heb ddigon o newydd-deb yn y dweud.

Ywen: Emyn priodas sy'n rhedeg yn ddigon rhwydd ar y dôn Pantyfedwen ond heb lwyddo i ddweud dim trawiadol a fyddai'n ei godi i'r Dosbarth Cyntaf.

Y DOSBARTH CYNTAF

Cynefin: Emyn priodas gyda mynegiant rhwydd a swynol ond byddwn wedi hoffi gweld mwy o newydd-deb yma a allai fod wedi codi'r emyn i frig y gystadleuaeth.

Einion: Emyn ar gyfer y Pasg sy'n cyferbynnu'n ddigon effeithiol rhwng drain y byd a'r Goron Ddrain, dioddefaint y byd a dioddefaint Crist a'r tramgwyddau ar lwybr bywyd a'r maen a dreiglwyd o ddôr y bedd ar y Trydydd Dydd. Trueni, fodd bynnag, fod emynydd mor feddylgar wedi gadael llinell sy'n treisio'r mesur ar ddiwedd yr ail bennill. Gallai'r emyn hwn, hefyd, o gaboli tipyn arno, fod wedi dod i frig y gystadleuaeth.

Eli: Emyn priodas sy'n swynol i'r glust ac yn cynnal naws weddigar drwyddo. Eto, gallai mwy o ffresni fod wedi ei godi i'r brig.

Gwlith Hermon: Mae nifer o gyffyrddiadau effeithiol iawn yma wrth ddathlu pen-blwydd sefydlu eglwys, a hoffais yn arbennig y cwpled: 'a phwyso ar eiriau Efengyl a Salm,/ bryd hyn yn eu herio, bryd arall yn falm'. Nid yw'r gwaith yn gwbl ddi-fai, fodd bynnag, gyda'r aceniad yn y llinell 'Daeth yma yn ddeuoedd frwd fachgen a merch' yn annaturiol a'r diweddglo heb fod yn arbennig o wreiddiol. Serch hynny, o'i ystyried yn ei gyfanrwydd, mae rhyw rym ac urddas i'r emyn hwn sy'n haeddu ei osod yn uchel yn y gystadleuaeth hon.

Hywel: Emyn dathlu Gŵyl Ddewi sy'n syml a swynol mewn penillion pedair llinell. Mae ynddo chwe phennill, gyda'r pennill cyntaf yn cael ei ailadrodd ar y diwedd:

> Canwn, molwn a bendithiwn
> enw Dewi drwy y dydd,
> am ei lafur a'i weithredoedd
> i droi Cymru'n Gymru'r ffydd.

Nid yw'r awdur yn llwyddo i osgoi'r hen drawiadau'n llwyr ac mae angen cywiro 'boed i'n gorff' ond mae'r emyn yn ei grynswth yn un y gallwn ddychmygu cynulleidfa, yn enwedig cynulleidfa ifanc, yn ei ganu gyda brwdfrydedd ar yr Ŵyl.

Lois: Emyn syml ac effeithiol ar y cyfan ar gyfer y Cymun gydag adleisiau ysgrythurol cyfoethog. Mae rhywbeth chwithig, fodd bynnag, yn y llinell: 'Fe brynodd ef yr hawlfraint hon'. Sôn am 'hawl' y mae'r awdur am ei wneud, mi gredaf, ond bod y mesur wedi gorfodi 'hawlfraint' arni. Serch hynny, mae deunydd ar gyfer emyn derbyniol iawn yma.

Manase: Emyn ar gyfer dathlu agor Eglwys Gydenwadol – yn sicr, byddai'r beirniad yn dymuno gweld mwy o alw am emynau o'r fath! Llawenha'r awdur 'Am fod muriau cul enwadaeth/ Wedi syrthio'n ddarnau mân'. Y gwendid yma, fodd bynnag, yw na chynhelir y thema o undod drwy'r emyn, fel bod y rhan fwyaf ohono'n colli cyswllt â'r achlysur dan sylw. Fe'i gosodir yn y Dosbarth Cyntaf, serch hynny, oherwydd y gellid addasu'r testun i ffurfio emyn gafaelgar ar gyfer achlysur sydd wir werth ei ddathlu.

Rhodri: Emyn dathlu chwarter canrif o weinidogaeth, sy'n rhwydd ac yn effeithiol ei fynegiant ond eto heb ddigon o'r ffresni arbennig hwnnw sy'n ofynnol i ddod yn fuddugol yn y gystadleuaeth.

Telorydd: Diddorol oedd gweld emyn ar gyfer 'dathlu llwyddiant', emyn a allai fod yn addas o dan lu o wahanol amgylchiadau. Mae'n darllen yn rhwydd gan mwyaf a byddai'n gweithio gyda rhychwant oedran eang. Nid yw'r emyn heb ei feiau (mae odli 'byd' gyda 'byd i gyd', er enghraifft, yn amhersain) ond ni fyddai'n waith anodd iawn datrys y rheini gan greu emyn effeithiol iawn.

Er gwaethaf cryfderau amlwg yr ymdrechion a gyrhaeddodd y Dosbarth Cyntaf, rhaid dweud ar y diwedd mai prin iawn oedd yr ymgeiswyr y byddwn yn fodlon gwobrwyo eu gwaith heb iddynt gaboli cryn dipyn arno. Yn y pen draw, bernais mai *Gwlith Hermon* sy'n dod i'r brig am emyn sydd, er gwaethaf ambell wendid a nodwyd eisoes, yn trin yr iaith yn grefftus mewn modd sydd yn mynd y tu hwnt i'r ystrydebol a'r arferol, fel pan gyfeiria'r awdur at y ffyddloniaid 'a blygodd ewyllys wrth blygu eu glin' wrth Fwrdd y Cymun. Bu'n siom i mi na welwyd rhagor o bethau tebyg yn y gystadleuaeth drwyddi draw ond rwy'n falch fy mod yn gallu dweud ar ei diwedd: gwobrwyer *Gwlith Hermon*.

Yr Emyn Dathlu ar gyfer unrhyw achlysur arbennig

DATHLU DYDD PEN-BLWYDD SEFYDLU EGLWYS

O, Arglwydd, dyledus i Ti yw pob clod
am fflam a oleuodd ein taith is y rhod;
nid cannwyll dan lestr fu'r Eglwys o'i chrud,
ond anniffoddadwy oleuni i'r byd.

Clodforwn y mentrus hynafiaid o fri
aeth ati i godi hardd demlau i Ti,
a molwn werinwyr, er tloted eu byw,
a fynnai mai'r gorau sy'n gweddu i Dduw.

Drwy hindda a hinddrwg daeth yma ryw rai
i wylaidd addoli, gan arddel eu bai,
a phwyso ar eiriau Efengyl a Salm,
bryd hyn yn eu herio, bryd arall yn falm.

Daeth yma yn ddeuoedd frwd fachgen a merch
at allor yr Arglwydd i bledio eu serch,
a llawer sancteiddiwyd, ar ddechrau eu hoes,
yn nyfroedd y bedydd, dan arwydd y groes.

Ein braint yw cael diolch am wragedd a gwŷr
â'u hysbryd yn llarïaidd, a'u calon yn bur,
a blygodd ewyllys wrth blygu eu glin
yn nwyster sagrafen y bara a'r gwin.

Rhown ninnau, wrth ddathlu, ogoniant i Dduw,
gan gynnig Gwaredwr i'r sawl a rydd glyw;
Crist Iesu yn Arglwydd yw'n cyffes a'n cred,
ei enw cyhoedder, ac eled ar led!

Gwlith Hermon

BEIRNIADAETH GERAINT LØVGREEN

Er mai ffurf eitha' answyddogol a ffwrdd-â-hi ydi'r limrig yn y bôn, mae i'r ffurf ei rheolau pendant o ran odl a mydr. AABBA ydi trefn yr odlau ac o ran mydr dylai'r ddwy linell gyntaf a'r olaf gynnwys wyth neu naw sillaf ar dri churiad, tra dylai'r drydedd a'r bedwaredd linell gynnwys 5/6 sillaf ar ddau guriad, a hynny i gyd ar rythm fel rhythm walts. Rheol arall hanfodol i limrig ydi y dylai fod yn ddigri. Holl ddiben limrig ydi gwneud i rywun chwerthin neu o leiaf godi gwên. Gellir gwneud hynny drwy chwarae ar eiriau ac odlau yn ogystal â thrwy'r cynnwys.

Cafwyd 25 ymgais i ysgrifennu cyfres o limrigau eleni. O'r rhain, syrthiodd *Eisus 1, 2 a 3, Y creadur brawychus o'r blaned Zog, Beryl Beryg, Curig Fardd, Rwdl-mi-ri, Idwaldod* a *Pwy?* ar y clawdd cyntaf am fod eu casgliadau'n cynnwys limrig neu limrigau gwallus eu mydr. Yr un bardd ydi'r ddau olaf, dw i'n amau, ac mae ganddo'r syniad iawn o ran odlau waci fel 'Bermo/ ei jerm-o'; 'Llangyniew [*sic*]/ hynny yw', ond yn rhy aml mae'n gorymdrechu nes i'r rhythm fynd ar chwâl. Does dim ymgais i fod yn ddigri ym mhenillion *Brig y Don* ac *Esgair Ebrill*, ac felly mae'n anodd eu hystyried yn limrigau. Pedwar ar ddeg sydd ar ôl, felly.

Mae *Ned* yn adrodd ei helyntion wrth godi un bore mewn chwe limrig eitha' digri. Y limrig olaf ydi'r gwannaf o bell ffordd, gwaetha'r modd. Dylai *Ned* gymryd mwy o ofal gyda'i gollnodau hefyd.

Mae *Heip O'Condriac* yntau'n brin o gollnod yn ei bumed limrig mewn cyfres ddifyr am ei drafferthion gyda'i synhwyrau. '*A'r* ast ddietegydd' oedd ei fwriad, siawns. Dyma enghraifft nodweddiadol o'r gyfres:

> Mae ngolwg i'n sobor ddiffygiol,
> Fe ddwed yr optegydd, 'Pryn sbectol'.
> Ond gwirion 'sa hynny,
> 'Chos wedi mi'i thynnu,
> Sut goblyn 'na'i weld lle mae'r ffernol?

Mae limrig cyntaf *Porth-y-rhyd* yn un reit dda:

> 'Roedd menyw yn ardal Talgarreg
> Yn canu rhyw aria Eidaleg,
> Ond druan â hi
> Wrth fwrw'r Top 'C',
> PP oedd e' fod – wedai'm chwaneg.

Ond dw i ddim yn siŵr am y gair 'sowthan' ('thowsan'?) yn y pedwerydd limrig.

Nodwedd arall sy'n gyffredin mewn limrigau ydi odli enwau llefydd anghyffredin. Yng nghyfres ddifyr *Al O'isiys* ceir cwpled gwych: 'Roedd brandi Gstaad/ yn wirion o râd' [*sic*], ond mae ei syniad am dafodiaith Caernarfon ryw hanner canrif allan ohoni, a geiriau fel 'miglo', 'patro', 'giaman' a 'crinci' yn perthyn i oes arall erbyn hyn.

Limrigau Beiblaidd sydd gan *Wil Moc* ac mae 'na rai da yma. Bechod dros yr hen Noa:

> Anghofio pysgodyn wnaeth Noa
> Yn ei arch; bu wrthi'n pysgota.
>   Ymhen rhyw ddwy awr
>   Mi ddaliodd un mawr.
> Bu farw tua tri yn y bora.

Ond dydi'r cyflwyniad ddim yn gwneud cyfiawnder â'r deunydd – dylai gymryd mwy o ofal. Nid gwaith beirniad ydi cywiro gwallau teipio ac atalnodi.

Mae limrigau *Trafferthus* yn rhai traddodiadol gydag odlau digri a throednodyn digrifach i esbonio 'Lapa Lapa'. Byddai'r limrig am Lapa Lapa'n gweithio'n well o gynnwys y gair 'hi' yn y drydedd linell, gan ganiatáu iddi ddechrau'n gynt er mwyn rhedeg yn rhwyddach ar gwt yr ail linell.

Mae'n debyg mai un bardd sy'n gyfrifol am gynigion *Menna Lili, Iolo* ac *Eli*. Mae'n amlwg yn limrigwr medrus, a hwyrach y gallasai ennill y gystadleuaeth petai wedi dethol y chwe limrig gorau o'r tri chasgliad. Ond er gwaethaf crefft y bardd, efallai bod ei hiwmor cerdyn post wedi dyddio braidd erbyn hyn:

> Roedd dynes reit fronnog o Crwbin
> Yn cael cinio, heb fra, gyda Carwyn;
>   Ond brawychwyd hi druan
>   Pan ddisgynnodd un allan,
> A glanio yng nghanol y pwdin.

Casgliad diddrwg-didda sydd gan *Branwen*, heb fod yn ddigon doniol ar y cyfan. Mae yma ambell wall bach gyda'r rhythm hefyd, gan gynnwys y llinell gyntaf un: 'Roedd Mari'n becso'n ofnadw'. Byddai'n ddigon hawdd cywiro hyn drwy ddweud 'Roedd Mari yn becso'n ofnadw'.

Gwaith anodd ydi beirniadu limrigau, ac mae *Hwntw*'n crynhoi'r mater:

Caf ffwdan 'da limrig heb eiriau,
Nid oes iddo ddiwedd na dechrau,
  Er ei chwilio i gyd
  Nid wy'n gweled dim byd,
A methiant yw canfod ei feiau.

Hwyrach y byddai ansoddair fel 'anodd' yn well na 'methiant' yn y llinell olaf. Ac, yn anffodus, dw i'n methu deall ystyr ei bumed limrig.

Mae gan *Gallse fod yn waeth* ambell limrig reit smala, os hen ffasiwn. Dyma enghraifft:

I Lerpwl aeth Sam 'nôl yr hanes
Ar ddêt gyda Sgowsar o Saesnes,
  Ddoth o byth ato'i hun
  Ar ôl gweld bod y fun
Yn ddyn wedi gwisgo fel dynes.

Mae cyfres *Lobsgows* yn dechrau'n dda hefyd, gyda limrig am gacen siocled wedi caledu ym mhoced Jonsi, ond colli stêm ydi ei hanes (*Lobsgows*, nid Jonsi) wrth fynd yn ei flaen.

Limrig am regi ydi'r doniolaf yng nghasgliad *Cam Gwag*, ac mae ambell un difyr arall ganddo ond eu bod nhw ar themâu sydd fymryn yn dreuliedig erbyn hyn:

Rwy'n dal i alaru am Marged,
Fe syrthiodd o'r trên ger Rhydgaled,
  'Doedd y drws heb ei gau,
  Ac mae'r dagrau'n parhau –
Roedd tocynnau ni'n dau yn ei phoced.

Be' wnawn ni, felly? Mae cyfresi *Heip O'Condriac, Porth-y-rhyd* a *Wil Moc* yn agos at y brig ond, oherwydd cyfuniad o enwau llefydd sydd yn eu hanfod yn ddigri (e.e. 'Ffrwd-grech'), odli difyr ('Lapa Lapa/ drap. A'), a'r 'wers i ni ''gyd' yn y limrig olaf, limrigau *Trafferthus* sydd wedi fy mhlesio fwyaf, ac ef, felly, sy'n ennill y wobr.

Y Chwe Limrig

TRAFFERTHION

Aeth y gwynt yn ei stumog yn drech
Na rhyw druan o ardal Ffrwd-grech,
   Ond da yw cael adrodd,
   Ei gyflwr a wellodd
Pan symudodd i fyw i Dre-lech.

Aeth merch fach o dre Lala Lapa*
Ar ei gwyliau, ond syrthiodd i drap. A
   Phan ddaeth yn ôl
   A boi bach yn ei chôl
Ni wyddai ytôl pwy oedd papa.

'R hen wraig, Meri Ann, gaiff ei blino
Gan y peils – ac O'r cosi sydd yno!
   'Fe hoffwn,' medd hi,
   'Grafu'r fan, welwch chi,
Ond sut gallaf – a 'mys wedi brifo?'

Meddai diacon hen o fro'r Gurnos,
'Fy ffydd sy'n gwanhau beunydd, beunos,
   A bellach – mae'n drist –
   Ni ddarllenaf *Y Tyst*,
Ond caf fendith mewn *Dandys* a *Beanos*'.

Ers tro bu'n ddifyrrwch gan Iolo
I ddangos ei fogel a'i fol-o,
   Ond ei arfer ers mis
   Yw mynd 'chydig yn is
A rŵan ma'r polîs ar 'i ôl o.

Y pnawn 'ma wrth gaca'n y stryd
Fe laddwyd 'rhen Bero Tŷ-clyd,
   O, pam yn y bore
   Na wnaeth y job gartre'?
Boed hynny yn wers i ni 'gyd.

Trafferthus

* Tref fechan yn Kwazulu Natal, De Affica. Bûm innau yno hefyd, ond nid ar yr un pryd â'r ferch fach y cyfeirir ati uchod.

TESTUNAU A GWOBRAU ARBENNIG LLYS YR EISTEDDFOD GENEDLAETHOL

Gwobr Goffa Daniel Owen

Nofel heb ei chyhoeddi gyda llinyn storïol cryf a heb fod yn llai na 50,000 o eiriau

---

BEIRNIADAETH JOHN ROWLANDS

Mae derbyn saith nofel swmpus i gystadleuaeth fel hon yn gryn galondid ac yn brawf o ddyfalbarhad arwrol bron yr awduron. Does dim amheuaeth nad oes gan bob cystadleuydd weledigaeth o fath, er mai dim ond dau ohonynt sydd wedi llwyddo i'w mynegi'n loyw a chreadigol.

Berth: 'Aldebaran'. Ysgrifennu greddfol a geir yma, ac o'r herwydd ceir ambell fflach annisgwyl yn y mynegiant tafodieithol a'r stori fyrlymus. Mae swmp y nofel wedi'i osod mewn hen oes pan oedd pobl yn agos at natur ac yn adnabod llysiau llesol a'r wybren serennog. Ymdeimlir â rhyw ddirgeleddau hudol. Eto ceir stori arall wedi'i phlethu i'r brif stori – stori gyfoes lle ceir sôn am ffonau symudol a chynhesu byd-eang, lorïau Mansel Davies ac MP5. Teimlwn fod angen i'r awdur sefyll yn ôl ac edrych yn feirniadol ar ei ddeunydd. Mae angen tocio dirfawr, a chlymu pethau wrth ei gilydd yn llawer tynnach. Fel y saif, tipyn o gybolfa yw'r nofel, a dylai'r awdur fynd ati'n ddisgybledig i ailstrwythuro'r stori, i chwynnu'r gwallau iaith, ac i gaboli'i ddeunydd crai.

Cannwyll: 'Trwy'r Cysgodion'. Dyn ifanc yn mynd yn ysglyfaeth i ganser sy'n adrodd y stori hon. Mae'r pwnc yn un arteithiol, wrth gwrs, ond gan iddo gael ei drafod gryn dipyn mewn nofelau, hunangofiannau ac ar y cyfryngau, anodd iawn yw dod o hyd i ffordd ffres o'i gyflwyno. Mae'r nofelydd hwn yn ysgrifennu'n ddigon naturiol a diffuant, ond ni thaflwyd goleuni newydd ar y pwnc yn rhan gyntaf y nofel, o leiaf. Gwelir tipyn mwy o wreiddioldeb yn yr ail ran. Mae carwriaeth Rhodri â Louise, sydd hefyd yn dioddef o ganser, yn dod ag elfen o ddeuoliaeth boenus i'r sefyllfa. Oes, mae gan yr awdur ddawn i'n cyffwrdd, yn arbennig wrth gyflwyno teimladau croesion Rhodri tuag at farwolaeth Louise. Does dim amheuaeth nad oes gan yr awdur hwn ddawn gynhenid nofelydd, ond dylai adael i'w ddyfeisgarwch gael mwy o raff.

u8nh2z: 'Haul Du'. Mae i'r nofel hon naws chwedl hynafol, gyda thyrfa o gymeriadau megis Sgian, Bren, Sule, Gwri, Rhiel, ac yn y blaen – cynifer ohonynt, yn wir, nes drysu'r darllenydd. Eto chwedl yw hi am ryw ddyfodol amhendant wedi'i leoli yn ninas Caer Belenis gyda'i Chastell (sy'n rhyw fath o bencadlys i'r llywodraeth dotalitaraidd). Math o gyffur yw haul du'r teitl, ac mae'r cymeriadau dan warchae rhyw derfysgwyr annelwig. Ar adegau, crëir math o rithfyd hudol lle nad yw pethau'n dilyn rheolau'r byd go iawn. Ceir fflachiadau dychmygus yn awr ac yn y man, ond ar y cyfan mae hon yn nofel feichus o gordeddog. Er ein bod weithiau'n ymdeimlo â rhyw thema bwysig yn ceisio brigo i'r wyneb, nid yw rywfodd yn cael cyfle i flaguro'n iawn. Rhaid i'r awdur roi gwell trefn ar ei gawdel o ddefnyddiau, a phenderfynu at beth yn union y mae'n anelu. Teimlwn ei fod yn ymbalfalu am rywbeth gwerth ei ddweud ond na lwyddodd i ddod o hyd i *raison d'être* ei nofel.

Glaw Trwm: 'Chwilio am Sebastian Pierce'. Mae'r teitl yn awgrymu mai nofel ddyfalu sydd yma, ac mae corff y nofel yn ein harwain i fod yn chwilfrydig ac i ddisgwyl datrysiad. Rhaid cyfaddef bod yr awdur yn ddyfeisgar, a'i fod wedi llwyddo i gyflwyno amrywiaeth o gymeriadau diddorol. Ar ben hynny, mae ganddo arddull befriog ac mae'n llwyddo i ddefnyddio tafodieithoedd gogleddol a deheuol yn argyhoeddiadol. Y dirgelwch wrth fôn y nofel yw rhywbeth a ddigwyddodd yn Calahonda yn Sbaen yn 1973, pan oedd tri o'r cymeriadau'n blant. Ond codir gormod o sgwarnogod, a gadael iddynt ddianc o'n gafael. Mae'r awdur yn llenor galluog ond rhaid iddo strwythuro'r stori'n fanylach a sicrhau bod y gwahanol edefynnau wedi'u gweu ynghyd yn ystyrlon.

Penbonc: 'Baranto!' Seiliwyd y nofel faith hon ar hunangofiant Maria Stella Petronilla a ddaeth yn Arglwyddes Newborough, ond a fu farw ym Mharis. Does dim amheuaeth nad yw'r awdur (neu'r awdures?) yn alluog iawn – mae'n gallu consurio awyrgylch Fflorens a Pharis yn hanner cyntaf y bedwaredd ganrif ar bymtheg, mae'n amlwg yn rhugl mewn Eidaleg a Ffrangeg, ac mae'n ganddi/ganddo reddf hanesydd. Gall hefyd adrodd stori'n afaelgar. I bwrpas y gystadleuaeth hon, fodd bynnag, nid yw'n taro deuddeg. I ddechrau, mae yma ddwy nofel. Ymdrinia'r naill â bywyd cynnar Maria Stella yn Fflorens, nes iddi gael ei gorfodi i briodi'r Arglwydd Newborough. Gwaetha'r modd, ni chawn glywed dim am ei hanes ym mhlas Glynllifon, a disgwylir inni gredu mai ei chyfnod yno oedd yr hapusaf yn ei bywyd! Mae ail ran y nofel (sy'n nofel arall, mewn gwirionedd) yn ymwneud â hanes diwedd oes Maria ym Mharis, pan yw'n ceisio profi ei bod yn etifedd i'r teulu brenhinol, ac yn wynebu llawer o drafferthion yn sgîl hynny. Rhuthrir yn rhy gyflym dros ddiwedd oes gythryblus Maria Stella. Serch hynny, o'i chyhoeddi, gallai fod yn nofel ddigon poblogaidd.

Mona: 'Mân Esgyrn'. Rydym yn esgyn i dir llawer uwch yn awr. Dyma awdur amlochrog ac uchelgeisiol sy'n rhoi gwir her i'r darllenydd. Mae'r mynegiant yn goeth ac yn llawn disgrifiadau mirain sy'n ymylu ar farddoniaeth yn aml. Arddengys yr awdur arbenigedd gwyddonol hefyd. Gall gonsurio awyrgylch yn ardderchog. Ond, yn bennaf oll, mae wedi creu oriel o gymeriadau y mae'u bywydau'n gweu trwy'i gilydd mewn modd cyfrwys a chymhleth iawn. Eto, er ardderchoced y darluniau, ac er mor ddwfn yw myfyrdod y nofel ar adegau, roeddwn i'n bersonol yn cael fy nrysu braidd, ac yn methu gweld llinyn arian thematig yn rhedeg trwy'r cyfan. Rwy'n barod i gyfaddef mai gwendid ynof i oedd hynny. Er imi gael cipolwg ar ymwneud pobl hynod ddiddorol â'i gilydd, teimlwn ryw ddiffyg cydlynedd, fel petai craidd y nofel ar goll. Ond pe na bai nofel fwy crwn yn y gystadleuaeth, byddai'n rhaid ystyried o ddifrif dyfarnu'r wobr i *Mona*. Mae deunydd nofelydd o'r iawn ryw yn yr awdur hwn.

Palindrom: 'Y Llyfrgell'. O gofio'r sôn diweddar am ddigideiddio cynnwys ein cylchgronau, mae hon yn nofel sy'n codi cwestiynau perthnasol iawn am natur *llyfr*gell yn yr oes electronig, ac yn mynd â ni ymlaen i'r flwyddyn 2020 pan nad yw'r llyfr fel y cyfryw yn bwysig, nac awduron 'chwaith (rhai gwrywaidd, o leiaf), oherwydd byd oeraidd, gwleidyddol gywir a ddarlunnir inni. Felly, dyma nofel sy'n procio'r meddwl yn ogystal â bywiogi'r dychymyg. Diolch fod yma thema – neu'n wir, themâu – i beri inni gnoi cil arnynt ymhell wedi inni orffen darllen y nofel. Yn sylfaenol, nofel am golli cof cenedl yw hon (er bod sawl colli cof yn digwydd ynddi ar wahanol lefelau hefyd). Ond nid yw dweud hynny'n gwneud cyfiawnder o gwbl ag asbri storïol y gwaith, oherwydd cryfder yr awdur yw nid bod ganddo weledigaeth yn unig ond ei fod wedi llwyddo i roi cig a gwaed am esgyrn sychion y weledigaeth, a chreu darn o lenyddiaeth sy'n bleser pur ar sawl lefel. Mae'n awdur dyfeisgar dros ben, sydd wedi creu sefyllfa bron yn anhygoel, gan ein cyfareddu, ein sobri, ein harswydo, a'n gogleisio ar yn ail. Mae'r cyfan yn dynn, a bron fel pe'n anorfod, fel trasiedi Roegaidd. Os dywedaf mai adrodd am ddiwrnod yn hanes y cwch gwenyn hwnnw, Llyfrgell Genedlaethol Cymru yn Aberystwyth, a wna'r nofel, bydd eich chwilfrydedd yn sicr o fod ar garlam, ac ar garlam y bydd nes ichi ddarllen y nofel hynod hon. Bydd llawer o drafod arni, llawer o ddadlau, a llawer o ddehongli.

Palindrom biau'r wobr eleni, a hynny gyda chryn glod.

BEIRNIADAETH GERAINT VAUGHAN JONES

Nofel heb ei chyhoeddi . . . llinyn storïol cryf . . . heb fod yn llai na 50,000 o eiriau – dyna ofynion moel y gystadleuaeth. Ond, fel y gŵyr pob llenor profiadol, mae llunio nofel afaelgar, waeth beth fo'i hyd, yn dibynnu ar lawer mwy nag adrodd stori'n unig. I gydio yn nychymyg y darllenydd a dal ei ddiddordeb o'r dudalen gyntaf hyd yr olaf, rhaid i awdur allu (i) cynllunio'i waith yn drwyadl ymlaen llaw ac nid dilyn ei drwyn o bennod i bennod (ii) ysgrifennu mewn iaith raenus (iii) defnyddio ieithwedd ac arddull sy'n gweddu i'r testun (iv) creu cymeriadau a fydd yn tyfu o dudalen i dudalen nes dod yn fyw a chofiadwy yn nychymyg y darllenydd (v) llunio deialog naturiol a di-wastraff, nid yn unig i yrru'r stori yn ei blaen ond hefyd i ychwanegu at ein hadnabyddiaeth o'r sawl sy'n llefaru (vi) gwau is-blot(iau) yn gelfydd i mewn i rediad y brif stori.

Daeth saith i'r gystadleuaeth eleni a rhaid llongyfarch pob un ohonynt, yn ddiwahân, nid yn unig am eu hymdrechion sylweddol ond hefyd am hwyluso gwaith y beirniaid trwy roi cystal diwyg ar eu cynnyrch. Amrywiol iawn, serch hynny, oedd y safon.

Berth: 'Aldebaran'. Dyma un o ymdrechion mwyaf swmpus y gystadleuaeth ac un o'r rhai mwyaf gwallus a dryslyd hefyd, gwaetha'r modd. Mae'r gwaith yn frith o wallau atalnodi, treiglo a sillafu, ac mae'r prif blot, beth bynnag yw hwnnw, yn boddi'n fuan iawn mewn môr o ddeialog bytiog a di-fudd. Anodd yw dirnad pwy yw pwy na sut y mae helyntion y gwahanol gymeriadau'n gwau i'w gilydd. Nid yw'r awdur fel pe bai'n gwybod, 'chwaith, pryd na sut i ddwyn ei stori i ben oherwydd fe geir cymeriadau newydd yn dal i ymddangos hyd yn oed yn y penodau olaf. Serch hynny, mae yma rannau difyr ac addysgiadol (e.e. pan fo'r awdur yn trafod planhigion, sêr y ffurfafen, y dull o goethi aur, etc.). Mae'r rhannau hynny'n gywirach o ran iaith a mynegiant, hefyd, am ryw reswm – sy'n peri imi amau mai mewn ysgrifennu ffeithiol o'r fath, yn hytrach nag mewn ffuglen, y mae cryfder llenyddol yr awdur hwn.

u8nh2z: 'Haul Du'. Dyma awdur sy'n meddu ar gryn ddychymyg ac mae ei nofel ffantasi yn llawn posibiliadau cyffrous ond mae wedi syrthio rhwng dwy stôl yma, rwy'n teimlo. I mi, rhywbeth rhwng nofel a sgript deledu yw 'Haul Du'. Yn hytrach na disgrifio'i olygfeydd a'i gymeriadau, fel sy'n arferol mewn ffuglen, mae'r awdur hwn fel pe bai'n disgwyl i gamera cudd fod yn gwneud y gwaith hwnnw drosto. A chan fod hon yn stori sy'n neidio'n gyflym (ac mewn penodau byrion yn aml) o un lle i'r llall, ac o feddwl un cymeriad i feddwl un arall, fe gaiff y darllenydd gryn drafferth i ddilyn llif dychymyg yr awdur. Rhywbeth arall i ochel rhagddo yw'r gorddefnydd o arddull bytiog gan y gall peth felly droi'n flinder i'r darllenydd yn fuan iawn.

Cannwyll: 'Trwy'r Cysgodion'. Pryderon a gwewyr gŵr ifanc sy'n dioddef o gancr ac sy'n gorfod wynebu sgîl-effeithiau'r driniaeth i'w wella – dyna gnewyllyn y nofel hon. Mae'n dod i gysylltiad â merch sydd hefyd yn dioddef o'r un cyflwr ac mae cyfeillgarwch ac adnabyddiaeth ac elfen o gariad yn tyfu rhyngddynt. Pwnc dyrys a dirdynnol, felly. Pa un ai gwir ai peidio ond fe gefais argraff fod yma ddisgrifio profiad personol. Os felly, mae arwyddocâd mwy ingol fyth i deitl y nofel, ac i'r ffugenw'n ogystal. Yn nwylo awdur mwy profiadol, fe allai hon fod yn nofel gofiadwy iawn. Oes, mae yma rannau gafaelgar ac ysgytwol ond, drwodd a thro, mae'r brawddegu'n llawer rhy bytiog a chofnodol, ac mae angen mwy o ddeialog i ddod â'r cyfan yn fyw. Mewn geiriau eraill, nid yw'r arddull yn gwneud cyfiawnder â'r stori. A gresyn hynny.

Penbonc: 'Baranto'. Clamp o nofel hanesyddol a honno wedi ei hysgrifennu'n raenus iawn ar y cyfan, er nad yn ddi-wallau 'chwaith. Ei sail, yn ôl yr awdur, yw '. . . hunangofiant Maria Stella Petronilla, Arglwyddes Newborough, a gyhoeddwyd gyntaf yn yr iaith Ffrangeg rywdro tua diwedd 1830'. Testun heriol ac un oedd yn galw nid yn unig am ddychymyg byw a gwybodaeth gefndirol o'r cyfnod ond hefyd am ddawn saernïo arbennig iawn. Mae dychymyg yr awdur a'i feistrolaeth hanesyddol a daearyddol o'r cyfnod-dan-sylw yn cael ei amlygu yn y ffordd y mae'n llwyddo i ddehongli'r hunangofiant, a rhaid edmygu hefyd ei ymroddiad yn mynd i'r afael â'r ffasiwn dasg.

Saernïaeth y nofel a'm plesiodd leiaf, mae gen i ofn. Ni fu Penbonc yn ddigon dethol efo'r holl wybodaeth oedd ganddo wrth law a hynny, rwy'n tybio, am i'r hanesydd ynddo gael y llaw drecha' ar y nofelydd yn aml. Fe gollodd olwg ar y plot fwy nag unwaith (a cholli gafael ar ei ddarllenydd hefyd, felly) trwy fynd ar ôl ambell hanesyn diangen. Er enghraifft, pe bai wedi dethol yn fwy gofalus, ni fyddai wedi gorfod crynhoi cymaint o wybodaeth i bennod xxvi er mwyn dirwyn rhan gynta'i nofel i ben. Un peth sy'n siŵr, mi fyddai'r nofel hon ar ei hennill o gael ei chwtogi'n sylweddol. Neu, yn well fyth, rwy'n tybio, ei hail-wampio'n ddwy nofel, efo'r naill (sef yr hanes ym Mharis) yn ddilyniant i'r llall yn yr Eidal. Trioleg, hyd yn oed, pe gellid cynnwys cyfnod Glynllifon yn ogystal! (Gallaf glywed yr awdur yn griddfan, ond dichon fod y syniad yn haeddu ystyriaeth!)

Glaw Trwm: 'Chwilio am Sebastian Pierce'. Nofel dafodieithol, ddarllenadwy iawn ac un sy'n barod i'r wasg o ran cywirdeb ei hiaith a'i mynegiant. Ceir yma dri phrif gymeriad, sef Sali (cyn-wraig Sebastian Pierce), Huw (dyn-deud-tywydd ar y teledydd) a Byron (dyn-gwerthu-tai) ac mae'r stori'n dilyn hynt a helynt pob un ohonynt yn ei dro. Deuwn i sylweddoli'n fuan fod a wnelo Sebastian Pierce â rhyw ddirgelwch yng ngorffennol Huw a Byron ac edrychwn ymlaen at weld y dirgelwch hwnnw'n cael ei ddatgelu cyn y diwedd. Ond siomedig yw'r diweddglo a hynny, o bosib, am i'r awdur geisio bod yn rhy glyfar o gynnil. Mae hon yn nofel sy'n darllen yn rhwydd iawn ac mae dawn y llenor i'w weld trwyddi – yn yr arddull, yn y ddeialog bwrpasol ac mewn troadau ymadrodd dychmygus, megis y disgrifiad o Huw fel 'fersiwn bonsai o Burl Ives'! Gyda gwell diweddglo, byddai *Glaw Trwm* dipyn nes at y brig gennyf yn y gystadleuaeth hon.

Mona: 'Mân Esgyrn'. Dyma awdures sydd â gafael gadarn ar iaith a chystrawen ac sy'n gallu ysgrifennu'n hynod o raenus. Hi, heb os, yw arddulliwr gorau'r gystadleuaeth. Mae ei gallu i lunio cymariaethau ffres a dychmygus yn rhywbeth i ryfeddu ato. Gresyn, felly, na fyddai hi wedi defnyddio'r ddawn ddisgrifio honno i ddatblygu'i chymeriadau gam ymhellach nag a wnaeth, fel eu bod yn hawlio ymateb cryfach oddi wrth y darllenydd. Fe ddylid teimlo cydymdeimlad efo Carol, rwy'n siŵr, ac atgasedd, efallai, tuag at Helen a Bryn, ond 'dyw hynny ddim yn digwydd am mai cymeriadau diddrwg didda ydyn nhw, drwodd a thro. Mi fyddai'r nofel ar ei hennill, yn sicr, pe bai *Mona* yn mynd i'r afael â'r gwendid hwn cyn rhoi ei gwaith yn nwylo'r wasg. Efo'r adnoddau sydd ganddi fel awdur, 'ddylai hynny ddim bod yn broblem. Fe geir gweld 'Mân Esgyrn' mewn print yn fuan iawn, rwy'n ffyddiog o hynny, oherwydd fe ddaeth yn agos i'r brig yn y gystadleuaeth hon.

Palindrom: 'Y Llyfrgell'. Dyma nofel sy'n llawn clyfrwch swreal. Y Llyfrgell Genedlaethol, rhyw bymtheng mlynedd o rŵan, yw'r llwyfan, a'r llwyfan hwnnw'n cael ei reoli gan ferched. Mae'n 'oes newydd ddi-lyfr' (neu 'oes ôl-lyfryddol') ac mae cynllun a chynllwyn ar droed i ddethol pa weithiau llenyddol y dylid eu hachub ar ffurf 'llên ddigidol' a pha rai y dylid eu hanfon i ddifancoll, i bydru a gwaedu a throi'n 'sment llyfryddol' mewn rhyw uffern lenyddol yn selerydd y Llyfrgell. Dywedir bod 'angen mwy o archifwyr didostur' at y dasg, a'r rheini'n ferched, wrth gwrs, 'er mwyn rhoi blaenoriaeth i fenywod yn ein hanes llenyddol ni' ac i sicrhau bod gwaith y beirdd, er enghraifft – dynion i gyd! – yn ddim mwy nag 'esgyrn papur yn siffrwd yn y tywyllwch'. Fe lwyddodd *Palindrom* i droi deunydd mor swreal â hyn yn nofel afaelgar sy'n ffinio ar fod yn gredadwy! Yn yr ychydig ofod a ganiateir i feirniadaeth, cam â'r awdur fyddai ceisio crynhoi dim mwy ar y stori. Digon yw dweud bod yma nofel sydd wedi cael ei chynllunio'n ofalus ac sy'n gyforiog o hiwmor a choegni a chlyfrwch tafod-mewn-boch, heb sôn am gymeriadau sy'n pefrio yn y cof!

Mae *Palindrom* yn llenor celfydd iawn ac yn llwyr deilyngu Gwobr Goffa Daniel Owen eleni.

BEIRNIADAETH RHIANNON LLOYD

Mae'r saith awdur a anfonodd eu nofelau i'r gystadleuaeth hon eleni yn haeddu canmoliaeth am eu dycnwch, eu dychymyg, a'u dyfalbarhad. Er nad yw'r nofelau i gyd yn llwyddo i'r un graddau, mae ynddynt i gyd rai rhinweddau. Mae angen golygu llym ar nifer ohonynt, fodd bynnag, ac y mae gwallau iaith elfennol yn amharu ar rai. Yn fy marn i, mae'r nofelau'n perthyn i dri chategori.

Yn y categori isaf, mae'r nofelau hynny sy'n ddarniog o ran eu cynnwys ac yn frith o wallau iaith.

Berth: 'Aldebaran'. Mae *Berth* yn cyflwyno portread o gyfnod mewn dull digon diddorol, gyda manylion a chyffyrddiadau sy'n creu awyrgylch yn effeithiol ar adegau. Mae prif wythïen y nofel yn ymgais i gydblethu elfennau o'r gorffennol â bywyd cymeriad o'r enw Gwenllian yn y presennol. Gwaetha'r modd, mae llinynnau'r is-storïau yn llac, ac y mae'r cymeriadau braidd yn annelwig. Mae angen llawer o waith tynhau er mwyn i'r nofel hon lwyddo i adrodd stori'n llwyddiannus.

u8nh2z: 'Haul Du'. Mae'r awdur hwn yn llwyddo'n bur dda i greu byd ffantasi digon sinistr, yn seiliedig ar un syniad canolog diddorol, sef gallu cymeriad i ymrithio, gweld gweledigaethau, a newid meddyliau pobl eraill ynglŷn â'r hyn a welant. Cyflwyna'r awdur ni i ryw fath o fyd afreal ac anghyfiawn lle y caethiwir pobl gyffredin a'u cadw dan reolaeth y Gwylwyr a'r rheini sy'n preswylio yn y Castell. Mae'r nofel yn llawn o ddirgelwch a digwyddiadau digon gafaelgar. Ei gwendid yw'r holl fân gymeriadau nad yw'r darllenydd yn cael cyfle digonol i ddod i'w hadnabod. Er bod y prif syniad, a'r cytrasau posibl â realiti cyfoes mewn rhannau o'r byd, yn bur dda, mae strwythur y nofel yn gyffredinol yn rhy lac, a'r llinynnau storïol braidd yn ddryslyd ar adegau. Rwy'n siŵr bod deunydd nofel dda yma, pe bai'r nofelydd yn barod i ailstrwythuro a datblygu rhai o'r cymeriadau ymhellach.

Mae nofelau'r ail gategori, at ei gilydd, yn llwyddo'n well i gynnal diddordeb y darllenydd.

Cannwyll: 'Trwy'r Cysgodion'. Mae diffuantrwydd arbennig yn perthyn i'r nofel hon sy'n ymwneud ag afiechyd erchyll y prif gymeriad a'i ymgais ddewr i ymgodymu â'r newidadau i'w fywyd a ddaw yn sgîl ei ddioddefaint a'r driniaeth angenrheidiol. Mae'r nofel yn dechrau'n afaelgar ac yn llwyddo i gydio'n dynn yn y darllenydd a'i orfodi i ymateb gyda braw a chydymdeimlad i sefyllfa druenus ac unigrwydd ingol y prif gymeriad. Rhannwyd y nofel yn ddyddiau ac wythnosau gan sicrhau strwythur cryf sy'n cyd-fynd yn effeithiol ag ymdeimlad y prif gymeriad o amser yn prinhau a bywyd yn edwino. Ceir arddull stacato a ddewiswyd yn dda i arddangos llif meddwl cymeriad sydd dan bwysau trwm afiechyd a phryder am ei ddyfodol. Mae perthynas y prif gymeriad â merch sy'n dioddef o'r un afiechyd ag yntau yn llinyn storïol cyfoethog ac yn ddirdynnol ar adegau, ond nid yw ei berthynas ag aelodau'r teulu'n llwyddo i argyhoeddi a chynnal diddordeb darllenydd i'r un graddau. Efallai mai gor-gynildeb a diffyg manylder yw prif feiau'r nofel. Byddai ychydig bach mwy o gnawd ar esgyrn y stori yn rhoi boddhad i'r darllenydd. Mae'r dywediadau cynnil, sydd bron yn wirebol, yn cloi nifer o adrannau'r nofel yn effeithiol iawn, yn enwedig o ran adlewyrchu gwewyr y prif gymeriad a dangos ei aeddfedrwydd cynyddol.

Penbonc: 'Baranto!'. Gwnaed ymchwil hanesyddol o'r radd flaenaf gan yr awdur hwn wrth iddo baratoi ar gyfer adrodd ei stori fanwl a throellog am Maria Stella. Daw'r cyfnod yn fyw i'r darllenydd a dysgir am ddiwylliant a daearyddiaeth yr Eidal yn y ganrif dan sylw. Mae'r sail hanesyddol, ffeithiol, ynghyd â dogn da o ddychymyg a greodd is-storïau ac is-gymeriadau, yn sicr yn cyfoethogi'r nofel hon. Mae'n stori syfrdanol sydd â chysylltiadau amlwg â Chymru drwy'r prif gymeriad a ddaeth yn Arglwyddes Newborough. Mae'n stori droellog gyda llawer o linynnau, rhai'n cydio'n well na'i gilydd. Oherwydd hynny, collir peth cydlynedd ac effeithir ar awch y darllenydd i wybod mwy. Serch hynny, ceir yn y nofel elfennau cryf o ddirgelwch sy'n cosi ac yn diddori'r darllenydd. Mae'n rhaid canmol egni'r mynegiant a dyfalbarhad yr awdur wrth adrodd stori faith gyda'r fath afiaith. Fodd bynnag, mae'r dull episodig yn gallu bod yn flinderus ar adegau, ac y mae ail ran y nofel yn or-frysiog. Mewn gwirionedd, mae yma ddeunydd digonol ar gyfer mwy nag un nofel. Pe rhennid y cyfan yn drioleg, efallai, gallai'r awdur dreulio mwy o amser yn datblygu ac yn dyfnhau ein hadnabyddiaeth o rai cymeriadau. Yn sicr, byddai hynny'n fanteisiol iawn.

Glaw Trwm: 'Chwilio am Sebastian Pierce'. Daw'r darllenydd i adnabod y prif gymeriadau yn y nofel hon drwy'r deialogau byw a bywiog, mewn gwahanol dafodieithoedd, a geir ynddi o'r cychwyn cyntaf. Mae'r berthynas rhwng y cymeriadau'n gymhleth ac, yn aml, yn anghyfforddus. Oherwydd hynny, mae'r darllenydd yn awyddus i wybod mwy amdanynt hwy a'u hanes. Mae'r elfen gref o hen ddirgelwch, ynghyd â'r teitl, yn annog y darllenydd i holi a chwilio am atebion. Daw llinynnau storïau ddoe a heddiw ynghyd fesul tipyn, a llwydda'r awdur i greu rhyddiaith ac iddi fomentwm cryf. Mae'r arddull yn slic, yn ddarllenadwy, ac yn lliwgar ei delweddau a'i rhythmau. Nodweddion nofel dda yw'r rhain yn bendant. Fodd bynnag, mae'r datgeliad yn y diweddglo'n siomedig, ac erys rhai llinynnau storïol heb eu clymu'n ddigon crefftus. Mae hyn yn drueni mawr gan fod y wythïen storïol ganolog yn fentrus ac yn glyfar. Gydag ychydig o ailfeddwl, ailwampio a thynhau, credaf y gallai'r nofel hon daro deuddeg i'r dim.

Gosodais ddwy nofel yn y categori uchaf oherwydd bod iddynt ragoriaethau pendant: maent yn adrodd stori dda a gafaelgar, gan ddefnyddio iaith raenus, ac arddull sy'n briodol i'r cyd-destun.

Mona: 'Mân Esgyrn'. Mwynheais y nofel hon yn fawr iawn. Mae gan y nofelydd ddawn dweud o'r radd flaenaf. Defnyddia dafodiaith yn rhwydd, yn ddiymdrech, ac yn hyderus, ac y mae gloywder y mynegiant yn rhoi pleser anghyffredin i'r darllenydd. Mae yn y nofel ddelweddau a throsiadau cofiadwy, a cheir cyffyrddiadau dychanol yng nghyfosodiad deialogau. Llwydda'r awdur yn effeithiol i'n denu i ddarganfod mwy am y berthynas rhwng y cymeriadau a'i gilydd, ac i ddeall y gorgyffwrdd rhwng eu gorffennol a'u presennol. Cawn ddatgeliadau cynnil yn raddol a daw'r rhesymau dros y tensiynau rhwng y cymeriadau yn fwyfwy amlwg. Mae'r nofelydd yn feistr ar amlygu'r cyfuniad o greulondeb a chynhesrwydd sydd yn nodweddu perthynas rhai pobl â'i gilydd. Mae'n nofel dynn, sy'n afaelgar a chrefftus. Yn fy marn i, mae'n agos iawn at y brig ac y mae'n haeddu cael ei chyhoeddi.

Palindrom: 'Y Llyfrgell'. Dyma nofel glyfar iawn y gellir ei mwynhau ar sawl lefel, ac y mae ynddi stori ardderchog hefyd. Mae'r stori wedi'i lleoli yn y Llyfrgell Genedlaethol yn y flwyddyn 2020, a'r oes ddigidol yn ei hanterth. Dengys yr awdur ei fod yn ymwybodol iawn o'r holl fanteision ac, yn wir, yr holl beryglon a ddeillia o'r oes ddigidol a'r 'moderneiddio' sydd mor ffasiynol! Y mae'r nofel yn llawn o wrthgyferbyniadau, a nifer ohonynt yn llawn eironi. Ar y llwyfan hwn o wrthgyferbyniadau y cawn ddrama'r ddwy chwaer sy'n achosi terfysg a rhwyg. Mae'r awdur yn adrodd stori afaelgar gan gadw'r holl linynnau'n dynn o'r dechrau i'r diwedd. Mae yna elfen gref o ddychan yn y cysyniad canolog sy'n sail i'r brif stori ac, yn wir, i nifer o'r is-storïau sy'n diddanu wrth iddynt gael eu gweu'n hyderus ac yn bwrpasol i adeiladwaith y nofel. Mae hwn yn gyfanwaith crefftus sy'n llawn haeddu pob clod ac anrhydedd a berthyn i Wobr Goffa Daniel Owen.

YSGOLORIAETH EMYR FEDDYG

Er cof am Dr Emyr Wyn Jones, Cymrawd yr Eisteddfod

BEIRNIADAETH FFLUR DAFYDD

Yn hyn a'm trawodd am y gystadleuaeth hon eleni oedd pa mor wallus oedd iaith cynifer o'r cystadleuwyr. Er nad plismon iaith mohonof, anodd yw maddau gwaith sy'n frith o gamgymeriadau o'r dechrau i'r diwedd, yn enwedig pan fo'r camgymeriadau hynny'n tarfu ar fwynhad y darllenydd o'r gwaith. Yn ogystal, roedd arddull sawl un o'r rhain yn herciog ac yn anystwyth, yn llawn ymadroddion a oedd naill ai'n Seisnigaidd neu'n ystrydebol, a phrin iawn oedd yr enghreifftiau o ryddiaith rythmig a gwreiddiol ymysg y tri ar ddeg o gynigion a ddaeth i law.

Anhawster arall a gefais wrth ddidoli'r gwaith oedd bod rhai cystadleuwyr wedi mynd yn groes i ofynion y gystadleuaeth ac wedi cyflwyno mwy nag un bennod agoriadol – neu wedi mynd ymhell tu hwnt i'r uchafswm o 3,000 o eiriau. Nid oedd hi'n deg nac yn briodol, felly, imi roi ystyriaeth lawn i weddill y gweithiau hynny, ac fe dâl i gystadleuwyr gofio bod amodau pwrpasol y gystadleuaeth yno er mwyn rhoi'r un cyfle i bawb.

Wrth ddidoli, felly, roeddwn i'n edrych am wir addewid – a hynny o ran cynnwys a syniadaeth wreiddiol, ac o ran newydd-deb a huodledd wrth ymdrin â geiriau. Dyma air, felly, am bob ymgeisydd:

Yr Estrys: Tair ysgrif ffeithiol-eu-gogwydd a gyflwynwyd. Gwaetha'r modd, yr oedd y rheini'n wallus drwyddi draw. Mae'r ysgrif 'Nid Aur yw Popeth Melyn' yn llawn brawddegau herciog, a strwythur digon llipa sydd i'r darn. Mae'r awdur yn dibynnu'n ormodol ar ffeithiau i lenwi'r gofod, yn hytrach na chanolbwyntio ar greu arddull unigryw. Yr un yw chwedl y ddau ddarn arall – gyda'r darn olaf yn agor gyda'r frawddeg ddryslyd: 'Roedd croes, ymhell yn ôl, efallai yn y cyfnod cyn Crist, yn cynnwys dau ddarn o bren, un ar draws y llall, a'i ddefnyddio i groeshoelio troseddwyr o unrhyw fath'. Mae'r cyfanwaith yn teimlo'n anystwyth ac yn anorffenedig.

Blodyn Tatws: Pennod agoriadol nofel sydd yma, yn olrhain hanes Cadi ac Angharad, dwy ferch sy'n nesáu at eu deg ar hugain ac sydd wrthi'n boddi eu gofidiau mewn gwin. Er bod y gwaith i gyd yn fywiog ac yn ddigon darllenadwy, mae'n frith o gamgymeriadau ac mae'r rhyddiaith yn dioddef o ddylanwad cystrawen Seisnig, e.e. 'Dim ond chwe mis fuo nhw hefo'i gilydd, ond am chwe mis oedd hwnnw'. Mae'r awdur yn datgelu llawer gormod am gefndir y cymeriadau yn hytrach nag awgrymu'n gynnil, ac nid oes digon o gyffro yma o ran thema na phlot i fachu'r darllenydd a'i arwain ymlaen at y bennod nesaf.

Kathleen: Braslun nofel a gafwyd gan *Kathleen*, yn olrhain hanes plant a gafodd eu hanfon o Lerpwl i Gymru fel faciwîs rhwng 1939 a 1945. Er bod yma ryddiaith eglur ac ystwyth mewn sawl man, mae yma fynegiant gwallus mewn mannau eraill, e.e. 'Fel llinyn bogail mae gofal y fam o'i hun [*sic*] bach yn lastig anweledig', ac ambell frawddeg hirwyntog: 'Roedd y ddau frawd bach ar flaenau'u traed yn syllu i ffenest anferth siop y groser, eu dwylo rownd eu llygaid i gadw'r haul allan tra syllent ar y silffoedd diddorol o nwyddau i'w deisyfu'. Er bod 'na botensial yma, byddai hi wedi bod yn rheitiach i *Kathleen* ganolbwyntio'n llawnach ar y bennod gyntaf yn hytrach na chyflwyno pytiau tameidiog o bob pennod – gan ei bod hi'n anodd amgyffred llif y naratif.

Twm Cofi: Unwaith eto fe'm synnwyd gan ba mor chwithig ac anystwyth oedd y mynegiant, ac roedd y gwaith yn llawn camgymeriadau sylfaenol – 'anifir', 'difir', 'tŷ hwnt', 'parchys' – ac nid yw'r awdur yn ymddangos yn gyfforddus â'r iaith. Dryswch o syniadau sydd yma, sy'n mynd yn groes i'r plot syml, ac er bod potensial i'r syniad (sef naratif gweddol syml am ddau ffrind o'r enw Wil a Ned eisiau rhaff i fynd i fynydda), mae'r darn yn llafurus iawn i'w ddarllen, ac mae angen torri golygfeydd yn eu blas, yn hytrach na chynnwys rhyw draethu diflas am y ddau gymeriad a'r ardal o'u cwmpas, nad yw'n taro deuddeg o gwbl.

Arianrhod: Mae arddull *Arianrhod* yn glir ac yn syml, ac roedd hi'n braf canfod rhywbeth a oedd yn hawdd ei ddarllen. Ond nid yw *Arianrhod* heb ei beiau – mae'r gystrawen yn ddryslyd yma, hefyd – 'roedd yn athrawes gynradd yn ysgol y pentref yn ddigon i'w bodloni', neu ymadroddion Saesneg, 'rhoddai unrhywbeth am neidio yn ôl i'r gwely'. Stori ddigon syml yw 'Aros Funud' yn y bôn, am brysurdeb un wraig flinedig, ac er ei bod yn llusgo ar adegau, mae'n adeiladu'n grefftus at ddiweddglo pwerus, ac mae'r awdur yn gwybod sut i strwythuro naratif. Mae'r grefft honno'n parhau gyda'r stori 'Plisgyn Addewidion' sy'n stori dyner iawn am gariad yn blaguro dan gysgod profedigaeth, ac fe ddaw i'r amlwg fod hon yn gysylltiedig – mewn ffordd gynnil – â'r stori gyntaf. Mae ymwybyddiaeth *Arianrhod* o'i chymeriadau yn aeddfed iawn – ac mae dyfnder seicolegol i bob stori. Yn cloi'r casgliad y mae'r stori 'Darn o bridd', sy'n dilyn yr un cymeriad ar daith i astudio yn America, a cheir yma ysgrifennu cyfoethog, deallus ar brydiau. Mae yna wir addewid yng ngwaith y llenor hwn.

Olga: Tair ysgrif a gyflwynodd *Olga* a'r rheini'n rhai digon darllenadwy a difyr. Mae 'Ailgylchu Creadigol' yn ddarn am wisgo eilgroen newydd ar ffurf dilledyn, ac mae'r ail, 'Wrth Aros Nuri', yn ddarn difyr ac anarferol am aros teiffŵn yn Hong Kong, a'r wefr ryfedd a deimla rhywun wrth synio bod y diwedd ar ddod. Mae'r darn olaf, 'Olga', yn ddarn deallus a threiddgar am lun gan Picasso, ac yn codi cwestiynau difyr am natur harddwch a chelfyddyd (a fyddai'n sail i stori fer ddiddorol iawn). Ar y cyfan, gwaith graenus, ond nid yw'n cyffroi.

gola: Heb os, dyma awdur mwyaf deallus a chaboledig y gystadleuaeth. O'r frawddeg gyntaf un ('Mae 'na gyfaredd mewn llunio amser'), gellid clywed llais hyderus a ffres, ac mae'r gwaith yn llawn ymadroddion telynegol, cofiadwy. Mae'r nofel, 'Llewych', yn agor drwy ddarlunio cymeriad yn gwneud cloc, ac mae'n llawn disgrifiadau trawiadol o'r broses honno: 'Mor rhyfedd, meddyliodd, oedd adeiladu eiliadau rhwng dwy law'. Awgrymir mai darn cyfnod ydyw trwy gyfrwng llawer o gliwiau bach – y lamp olew, er enghraifft – ac mae cyfres o olygfeydd bychain yma sydd wedi eu llunio'n gynnil ac yn gywrain iawn gan yr awdur. Mae thema'r rhifau'n rhedeg trwy'r darn ac mae'r awdur yn ein synnu weithiau gyda sylwadau treiddgar a diddorol, wrth iddo nodi, 'Mae 'na gadernid mewn rhifau . . . Doedd rhifau ddim yn drist nac yn hapus, dim ond yn gywir neu'n anghywir'. Dyma awdur aeddfed, llengar, sydd ag ystod eang o wybodaeth – ac fe fyddwn yn hapus iawn i weld arddull rwydd, ystwyth y llenor hwn yn cael ei datblygu'n ehangach o fewn fframwaith nofel.

Pwll Dŵr: Tair stori fer, neu ysgrifau o fath, a gyflwynodd *Pwll Dŵr*. Mae yma botensial ond mae'r arddull yn glogyrnaidd ar brydiau ac yn gallu taro nodyn digon anystwyth gyda brawddegau megis: 'O astudio camau brysiog eraill, mae eu bywyd cymdeithasol nhw yn barod yn disgwyl amdanynt'. Mae'r casgliad yn amrywiol; yn gyntaf, cawn ymson cardotyn ddigon teimladwy, ac yna monolog ddigon cynnil a allai weithio'n dda fel darn o waith theatrig. Mae'r ail ddarn, 'Deio', dipyn yn fwy cyhyrog, ac yn dangos gwir ddawn yr awdur i greu ymadroddion cofiadwy, megis wrth ddisgrifio'r ci wedi 'gwneud cylch ohono fo'i hun wrth y popty' ond, ar y cyfan, y mae'r darllenydd yn teimlo bod y tri darn yn gorffen yn rhy ffwr-bwt, cyn i'r darllenydd gael cyfle i gyrraedd at wraidd y stori neu'r ymson.

Dyffryn: Cyflwynodd *Dyffryn* lawer mwy nag un bennod agoriadol – saith pennod i gyd, gan dorri rheolau'r gystadleuaeth. Er tegwch â'r cystadleuwyr eraill, mae'n rhaid i mi ganolbwyntio ar y bennod gyntaf yn unig. Hanes gwraig tŷ rwystredig sydd yma, wedi setlo i fyw bywyd cyfforddus ar y fferm gyda'i theulu. Yn y bennod gyntaf, mae hen gariad yn dychwelyd, gan wneud iddi ailfeddwl. Mae'r arddull yn glogyrnaidd ac yn llafurus i'w darllen, gyda brawddegau trwsgl megis: 'Cilwenodd eto wrth ymffrostio ei gorchfygaeth o chwant y gwehelyth gwlanog', ac nid yw'r gwaith yn hynod o wreiddiol nac yn cyffroi'r darllenydd i fod eisiau darllen ymlaen.

Ffiona: Mae rhywbeth apelgar ynghylch y llais hwn, rhywbeth sy'n ennyn chwilfrydedd. Mae'r darn 'Dianc' yn sôn am berson a chanddo gyflwr meddyliol – ond efallai nad yw'r darn yn cyrraedd ei lawn botensial ac mae'n gorffen mewn ffordd eithaf ystrydebol a diflas. Mae'r gwaith nesaf yn ddiddorol ac yn deimladwy mewn mannau, yn ymdrin ag atgofion hen wraig sydd ar fin marw yn ymweld â'i bywyd i gyd, ac mae iddi gyffyrddiadau o realaeth hud. Eto, mae'r gwaith yn llawn mân frychau ac yn frith o ymadroddion Saesneg: 'Fe gerddodd Geraint hi adref' ac 'Roedd Enid wedi disgyn ar ei thraed', ac mae'r diweddglo'n rhagweladwy. Yn y stori 'Cartref', daw'r thema o berthyn a theulu i'r amlwg – ond eto mae sylweddoliad y prif gymeriad yn digwydd ychydig yn rhy hawdd, ac mae 'na dinc reit ystrydebol ar y diwedd. Ar y cyfan, mae yma addewid, am fod 'na egni a gweledigaeth yn y sgwennu ar brydiau – ond mae angen chwynnu, ailstrwythuro, ac amgyffred gofynion naratif cyn y daw gwir addewid yr awdur hwn i'r golwg.

Brigyn Brau: Dyddiadur cymeriad o'r enw Morfudd Huws o'r flwyddyn 2050, yn dwyn y teitl anysbrydoledig, 'Roedd gen i freuddwyd'. Pe na bai'n rhaid i mi ddarllen y gwaith ar ei hyd er mwyn ei feirniadu, fe fyddai'r frawddeg gyntaf wedi bod yn ddigon i mi: 'Ai niwl fy llygaid a chymylau amser ynteu'r niwl a'r cymylau du oddi allan sy'n gorchuddio'r olygfa o ffenest fy ngharchar heddiw'. Ond wrth ddarllen ymlaen, gwelwn mai hen wraig sydd yma mewn cartref hen bobl, un sydd yn gwrthod cydymffurfio ac sy'n gwrthod cymryd y 'bilsen gysgu' yn ôl y gofyn, gan ddyheu am gael pigiad marwol er mwyn cael diflannu o'r byd. Mae hi'n adrodd ei hatgofion am gyfnod newidiol y 1990au, ac mae'r dyddiaduron yn ffordd o roi darlun diwylliannol i ni o'i bywyd ac i ddangos sut y mae pethau wedi newid yn ystod yr oes fodern. Mae 'na ddeallusrwydd yma, wrth i'r wraig fynegi pryder am yr oes ddigidol newydd a 'diwedd y llyfr', ond mae'r darn a gyflwynwyd hefyd yn llawer rhy hirfaith, ac felly'n torri rheolau'r gystadleuaeth. O ganlyniad, nid yw'n deg imi feirniadu'r gwaith ar ei hyd. Ond mae fy chwilfrydedd am Morfudd Huws yn dal i bigo'r ymennydd – ac fe allai hon fod yn chwip o nofel, a chanddi adleisiau o *The Secret Scripture* gan Sebastian Barry – pe bai'r awdur yn mynd ati o ddifrif i ganolbwyntio ar y gwaith.

Pen y Bryn: Ymson gan yr emynydd Ann Griffiths yw'r darn cyntaf, yn llawn sensitifrwydd. Mae'r cyfan yn llifo'n rhwydd ac yn llwyddo i ddal naws y cyfnod ac angerdd arbennig y cymeriad. Mae'r ail yn ddarn yn gwbl gyferbyniol – darn difyr, egnïol am ddynes yn mynd i loncian ar hyd 'llwybrau' ei phentref ac yn dwyn dirmyg y pentref i gyd. Mae'r naws yn ysgafn ac yn hwyliog ac mae'n ddigon darllenadwy – er efallai y byddai modd ystwytho'r arddull, a pheidio â bod mor amlwg wrth dynnu at derfyn yr ymson. Roedd y darn olaf, 'Buddugoliaeth', braidd yn llafurus i'w ddarllen; mae'n eithaf haniaethol ei syniadaeth a'i arddull ac er bod ambell linell gofiadwy, mae'r darn ar y cyfan yn dioddef o frawddegau trwsgl a di-fflach megis: 'Onid eironi oedd ail-gynhyrfu cenedl ag afiaeth [*sic*] gweledigaeth y Pabydd ddeugain mlynedd ynghynt . . .' Ar y cyfan, mae yma egni ac ymroddiad ac, yn sicr, roedd sawl rhan o'r casgliad yn safonol.

Ceiri: 'Gwerth'. Mae'r stori hon yn dechrau braidd yn ddryslyd – heb i'r awdur wneud yn gwbl glir pwy yw ffocws y naratif. Er mai dyn yn y 'Porche 911 Carrera Cabriolet du' sy'n ymddangos gyntaf, mae'r ffocws yn newid i'r pobydd ac yna'n dychwelyd at y dieithryn eto. Mae angen gwell gofal wrth gynllunio'r stori. Ond o'r fan honno ymlaen, mae'r stori'n dechrau cydio, gyda'r dieithryn yn gwylio Dic Tyddyn Uchaf o bellter, ac mae islais sinistr i'r holl beth. Mae'n amlwg fod gan yr awdur ddealltwriaeth gref o genre'r *thriller* ac mae'n gwybod sut i ennyn diddordeb darllenydd a hefyd sut i gynnwys manylion bychain am gymeriadau er mwyn eu gwneud yn fwy na *caricatures* arwynebol (atgof y prif gymeriad am ei ddyddiau capel gyda'i Nain a'i chwaer, er enghraifft). Er bod potensial i'r stori, dw i ddim yn argyhoeddedig fod yr arddull ei hun yn cynnig unrhyw beth sydd y tu hwnt i'r cyffredin.

Siomedig braidd oedd cynnwys y gystadleuaeth hon eleni, felly, a phrin oedd yr adegau pan deimlais wir gynnwrf fel darllenydd. Yr unig ymgais y dychwelwn ati dro ar ôl tro oedd gwaith *gola,* gan fod yma arddull gofiadwy a deallusrwydd wrth ymdrin â naratif. Yn fwy na hynny, mae yma ymgais i greu byd sy'n argyhoeddi, gyda chymeriadau amlochrog sy'n ennyn ein chwilfrydedd. Dw i'n tybio mai *gola* sydd agosaf ati o ran y deunyddiau crai sydd eu hangen ar awdur er mwyn elwa'n llawn o hyfforddiant llenor profiadol, a gwobrwyer *gola,* felly, yn llawen.

RHYDDIAITH

Y Fedal Ryddiaith. Cyfrol o ryddiaith greadigol heb fod dros 40,000 o eiriau: Gwead

---

BEIRNIADAETH MANON RHYS

Denodd y gystadleuaeth hon wyth ymgeisydd, ac mae'n dda cael canmol safon gyffredinol uchel eu hymdrechion sy'n llawn egni a dyfeisgarwch creadigol. O ran eu harddull a'u mynegiant, hefyd, mae'r safon, ar y cyfan, yn dderbyniol. O ran thema, cymhlethdod gwead teuluol oedd prif ddiddordeb y rhan fwyaf o'r awduron, ynghyd â'r modd y mae'r gorffennol yn taflu cysgod difäol dros y presennol.

Yn fy marn i, mae gwaith y pedwar ymgeisydd olaf a drafodir yn y nodiadau hyn yn rhagori ar y gweddill.

Wil Winc: 'Gwead'. Ceir yma linyn storïol gafaelgar am berthynas deuluol yn datgymalu yn sgîl twyll a chwerwder. Ac mae dyfodiad Gertrude, cymar newydd y tad, yn gwaethygu'r sefyllfa. Mae'r ysgrifennu'n gryf mewn mannau ac mae ambell ddelwedd yn aros yn y cof, megis 'Llinynnau o strydoedd . . . fel y gwythiennau glas ar goesau Mam pan oedd hi'n wael,' a '. . . tueddu at fod yn wargrwm . . . fel un o gymeriadau Kyffin'. Un o brif wendidau'r gwaith yw'r duedd i fod yn ystrydebol yn y dweud a'r cymeriadu, yn enwedig wrth bortreadu Gertrude, sy'n gymeriad bas, unochrog. Mae tuedd i frysio dros y stori ac mae'r diweddglo braidd yn stoc a thros-ben-llestri. Pe bai *Wil Winc* yn mynd ati i greu nofel lawnach, ei thorri'n benodau ac amrywio cyflymder byrlymus y dweud, byddai'r gwaith yn cryfhau'n sylweddol.

Andromeda: 'Gwead'. Traethawd gwyddonol yw'r gwaith hwn ac y mae'n grynodeb darllenadwy o hanes datblygiad – a dirywiad posib – ein byd. Hoffwn longyfarch *Andromeda* am ei [g]waith ymchwil ac am gyflwyno cynifer o ffeithiau diddorol, ynghyd â lluniau, diagramau a llyfryddiaeth. Mae'r pynciau'n eang – gan gynnwys achau'r ddaear, Y Llwybr Llaethog, yr hinsawdd, *homo sapiens erectus* ac effeithiau'r 'tŷ gwydr', a chyflëir y cyfan mewn arddull gyhyrog. Ond, o safbwynt y gystadleuaeth hon, prin yw'r elfennau creadigol. Efallai y gellid defnyddio'r gwaith fel sylfaen ar gyfer taflenni gwyddonol ar gyfer ysgolion. A byddai'n dda o beth i *Andromeda* ehangu'i [h]ymchwil ddiddorol ynglŷn â chysylltiad gwyddoniaeth â llenyddiaeth, a mynd ati i chwilota rhagor am wyddonwyr mawr Cymru.

Congl Wal: 'Malan'. Nofel hanesyddol fyrlymus yw hon sy'n gwibio rhwng Cymru a Thasmania ac yn ôl. Yng nghyd-destun hanes cyffrous – a chreulon – y bedwaredd ganrif ar bymtheg, cawn stori bersonol Malan, a'i goruchafiaeth dros galedi a thrais. Mae gan *Congl Wal* ddawn ddiamheuol i ddweud stori, ac mae'r stori honno wedi'i seilio ar ymchwil eang. Ond nid wyf yn gwbl hapus â'r arddull storïol a ddewiswyd – mae llais yr awdur yn ymyrraeth ormodol. Ceir hefyd elfennau ystrydebol – gan gynnwys y diweddglo hapus. At hynny, tueddir i ruthro at y diweddglo hwnnw. Pe bai *Congl Wal* yn ailedrych ar y manylion hyn, credaf y byddai'r nofel ar ei hennill.

Yr Ail Goncerto: 'Y Ddinas Dangnefeddus'. Abertawe yw cefndir y nofel hon, a chawn hanes dwy ferch yn ystod dau gyfnod. Mae Luned yn byw ac yn gweithio yn y ddinas adeg y bomio enbyd a fu arni yn ystod yr Ail Ryfel Byd; erbyn hyn mae ei hwyres, Anna, yn ddarlithydd ym maes ffilm a drama ym Mhrifysgol Abertawe. Llwyddir i blethu straeon y ddwy'n ddigon deheuig ynghyd â'r elfen o gyfarfyddiadau hap a byrhoedlog a geir yn y ffilm *Brief Encounter*. Rhy fyrhoedlog, yn fy marn i, yw cyfarfyddiad y darllenydd ag ambell gymeriad – Elen, Mererid ac Alison, er enghraifft. Ac mae'r cymeriad allweddol, Stanley, yn diflannu'n gyfan gwbl fel pe na bai erioed wedi bod. Ond prif faen tramgwydd y nofel fel y mae yw ei hiaith wallus a'i harddull glogyrnaidd. O chwynnu'r beiau hyn, gallai fod yn nofel ddifyr.

Cath Binc: 'Nunlle Rhwng Dau Le'. Mae tudalennau agoriadol y nofel hon yn gofiadwy. Mae Eifion ar fin cyflawni hunanladdiad drwy ei daflu ei hun oddi ar Bont y Borth, a cheir disgrifiadau dramatig o'r simsanu arswydus rhwng byw neu farw cyn i'r dieithryn 'Iesuaidd', Dewi, darfu ar ei fwriad. Drwy gyfrwng y berthynas ryfedd sy'n datblygu rhyngddynt, ynghyd ag atgofion Eifion am y problemau teuluol ac ariannol sydd wedi ei lethu, daw ei natur a'i gymhellion hunanol i'r amlwg. Ond Dewi, mewn gwirionedd, sy'n cael y gair olaf. Ceir cyffyrddiadau da iawn, yn enwedig wrth i Eifion gofio'i blentyndod a'r berthynas rhyngddo a'i frawd. Ar ei orau, mae'r ysgrifennu'n dreiddgar a deallus. Gwaetha'r modd, yn enwedig pan fydd Dewi'n traethu, mae peryg' iddo syrthio i dir pregeth. Un o'r mannau gwannaf i mi oedd monolog hir mam Dewi. Mae'r dafodiaith ddeheuol yn drwsgl, ond y brif broblem ynglŷn â hi yw'r modd y'i defnyddir i gyfleu gwybodaeth gefndirol ac i lenwi twll storïol. Hoffwn yn fawr pe bai *Cath Binc* yn mynd ati i weithio ar y nofel hon. Mae iddi botensial pendant.

Pererin: 'Llinyn Arian'. O'r dechrau'n deg, mae'r nofel hon yn tynnu'r darllenydd i mewn i sefyllfa enigmatig. Mae'r dirgelwch yn parhau gydol pererindod Gabriela i Wlad y Basg, a hithau'n dilyn ôl traed ei mam a gyflawnodd yr un bererindod flynyddoedd ynghynt. Yn ogystal â'i hysgrepan, mae Gabriela'n cario baich atgofion tywyll o'i gorffennol. Ond yn yr ysgrepan honno, mae hi'n cario rhywbeth sinistr iawn. Dyma stori gyffrous wedi'i dweud yn grefftus a cheir disgrifiadau ardderchog o ardal hudolus. Datgelu gwir gymhelliad Gabriela dros fynd ar y bererindod yw uchafbwynt y nofel, ynghyd â digwyddiad erchyll a ddisgrifir â chryn grefft. Ond teimlaf nad yw'r awdur wedi cynnig cymhelliad seicolegol digon cryf i egluro gweithredoedd seicopathig Gabriela, ac efallai y gellid cynnig gwell dull o'u datgelu na thrwy gyfrwng straeon papur newydd. Gobeithio y gwêl *Pererin* yn dda i ailedrych ar egin nofel ardderchog.

Bwncath: 'Y Graig'. Stori teulu estynedig fferm 'Y Graig' yw'r nofel hon, wedi ei dweud o safbwynt amryw o'r cymeriadau. Mae digwyddiadau dyrys y gorffennol yn bygwth datgymalu gwead cymhleth bywyd a fu'n bodoli ers cenedlaethau. Roedd hi'n anodd, weithiau, ceisio olrhain perthynas pobl â'i gilydd a dilyn yr edafedd storïol – cymhlethdod o fewn cymhlethdod, felly. Ond ceir ysgrifennu cyhyrog (ar wahân i rai brychau amlwg megis y defnydd cyson o 'a'u gilydd') a disgrifiadau cofiadwy o natur a thirwedd ac arferion ardal amaethyddol ynghyd â phortreadau cynnil o'r cymeriadau, gan gynnwys Taid, y patriarch; Aled a Llŷr, y ddau gefnder gwrthgyferbyniol eu natur; ac Alice, y mae ei pherthynas â'r ddau'n codi sawl crachen. Ac fel y bwncath sy'n hofran uwchben, mae marwolaeth Emyr yn taflu cysgod dros y cyfan. Mae nifer o olygfeydd yn aros yn y cof: trin y defaid, boddi'r cathod bach, Aled a'i fam yn yr ysbyty. Gyda rhywfaint o olygu, hoffwn yn fawr weld cyhoeddi'r nofel hon.

y mynydd segur: 'Y Trydydd Peth'. Yn y gwaith rhyfeddol hwn, cawn gyfarfod â'r henwr pedantig, egsentrig, George Owens. Dŵr – ei natur a'i bwysigrwydd – sy'n mynd â'i fryd, ac mae ei fyfyrdodau'n troi o gwmpas afon ei gynefin, Afon Dyfrdwy, y mae ganddo brofiad oes ohoni, stôr o wybodaeth amdani a pharch tuag ati. Sylweddolwn, hefyd, fod ganddo obsesiwn yn ei chylch: honna ei fod yn berchen arni; y mae'n penderfynu nofio'i hyd o Lyn Tegid i Gaer. Mae'r obsesiwn yn ennyn gwawd yr ardal ac yn peri effaith andwyol ar ei fywyd teuluol. (Ac mae Nan, ei wraig ddioddefus, ymhlith y cymeriadau tristaf y darllenais amdanynt erioed.) Gellid cymharu'r afon â'i fywyd troellog, hir. Ceir disgrifiadau cofiadwy ohoni ac o'r nofio llafurus ac arferion pysgota (gan gynnwys rhai golygfeydd gwaedlyd). Ceir hefyd ddarlun o fywyd a chymeriadau'r ardal ddoe a heddiw. Ond y prif nodweddion yw'r dweud cynnil, teimladwy – ysgytwol mewn mannau – a'r ddawn i bendilio o'r dwys i'r doniol ac yn ôl, ynghyd â'r ymsonau ynghylch gwreiddiau a pherthyn ac adnabyddiaeth. Atgofion go iawn? Alegori? Ffuglen ddychmygus? Cyfuniad o'r cyfan hyn, 'ddwedwn i, ynghyd ag ymchwil i'r 'trydydd peth' hwnnw sy'n sylfaen i fywyd. Yn nhyb George, efallai mai ymlyniad at ei wirionedd gwallgof ei hun yw'r 'peth' anhepgor hwnnw.

Oherwydd ei ddawn a'i ddyfeisgarwch syfrdanol mae *y mynydd segur* yn enillydd teilwng o Fedal Ryddiaith Eisteddfod Genedlaethol 2009.

BEIRNIADAETH TONY BIANCHI

Diolch i'r ymgeiswyr am eu gwaith caled a'u gweledigaeth. Roedd llawer i'w fwynhau ym mhob un o'r cynigion; roedd y goreuon o safon uchel a'r gorau o'r rheini'n wefreiddiol. Fe'u trafodaf yn y drefn y daethant ataf.

Cath Binc: 'Nunlle Rhwng Dau Le'. Perthynas fer ond tyngedfennol rhwng dau ddieithryn, Eifion a Dewi, a ddarlunnir yn y nofel hon. Bu Eifion dan gysgod ei frawd erioed. Er cael ei ddyrchafu'n bartner mewn busnes garej, ni all hwnnw fyth fod cystal â'r garej degan a gafodd ei frawd am fod yn 'hogyn da yng nghynhebrwng Nain'. Â'n fethdalwr, try'n gas at ei wraig a'i fab, a chyll yr awydd i fyw. Mae Dewi, ar y llaw arall, yn ymfalchïo yn ei allu i weld bywyd 'mewn persbectif'. Ond doethineb a dyfodd ar dir chwerw yw hwn ac er iddo achub bywyd Eifion, ni all achub ei fywyd ei hun. Ceir elfennau grymus yn y gwaith hwn. Mae'r bennod agoriadol, lle mae Eifion yn paratoi i neidio oddi ar Bont y Borth, yn wirioneddol afaelgar. Felly hefyd y golygfeydd teuluol. Ac mae'r iaith yn gyfoethog a dyfeisgar. Gwaetha'r modd, mae *Cath Binc* yn or-hoff o bregethu'i neges ac o athronyddu'n eiriog trwy gegau'i gymeriadau. O'i hail-ysgrifennu'n helaeth, gyda chymorth golygydd craff, gallai hon fod yn nofel gofiadwy.

Wil Winc: 'Gwead'. Nofel un-bennod yw hon, wedi'i hysgrifennu o safbwynt y prif gymeriad: mab Fferm Llain Gyndyn. Ar yr wyneb, y 'teulu clòs' yw 'gwead' y teitl ond, wrth i'r stori ddatblygu, daw'n amlwg nad peth cynhaliol mo'r gwead hwn ond cwlwm a fydd, yn y pen draw, yn tagu pob un. Pan ddaw cymar newydd y tad i fyw atynt, rhoddir tro terfynol, angheuol i'r cwlwm hwnnw. Mae'r awdur wedi cynllunio'i stori'n daclus ddigon a'i hadrodd yn eithaf cynnil. Gwaetha'r modd, y mae'r mynegiant yn aml yn drwsgl ac annaturiol a cheir gormod o ddelweddau stoc, ystrydebol. Ofnaf fod llawer o waith i'w wneud yn y cyswllt hwn cyn y gellir cyflwyno'r gwaith i sylw cyhoeddwr.

Bwncath: 'Y Graig'. Stori mewn pum llais sydd yma, yn troi o gwmpas teulu fferm y Graig a'i ddirgelion tywyll. Mae'r awdur yn rheoli pob naratif yn gelfydd iawn. Bob yn dipyn y caiff y berthynas ddyrys rhwng y cymeriadau ei datgelu a'i dadansoddi a cheir defnydd crafog o eironi dramatig er mwyn amlhau'r safbwyntiau. Yn bwysicaf oll, gŵyr *Bwncath* mai trwy graffu ar bethau caled, diriaethol yr eir â'r maen i'r wal. Yr 'Hen Ŵr' yn boddi'r cathod bach, gwthio'r tedi trwy'r mangl, corlannu defaid ar y mynydd: trwy gyfrwng manylion ymddangosiadol ddigyswllt o'r fath y mae'r awdur yn llwyddo i ail-greu gwead bywyd yn ei holl gymhlethdod. Dyma waith hyfryd o gynnil ac awgrymog ac yn sicr fe ddylid ei gyhoeddi.

Congl Wal: 'Malan'. Gyda marwolaeth ei nain, try Malan yn butain. A dyna ddechrau ar ei hanturiaethau. Yn null y nofel *picaresque*, caiff ei herlid a'i hachub bob yn ail a charlama'r plot yn ei flaen trwy gyfres o gyd-ddigwyddiadau ar sawl cyfandir. Yn y diwedd, mae ffawd yn gwenu arni ac fe ddychwel adref yn fenyw gyfoethog. Mae'r nofel hon yn ffrwyth dychymyg bywiog ac mae asbri anghyffredin yn y dweud. Ceir darlun cignoeth o drefn 'cyfiawnder' y cyfnod, gyda'i grogi mynych, ei chwipio, ei dreisio a'i 'hela aborijinis'. Gwaetha'r modd, nid yw'r ail hanner cystal â'r cyntaf a digon ffwr-bwt yw'r datgelu a'r crynhoi ar y diwedd. Ond cefais flas ar y gwaith hwn a chyda thipyn o dwtio ac ailysgrifennu, rwy'n siŵr y bydd yn ennill edmygwyr.

Andromeda: 'Gwead'. Ymgais yw'r llyfr ffeithiol hwn i grynhoi'r ffordd y mae'r ddynolryw wedi synied am ei hamgylchedd trwy'r oesoedd ac mae'r awdur wedi gweithio'n galed i dynnu'r deunydd ynghyd. Dengys teitlau ei bymtheg pennod gwmpas eang ei ymdriniaeth: 'Yn y bydysawd', 'Y ddaear – y blaned wahanol', 'Yr hinsawdd a'i hanes', ac yn y blaen. Y mae'r crynhoi ar brydiau yn orchestol ac y mae nifer fawr o ddyfyniadau a chyfeiriadau trawiadol. Gwaetha'r modd, uchelgais yr awdur yw ei faen tramgwydd hefyd. Oherwydd anferthedd y maes, y mae tuedd i bentyrru ffeithiau mewn modd sy'n anodd ei dreulio. Y mae'r mynegiant hefyd, ar brydiau, yn ddi-liw a pheiriannol. Er gwaethaf ymdrechion *Andromeda* i lefeinio'r testun â chyfeiriadau barddonol a chelfyddydol, tenau yw rhinweddau llenyddol y gwaith.

Pererin: 'Llinyn Arian'. Dyma lais gwreiddiol, hyderus a chyfoethog a hoeliodd fy sylw o'r dudalen gyntaf. Pererindod yng Ngwlad y Basg sy'n rhoi fframwaith i'r nofel: ymgais i fod 'yn rhan o blethiad mawr Duw'. Dilyn yn ôl traed ei mam y mae Gabriela, gan ymweld â lleoedd a phobl a fu'n bwysig iddi hithau 30 mlynedd ynghynt. Mae'r stori'n llawn dirgelion a throeon annisgwyl, gydag atgofion tywyll o'r gorffennol yn bwrw cysgod cynyddol dros y daith. Dim ond tua'r diwedd y daw'r darllenydd i sylweddoli nad pererin diniwed mo Gabriela wedi'r cyfan. Ni ddywedaf fwy am yr ergyd annisgwyl, heblaw gofyn hyn: a gyflwynwyd digon o dystiolaeth ymlaen llaw i wneud y diweddglo'n gredadwy? Ond dyna gwestiwn, yn sicr, y dylai'r darllenydd gael cyfle i'w ateb drosto'i hun.

Yr Ail Goncerto: 'Y Ddinas Dangnefeddus'. Lleolir y nofel hon yn Abertawe ac mae'n adrodd hanes Luned ac Anna: y naill yn gweithio mewn siop fferyllydd adeg y rhyfel diwethaf a'r llall, ei hwyres, yn ddarlithwraig ym maes ffilm a drama. Cyfeiriad at *Brief Encounter* sydd yn y ffugenw ac mae'r stori'n rhannu diddordeb y ffilm honno mewn cyfarfyddiadau hap. Mae Anna'n syrthio mewn cariad ag awdur yn Efrog Newydd ac yn dyheu am ei darganfod ei hun yn un o'i nofelau. Cawn hanes carwriaeth Luned hefyd, yng nghanol dinistr y bomio. Mae yma rinweddau pendant. Symudir yn ddeheuig rhwng y ddau gyfnod; ceir plotio gofalus a deallus; mae'r cymeriadau'n grwn a chredadwy; ac mae'r uchafbwynt, lle daw'r wyres a'i mam-gu wyneb yn wyneb am y tro cyntaf, yn argyhoeddi. Gwelir hefyd, ar brydiau, ysgrifennu grymus. Ond gwendid pennaf y nofel – ac mae'n wendid mawr – yw ei harddull drwsgl, or-ansoddeiriol. Mae yma stori greiddiol dda ond mae angen ei diwygio'n helaeth er mwyn gwireddu'i photensial.

y mynydd segur: 'Y Trydydd Peth'. Mae George Owens yn 90 ac yn myfyrio ar natur dŵr: ar yr H a'r O, ond hefyd ar y 'trydydd peth' annirnad hwnnw sy'n gwneud dŵr yn ddŵr. A dyma olrhain hanes perthynas George ag enghraifft benodol o'r elfen honno, sef afon fawr ei gynefin. Oherwydd, wyddoch chi, 'fi piau afon Ddyfrdwy', a hynny yn ôl neb llai na Hywel Dda. Ac i brofi a datgan ei berchnogaeth ar yr afon mae George yn ymroi, un diwrnod, i nofio'i hyd, bob cam o Lyn Tegid i Gaer. Gyda phob strôc, mae meddwl y nofiwr yn llenwi â drychiolaethau o'r gorffennol: bwydlen ryfeddol y Frenhines Victoria, marw'i dad a'i fam, y 'gadair swsian' a gafodd o Dŷ Crogen, ei lythyru dirgel â hen *evacuee*, salwch meddwl a nychu hir ei wraig, ac yn y blaen, nes bod gennym ddarlun o fywyd cyfan – ei gynnwrf, ei drallod a'i chwalu araf. Try'r nofio'n fath o deyrnged i hyn oll, yn fodd o afael yn y 'trydydd peth' sy'n rhoi ystyr i fywyd. Dyma gampwaith o ysgrifennu dychmygus, sy'n rhannu syndod ac arswyd George at ryfeddodau bywyd. Dyna George fel broga, er enghraifft, a'i lygaid ar yr un lefel â'r dŵr, yn craffu ar y diferion glaw: 'a'r peth ydi, maen nhw'n bownsio, fel peli, nid yn mynd yn slwsh i'r dŵr. Wedyn maen nhw'n byrstio, reit o flaen eich llygaid, nes eich bod chi'n teimlo, wir, mai'ch llygaid chi fydd nesaf i fynd'. Y mae ar waith yn y nofel hon ryw resymeg wallgof ond anorfod sy'n fy atgoffa o *Life of Pi* Yann Martel a *Pedro Páramo* Juan Rulfo a'u gweledigaethau hwythau o fyd natur a natur perthyn. Bydd angen twtio yma ac acw ond does dim amheuaeth yn fy meddwl i nad hwn yw gwaith gorau'r gystadleuaeth a'i fod yn llwyr haeddu Medal Ryddiaith Eisteddfod Genedlaethol 2009.

BEIRNIADAETH ELWYN ASHFORD JONES

Daeth wyth cyfrol i law eleni sy'n llai na'r arfer. Hwyrach fod rhai ymgeiswyr wedi ofni y byddai thema fel 'Gwead' yn eu cyfyngu. Eto, mae'n thema eang iawn oherwydd dyma strwythur sy'n clymu teulu a chymuned wrth ei gilydd ac sy'n elfen mor hanfodol o fewn byd natur a ffurfiant y bydysawd. Ar y cyfan, roedd safon y gwaith yn uchel a doedd dim un cyfansoddiad gwael. Cefais fwynhad mawr o ddarllen y cyfrolau a theimlwn fod pob un yn greadigaeth unigryw a diddorol. Dyma air am bob ymgeisydd ond nid o reidrwydd yn nhrefn teilyngdod.

Wil Winc: 'Gwead'. Stori afaelgar iawn am rwyg o fewn teulu yng nghefn gwlad Cymru – rhwyg a achoswyd gan dwyll y ddiweddar fam, atgasedd a chwerwder y tad, euogrwydd y ferch a cholled a hiraeth y mab am ei fam a'i gariad. Ac, wrth gwrs, mae dyfodiad Gertrude, cariad newydd y tad, yn cymhlethu'r cyfan. Hwyrach ei bod yn thema gyfarwydd ond mae *Wil Winc* wedi ymdrin yn gelfydd iawn â'r sefyllfa gymhleth. Llwyddodd i greu cymeriadau sydd yn gredadwy ac yn ddiddorol. Nid wyf yn rhy hapus â diweddglo'r stori. Er cymaint o hen g'nawes oedd Gertrude, ni allaf lwyr werthfawrogi penderfyniad y mab i'w llofruddio. Hefyd buasai'n haws darllen y stori pe bai wedi ei rhannu'n benodau neu'n adrannau.

Congl Wal: 'Malan'. Nofel ddiddorol, gyda chefndir hanesyddol iddi, am Malan, merch ifanc sy'n perthyn i wehilion cymdeithas dlawd tua dechrau'r bedwaredd ganrif ar bymtheg. Wedi i'w hen nain, a'i magodd, farw, caiff Malan ei thwyllo'n greulon a'i charcharu'n annheg cyn ei halltudio i Hobart yn Nhasmania. Mae'r disgrifiadau o rai o'r golygfeydd yn y carchar ac ar long y carcharorion yn frawychus o gignoeth. Teimlaf fod ambell olygfa yn y nofel braidd yn felodramatig ac nid yw'r arddull, er mor llenyddol, yn gweddu i'r math yma o nofel. Byddai ffurf naratif wedi bod yn amgenach. Er bod *Congl Wal* wedi llwyddo i ddatblygu'r plot yn bur gelfydd, eto tuedda i ruthro drwy'r stori tua'r diwedd gan ddatgelu gormod yn rhy gyflym yn enwedig ym Mhennod 20.

Andromeda: 'Gwead'. Mae'r thema 'Gwead' yn ei hamlygu ei hun yn gyson yn y gyfrol hon. Mae'r dyfyniad o *Reading the Rocks*, gan Marcia Bjornerud, ar y dechrau yn dweud y cyfan: 'Gwead yw'r Ddaear o systemau dirifedi a chysylltiol . . .' Felly hanes datblygiad ein planed a gawn o'i tharddiad yn y Ffrwydrad Mawr hyd at ei chyflwr pur druenus heddiw a'r gwead a'i clymodd bellach yn datgymalu. Mae'r cyfan wedi ei sgrifennu mewn iaith raenus a'r gyfrol wedi ei britho drwyddi â lluniau a diagramau lliwgar a chlir. Yn sicr, mae yma ôl ymchwilio trylwyr a dadansoddi celfydd. Ond yn sgîl gofynion y gystadleuaeth eleni am gyfrol o ryddiaith greadigol, rhaid gofyn pa mor greadigol yw'r gyfrol hon ac a yw cofnodi a dadansoddi ffeithiau moel yn broses greadigol?

Cath Binc: 'Nunlle Rhwng Dau Le'. Nofel yw hon am Eifion, cymeriad cymhleth a hunanol, a'i fywyd yn deilchion wedi i'w fusnes fethu a'i berthynas â'i deulu chwalu. Pan mae ar fin ei daflu ei hun oddi ar Bont y Borth – y nunlle rhwng dau le – caiff ei achub gan Dewi, hogyn ifanc sy'n llawn o syniadau anarferol am fywyd. Mae'r nofel, sy'n hynod o ddarllenadwy, wedi ei saernïo'n gelfydd ac o gam i gam daw Eifion i'w adnabod ei hun a'i deulu'n well. Ofnaf mai Dewi yw'r broblem. Ni chredaf fod angen iddo athronyddu cymaint gan ei fod, ar y cyfan, yn amherthnasol ac yn tarfu ar rediad nofel dda. Trueni am hyn oherwydd mwynheais y nofel hon yn fawr.

Yr Ail Goncerto: 'Y Ddinas Dangnefeddus'. Dinas Abertawe yw lleoliad y nofel hon a hynny mewn dau gyfnod sef yn ystod yr Ail Ryfel Byd a heddiw. Cawn ddilyn hanes trafferthion carwriaethol dwy ferch ifanc, sef Luned ac Anna, a hynny mewn dau gyfnod digon bregus ac ansicr. Y ddolen gyswllt rhwng y ddau gyfnod a'r ddwy ferch, heblaw'r cyswllt teuluol, yw'r ffilm 'Brief Encounter' sy'n ffilm am gariad gwaharddedig ac am drais sy'n rhwygo'r galon. Mae'r disgrifiadau o'r cyrch bomio, y caru nwyfus a bywyd y brifysgol yn fyw iawn a llwyddwyd i greu cymeriadau diddorol ac unigryw. Credaf fod *Ail Goncerto* wedi dilyn amryw o awgrymiadau beirniaid y Fedal Ryddiaith y llynedd, ond mae angen tynhau yma a thraw eto a hepgor ambell ddarn nad yw'n gwbl berthnasol.

Pererin: 'Llinyn Arian'. Dyma stori afaelgar iawn am Gabriela, merch ifanc o Brasil, a aeth ar bererindod i Sant Iago yng Ngogledd Sbaen. Mae'n dilyn ôl traed ei mam grefyddol a aeth ar yr un bererindod flynyddoedd ynghynt. Ond ar hyd y daith fe ddigwydd nifer o farwolaethau amheus a gwyddom fod Gabriela, rywffordd neu'i gilydd, yn gysylltiedig â phob un. Trwy nifer o ôl-fflachiadau, datgelir yn gynnil iawn y fagwraeth anffodus a gafodd Gabriela yng nghwmni ei mam. Ni allaf dderbyn bod pob un o'r llofruddiaethau'n berthnasol i thema'r stori oni bai i'r grym dieflig a feddai Gabriela fynd yn drech na hi. Ond braf yw cael darllen nofel mor bwerus, a hynny mewn lleoliad tramor ac a roddodd i ni gipolwg ar fywyd a phrofiadau crefyddol sydd yn ddieithr i amryw ohonom.

Bwncath: 'Y Graig'. Hanes teulu amaethyddol a phortread gonest o fro sy'n newid a geir yma a hynny'n fedrus iawn trwy lygaid gwahanol aelodau o'r teulu ac ambell gymeriad arall. Maent yn amlwg wedi bod yn celu cyfrinach deuluol dywyll ers amser ond datguddir y gwirionedd yn raddol. Y datguddiad, hwyrach, oedd y siom fwyaf a minnau'n disgwyl rhywbeth mwy dramatig. Eto, nid ar sail stori a phlot y mae'r nofel hon yn rhagori ond yn hytrach ar sail y gymeriadaeth graff, y sgrifennu coeth a'r ddawn i greu deialog sydd yn llifo mor naturiol. Brwydr deuluol a chymunedol a geir yma i geisio arbed y gwead rhag datod yn llwyr. Cefais foddhad mawr wrth ddarllen y gyfrol hon.

y mynydd segur: 'Y Trydydd Peth'. Prif gymeriad y nofel hon yw George Owens a dreuliodd ei fywyd yn addoli'r hen dduwies honno – yr afon Ddyfrdwy. Bellach, ac yntau yn ei naw degau, mae'n bwrw golwg herciog a dryslyd dros ei fywyd digon gwallgof. 'Maen nhw'n dod yma i chwilio am brawf 'mod i'n colli crap ar realaeth . . .', meddai ar y dechrau, a thrwy'r nofel ni wyddom i sicrwydd ai byw yn y byd real y mae o ynteu yn ei fyd ffantasi ei hun. Mae'r nofel drwyddi draw yn dalp o wreiddioldeb llwyr a'r naratif yn byrlymu'n afreolus fel llif afon sy'n mynnu dilyn ei rediad ei hun. Efallai, y tu ôl i'r holl rethreg, gwelir hen ŵr ecsentrig a ffwndrus yn chwilio yn nyfroedd ei afon am y 'trydydd peth' hwnnw sy'n mynd i gwblhau gwead ei fodolaeth.

I mi, mae 'Y Graig' a 'Y Trydydd Peth' ychydig ar y blaen i'r lleill. Heb os, cefais fy swyno gan 'Y Graig' a'm boddhau gan ei chynllunio crefftus a'i harddull goeth ond 'Y Trydydd Peth' a'm gwefreiddiodd o'r dechrau i'r diwedd. Cytunaf a'm cyd-feirniaid mai 'Y Trydydd Peth' gan *y mynydd segur* sy'n haeddu'r Fedal Ryddiaith eleni, a llongyfarchiadau calonnog iddo.

Dwy stori fer yn ymwneud ag unrhyw ddigwyddiad o safbwynt dau berson

---

BEIRNIADAETH KAREN OWEN

Wel, dyma destun diddorol a osodwyd i'r storïwyr eleni. O fewn 6,000 o eiriau, roedd angen adrodd ar yr un digwyddiad o ddau safbwynt gwahanol. Peth anwrthrychol felly ydi hanes, onide?

Anfonodd 16 o storïwyr eu gwaith i'r gystadleuaeth, ac mae'n rhaid canmol y safon yn gyffredinol, o ran y straeon a adroddir ac o ran glendid a chywirdeb y sgriptiau. Ond mae'r un ar bymtheg yn ymrannu'n ddau ddosbarth naturiol.

Yn yr ail ddosbarth eleni (a heb fod mewn unrhyw drefn benodol), mae *Esyllt, Deilen yn crynu ar frigyn, Gwyliwr, Capricorn, Wil Wal Waliog, Neifion, Naaman, Inigo* ac *Eryl*. Mi fwynheais ddarllen pob un o'r storïau hyn, ond doedd yn yr un ohonyn nhw'r fflach ychwanegol y disgwyliwn ei chael mewn cystadleuaeth genedlaethol. Weithiau, roedd y diffyg yn y brawddegau agoriadol, dro arall yn y clo. Roeddwn i, hefyd, yn gam neu'n gymwys, wedi disgwyl mwy o dyndra a gwrthdaro rhwng y ddau berson a fyddai'n adrodd eu storïau gwahanol.

Gan fod beirniadaeth bersonol ar gyfer pob ymgeisydd, symudaf ymlaen at y rhai a gododd i'r dosbarth cyntaf, sef *Y Gwyddel, Tan-y-Bryn, Cae Helyg, Lleiniog, Gruff, Cae Bach* a *Iolo*.

Gwrandewch ar y brawddegau agoriadol trawiadol hyn: 'Dyw'r haul byth yn machlud dros y môr yma' (*Y Gwyddel*); 'Roedd hi'n llwyd y diwrnod hwnnw, rwy'n cofio hynny' (*Tan-y-Bryn*); 'Roedd mynwent Hen Fethel fel gardd o groesau ar deras o'r mynydd' (*Cae Helyg*); 'Clwc-clwciodd tair ar ddeg ar hugain o ieir o gwmpas traed sodlog, aur Myfanwy Roberts yn awchus' (*Lleiniog*); 'Fedra' i ddim diodda' priodasau' (*Cae Bach*); 'Fues i erioed mor falch o weld rhywbeth' (*Iolo*). Mae pob un yn codi cwestiwn yn y meddwl. Pam nad yw'r haul byth yn machlud? Pam na fedri di ddioddef priodasau? Pam mae hi'n llwyd? Be' ar y ddaear yr oedd Myfanwy Roberts yn ei wneud yng nghanol ieir mewn pâr o esgidiau aur? Mi gawn ni'r atebion i bob un o'r cwestiynau. Ond ym mhob un o'r straeon yma, hefyd, mi gawn ni fwy nag atebion ac adrodd stori strêt. Mi gawn ni'n cario gan ddawn dweud o dudalen i dudalen, ac mi ddown ni i nabod cymeriadau yng nghanol eu hamgylchiadau.

A be' ddysgwn ni ar y diwedd? Nad ydi dau berson, agosed ag yr ydyn nhw, byth yn gweld yr un olygfa o ben yr un mynydd ar yr un pryd. Unigolion ydyn ni i gyd, ac mi ddown ni at sefyllfaoedd yn cario sach o brofiadau sy'n lliwio ein hymateb ni iddyn nhw.

Mewn cystadleuaeth ddiddorol iawn, *Cae Bach* sy'n cael y wobr.

Y Ddwy Stori Fer

STORI OSIAN

Fedra i ddim diodda' priodasau. A bod yn hollol onest, mae'n llawer iawn gwell gen i angladdau, nid yn unig am fod y bwyd fel arfer yn fwy blasus ac yn debycach i fwyd mam, ond mae taro sgwrs dipyn yn haws efo pobol sy'n galaru. Mae pobol sydd wedi colli yn gallu dweud pethau diddorol. Canmol nhw eu hunain neu berthnasau y mae pobol mewn priodas a hynny am nad ydynt yn adnabod llawer sydd yno, ac maen nhw wedyn yn ceisio gwneud argraff ar bawb o'u cwmpas. Nid pobol felly welwch chi mewn angladdau. Ac yn angladd Ifan Prydderch y cyfarfûm i â Beti a hynny uwchben pentwr o frechdanau ham ar blatiau hen ffasiwn glas a gwyn, a the braidd yn llugoer.

Roedd golwg wedi blino arni a doedd y gwynt minllym oedd yn plygu'r ddwy goeden yng ngwaelod y fynwent wedi gwneud fawr o les i'w gwallt. Brith oedd hwnnw fel siwgr gwyn wedi colli ar liain brown, ac roedd ganddi faneg ar un llaw oedd yn dechrau cochi dan oerfel. Sylwodd arna i'n syllu ar hynny.

'Wedi gadael y faneg arall yn y car,' meddai cyn i mi gael cyfle i ofyn ei henw na 'chwaith i ddweud pwy oeddwn innau. Ar ôl cyflwyno'n gilydd braidd yn ffurfiol wrth y bwrdd bach i ddau, gan nad oeddem yn adnabod neb yn iawn, dyma gwestiwn neu ddau yn dod.

'Oeddech chi'n adnabod Ifan Prydderch felly?'

''I nabod o flynyddoedd yn ôl ond wedi colli cyswllt erbyn hyn. Digwydd gweld yn y papur wnes i.'

Hanner y gwir oedd hynny ar fy rhan hefyd gan mai hollol fwriadol fu'r colli cyswllt hwnnw ar ran y ddau ohonom. Ond mae hanner y gwir weithiau'n well nag agor y llyfr cyfan.

Perthyn o bell roedd hithau, yn rhy bell i deimlo llawer o golled, mae'n amlwg, na 'chwaith i golli llawer o ddagrau, ond ei mam oedd wedi meddwl y byd o Ifan flynyddoedd yn ôl.

Hen festri capel oer oedd hi, patrymau tamp ar y muriau ac aroglau ddoe ar bopeth bron – ond ar y bwyd. Roedd hwnnw'n wahanol i'r te – yn groeso i gyd a'r brechdanau'n denau fel blanced wyrcws. Llymeitian y te'n araf wnaethom ni a chwarae gwyddbwyll gyda'n geiriau gofalus wrth symud o gwestiwn i ateb ac o ateb i gwestiwn arall. Peth felly ydi adnabod i ddechrau. Roedd mwy o wres yn y sgwrs nag oedd yn yr ystafell ymhen ychydig a phobl yn dechrau gadael yng nghysgod esgusion brau ac ysgwyd dwylo llipa cyn mentro allan i'r oerfel. Gwelais ambell un yn edrych yn amheus arnom, gŵr dros ei ganol oed o dipyn a merch ifanc yn rhannu bwrdd ac yn adnabod neb. Doedd neb yn cynnig paned arall 'chwaith, ond trueni fyddai torri ein sgwrs a ninnau'n dechrau mwynhau.

'Ble mae'r car gynnoch chi?'

Llithrodd syndod ar draws ei hedrychiad fel cwmwl sydyn ar draws yr haul ganol haf, ond roedd mymryn o chwilfrydedd yno hefyd. Car modern oedd ganddi yn sglein i gyd ac yn lanwaith drwyddo draw. Caffi modern oedd o hefyd, byrddau bach crwn metel a chadeiriau tebyg, a'r muriau'n rhemp o luniau lliwgar blith draphlith heb fawr o ystyr i'r cyfanwaith. Dim ond ar ei gruddiau hi roedd mymryn o liw.

'A dyna I.P. wedi mynd yn R.I.P.' Mentrais dalp bychan o hiwmor gan obeithio y byddai hynny'n esgus i'n sgwrsio cynharach barhau. Ac fe wnaeth.

'Sut daethoch chi i nabod I.P?'

Doedd gen i fawr o ddewis erbyn hyn ond dweud y cyfan wrthi, neu o leiaf fwy na hanner y cyfan. Wrth i'r coffi gyrraedd gyda'r bisgedi tenau, plygodd hithau ymlaen yn eiddgar a rhoi'r ddwy faneg yn ei phoced. Fel pe bai'n falch o gynhesrwydd yr ystafell.

'Oes gynnoch chi amser?'

'Mwy na digon neu fuaswn i ddim yn gofyn.'

Ateb pendant a'i dwylo'n plethu o gwmpas y cwpan fel eiddew o gylch coeden a doedd gen i fawr o ddewis wedyn ond aildroedio'r gorffennol yn ofalus.

'Ail flwyddyn yn y coleg i I.P. a minnau a'r ddau ohonom yn rhannu'r un fflat ar gyrion y ddinas. Hen honglad o dŷ mawr trillawr oedd wedi gweld dyddiau gwell, paent yn plicio yma ac acw a'r perchennog yn malio fawr ddim ond am y rhent ar ddiwedd anodd pob mis. Anodd i ni'n dau, beth bynnag. Canfod bod gennym ein dau yr un diddordebau bron, can neu fwy o Murphy's oer a cherddoriaeth jazz traddodiadol, ac enwau fel Jelly Roll Morton a Jack Teagarden yn arwyr o ddyddiau ysgol, a chaneuon fel 'Royal

Garden Blues' a 'Tiger Rag' mor gyfarwydd â phader. Gadael modfedd o'r ffenestr yn agored ar ambell nos Wener gynnes a'r nodau'n hofran allan i'r stryd ac i'r hances boced o barc cyfagos. Yn y parc bach hwnnw y cyfarfûm i â Judith am y tro cyntaf.

Gwyddeles oedd hi, acenion Wexford yn llenwi pob gair a'i gwallt tywyll yn eilio gwynder ei dannedd. Nid prydferth oedd y gair oedd yn gweddu 'chwaith, peth arwynebol yw hwnnw, ac roedd llawer iawn mwy iddi na hynny. Roedd ganddi'r ddawn i greu gwefr. Roedd y wefr honno wedi parhau am flwyddyn a mwy.

Nos Wener oedd hi a minnau wedi treulio oriau llwyd yn y llyfrgell, llygaid yn dechrau gweld geiriau'n ymdoddi i'w gilydd a blinder yn cydio. Cau'r cyfrolau'n ddistaw rhag tarfu ar y tawelwch llethol a cherdded i lawr yr allt i gyfeiriad y fflat a nodau lleddf trwmped yn hidlo trwy haenen agored y ffenestr fawr. Cerdded i fyny'r grisiau'n araf flinedig a blas y Murphy's yn galw'n gryf.

Cyfaill yn troi'n fradwr a chariad yn diffodd ar amrantiad ffrwydrol. Dyna lle'r oedd Judith ac yntau ym mreichiau'i gilydd, ei gwallt yn gawod flêr a llawer gormod o'i chorff yn amlwg, a phedwar can o Murphy's yn wag ar y bwrdd bach. Cododd Judith yn gyflym i'm cyfarfod, ei hesgusion yn sgrech cyn i mi hyrddio'r caniau ati a'r gweddillion brown fel dagrau budr ar ei dillad. Codi wnaeth I.P., ei figyrnau'n wyn a mellt yn ei lygaid, cyn i mi ei daro yn ei geg a'i wthio'n ôl ar ei eistedd. Dechreuodd y gwaed redeg yn araf o'i wefusau a diflannodd y mellt o'i lygaid wrth i'r dagrau gronni ac ymuno'n llif oren ar ei wddf. Cydiais yn ei goler a phoeri i ganol ei wyneb wrth i Judith adael a rhoi clep galed ar y drws.

'Jiwdas,' meddwn ar dop fy llais a rhwbio'r gymysgfa waedlyd ar draws ei ruddiau. Syllodd yn hir arnaf trwy'r dagrau a phlygu ei ben heb ddweud yr un gair cyn cerdded yn araf at y drws, ei gau'n dawel, a chlywais ei draed yn taro gris ar ôl gris cyn i'r tawelwch a'r dicter gau amdanaf. Dodrefn yn perthyn i ddoe rhywun arall oedd yn yr ystafell, dodrefn oedd wedi colli sglein a cholli parch, ac felly'n union y teimlwn innau. Perthyn i ddoe y byddai Judith bellach hefyd ac roedd peth o'r sglein wedi gadael fy mywyd innau. Penderfynu gadael wnes i am na allwn i rannu ystafell gydag I.P. bellach. Dechrau hel llyfr neu ddau at ei gilydd a mân bethau bywyd stiwdant yn fwy o faint nag a feddyliais wrth i mi weld pentwr yn troi'n ddau a mwy, a dyna pryd y clywais i sŵn y traed ar y grisiau.

Rhywsut roedd I.P. wedi llwyddo i olchi'r gwaed oddi ar ei ruddiau er bod rhimyn oren ar goler ei grys a'r düwch yn datblygu'n araf dan ei lygaid, ac roedd peth o'r euogrwydd yn dal yno hefyd. Edrych o'i gwmpas wnaeth o i ddechrau, gweld fy mhethau'n bentyrrau yma ac acw ar y llawr a sylweddoli fy mwriad i adael.

'Yli, does dim rhaid i ti fynd. Fi oedd ar fai, neb arall,' meddai a dechrau rhoi dau o fy llyfrau'n ôl ar y silff wantan a gwthio un o'r cadeiriau'n ôl i'w lle priodol yn y gornel bellaf.

'Be'? Wyt ti'n meddwl y medra i aros yma hefo ti ar ôl hyn?'

'I ble'r di?'

Roedd y gofyn braidd yn hyderus o gofio'i gyflwr a'r ffordd yr oedd wedi ymddwyn gyda Judith a bu bron i mi ei daro am yr eildro. Efallai mai dyna y dylwn i fod wedi'i wneud, ond mae geiriau ambell dro yn galetach na dwrn.

'Paid â dechra' llyfu 'nhin i, na meiddio gofyn am faddeuant. Chdi na hi. Ond coelia fi, fe fydd 'na ddial.'

Fe welais yr ofn ar ei wyneb fel cysgod a'i figyrnau'n wyn, wyn yn erbyn ei ddillad tywyll wrth iddo ddweud mai ef a ddylai adael, a rhoddais fin ar fy ngeiriau.

'O na, fe gei di aros yma'r bradwr. Efallai y daw hi yma atat ti, nos ar ôl nos.' Roedd pentwr o'i recordiau jazz yn y bocs dan y ffenestr, rhai'n brin ac yn werth ceiniog neu ddwy i unrhyw un a wyddai werth casgliad o'r fath. Codais y bocs a'i dywallt ar y llawr cyn ei sathru'n ddarnau dan draed, a 'wnaeth I.P. 'run ymdrech i'm gwahardd 'chwaith, dim ond eistedd a rhythu cyn i'r dagrau ddechrau crynhoi. Dim ond unwaith y gwelais i o wedyn yn cerdded yn wargam i gyfeiriad y stesion, ond fe glywais iddo adael y coleg cyn gorffen ei gwrs.

Roedd Beti wedi gwrando'n dawel heb unwaith dorri ar draws fy stori ac fe basiodd sawl munud cyn iddi ymateb o gwbl.

'Rhan o'r dial oedd dŵad yma? Ynteu ran o'r maddeuant, efallai.'

Wyddwn i ddim sut i ateb ei chwestiwn treiddgar wrth iddi syllu i ganol fy llygaid.

'Roedd y dial wedi digwydd, on'd oedd, am 'i fod o'n meddwl y byd o'i gasgliad o recordiau ac wedi gwario arian prin i'w cael medda' fo. Dw i ddim yn falch o hynny erbyn hyn 'chwaith, ond mi roeddwn i ar y pryd. Yn ddiawledig o falch, a bod yn onest, a doedd 'i ddagra' fo'n golygu dim i mi.'

'A beth am y maddeuant?'

Efallai iddi weld peth o'r dicter yn fy llygaid. Wedi'r cyfan, pa hawl oedd ganddi i holi am fy ddoe i a ninnau ond wedi prin ddod i adnabod ein gilydd.

'Sori, does gen i mo'r hawl i ofyn y ffasiwn beth,' meddai hi wedyn, ond yn amlwg yn ysu am ateb yr un pryd. Roeddwn yn dechrau mwynhau ei chwmni ac fe fyddai ateb yn golygu cael mwy.

'Haws maddau iddo fo nag iddi hi, a dw i ddim yn siŵr beth ydi maddeuant, beth bynnag, erbyn hyn.'

'Anghofio?'

'Mae o'n llawer mwy na hynny, 'tydi. Gymerwch chi baned arall?' Wnaeth hi ddim gwrthod y cynnig, dim ond derbyn yn eiddgar ac aros i mi ddweud mwy.

'Ylwch, wn i ddim faint wyddoch chi am I.P. a dydi o ddim yn bwysig i chi, ma' siŵr, bellach ond roedd arno fo ddyled i mi.'

'Am beth?' A hynny cyn i mi orffen fy ngeiriau bron.

'Fi dalodd y rhent drosto fo sawl tro i chi gael gwybod. Fi oedd yn glanhau, fi oedd yn trefnu, fi oedd yn siopa, yn gwneud y petha' bach angenrheidiol i gadw trefn ar betha' a phrin y gwnaeth o 'rioed ddiolch, dim ond derbyn y cyfan. Do, mi dalodd yr arian rhent yn ôl ond mi gymerodd lawer mwy wrth ddwyn Judith. Mi gymerodd lawenydd oddi arna i.'

'Peth dros dro ydi llawenydd i bawb, a gofid hefyd.'

'Pam rydach chi'n cadw arno fo?'

'Sut medra i gadw arno fo a finnau 'rioed wedi'i weld o?'

Ond dyna oedd hi'n 'i wneud a be' wyddwn i nad oedd ei geiriau'n gelwyddau i gyd. Neu'n gelwyddau rhywun arall. Mentrais ymhellach wrth ei gweld yn amddiffynnol braidd a'i hyder yn lleihau.

'Pam dod i angladd rhywun felly?'

'Peth anodd ydi gwrthod mam, yn enwedig yn ei chyflwr hi.'

Doedd gen i ddim ateb wedyn, ac fe wnaeth hithau'n eitha' amlwg nad oedd hi am ddweud mwy. Cododd oddi wrth y bwrdd yn sydyn a chychwyn cerdded i gyfeiriad y drws ac aros yno nes i mi dalu. Roedd haul diwedd prynhawn yn taflu cysgodion hir ar y ffordd a'i bileri gwyn yn dal cwmwl neu ddau uwchben y môr ar y gorwel a chododd hithau goler ei chôt o gylch ei hwyneb gwelw.

'Diolch am y coffi a'r sgwrs. Dw i'n meddwl 'mod i'n adnabod I.P. ychydig bach gwell erbyn hyn.'

Roedd hi'n cerdded yn gyflym erbyn hyn a thaflu'r geiriau wnaeth hi wrth inni gyrraedd at ei char, a'i brys i adael yn amlwg. Agorais y drws iddi a llithrodd hithau'n osgeiddig i'w sedd ond heb lwyddo i guddio'r cyfan o'i choesau siapus. Coesau felly oedd gan Judith hefyd.

'Doedd neb yn ei adnabod o yn iawn,' meddwn, a chau'r drws yn araf.

Agorodd hithau'r ffenestr am eiliad, ac mae ei geiriau'n aros hyd heddiw.

'Rhyfedd i chwi ddweud hynna. Dyna ddeudodd mam hefyd.'

Diflannodd sŵn y car yn araf i'r pellter wrth i mi gychwyn cerdded yn ôl i gyfeiriad y maes parcio. Roedd rhywun yn brysur yn cau'r bedd wrth i mi gerdded heibio.

* * *

STORI JUDITH

Fedra i ddim diodda' angladdau, ac os galla i beidio, fydda i byth yn mynd ar gyfyl yr un, ond alla i byth wrthod gwahoddiad i briodas. Mae priodas yn golygu edrych ymlaen, mae'r lliwiau'n ddathliad, yn obaith, yn hwyl ac, yn amlach na pheidio, mae'r sgwrsio'n ddifyr a'r bwyd yn flasus. Brechdanau sydd mewn angladdau, brechdanau tenau fel blanced wyrcws a fawr o flas arnynt ac, yn amlach na pheidio, bara gwyn. Ac mae'n well gen i fara brown. Brechdanau gwyn a dillad du, dyna ydi angladdau i mi. Efallai mai'r ffaith na chefais i briodas fy hun ydi'r rheswm am deimlo fel yna.

'Tasa'r iechyd yn caniatáu, mi fuaswn wedi gwneud ymdrech i fynd i angladd 1.P. er gwaetha'r atgasedd yna, ond anfon Beti wnes i, crefu arni'n wir, a hithau'n methu deall yn iawn pam roeddwn i mor eiddgar iddi fynd.

Dweud bod I.P. yn perthyn wnes i yn y diwedd, perthyn o bell wrth gwrs, er mai celwydd anferthol oedd hynny ond weithiau mae celwydd yn gallu bod yn fendith i bawb. Fûm i erioed yn un i geisio hel achau fy nheulu, a hynny efallai rhag ofn i mi ganfod ambell ddafad ddu yn y gorffennol, er mai fi yw'r dduaf pe bawn yn fodlon cyfaddef hynny, a diolch byth na wnaeth Beti fawr o ymdrech i holi a stilio gormod 'chwaith. Mynd wysg ei thin wnaeth hi yn y diwedd a gwrthod gwisgo unrhyw ddilledyn fyddai'n dangos arwydd o hiraeth a cholled am nad oedd hi erioed wedi adnabod I.P. meddai hi, ac roedd rhaid i minnau fodloni ar hynny. Efallai na fyddwn innau wedi gwisgo du pe bawn i'n gallu mynd 'chwaith. Fyddai du ddim yn gweddu i'r atgofion oedd gen i am I.P.

Mynd â'r gadair olwyn i ymyl y ffenestr wnes i er mwyn cael ei gweld yn cychwyn, ac aros yno nes i'r car ddiflannu i lawr y ffordd fach gul sy'n arwain at y briffordd. Wedyn roedd gen i'r hen dŷ 'ma i mi fy hun a digon o amser i hel atgofion am ddoe a meddwl pwy fyddai yn yr angladd. Rhoi record neu ddwy o jazz ymlaen ar y peiriant modern yn y gornel am mai dyna fyddai I.P. eisiau imi 'i wneud. Fuo fo rioed yn ddyn emynau a phethau felly, am a wn i, er efallai'i fod o wedi newid ers y dyddiau gwirion hynny yn union fel yr ydw innau wedi newid. Ond newid o reidrwydd ydi fy newid i wedi bod ac ar I.P. y mae'r bai am hynny er nad ydw i erioed wedi dal dig am hynny. Difaru, do, dro ar ôl tro yn enwedig pan fydd cysgodion diwrnod hir o haf yn llinellau ar y lawnt gefn neu pan fydd unigrwydd yn fy ngwasgu i fod yn hunandosturiol a hen hiraeth yn dynnach na llyffetheiriau'r gadair yma.

Meddwl tybed a fyddai Osian yn yr angladd, a chymryd ei fod yn fyw, wrth gwrs, ond roedd y ddau rywle o gwmpas yr un oed. Nid y buaswn i'n adnabod Osian 'chwaith, mae'n siŵr, ac yn sicr 'fuasai o fyth yn fy adnabod i a minnau fel hyn. Fi o bawb mewn cadair olwyn. Ys gwn i a fyddai o'n cydymdeimlo o gwbl erbyn hyn, neu a fyddai'r ffaith imi ei fradychu yn dal i gorddi yn ei feddwl wedi'r holl amser. Gweld bai ar I.P. wnaeth o'r noson honno, dweud nad oedd maddeuant yn bosib iddo fo nac i minnau 'chwaith, ac mae hynny wedi 'mhoeni ar draws y blynyddoedd. Maddau i mi fy hun sy'n anodd hyd yn oed heddiw. Wedi'r cyfan, y fi oedd yr achos am i'r ddau droi o fod yn gyfeillion i fod yn elynion ac mae hynny'n anodd iawn ei anghofio.

Wedi i Beti adael a distawrwydd y tŷ'n llethol, fe allwn weld yr hen barc bach yn ddarlun ar furiau'r cof. I'r fan honno y byddwn i'n mynd pan fyddai gennyf hiraeth am Wexford. Mynd â phapur hefo mi a sgwennu llythyr at mam weithiau a disgrifio'r lle iddi. Y borderi bach lliwgar yn llawn blodau yn y gwanwyn a'r gŵr canol oed a fyddai'n tacluso a chadw'r lle'n gymen a gwenu'n slei arnaf yn amlach na pheidio. Wnaeth o erioed ddweud fawr ddim 'chwaith. Ambell awr ginio, fe fyddai'n rhannu ei frechdanau gyda'r adar a'r rheini'n bentwr swnllyd a diolchgar wrth ei draed. Ar ddiwrnod felly y daeth Osian i'r parc. Doedd o ddim yn daclus o bell ffordd, siwmper laes lliw glas tywyll a bag ysgwydd yn hanner agored ar ei ysgwydd chwith. Roeddwn yn dal i gofio'r manylion i gyd. Estyn llyfryn o'r bag wnaeth o gyntaf, troi tudalen neu ddwy yn frysiog ac yna, wrth iddo estyn llyfr arall, dyna'n llygaid yn taro am y tro cyntaf. Poeni am ei arholiadau roedd o, ofn gwneud cam â'i rieni oedd yn ymdrechu'n galed i roi addysg iddo ac roedd ôl ei waith caled a'i ddiffyg cwsg yn drwm o gylch ei aeliau melyn.

'Ga' i'ch gweld chi ar ôl gorffen yr arholiadau? Os nad oes 'na neb arall.'

A doedd yna neb arall ar y pryd ac roedd Wexford ymhell beth bynnag. Yn rhy bell i neb wybod. Dim ond un gusan fach sydyn mor ysgafn â glöyn ar flodyn ac yna diwedd yr arholiadau a dechrau'r dathlu. Fo gyflwynodd I.P. imi ymhen ychydig wedyn, aroglau diod ar hwnnw a'i lygaid yn rhedeg drosof fel ffermwr yn asesu ceffyl ym marchnad Wexford. Tynnais fy ffrog yn isel dros fy nghoesau a chydio'n dynn yn llaw Osian a chlosio ato. Wrth inni gerdded yn ôl i gyfeiriad fy stafell yn y neuadd breswyl, dyna Osian yn stopio'n stond ar y gornel.

'Doedd gen ti fawr o feddwl o I.P., nac oedd?'

'Wyddwn i ddim dy fod ti wedi sylwi.'

'Yn araf bach ma' dod i' nabod o ysti. Un felly ydi o, pob dim ar yr wyneb.'

'Pob dim yn yr wyneb hefyd.'

Chwerthin wnaeth Osian wedyn, chwerthin yn isel dan ei wynt a rhoi ei fraich yn dynn amdanaf.

Wyddwn i ddim oll am y Santes Dwynwen nes i'r cardiau gyrraedd. Dau gerdyn hollol wahanol i'w gilydd. Cerdyn bychan syml oedd un Osian ac un gusan fechan yn cuddio yn y gornel isaf ac roedd o wedi anghofio tynnu'r pris oddi ar y cefn hefyd. Amlen fawr gochliw oedd y llall a'r cerdyn yn sbloet o eiriau cariadus a doedd dim angen dychymyg i sylweddoli'r pris. Cyn diwedd y bore, fe ddaeth y blodau'n dusw coch o rosod, y petalau'n feddal ac yn llawn arogl iasol a'r llythrennau I.P. yn cuddio mewn cylch o gusanau. Soniais i'r un gair wrth Osian, dim ond diolch am ei gerdyn a gweld y siom yn ei lygaid am nad anfonais i gerdyn ato, ond fe dderbyniodd fy eglurhad na wyddwn i ddim am Dwynwen. Roedd y ddau yn y fflat pan gyrhaeddais yno ddiwedd yr wythnos a Sadwrn yn rhyddhad ar ddiwedd wythnos galed. Yn y cefndir roedd clarinét Benny Goodman fel mêl ar dorth gynnes yn toddi i'r munudau a dau gan o Murphy's ar y silff bellaf yn barod i'w hagor. Ddywedodd I.P yr un gair i ddechrau a dim ond y direidi yn ddawns yn ei lygaid wrth i mi eistedd. Tra oedd Osian yn ei gael ei hun yn barod ar gyfer inni fynd allan, meiddiais sisial yn isel.

'Wna i ddim diolch iti.'

'Does dim angen iti, ddim rŵan beth bynnag'

'Ddim rŵan nac unrhyw ddiwrnod arall.'

Gwenu wnaeth o wedyn, rhoi ei fysedd ar ei wefusau a thaflu cusan i'm cyfeiriad cyn codi a rhoi record arall ymlaen. Daeth llais Louis Armstrong i lenwi'r ystafell a'i 'Hello Dolly' yn gynnes groesawgar a llygaid I.P. yn syllu arnaf o'r gornel heb symud am eiliad.

'Gwela i di,' medda fo wrth i Osian ddod yn ôl i'r ystafell, ac wrth inni droi am y grisiau i ymadael roedd I.P. yn eistedd ar y soffa a gwên foddhaus ar ei wyneb. 'You're looking swell, Dolly' oedd y geiriau olaf i mi eu clywed wrth gau'r drws yn araf, ac fe wyddwn yn iawn fod hynny'n hollol fwriadol ar ei ran. A bod yn onest, fe gefais fy mhlesio er na fuaswn i fyth yn cyfaddef hynny wrth neb yn enwedig Osian. Mae yna rai pethau na ellir eu cyfaddef wrth neb. Dros bryd o fwyd yn y caffi bach Eidalaidd y soniodd Osian amdano fo wedyn, a doeddwn i ddim wedi disgwyl hynny.

'Mae I.P. yn dy ffansïo di, ysti.'

'Be wnaeth iti feddwl hynny?'

'Mi fedra i ddeud. Ei weld o yn 'i lygaid o.'

'Lwcus dw i, 'te.'

Dyna'r tro cyntaf imi weld y fflach yn llygaid Osian a wyddwn i ddim yn iawn beth oedd y tu ôl iddi 'chwaith: ai cariad ynteu ofn? Efallai mai cymysgedd o'r ddau ac fe fyddai hynny'n profi ei fod yn fy ngharu. Dim ond unwaith y gwelais y fflach honno wedyn.

Roedd yr haf wedi bod, ei sglein wedi pylu a dail hydref yn bentwr yn y cwteri ar hyd y stryd. Blodau ddoe oedd yn y parc bach hefyd ac ias o oerfel yn y coed o gwmpas a doedd dim pwrpas sefyllian yno. Edrychais draw at ffenestri'r fflat a sylwi bod y llenni ar gau yno ac anaml iawn y byddai hynny'n digwydd, hydref neu beidio. I.P. agorodd y drws a golwg fel pe bai ar gychwyn allan arno a cherddais i fyny'r grisiau gan feddwl bod Osian yno.

'Yn y llyfrgell mae Os. Newydd fynd, a bod yn onest hefo ti,' a chaeodd I.P. y drws yn araf ond yn bendant a heb roi cyfle imi droi'n ôl am y grisiau.

'Paned, coffi, gwin, Murphy's ? Be' gymeri di?'

'Dim,' a hynny heb ddweud diolch o gwbl.

'Sori, sgen i ddim bloda' heddiw.'

Chwerthin wnaeth o wedyn, chwerthin yn ddistaw, a heb feddwl bron roeddwn wedi tynnu fy nghôt ac eistedd ar y soffa gan feddwl na fyddai Osian yn hir cyn dychwelyd. Bron nad oeddwn wedi anghofio am y blodau a'r cerdyn. Fûm i erioed yn hoff iawn o win, dim ond diferyn ar Nadolig ac ambell ddathliad, dyna oedd y traddodiad gartref a wnes i erioed feddwl am newid.

'Merlot, gwin gorau Ffrainc a'i lond o haul.' Daliodd I.P. y botel yn erbyn y golau a gadael i hwnnw hidlo drwyddo yn demtasiwn o goch cynnes.

'Dim diolch.' Ond yn ddigon amhendant ac ias hydref yn dal o gwmpas.

'Wyddost ti be' ddeudodd hen ŵr wrtha i unwaith mewn caffi yn San Malo?'

'Ydi o ots?'

'Trin dy win fel trin dy gariad, yn araf ac yn nwydus.'

'Paid â meddwl . . .'

Roedd ei gusan yn gynnes a thyner a'r gwin yn wefr newydd sbon, a thraddodiadau Wexford ymhell i ffwrdd. Agorodd I.P. fymryn ar y ffenestr ac estyn can neu ddau o Murphy's oer cyn rhoi'r jazz ymlaen. 'Ain't Misbehavin', meddai band Kid Ory a llaw feddal I.P. yn gyffro i gyd.

Chlywais i droed neb ar y grisiau na sŵn y drws yn agor 'chwaith, dim ond sylweddoli bod Osian yno a'r fflach honno yn ei lygaid ac yna'r glec wrth i'w ddwrn ffrwydro yn wyneb I.P. a'r gwaed yn ffrwd ar ei weflau. Codais gan feddwl mynd rhyngddynt ond hyrddiodd Osian y bwrdd a'r caniau gwag tuag ataf wrth imi droi tua'r drws a gwelais y poer yn felynwyn ar wyneb I.P.

I'r parc bach y daeth o wedyn, y gwaed yn dechrau ceulo'n araf rhwng ei wefusau a'r düwch yn amlwg o gylch ei lygaid. Doedd yna ddim dagrau yn unman, dim ond yn fy llygaid i. Sychais ei wyneb yn araf a thaflu'r hances i ganol y sbwriel.

'Dw i'n mynd yn ôl.'

Cerddodd yn araf i gyfeiriad y fflat, yn ei gwman braidd, a gwelais Osian yn agor y llenni led y pen a sefyll yno fel un o ddarluniau Manet. Welais i'r un o'r ddau wedyn, dim ond clywed i I.P. adael cyn gorffen ei gwrs.

Roeddwn i wedi meddwl dychwelyd i Wexford, ond wnes i ddim am flynyddoedd lawer a rywsut dw i'n difaru hynny hefyd. Roedd Beti'n ddeuddeg oed pan aethom ni yno am y tro cyntaf, ac roedd jazz allan o'r ffasiwn gan bawb. Efallai mai nawr yw'r amser i ddweud y cyfan wrthi a hynny dros lasiad o Murphy's oer. Fe fyddai hynny'n esgus i ddweud pam nad oedd gen i awydd mynd i'r angladd ac i ofyn iddi ddweud hanes y diwrnod.

Cae Bach

Casgliad o ddeg stori ar ffurf llên micro

BEIRNIADAETH SIONED DAVIES

Wrth dderbyn y gwahoddiad i feirniadu'r gystadleuaeth hon, tybiwn na fyddai'n ormod o dreth ar f'amser. Ond anghofiais pa mor dwyllodrus yw'r ffurf, yn ymddangos yn syml ar yr wyneb ond, yn achos y goreuon yn sicr, yn gofyn am ail a thrydydd os nad pedwerydd darlleniad. Oherwydd dyna yw cryfder stori ar ffurf llên micro – crisialu nofel gyfan mewn cwta baragraff, gan osod her i'r darllenydd yn ogystal ag i'r awdur.

Daeth tri chasgliad ar ddeg i law eleni, rhai ohonynt, fel y gellid disgwyl, yn fwy llwyddiannus na'i gilydd. Un peth a'm trawodd, sef yr hoffter o'r un themâu – marwolaeth, heneiddio, anffyddlondeb – a'r ysfa am edrych yn ôl i'r gorffennol a hiraethu am yr hyn a fu. Efallai bod hyn yn wendid ynom fel cenedl. Ond cofier rhybudd *Breuddwyd Rhonabwy*, a pheidiwn â goreuro'r gorffennol. Cofier, hefyd, bod digon o le i hiwmor mewn llên micro, fel y dangosodd un neu ddau o'r cystadleuwyr eleni.

Yr wyf wedi rhannu'r cystadleuwyr yn dri dosbarth, yn ôl teilyngdod.

Y TRYDYDD DOSBARTH

Tomi: Gwendid *Tomi* yw mai cyfres o atgofion am blentyndod a geir yma yn hytrach na deg stori. Mae sawl un o'r *cameos* a gyflwynir yn ddiddorol, a'r iaith yn goeth, ond mae angen mwy o haenau a mwy o amwysedd mewn llên micro, a llai o foesoli a phregethu.

Jac: Fel yr awgryma teitl y casgliad – 'Sialc ar Fys' – darluniau o fywyd ysgol a geir, atgofion am droeon trwstan yn ymwneud â phlant ac athrawon. Ni cheir unrhyw ymdrech i fod yn gynnil; yn wir, mae'r awdur yn cloi wyth o'r deg stori gydag ebychnod, er mwyn tynnu sylw a sicrhau bod y darllenydd wedi deall yr ergyd. Ond y gwendid mwyaf yw'r gwallau iaith elfennol a hefyd y gwallau teipio.

Cadnawes Bunwerth: Dyma ddeg stori gyda thro yn y gynffon bob tro, nid yn annhebyg i gasgliad *Jac* uchod. Mae sawl un yn ddifyr ac yn peri gwên. Ond ni cheir unrhyw ddyfnder – dim cymeriadu a dim i ennyn ein chwilfrydedd a'n hysgogi i ailddarllen.

YR AIL DDOSBARTH

Becca: Disgrifio yw cryfder *Becca*. Hel atgofion am blentyndod a wna mewn sawl stori, a hynny mewn ieithwedd goeth. Yn wir, mae rhai darnau, megis

'Tŷ Gwag' a 'Trysor', yn farddonol eu naws ond, yn anffodus, yn fwy o ddisgrifiadau nag o straeon micro. Ar y cyfan, mae'r cynnyrch yn tueddu i fod yn anwastad, a'r dweud weithiau'n ymylu ar fod yn or-sentimental. Eto, mae yma ryw gyfaredd ac ymhyfrydu didwyll ym myd natur.

Pleb: Mae 'Naw Merch a Dyn' yn deitl addawol ar gyfer y casgliad ac yn sicr mae yma botensial. Mae'r cyfan wedi ei gyflwyno'n broffesiynol a'r iaith yn lân. Ymdrinnir â themâu megis cipio plentyn, perthynas rhwng dwy chwaer, colli gŵr. Ond rywfodd nid yw'r cyfan yn taro deuddeg – mae angen llawer mwy o gynildeb a dirgelwch.

Gobaith: Marwolaeth yw thema sawl stori a gyflwynwyd yn llwyddiannus gan *Gobaith*, o farw mewn atig i farw ar un o furiau uchel Belfast. Gwaetha'r modd, ni lwyddwyd i gynnal y safon ar draws y deg stori. Mae 'Rhoi' yn darllen mwy fel egin ysgrif, a'r elfen storïol ar goll mewn darnau megis 'Encil'.

Esgair Mwyn: Anwastad hefyd yw casgliad *Esgair Mwyn*. Mae yma beth ysgrifennu cywrain – er enghraifft, wrth ddisgrifio'r teimladau cymysg a geir wrth syllu ar ddarluniau Monet. Ond mae sawl darn yn rhy lafurus o lawer, a'r ymdrech i fod yn gynnil yn rhy amlwg – er enghraifft, wrth adrodd hanes yr hen lanc William Thomas neu farwolaeth yr adaregydd Brian Parry.

Menna Lili: Mae rhyw dristwch yn treiddio trwy'r casgliad hwn, o 'Symud Tŷ', lle mae'r llwyn yn yr ardd yn drosiad o fywyd yr hen wraig, i 'Cicio'r Bar', hanes henwr yn edifar am iddo beidio â 'gofyn y cwestiwn' i'w gariad pan oedd yn llanc ifanc. Mae 'Dau Ddiwylliant' yn newydd ac annisgwyl gan hoelio sylw ar amlethnigrwydd y brifddinas, a'r sioc a ddaw i ran yr athrawes pan sylweddola na ŵyr sut i glymu tyrban un o'r disgyblion: 'Syllais yn gegrwth ar y bwndel defnydd. Yntau'n methu deall pam fod tasg mor elfennol tu hwnt i'm gallu'. Gwaetha'r modd, er y cryfderau, ceir sawl stori ystrydebol, ac ni lwyddir i gynnal y safon ar draws y casgliad.

Y DOSBARTH CYNTAF

Gwyliwr: 'Gwylio'r byd yn mynd heibio' yw teitl y casgliad. Llwyddir i greu golygfeydd credadwy – gwraig yn tynnu lluniau ar y Maes yng Nghaernarfon; gwylan ddigywilydd yn dwyn brechdan gig eidion; gŵr 'yn sgwrsio efo ffrind o gydweithiwr', a'r tro yn y gynffon – 'Mi gododd toc i fynd i mewn am ei drydydd peint, a rhoi ei ffrind yn ei bocad'. Er cystal y straeon ar y cyfan, tueddant i fod ychydig yn hir – rhaid i bob gair deilyngu ei le mewn llên micro.

Pypedwr: Mae yma rai darnau cryf dros ben, a'r gallu gan y cystadleuydd i greu naws arbennig megis yn 'Y Môr': 'A dim ond ti a fi a'r môr sy'n gwybod am y man tu ôl i'r graig, lle mae'r cerrig wastad yn sych ac un maen mawr, llyfn yn aros amdanom yn yr haul'. O am gael rhannu'r gyfrinach! Daw unigrwydd y 'Pypedwr' yn fyw o flaen ein llygaid, ynghyd â'r tyndra rhwng gŵr a gwraig yn 'Trefn'. A llwyddir i ddisgrifio ar ei ben yr olygfa wedi i 'Liz drws nesa' roi *fairy liquid* yn y peiriant golchi llestri a pheri i swigod enfawr ddawnsio yn y stryd; mae'r frawddeg sy'n cloi'r stori hon yn siŵr o ennyn chwilfrydedd – 'Ddwedwn ni ddim wrth neb fod Liz weithiau yn anghofio gwisgo yn y bore'. Yn sicr, mae yma olygfeydd sy'n aros yn y cof.

Llew: Mae gan y cystadleuydd hwn syniadau cyffrous a'r gallu i drosglwyddo'r syniadau hynny yn llwyddiannus i ffurf llên micro. Mae 'Gad i mi Gysgu' a 'Ffonio Ffrind' yn sensitif heb fod yn or-sentimental, tra bo 'Cylch Cariad' a 'Coesau, yn mynd i gyfeiriadau hollol annisgwyl. Chwa o awyr iach yw'r stori olaf – 'Hierarchaeth' – sy'n disgrifio ci mawr yn penderfynu troi ei gefn ar '(g)i bach powld. Ond yna cafodd anferth o frathiad yn ei ben ôl. Peidied anwybyddu pwdl pwysig'. Pe bai pob stori cystal â'r rhain, yna byddai *Llew* yn agos iawn at y brig. Gwaetha'r modd, mae yma hefyd fân wallau ieithyddol, ac arddull chwithig ar brydiau.

Y Ffugchwedleuwr: Cystadleuydd sydd wedi ei drwytho mewn llenyddiaeth Gymraeg sydd yma. Mae teitl pob stori yn ddyfyniad o ryw gerdd neu'i gilydd – 'Pan fwyf yn hen a pharchus', 'Y rhwyg o golli'r hogiau', – heblaw am deitl y stori olaf: 'Yn y dechreuad roedd y gair'. Mae hyn ynddo'i hun yn gosod tipyn o her i'r darllenydd ac yn codi pob math o gwestiynau ynglŷn â rhyng-destunoldeb. Ceir adlais o weithiau llenyddol pellach mewn rhai straeon – er enghraifft, dyma'r stori 'Ni allaf ddianc rhag hon': 'Mi fasa fo 'di licio loetran am sbel yn y caban, a chael sgwrs, a smoc, a seibiant . . . ond roedd pawb arall am ei heglu hi o 'na'n reit sydyn am adre'. Lobsgows, mae'n debyg (a phethau gwell, o bosib) fasa'n disgwyl amdanyn nhw yn fanno. A be' fasa 'na iddo *fo* acw? Blydi *chips*, beryg' iawn . . . a llond ceg o flagardio!' Mae pob stori'n gryno, wedi ei hysgrifennu mewn arddull anffurfiol, dafodieithol. Ceir cymysgedd o'r dwys a'r doniol; yn wir, dyma gasgliad a fyddai wedi teilyngu'r wobr gyntaf oni bai am ymdrechion yr ymgeisydd olaf.

Yma a Thraw: Dyma gasgliad y bûm yn dychwelyd ato dro ar ôl tro, gan ddarganfod rhywbeth newydd ar bob ymweliad. Llên micro ar ei gorau sydd yma, yn gryno, yn gynnil, yn amwys ac yn heriol. Mae sawl stori'n pontio'r gofod annelwig hwnnw rhwng rhyddiaith a barddoniaeth, a darluniau a llinellau cyfan yn aros yn y cof. Taw piau hi, a gadael i'r darllenydd deimlo'r wefr drosto ef ei hun.

Y Casgliad o Ddeg Stori ar ffurf llên micro

A OES NEFOEDD?

Hen gythraul oedd Gwyn ond del ei bryd a'i wedd. Iach ei groen a'i wallt yn feibl ddu – yn llyfn, sgleiniog, modrwyog fel fo'i hun. Ei groen yn feddal fel croen babi. Lliw hafaidd ei gyhyrau lluniaidd.

Ni welodd mo'i debyg erioed. Fe'i swynwyd yn llwyr.

Melfed ei lais a llyfn ei addewidion. Fe'i haddolodd.

Nefoedd oedd ei garu.

Roedd hi angen credu bod nefoedd yn bod, hyd yn oed i rywun fel hi.

DEOR

Fel cywen newydd ddodwy yn clochdar ar fuarth, roedd arni hi eisiau i'r holl fyd wybod am y geni.

Bu esgor yr wy o'i bol yn artaith a'r boen yn fflam. Ond o'r tân eiriasboeth, tasgodd gwefr geni 'y dlysaf erioed ar wyneb y byd' a bu'r crio bach yn fagned i laeth ei bron.

Ond sathru ar gywen arall roedd y ceiliog y pnawn hwnnw.

GRUDDIAU

Roedd y fechan yn sefyll wrth ffenest y lolfa, cot amdani, bag yn ei llaw, a'i thrwyn smwt yn gwasgu ar y gwydr clir oedd bellach yn strempiau budr.

'Tyrd i fa'ma,' medd ei mam, 'Drycha pwy sydd ar y teledu!'

'Na. Dadi'n dod fŵan.'

Roedd hi'n hanner awr wedi dau, awr a hanner yn hwyrach nag a drefnwyd.

Ochneidiodd gan na wyddai sut yn y byd i egluro iddi na fyddai ei thad yn dod i'w chyfarfod y tro hwn 'chwaith.

Teimlodd i'r byw y dagrau'n treiglo allan.

Ni ŵyr y traeth pa bryd y mae'r mwd yn troi'n graig.

'DOD WNEITH Y GWANWYN. AC MI DYFITH Y GLASWELLT OHONO'I HUN . . .'

'Dw i'n licio gwêps,' medd y fechan deirblwydd. Roedd ei modryb wedi rhoi tusw go lew ohonyn nhw iddi. Roedd ei hwyneb llwyd yn bochio a'r sudd coch yn diferu wrth iddi eu llowcio un ar ôl un.

'Grawnwin,' medd ei mam, ar amrantiad.

'Gwêps,' medde hithe'r deirblwydd. 'Gwêps 'di hein.'

'Grawnwin,' medd ei mam yn anogol.

'Gwêps,' medde hithe, a bochio un arall.

'Grawnwin,' medd ei mam. 'Grawnwin rŷn ni'n 'i ddweud.'

'Gwêps.'

'Grawnwin,' medd ei mam. 'Grawnwin yn Gymraeg. *Grapes* ydyn nhw'n Saesneg.'

'Gwêps. Gwêps. Gwêps. Dw i'n licio gwêps.'

Gwenodd yn neis, ar ei hanti Jên.

IÂR

'Mi fydde cadw ieir yn ffordd dda i'r fechan ddysgu am natur,' awgrymodd ei nain.

'Wyau a chywion bach melyn, 'ti'n feddwl?' holodd taid, gan wincio.

Prynwyd iâr fach goch iddi. Codwyd tŷ bach twt o 'styllod glân a chrëwyd pwll o ddŵr yfed.

Roedd yr hen hogan wedi gwirioni. A'i nain a'i thaid mor falch.

Yn y gwanwyn, daeth llyffant i ddodwy yn y pwll. Dotiai hithau at y grifft a gwyliai nhw'n tyfu. Bob dydd, 'rôl dychwelyd o'r ysgol, âi'n syth i weld y cynffonnau'n gwingo ac edrychai 'mlaen at weld llyffaint bach a fyddai'n neidio'n sionc o gwmpas yr ardd. Gloywai ei llygaid a phefriai wrth ddisgwyl y rhyfeddod.

Un pnawn, rhedodd at y pwll.

Yno roedd yr iâr. Gwyliodd hi'n plygu'i phen i'r dŵr, yn feistres ar ei thasg.

Agorodd ei phig. Brathodd un penbwl a'i lyncu'n gyfan.

Plygodd ei phen eilwaith. Brathodd, a llyncodd yr ail.

Yna'r trydydd. A'r pedwerydd. Nes doedd dim un ar ôl.

YMA

Roedd olion ei brecwast yn y fowlen, un darn o greision ŷd ar ôl. Sipiais o'n araf i geisio gwneud iddo bara yn fy ngheg. Roedd pecyn litr o sudd afal ar silff yr oergell a 'chydig o goch ei minlliw'n olion arno ar ôl iddi yfed o'i big. Darn o dost ar y plât ac ôl ei dannedd yn y crystyn. Cusanais yr ymyl ble bu ei gwefus gynnes.

Ydy hi wir wedi mynd?

Cyffyrddais ei thywel llaith oedd yn crogi ar fachyn yn y stafell 'molchi. Cuddiais fy wyneb ynddo i arogli'r sebon fu dros ei chorff. Roedd ei phast dannedd ar sil y ffenest ac roedd siâp ei bawd wedi'i wasgu iddo. Rhoddais fy mawd ble bu ei bawd hi.

Ydy hi wir wedi mynd?

Yn ei llofft roedd ei sgidiau sodlau uchel a'i dillad isa' dros bob man ac ôl ras wyllt yno. Ei brwsh gwallt wedi'i daflu ar y gwely a'i gwallt melfed, tywyll yno rhwng y dannedd cras. Anwesais ei sidan rhyfeddol a'i rowlio'n gyrlen rownd fy mys bach.

Ydy hi wir wedi mynd?

Clywais 'oglau.

Troais fy mhen.

Wynebais ei phersawr.

Y LLAIS I'R ENW

'Diolch i ti am ffonio, Del bach.'

Gorffwysodd y ffôn yn ei grud a llifodd blanced gynnes dros ei boch.

Roedd hi wedi gadael cartref. Wedi ffraeo hefo'i mam, wedi pwdu hefo'i byd.

'Twll o le 'di hwn. Dw i am fynd i deithio.'

A mynd wnaeth hi heb roi na chyfeiriad na rhif ffôn i'w mam gysylltu â hi.

Flynyddoedd wedyn y daeth yr alwad ffôn, i ofyn am arian.

Ar unwaith, diffoddwyd bar o'r tân trydan, i gynilo.

'Dyw oerfel ddim yn brifo.

DISGYBLAETH

Er bod strydoedd y ddinas mor agored â'r gwter, cadw i'w chyffiniau roedd hi. Cadwai ei chydnabod ar wyneb pwll diwaelod ei bod. Doedd dim diben ei holi hi.

Pan gerddai i mewn i'ch ystafell, fe wyddech ei bod wedi cyrraedd, er na wyddech chi byth mo'i lled na'i hyd.

Sawl un a syrthiodd mewn cariad â hi? Ei deisyf o bell a wnaent. Roedd ffin i'w chyffiniau hi.

BREICHIAU

'Sut wyt ti'n teimlo, 'nghariad i?'

Yn llifo'n feddal, gynnes, o gwmpas y llofft roedd geiriau swynol Katie Melua:

'There are nine million bicycles in Beijing.
That's a fact.
It's a thing we can't deny
like the fact that I will love you
till I die.'

Llwyd fu'r llofft, ond rŵan, addurnwyd hi'n oren. Yn gynnes fel haul; cynnes fel croth. Moethus fel cusanu; moethus fel gwallt, bychan, cyrliog. Cynhesrwydd a chwmpeini'n cofleidio'i gilydd.

Heb holi gair am a fu, synhwyrai, heb agor drws Aber Henfelen, fod rhai pethau'n rhy ddwfn i'w rhannu, yn rhy frwnt i'w hatgyfodi. Deallai hithau, heb esboniad, na wyddai ei chymar fawr am gariad nac am sicrwydd.

Roedd hyn yn teimlo'n ddieithr, eto'n gyfarwydd, rywsut.

'Fel ym mreichiau mam,' sibrydodd cyn llifo'n felys i'r diymwybod.

'There are six billion people in the world,
more or less,
and it makes me feel quite small
that you're the one I love
the most of all.'

DRAW YN AFGHANISTAN

O bell mae pob un yn edrych 'run fath. Dail ydy dail ar goeden. Maen nhw'n grwn neu'n hirfain. Yn dal neu'n denau.

Maen nhw hefyd yn iach, yn nerthol a'u gwythiennau'n llifo.

Araf-ledodd gwawr o goch dros ddail y maes.

Un ddeilen grin a ddanfonwyd ataf, ac aeth hi'n aeaf arnaf.

Yma a Thraw

BEIRNIADAETH GWYN THOMAS

Y nifer a roes gynnig ar y gystadleuaeth hon oedd 13. Er bod nodweddion neilltuol i rai ysgrifau, yr oedd elfennau cyffredinol ynddynt, megis: trafod y pwnc yn eithaf llythrennol; ei drafod yn drosiadol; ei gymryd fel bachyn i bysgota yma ac acw. Yn naturiol, gyda thestun fel hwn, y mae yna droi'n ôl i'r gorffennol ac at blentyndod. Y mae Cymraeg y rhan fwyaf yn Gymraeg cadarn, ond y mae diffyg treiglo annisgwyl gan un neu ddau o'r ymgeiswyr, rhyw achlysurol gamsillafu yma ac acw, ac y mae mwy nag un yn cymysgu rhwng amser amherffaith ac amser perffaith y ferf.

Fe nodaf ychydig sylwadau am bob ymgeisydd, ond nid mewn unrhyw drefn arbennig.

Crwydryn: Hel atgofion am ardal Trawsfynydd y mae hwn yn bennaf. Y mae ei fynegiant yn raenus, ar y cyfan, er bod yna ddiffyg treiglo annisgwyl mewn mannau. Y mae ganddo rai disgrifiadau gwir arbennig.

Manasse: Fel un neu ddau arall, y mae hwn yn dechrau gyda diffiniad geiriadur o'r gair `ysgubor', ac yna'n mynd ar drywydd Beiblaidd cyn sôn am ysgubor y cof. Y mae'r ysgrif hon yn un ac iddi ogwydd moesegol.

Llygoden Fach [1]: Y mae'r ffugenw'n briodol, gan y gellir disgwyl cael llygod mewn ysguboriau. Dechreuir trwy sôn sut y crëwyd ysguboriau ond yna symudir i drafod ysguboriau cyfalafol, sef banciau, a'r llygod mawr rheibus fu'n gwneud camddefnydd ohonynt. Mewn gwirionedd, ysgrif am fanciau a bancwyr yw hon; hynny yw, y mae'r cystadleuydd wedi ystumio gormod ar destun y gystadleuaeth.

Digon: Ceir diffiniad geiriadur gan y cystadleuydd hwn, yntau. Ond mynd rhagddo i sôn am ysgubor fodern yr archfarchnad a wna, a thrafod honno a'i goblygiadau, yn ddifyr a beirniadol a gonest.

Capten: Dechreua trwy sôn am ddyfeiswyr ysguboriau, ac yna â ati, yn rhagorol iawn, i sôn am ei brofiad ei hun mewn cysylltiad ag ysguboriau a'u gweithgareddau pan oedd yn blentyn. Y mae'n gwneud hynny'n ardderchog, gan greu byd o brofiadau mewn modd graenus dros ben.

Menna Lili: Y mae'r ymgeisydd hwn yn dechrau trwy sôn am ysguboriau yn Awstria, ac yna'n mynd i sôn am ysguboriau yng Ngheredigion, ac am wahanol brofiadau'n ymwneud ag ysguboriau. Y mae'n diweddu yn

Awstria, lle y dechreuodd, ac y mae diwedd yr ysgrif yn wirioneddol ardderchog.

Ysgub: Sôn am dair ysgubor a wna'r cystadleuydd hwn, un Feiblaidd, a dwy arall y daeth ar eu traws mewn llyfr yn llyfrgell ei ysgol, dwy ac iddynt hanes go dywyll. Y mae gan hwn ddawn i adrodd hanesion yn ddifyr ac, er mai ysgrif a geir ganddo, dylai feddwl am fynd ati i ysgrifennu storïau neu hanesion, gan fod ganddo ddawn at hynny.

Llygoden Fach [2]: Profiadau'n ymwneud â bywyd ar fferm a'r gweithgareddau a ddigwyddai mewn ysguboriau a geir gan hwn. Y mae ganddo ddawn bendant at ddisgrifio profiadau a gwrthrychau'n fyw iawn – y mae ei ddisgrifiad o feini yn dra chofiadwy.

O'r Felin: Gwahanol fathau o ysguboriau trosiadol a geir yn ysgrif y cystadleuydd hwn, megis Ysgubor Cerdd, Ysgubor Hoff Fannau, etc. Y mae'n ddyfeisgar – mymryn yn rhy ddyfeisgar, efallai.

Nant: Sonia hwn am dair ysgubor, gan dynnu ar gyfoeth ei eirfa wrth wneud hynny; yna â ati i sôn am ysguboriau'n fwy trosiadol. Gall hwn greu argraff gref o fannau a gall greu profiadau'n dra effeithiol.

Arctwrws: Ysguboriau trachwant, sef siopau, a geir gan yr ymgeisydd hwn. Y mae'n cyfiawnhau trin ei destun yn drosiadol gan ei fod yn gwneud hynny mor ddeheuig. Gall fod yn grafog-ddychanol ac yn ddigrif-ddychanol, a gall ysgrifennu'n ddifyr.

Rhodri: Gan ddechrau'n ffeithiol, â hwn rhagddo i drafod y testun mewn modd trosiadol. Y mae'r gwaith o greu ysguboriau trosiadol fymryn yn ymdrechgar.

Nid Peate: Mynd ati i gwyno, yn ddifyr a chrafog, am y testun a wna hwn. Y mae yn ei ysgrif wreiddioldeb, ac y mae'n gwybod o'r gorau am ei grwydradau – 'Crwydrais yn helaeth', meddai mewn un man – ond y mae'n ysgrifennwr digon da i wneud i rywun anghofio hynny.

Dyna ni rai sylwadau am bob un o'r ymgeiswyr. A, rŵan, dyma drefn eu rhagoriaeth, fel y gwelaf fi bethau: yn gydradd drydydd, gosodaf *Menna Lili, Llygoden Fach* [2] ac *Arctwrws*. *Nant* sy'n ail ond dyfarnaf *Capten* yn fuddugol eleni.

Yr Ysgrif

YSGUBORIAU

Os bu un peth yn bwysig i ddatblygiad a pharhad dynoliaeth, ysgubor yw honno. Pa feddyliau cyntefig, dyfeisgar fu'n arbrofi i weld a ellid cadw hadau, llysiau, ffrwythau a chnau dros gyfnod yr hirlwm? Pobl yn ceisio gwella'u byd. Bu llawer o fethiannau, mae'n debyg, cyn llwyddo i feithrin y tyfiant a'i storio ar gyfer cyfnodau o brinder. Arbrofwyr, dyfeiswyr a datblygwyr cyntefig. Dyna fu'n fodd i ddyn oroesi'r cyfnodau anodd pan oedd bwyd yn brin.

Ysgubor. Enw cynnes. Oglau gwair canol haf. Paill yn cosi ffroenau.

Dyma le i blant ymaflyd codwm ar ben cowlas, i droi tin dros ben yn y gwair, a chrogi fel ystlumod o'r trawstiau. Lle i guddio a breuddwydio. Lle i ieir ystumddrwg, cyfrwys, ddodwy yng nghanol y porthiant. Lle i godi dau fys ar y gaeaf, waeth pa mor galed fyddai. Lle i mi hel atgofion? Oedd, roedd yna atgofion melys ond, wrth edrych yn ôl, gormeswr oedd yr ysgubor i blentyn.

Ar ein tyddyn ni roedd dwy ysgubor oddi mewn i glawdd y gadlas, yr helm wair a'r helm ŷd. Roedd tri chowlas yn yr helm wair a dau yn yr helm ŷd, a phan oedd y ddwy yma'n llawn dyna'r cwbl o yswiriant oedd ei angen. Gobeithio wedyn na fyddai'r gwanwyn yn llusgo'i draed.

Cyfnod dyn a'i geffyl oedd hi a llenwi'r ysguboriau oedd prif waith yr haf. Disgwylid i blant ddod i helpu i hel y gwair cyn gynted ag y byddent yn ddigon hen i drin cribyn. Ar ôl cael y gwair i ddiddosrwydd y 'sgubor, caem ganiatâd i fynd ar wyliau at Nain neu at fodryb. Ond pethau prin oedd hafau braf hyd yn oed yr adeg honno, mae'n rhaid, achos yn aml byddai'r gwair heb ei hel a ninnau ar dân eisiau cychwyn. Ar ôl hir ddisgwyl – pedwar neu bum diwrnod efallai! – a dim arwydd o dywydd braf, caem ganiatâd i fynd, gyda'r rhybudd cyn cychwyn: 'Os clywch chi *sôn* am anti seiclon, dowch adre'r *munud hwnnw*!' Hynny yw, pe bai dyn y tywydd ar y weiarles yn rhag-weld 'anti seiclon', sef tywydd braf sefydlog am rai dyddiau, tywydd hel gwair, disgwylid i'r staff i gyd fod yn bresennol!

Pa blant na fyddai'n dymuno cael y tywydd gorau posibl pan fyddent ar eu gwyliau, dyddiau o haf hirfelyn tesog, dyddiau o haul di-dor ar lan y môr? Nid ni. Ein dymuniad ni oedd ambell gwmwl ar y gorwel, hyd yn oed ambell gawod yn y nos; cyfnodau heulog, ie – ond yn bendant dim sôn am anti seiclon! Mor ddifeddwl ydi plant. Pleser y funud oedd yn bwysig i ni. Cael mwynhau ein hunain am ychydig ddyddiau gyda chefndyr a ch'nitherod. Benthyg dillad nofio i fynd i ddŵr y môr dros ein pennau – a ninnau heb gymaint â bath gartref. Eiddigeddu wrth blant a oedd â'r haf i gyd o'u blaenau i chwarae, ac ymroi i fwynhau'r rhyddid hwnnw i ninnau am dridiau neu bedwar cyn mynd adref i daenu 'stodiau, i fydylu, hel olion, neu beth bynnag a fyddai'n galw.

Ac ar ôl dychwelyd o'r nefoedd hafaidd, yna byddai'n rhaid hwylio ati i gasglu'r gwair waeth beth fyddai'r tywydd. Ein tad yn torri grwn – dim mwy na rhyw acer ar y tro pe bai'r tywydd yn gyfnewidiol; ninnau'n troi'r ystodiau er mwyn i'r ochr arall gael yr haul a gweddïo erbyn hyn *am* anti seiclon rhag i law ei ddifetha. Gorfod aros i'r gwlith godi drannoeth cyn taenu'r ystodiau wedyn a chwalu unrhyw dwmpath o wair a lynai yn ei gilydd. Erbyn amser te byddai'r gwair yn sychu'n dda a ninnau'n dychmygu gorfod ei gario i'r ysgubor: ond 'na', doedd o ddim yn ddigon sych a'n tad yn darogan y byddai'r cowlas yn twymo gyda gwair heb sychu'n iawn. Roedd 'sguboriau gwair ar dân yn rhywbeth y clywsom amdanynt fwy nag unwaith. Cofiaf oglau chwys melys y cowlas pan fyddai'r gwair yn twymo a chael rhybudd i beidio â mynd yno: 'nhad yn penderfynu bod perygl i'r gwair fynd ar dân ac yn torri simnai i lawr i ganol y cowlas i ollwng y gwres allan. Felly, beth oedd i'w wneud â gwair bron yn sych ond heb fod yn ddigon sych i'w gario i mewn? Pe bai'r tywydd yn gadarn, câi aros allan hyd drannoeth, ond pe bai unrhyw amheuaeth ynghylch y tywydd: 'Rhaid i ni fydylu!' fyddai'r dyfarniad.

Mydylu! Byddai cario'r gwair i mewn wedi bod yn waith caled ond o leiaf byddai'r gwaith ar ben wedyn. Ond mydylu! Cas beth oedd gwneud mydylau bach. Dyblu'r gwaith! Casglu'r gwair yn dwmpathau rhyw lathen o uchder, tacluso'r ochrau a 'rhoi pen ar y mwdwl', sef gosod y gwair fel bod unrhyw wlybaniaeth yn rhedeg i lawr yr ochr, yn hytrach na mynd i mewn i'r canol. Pe bai'r tywydd 'wedi dal' tros nos, gwaith cynta'r dydd fyddai chwalu'r mydylau a gweddïo am haul crasboeth i orffen eu sychu!

Byddwn yn mwynhau cario'r gwair o'r caeau pan fyddwn i'n cael twyso'r ceffyl; mae ceffyl yn greadur mor gyfeillgar, ei lygaid mawr caredig a'i drwyn fel melfed. Dyna ble byddai'r dynion yn y cae yn llwytho'r car llusg, finnau'n ei fachu a thywys y ceffyl at y tŷ; dynion yn dadlwytho yn y gadlas a finnau'n bachu'r car llusg gwag i fynd yn ôl i'r cae. Ond unwaith, fel yr oeddwn i'n ymfalchïo yn fy medrusrwydd, dyma drychineb yn digwydd: ni fûm yn ddigon gofalus wrth dynnu'r car llusg i'r ffordd drol, aeth yr osel dros ymyl yr olsin*, trodd y car llusg a'i lwyth dros yr olsin gan

* olsin – ffordd drol gul wedi ei hadeiladu i gysylltu dau drum

dynnu'r ceffyl bron i lawr ar ei ôl. Rhedodd pawb i ddadfachu'r car ac achub y ceffyl. Roeddwn i wedi dychryn drwydda i, ond meddai cymydog oedd yno'n helpu: 'D-y-w, hidia befo! Mae pob wagnar da'n troi'r drol unwaith!'

Caem dywydd braf weithiau â'r gwair yn cael ei gywain yn rhwydd, ond yr adeg pan âi pethau'n anodd sy'n aros yn y meddwl. Gwair wedi ei fydylu a'r hin yn troi, y rheini'n mynd yn wlypach ac yn gochach bob dydd a 'nhad yn fyr ei dymer. Dro arall, gwair ar lawr, wedi ei dorri'n obeithiol ond glaw yn dod ac yn glawio am ddyddiau. Cofiaf wair ar lawr am dair wythnos a hwnnw wedi cochi – dim o'r maeth yn dal ynddo – a'r adladd yn dechrau tyfu trwyddo. Golygfa ddigalon yn wir. Fy nheimlad i ar y pryd oedd y dylai gael ei adael i bydru'n ôl i'r ddaear ond nid felly y gwelai 'nhad bethau. Pan ddaeth yn sychin unwaith eto, 'Mi heliwn i o, 'rhen blant', meddai, 'dydy o fawr o beth, ond 'wrach y bydd rhyw anifel yn falch o'i ga'l o ryw ddwrnod. Ac mi dyfith yr adlodd yn well os cliriwn ni o'.

Doedd o ddim yn hoffi gweld llanast ar gae, nac yn unman arall ac, ar ben hynny, credai mewn defnyddio pob mymryn o wair oedd ar gael. Fyddai o ddim wedi hoffi'r ffasiwn heddiw o adael i'r gwair o gwmpas y cloddiau dyfu i hybu bywyd gwyllt. O na, ar ôl clirio'r caeau âi ati gyda'i bladur i docio'r ymylon!

Ambell haf, pan fyddai'r tywydd wedi bod yn ffafriol, a ninnau'n meddwl bod y gwaith ar ben, penderfynai fynd i dorri gwair rhos. Roedd y rhosydd yn wlybion a'r injan dorri gwair yn tueddu i fynd yn sownd yno hyd yn oed pan fyddai'r tywydd yn sych. Y bladur oedd yr unig beiriant a âi i ambell gornel. Mae gwair rhos yn ffein fel sidan ac yn wyllt fel 'deryn a byddai angen hogi'r bladur nes bod ei llafn fel rasel. Wrth gasglu'r mymryn gwair ar ôl yr holl lafur, awgrymais innau nad oedd o'n werth y drafferth, a chael yr ateb parod, 'Mi fydd yn dda ca'l *pob mymryn* pan ddaw'r heth!' Yr 'heth' yn cael ei ddweud fel chwiban rhwng ei ddannedd – hé-th-th-th-th-–, a'r gair yn gwneud i mi feddwl am oerwynt y Gogledd, yn finiog fel cyllell; y borfa mewn gaeafgwsg; barrug ar bob brigyn a brwynen, a phob blewyn wedi'i orchuddio â manflew ariannaidd. Pibonwy fel stalactidau o dan y bargod yn bygwth dyn ac anifail, a'r gwartheg yn hynod o falch o gael unrhyw beth rhwng eu dannedd.

Doedd y cynhaeaf ŷd ddim yn gymaint o faich arnom nes ein bod wedi cyrraedd llawn dwf. Gwaith i bobl a phlant mawr oedd hwnnw, ond doedd o ddim mwy pleserus. Gwaith caled i gefn oedd gafra: codi coflaid o ŷd, dewis ambell welltyn taclus a'u clymu o gwmpas y goflaid i wneud gafar. Rhoi rhyw bedair neu chwe gafar i sefyll yn pwyso ar ei gilydd wedyn, a dyna'r bwch. Byddai'n breichiau'n grafiadau a phigiadau drostynt ar ôl diwrnod o afra! Ond ar ôl cael y cnwd yma i mewn, edrychem ymlaen at ddiwrnod dyrnu. Dechreuai'r hwyl hyd yn oed cyn i'r dyrnwr gyrraedd. Oherwydd bod rhiw eithaf serth at y tŷ, byddai'n waith caled i'r ceffyl dynnu'r dyrnwr i fyny. Pan fyddai'r ceffyl bron â diffygio, gwaeddai'r wagner, 'Sgotshen!' a rhedai'r plant i roi darn o bren pwrpasol y tu ôl i'r olwynion i rwystro'r dyrnwr rhag rhedeg yn ôl tra byddai'r ceffyl yn cael ei wynt ato.

Diwrnod o hwyl oedd diwrnod dyrnu. Deuai'r cymdogion i gyd i roi help llaw a byddai llawer o weiddi a chwerthin. Llond bwrdd o ddynion yn bwyta cinio, cig rhost, tatws a moron a grefi, a tharten afal a phwdin reis wedyn. Ninnau'n mwynhau clywed y sgwrs a'r tynnu coes, gan obeithio y byddai rhywfaint o fwyd ar ôl i ninnau!

Unwaith y byddai diwrnod dyrnu drosodd byddem yn barod am y gaeaf

Nid yw pob amaethwr y dyddiau hyn yn rhoi eu gwartheg i mewn dros y gaeaf. Bwydant hwy allan yn y caeau. Cariant fyrnau mawr ar flaen y tractor i'r cae a gadael iddynt borthi'n rhydd. Nid felly yn y gorffennol; rhoddent flaenoriaeth i gadw'r fuches yn glyd. Pob buwch yn ei lle, dwy ymhob stôl wedi eu clymu ag aerwy. Caent eu bwydo fore a nos, a chanol dydd byddai'n gyfnod dyfrio. Câi pob buwch ei gollwng allan i ystwytho'i choesau ac i yfed yr hyn a fynnai o ddŵr y ffynnon. Dyma'r amser i lanhau'r presebau, i 'sgubo'r llaesod a charthu'r llawr carthu. Rhoi blawd yn y preseb glân wedyn a gwair yn y rhesel; agor y drws a'r fuches yn brysio i mewn i feudy glân a chlyd. Oedden nhw'n gwneud gwaith diangen? Wrth wneud felly y llwyddodd eu tadau a'u teidiau ac roeddynt hwythau am lwyddo hefyd.

Golygfa ddoniol oedd gweld ffermwr yn cario gwair o'r ysgubor i'r bing. Defnyddiai gyllell wair i dorri magwyr yn y cowlas – tua llathen wrth lathen, a rhyw droedfedd neu bymtheng modfedd i lawr. Llwyddai wedyn i symud y dringlen o wair ar ei war a'i chario i'r bing. Edrychai fel rhyw grwban mawr yn ymlwybro o'r gadlas.

Roedd 'gaeaf fforti sefn' yn fyw ym meddyliau tyddynwyr bryd hynny. Deffro i weld lluwch o gwmpas y tŷ gyfuwch â ffenestri'r llofftydd; a dim ond wal wen o'u blaenau wrth agor y drws. Roedd y teulu o leiaf yn y tŷ mewn lloches glyd a'r gwartheg yn y beudái, ond beth am y defaid? Roedd y rheini wedi casglu at ei gilydd i orwedd yn glyd mewn mannau cysgodol, a'r gwynt wedi chwythu'r lluwch trostynt. Bu 'nhad yn cerdded y tir am ddyddiau, a'i gi'n marcio'r mannau ble'r oedd defaid wedi eu claddu dan y lluwch; clirio'r eira wedyn gan obeithio cael ambell un yn fyw. Ond doedd dim dyfodol i hyd yn oed y rhai a achubwyd heb fwyd; a defaid oedd wedi goresgyn y lluwch yn llwgu am fod y bwyd yn brin.

Drwy gofio blynyddoedd felly y dysgodd am bwysigrwydd llenwi'r ysguboriau. Nid gaeaf mil naw pedwar saith oedd yr unig un caled; cofiai aml un bron cynddrwg ac o leiaf un gwaeth ym mil naw tri saith.

Pan ddôi'n ddiwedd haf a'r cnwd i gyd yn yr ysguboriau, pan fydden ni blant yn meddwl y gallem herio'r gaeaf, nid dyna a wnâi'r amaethwyr. Parchent hwy'r gaeaf â pharchedig ofn, gweddïent am 'aeaf agored' a'r stoc yn iach, a dyheu am wanwyn cynnar.

Ysguboriau oedd canolbwynt eu bywydau. Roedd eu holl fywoliaeth yn dibynnu ar gasglu'r cnwd yn yr haf a'i fwydo i'w hanifeiliaid dros fisoedd y gaeaf. Ychydig a sylweddolem ni'r pryd hynny fod y bwyd ar y bwrdd a'r dillad am ein cefnau yn dibynnu ar lenwi'r ysgubor, ac mai pris bach i'w dalu oedd 'dod adre'n *syth* os clywch chi *sôn* am anti seiclon'.

Capten

Pennod gyntaf Cyfarwyddiadur Hel Achau ac amlinelliad manwl o'r gyfrol orffenedig

---

BEIRNIADAETH HAFINA CLWYD

Yr oeddwn wrth fy modd pan ddeallais fod y gystadleuaeth hon wedi cael ei gosod. Y mae yna beth wmbredd o gylchgronau sglein am hel achau yn ymddangos yn rheolaidd yn Saesneg heb sôn am rai miloedd o lyfrau sydd wedi eu cyhoeddi ar y pwnc. O gofio bod olrhain achau'n rhan o gynhysgaeth y Cymry, y rhyfeddod yw nad oes cyfrol i'r perwyl wedi gweld golau dydd cyn hyn. Felly, mae hi'n hen bryd cael un. Tybed a fydd y gystadleuaeth hon yn esgor ar y gyfrol hir-ddisgwyliedig?

O sylweddoli tasg mor fawr a llafurus fyddai cynhyrchu cyfrol o'r fath, ofnwn na fyddai llawer o gystadleuwyr. Ond er mawr foddhad i mi, daeth pum ymgais i law a'r pump yn gwybod am beth y maent yn sôn. Nid amaturiaid ydynt 'chwaith a'r argraff a gefais yw eu bod oll wedi bod wrthi'n chwilota am eu hachau ers peth amser ac, fel minnau, wedi dal y chwiw nad oes dianc rhagddi!

Am beth yr oeddwn yn chwilio? Cyfarwyddyd ar sut i fynd ati, wrth gwrs; nodi'r man cychwyn a beth wedyn; tynnu sylw at y Cyfrifiad a'r cofrestri plwy ac ugeiniau o ffynonellau eraill; rhybuddion am y myrdd o gamau gwag. Y mae angen gwybod am yr hen ffordd Gymreig o enwi, er enghraifft, sef y patronymig. Y mae'r system honno wedi maglu nifer fawr o Saeson ac Americaniaid na wyddent am ei bodolaeth ac y mae ambell Gymro hefyd na welodd y trap eliffant mewn pryd. Ond, yn fwy na dim, yr oeddwn yn chwilio am gyfrol a fyddai ychydig yn wahanol i'r hyn a geir yn y Saesneg, sef un ac iddi elfen Gymreig gref – yn crybwyll y pethau na ŵyr y byd Seisnig amdanynt. Hynny yw, buaswn yn hoffi meddwl bod Cyfreithiau Hywel Dda yn cael lle teilwng yn y bennod gyntaf (ac yn nodi geiriau am wahanol berthnasau i'r nawfed ach, e.e. cyfyrder, ceifn, gorcheifn a gorchaw).

Yn rhyfedd iawn, ni soniodd yr un ohonyn nhw am yr hyn a ddywedodd Gerallt Gymro wrth fynd ar ei daith yn 1188, sef hoffter y Cymry o hel achau. Yn ei eiriau ef amdanom: 'Dyheant fwyaf am linach rywiog ac achau ardderchog . . . y mae hyd yn oed y distadlaf o'r werin yn ofalus am ei daflen achau ac yn ei hadrodd ar ei gof hyd at y nawfed ach'. Cyn hired â phedigri Cymro, meddai'r henair. A phan mae rhywun yn gofyn i chi pam eich bod yn mwydro'ch pen, yr ateb yw: 'Anniddig neb drig, heb dras'.

Penlan: 'O Gam i Gam Tuag at y Goeden Deulu'. Mae hwn wedi cynnwys lluniau ac y mae hynny bob amser yn ychwanegiad diddorol. Mae'n dechrau gyda chyngor buddiol sef 'Cychwynnwch wrth eich traed'. Dechrau efo chi eich hun – dyna'r gyfrinach – yr hyn a elwir gennym yn 'archifau'r atig'. Mae o hefyd wedi deall y gyfrinach o beidio â diystyru dim byd na 'chwaith gredu popeth a ddywedir gan aelodau o'r tylwyth. Ceir ganddo amlinelliad da o weddill y gyfrol ac y mae wedi sicrhau ei fod yn crybwyll ffynonellau Cymreig megis papurau newydd a'r Llyfrgell Genedlaethol. Efallai mai ei fai yw mai rhagarweiniad yw ei bennod gyntaf. Dylai rhagarweiniad fod ar wahân. Byddai wedi bod yn well cynnwys yn y bennod gyntaf dipyn o rin yr hobi hwn gan osod stondin wir Gymreig. 'Fuaswn i 'chwaith ddim wedi rhoi cymaint o flaenoriaeth i'r Rhyngrwyd sef teitl yr ail bennod. Oes, y mae digonedd o wybodaeth ar gael yn nirgelion y We ond gall fod yn ddrud ac y mae llawer mwy o bleser i'w gael wrth fynd i'r archifdai (lle mae popeth am ddim) a gweiddi ambell 'Eureka'! Ond ymgais dda iawn.

Rhyd Goch: 'Cyfarwyddiadur Hel Achau'. Pennod gyntaf dda iawn ac yn symud yn rhesymegol o gam i gam gan ddechrau drwy grybwyll bod olrhain tras wedi bod yn bwysig i'r Cymry ar hyd y canrifoedd ac yn gofyn y cwestiwn, 'Pam hel achau?' A cheir ganddo restr o'r rhesymau. Y rheswm pennaf, mae'n debyg, yw bod arnom eisiau gwybod o ble y daethom. Pam mae gennym wallt coch neu lygaid glas neu lais canu, er enghraifft. Y mae hefyd yn ategu rhywbeth yr wyf wedi bod yn ei ddweud ers amser, sef bod eisiau holi perthnasau cyn iddi fynd yn rhy hwyr, cyn i aelodau'r hen genhedlaeth fynd â'u gwybodaeth a'u cyfrinachau i'r bedd. Dylid dechrau gydag archifau'r atig – Beibl y Teulu, llythyrau, toriadau papur newydd – ond y mae *Rhyd Goch* wedi gadael y rheini tan ddiwedd ei gyfrol. Buaswn i'n awgrymu mynd at y rheini gyntaf. Ond y mae hwn eto yn waith addawol.

DNA: 'Pwy sy'n Perthyn'. Yr wyf yn hoffi'r teitl. Mae *DNA* yn dechrau drwy roi'r cefndir Cymreig inni, gan sôn am Hywel Dda, gwaith y beirdd yn canu i'r mân fonheddwyr a gweithiau Gruffudd Hiraethog a Lewis Dwnn. Ceir pwyslais ar y ffaith fod unrhyw un sydd yn hel achau yng Nghymru yn rhan o draddodiad sydd yn ymestyn yn ôl i ddechreuadau ein hanes. Felly, dyma ymgeisydd sydd yn llawn sylweddoli bod mynd ar drywydd achau Cymreig yn medru bod yn hobi ychydig yn wahanol i'r hyn a geir yn Lloegr ac yn y cylchgronau Saesneg. Mae yma gystadleuydd profiadol a hoffais y 'Gair o Brofiad' sydd ganddi a'r ffaith bod ei thad yn medru rhaffu ei achau'n ôl i 1767. Dyna'r math o berson sydd ei angen ar bawb sydd yn chwilota. Mae yma sgwennu agos-atoch gan orffen gyda rhybudd: 'Bydd arnoch angen amynedd . . . yn araf deg y mae dal pob iâr'. Ymgais dda iawn ond braidd yn rhy fyr efallai.

Ap Llinach: 'Cyfarwyddiadur'. Mae hwn yn waith swmpus, manwl dros ben, a'r cyfan wedi ei osod mewn unedau yn hytrach na phenodau. Does dim byd o'i le ar hynny heblaw mai am bennod y gofynnwyd. Teimlais fod Uned 1, neu'r bennod gyntaf, yn rhy gatalogaidd er bod yma wybodaeth helaeth a buddiol. Y mae hefyd wedi gosod tasg ar ddiwedd pob adran yn drefnus iawn. Dywed mewn 'Gair i'r Beirniad': 'Mewn cyhoeddiad o'r math hwn, byddai'n hanfodol cynnwys digon o enghreifftiau darluniadol . . .' ond y mae'n ddigon doeth i gyfaddef y byddai hynny'n gollwng ei enw cywir allan o'r cwd. Wrth gwrs, y mae enghreifftiau darluniadol yn ychwanegiad hanfodol i gyfrol o'r fath. Y mae ganddo rywbeth nas cafwyd gan y gweddill, sef enghreifftiau o ffurflenni Cyfrifiad o 1841 ymlaen. Trueni eu bod i gyd yn Saesneg. Y mae modd cael rhai Cymraeg oddi wrth y gwahanol gymdeithasau hanes teulu. Mae hwn yn waith gofalus a manwl ond braidd yn ddihiwmor. Ond oni bai bod yna un arall yn y gystadleuaeth, buasai'n cael y wobr.

Erwyd: 'Cyfaill yr Achydd'. Bydd hon yn gyfrol drwchus gan fod y bennod gyntaf ardderchog yn un hir dros ben ond pob gair yn talu am ei le. Cyflwyniad gwerth chweil mewn arddull gyfeillgar gydag arlliw o ysgolheictod sydd yn eich cipio'n syth. Mae hwn yn darllen yn esmwyth ac yn ystwyth. Mae'n dechrau fel hyn: 'Nid llyfr i'w ddarllen o glawr i glawr mohono ond adnodd llawn ffeithiau a chyngor y gallwch droi ato'n gyson'. Dyna'n union sydd ei angen. Efallai mai hwn yw'r unig un sydd wedi ysgrifennu'n gyfan gwbl o safbwynt bod yn Gymro ac y mae'n pwysleisio'r gwahaniaeth rhyngom ni a'r Saeson. Awgryma fod llawer o'r Cymry'n parhau i fod yn gyfarwydd â milltir sgwâr y teulu er cymaint y mudo a'r ymfudo a fu. Mae'n gosod ei safbwynt yn glir yn ei bedwerydd paragraff lle mae'n gofidio bod yr hen gartref, cynefin 'yr hen bobl' a adwaenai yn ei faboed, yn awr yn dy haf. Mae yma straeon perthnasol a thipyn o hiwmor hefyd. Ac mor bwysig yw ychydig o hiwmor oherwydd y mae hel achau yn hwyl. Mae hwn yn achyddwr profiadol ac yn hyddysg yn hanes hir achau Cymreig. Mae ganddo ymadroddion cofiadwy, diarhebol bron, megis 'Mae mwy i hel achau nag ymffrost'. Mor wir! Ugeiniau o weithiau y mae rhywun wedi mynnu fy nghornelu i egluro sut y maent yn disgyn o Owain Glyndŵr. Ond does neb byth yn brolio am ei hendaid oedd yn gardotyn tlawd! Cofied geiriau George Bernard Shaw: 'Os dowch chi o hyd i sgerbwd yng nghwpwrdd eich teulu, gwnewch iddo ddawnsio'. Hyderaf yr â *Erwyd* ymlaen i gwblhau'r gyfrol ac edrychaf ymlaen at ei darllen maes o law. Mae *Erwyd* yn llawn haeddu'r wobr.

Erthygl goffa i Gymro neu Gymraes a fu farw yn ystod yr unfed ganrif ar hugain (heb fod dros 2,000 o eiriau)

BEIRNIADAETH MEIC STEPHENS

Er bod yr erthygl goffa yn gystadleuaeth gymharol ddiweddar yn yr Eisteddfod Genedlaethol, go brin fod angen ailddatgan beth yw prif hanfodion y ffurf newyddiadurol hon. Byddai cystadleuydd craff wedi mynd i'r drafferth i ddarllen beirniadaeth Menna Baines yn 2005 neu wedi cael cip ar ragymadrodd fy llyfr *Necrologies,* sy'n coffáu 72 o Gymry adnabyddus a fu farw er 1994, i wybod mai cyfuniad o adnabyddiaeth dda o'r gwrthrych a mynegiant cryno a gafaelgar yw nod yr erthygl goffa. Mae lle i farn ac atgofion personol, wrth gwrs, ond rhaid eu ffrwyno, ac ni ddylid caniatáu emosiwn gor-felys ar unrhyw gyfrif. Ysywaeth, dyna un o'r prif wendidau eto eleni, fel yn 2005. Hwyrach y buasai'n dda o beth, os cynhelir y gystadleuaeth drachefn, i leihau nifer y geiriau i ryw fil ar y mwyaf, neu hyd yn oed 750 fel yn 2005, yn y gobaith y bydd y cystadleuwyr yn fwy cynnil. Tua mil o eiriau sy'n arferol ym mhrif bapurau Lloegr fel yr *Independent* a'r *Guardian.*

Am y rheswm hwn yn bennaf, cystadleuaeth braidd yn siomedig oedd hon, gyda dros hanner y darnau ymhell o fod yn foddhaol. Ymddengys fod y Cymry wedi dechrau colli'r arfer o ddarllen ac ysgrifennu erthyglau coffa. Wrth *erthygl goffa,* gyda llaw, yr hyn sydd gennyf mewn golwg yw *obituary,* sef darn sy'n addas ar gyfer papur newydd o safon, yn hytrach nag *ysgrif goffa* sy'n fwy cymwys i gylchgrawn llenyddol. Dagrau pethau yw nad oes gan y Cymry bapur newydd dyddiol sy'n cario erthyglau coffa'n rheolaidd fel sydd gan bob gwlad wâr. Eto i gyd, da yw nodi bod y misolyn *Barn,* o dan arweiniad Vaughan Hughes, wedi dechrau ceisio llenwi'r bwlch gresynus hwn yn ein newyddiaduraeth gyfoes.

Daeth 11 o erthyglau i law – dwy yn fwy na'r tro o'r blaen, er fy mod i wedi rhoi o'r neilltu yr erthygl gan *Beudy Parc* am Tom Jones, Llanuwchllyn, oherwydd ym 1985 y bu ef farw. Soniaf am y deg sy'n weddill yn nhrefn teilyngdod, gan ddechrau gyda'r gwannaf.

Anodd credu bod *Iohanes,* sy'n ysgrifennu am yr Archesgob George Noakes, wedi darllen erthygl goffa erioed. Mae'n dechrau fel hyn: 'O bryd i'w gilydd fe ddaw enwau pobl nodedig i'r brig yng nghyfrolau hanes dyn. Heb os, unigolion fel hyn ac nid pwyllgorau a mudiadau a wnaeth y cyfraniadau mwyaf sylweddol i'w cylchoedd ac i'r hil gyfan . . .' ac felly ymlaen am ddau baragraff ystrydebol arall cyn dechrau tanio. Yn waeth byth, dyma'r tro cyntaf imi ddarllen erthygl goffa nad yw'n enwi'r gwrthych tan y frawddeg olaf un. Digon difyr yw'r hanesion am yr Archesgob, ond nid oes affliw o werth bywgraffyddol yn perthyn i'r darn hwn.

Mae *Cenarth* yn cyfaddef na chafodd hi'r cyfle i gwrdd ag Eluned Phillips erioed. Am gyfaddefiad mewn erthygl goffa! Rhaid cymryd, felly, mai oddi wrth deyrngedau gan bobl eraill, a'r llyfr anfoddhaol *The Reluctant Redhead*, y cafwyd y ffeithiau yn y potes ail-dwym hwn. Mae'r bardd druan yn haeddu llawer gwell.

Ni ddylid bod wedi cwyno, fel y gwnaeth *Iet Wen* ym mrawddeg gyntaf yr erthygl am T. Llew Jones, nad oedd 2,000 o eiriau yn ddigon i wneud cyfiawnder â pherson mor amryddawn, cyn mynd ymlaen i raffu geiriau drwy or-fanylu a gor-ddyfynnu. Nid oedd angen rhestru teitlau holl lyfrau'r awdur ar y diwedd, ychwaith, yn enwedig gan fod cymaint o ffeithiau sylfaenol ar goll. Fel yn rhan fwyaf y darnau yn y gystadleuaeth hon, mae paragraffau *Iet Wen* yn llawer rhy hir. Rhaid cofio mai tua 120 o eiriau ar y mwyaf sydd i baragraff mewn papur newydd o safon.

Gosododd *Pegasws* dasg anodd iddo'i hun wrth ddewis ysgrifennu am y cymhlethdodau yng nghymeriad Islwyn Ffowc Elis. 'Treuliodd ei fywyd,' meddai, 'yn ymgyrraedd am yr anghyraeddadwy ym myd crefydd, llenyddiaeth a gwleidyddiaeth a chleisiodd ei enaid briw i'r byw wedi iddo geisio dod i delerau â'r hyn a welai fel ei anallu i gyrraedd y nodau anhygyrch yr oedd yn eu gosod iddo'i hun'. Gwir y gair. Ond toc wedyn mae'r erthygl yn troi'n ysgrif lenyddol sy'n llusgo ymlaen o ddyfyniad i ddyfyniad heb ryw lawer o ffeithiau bywgraffyddol i gefnogi'r gosodiad. Nid oes sôn am wraig a merch Islwyn, ac ni roddir hyd yn oed ei ddyddiad geni a marw. A chyda llaw, rhaid parchu'r confensiynau parthed teitlau llyfrau: *Cysgod y Cryman* sy'n gywir, nid '*Cysgod y Cryman*'; ac nid oes angen rhoi dyfyniadau mewn llythrennau italaidd oni bai eu bod mewn iaith estron: gwers gyntaf y cyw-newyddiadurwr.

Mae'r safon yn codi gryn dipyn gyda'r chwe ymgais sy'n weddill, er bod nifer o'r gwendidau a nodwyd eisoes i'w gweld o hyd.

Braf oedd darllen ysgrif goffa am rywun nad oeddwn wedi clywed amdano o'r blaen, sef John Douglas Davies, rheolwr banc yn Llanybydder, testun *Neb o bwys*. Darllenais â diddordeb am ei yrfa yn y fyddin a'i agwedd hael tuag at yr Almaenwyr y daeth ar eu traws, ac am ei ran yn y mudiad cenedlaethol yn Shir Gâr. Cafodd ei garcharu am ei weithred yn erbyn y mast teledu ym Mlaenplwyf, a chadeirydd y fainc, cyn-gwsmer iddo, yn dweud wedi'r ddedfryd ei fod yn fwy anesmwyth na'r cyhuddedig. Mae'r fath hanesyn yn ychwanegu pinsiad o halen i'r portread ond, unwaith yn rhagor, mae ffeithiau hanfodol megis dyddiad cywir ei farw yn y flwyddyn 2000 ar goll. Dyna'r lleiaf y gellir ei ddisgwyl gan erthygl goffa.

Portread eithaf cyflawn o'r Gwir Barchedig Anthony Crocket a geir gan *Pererin*. Mae'r arddull yn glir a darllenadwy. Er ein bod wedi mynychu'r un ysgol ym Mhontypridd, nid adwaenwn y bachgen a ddaeth yn Esgob Bangor ac mae'r erthygl hon wedi fy ngwneud yn edifar am hynny. Fodd bynnag, nid oedd angen dyfynnu cymaint, yn enwedig y llinellau o *Y Llen* gan Dyfnallt Morgan er mwyn cyfleu machlud y Gymraeg yn Nowlais, lle'r oedd Anthony Crocket yn offeiriad ar un adeg. At hynny, mae yma ormod o sôn am bererindota i lefydd fel Santiago de Compostela. Byddai cwtogi'n llym ar y darn hwn wedi ei roi'n agosach at y brig.

Mae teyrnged *Noiram* i'r nofelydd Marion Eames yn manylu am y modd y bu bron iddi golli'r Gymraeg ac wedyn ailafael ynddi, er gwaethaf trigolion Dolgellau a oedd yn gyndyn i siarad yr iaith gyda'r ddysgwraig. Datgela ambell ffaith sy'n newydd imi ac mae wedi dal rhywfaint o'i chymeriad addfwyn ond penderfynol. Marion Eames yr awdur sydd yma'n anad dim a chwta frawddeg sy'n cyfeirio at yr ugain mlynedd a dreuliodd gyda'r BBC. Pe bai nifer y geiriau yn y darn hwn wedi cael ei lleihau'n sylweddol trwy dorri ar hyd y paragraffau, byddai wedi gwneud erthygl goffa addas iawn i bapur newydd.

Deil *Gwawr* gymeriad hoffus Alun Creunant Davies a rhoddir crynhoad cywir a chynnes o flynyddoedd ei lafur yn Gyfarwyddwr y Cyngor Llyfrau. Atgof am y Cristion a chymwynaswr a geir yma, y dyn a welai rinweddau ym mhobun, yn enwedig y rhai a ddeuai o'i flaen yn Llys Ynadon Gogledd Ceredigion. Clywn am Alun a'i wraig yn cerdded strydoedd Penparcau er mwyn annog plant i fynd i'r Ysgol Sul, ac yn rhoi dillad ac arian i'r anghenus ar adeg profedigaeth. Roedd ei deyrngarwch i'w ffrindiau yn adnabyddus: 'Er fod holl gyfleusterau angenrheidiol bywyd ar gael yn nhref Aberystwyth eto'i gyd [*sic*] byddai'n parhau i dorri ei wallt yn Llechryd, trwsio'i gar ym Mhennant a mynd at ei feddyg yn Aberaeron'. Gresyn nad oedd y cystadleuydd wedi glanhau'r erthygl o feflau bychain. Ac er gwyched y soned gan J. R. Jones, nid oes lle iddi yma, mewn gwirionedd.

Erys dwy erthygl, a phendronais yn hir amdanynt cyn dod i benderfyniad ynglŷn â pha un i'w gosod yn gyntaf. Mae ganddynt ill dwy eu rhinweddau a'u gwendidau.

Gwylan oedd yr unig gystadleuydd i ddilyn steil papurau fel yr *Independent* a rhoi straplein ar ben y darn – 'Marged Pritchard, conglfaen ei chapel a'i phentref, ffrind i lawer a llenor ddisgybledig' – yn ogystal â chrynhoad ar ei waelod, a da o beth yw hynny, er go brin yr oedd angen ail-ddweud 'Llenor a ffrind i lawer' yn y crynhoad. Taclus a chaboledig yw arddull *Gwylan* ac mae'n amlwg ei bod hi wedi adnabod ei gwrthrych yn dda, fel cymdoges efallai, gan roi portread o'r person yn ogystal â'r nofelydd. Serch hynny, mae darn sy'n cynnwys tua 1,800 o eiriau yn rhy hir o lawer; mae ambell baragraff ymhell dros 120 o eiriau. Rhaid, hefyd, tynnu i mewn linell gyntaf pob paragraff ond yr un agoriadol, arfer sydd wedi dechrau edwino mewn gohebiaeth (ac ym meirniadaethau'r Eisteddfod Genedlaethol) ond sy'n arferol o hyd cyn belled ag y mae'r wasg yn y cwestiwn. Nid pethau bach dibwys yw'r rhain ond rhan hanfodol o ysgrifennu ar gyfer papurau newydd, a thrafferthus a chostus yw gorfod eu cywiro. Yn ddiamau, hefyd, dylid bod wedi hepgor y geiriau '. . . mudan fu'r wasg a'r cyfryngau yn dilyn marw'r llenor llwyddiannus a gyfrannodd gymaint i Gymru dros chwarter canrif o amser. Prin fu'r cyfeiriadau at ei marwolaeth ac ychydig iawn o gydnabyddiaeth a gafodd er ei holl lwyddiannau'. Gwir bob gair ond synnwyr trannoeth yw hyn: ni fyddai'r sylw wedi bod yn bosibl ym mis Gorffennaf 2001 pan fu farw Marged Pritchard. Bid hynny fel y bo, dyma ymgais wybodus a chytbwys i ddisgrifio cymeriad dawnus a chymwynasgar.

Yn yr un modd, dylai'r cystadleuydd *Ffoslas* fod wedi mynd trwy'r erthygl am y Parchedig Stanley G. Lewis, gweinidog gyda'r Methodistiaid Calfinaidd, gyda golwg ar sut i hepgor brawddegau nad ydynt yn cyfrannu rhyw lawer at ein gwerthfawrogiad ohono. Er enghraifft, gormodol yw'r sôn am ei ewythrod a oedd yn bileri'r Hen Gorff yn Sir Aberteifi a pha weinidogion oedd yn hoff gan ei ysgolfeistr o dad. Wedi dweud hynny, dyma'r cystadleuydd sy'n dangos y ddirnadaeth orau o'r erthygl goffa fel ffurf newyddiadurol ac sy'n parchu'r confensiynau. Mae'n gryno, yn dreiddgar, yn gynhwysfawr ac yn ddarllenadwy. Ni fuaswn yn synnu clywed bod gan *Ffoslas* brofiad o ysgrifennu erthyglau coffa ar gyfer y wasg. Mae'r sylwadau'n gynnil a'r arddull yn hyderus, ac mae'r cystadleuydd yn gwbl gyfarwydd â'r gwrthrych. Am y rhesymau hyn, rhodder y wobr i *Ffoslas*.

Yr Erthygl Goffa

Y PARCHEDIG STANLEY G. LEWIS

Bu gwasanaethu cyd-ddyn yn nodwedd amlwg o fywyd Stanley Lewis. Cyflawnodd hyn yn helaeth trwy ddulliau amrywiol mewn meysydd gwahanol. Ym mhentref bach Chancery, ryw bedair milltir i'r de o Aberystwyth, y dechreuodd y daith ar y cyntaf o Fis Bach 1918. Loes calon i'r heddychwr oedd gweld y brwydrau'n parhau ar draws y byd wrth i'w oes ddirwyn i ben ar y pymthegfed o Awst 2007.

Magwyd John Stanley Gerallt Lewis, yr hynaf o dri o feibion, ar aelwyd Tŷ'r Ysgol. Bu newidiadau amlwg yn y pentref bach ers dyddiau ei blentyndod. Gwesty moethus yw Plas Ffosrhydygaled bellach ac atgof yw sŵn y plant ar ôl i'r ysgol gau yn 1968. Disodlwyd Chancery ar yr arwydd sy'n cyfarch teithwyr. Er hynny, Chancery ac nid Rhydgaled yw'r enw a ddefnyddir ar lafar gan y rhai hŷn a fagwyd yn y fro.

Cydnabyddid tad Stanley Lewis yn ŵr blaengar yn yr ardal a chyfeirid yn annwyl ato fel J. D. Bu'n brifathro Ysgol Chancery yn ystod y cyfnod o 1915 hyd 1948. Athrawes gerdd benigamp oedd ei fam, Katie, a rhoddodd gefnogaeth barod i J. D. gyda dyletswyddau addysgol yn ogystal â gweithgareddau crefyddol a diwylliannol. Arloesodd y ddau ym myd cerddoriaeth gan fraenaru'r tir a sefydlu cerddorfa yn yr ysgol. Parhaodd cerddoriaeth yn rhan bwysig o fywyd y mab hynaf wrth iddo dyfu a chamu ymlaen i'r coleg. Cerddoriaeth a Chymraeg oedd ei bynciau yn y brifysgol yn Aberystwyth a derbyniodd ei radd B.A. maes o law.

Bu'r newydd am y bwriad i gau'r adran gerdd yn y brifysgol flynyddoedd yn ddiweddarach yn boendod i'r gŵr a feddai ar lais tenor peraidd. Datganodd yn groyw ei wrthwynebiad i'r cynllun ond cau fu'r hanes. Teimlai fod y penderfyniad yn tlodi'r gymdeithas gerddorol yn lleol a'r diwylliant cynhenid yn ehangach.

Dilyn llwybr ei ddau ewythr, y Parchedig Jenkin Lewis a'r Parchedig L. M. Lewis, yn hytrach nag ôl troed ei dad a wnaeth Stanley Lewis wedi cwblhau ei addysg ffurfiol. Nid oedd hyn yn syndod o gwbl oherwydd cafodd bob hwylustod ar aelwyd a anwylai Grist. Y capel, yr Ysgol Sul a phethau'r achos a hawliai sylw ei dad yn gyson. Dywedir mai tri o weinidogion Ceredigion oedd arwyr J. D. Lewis, sef y Parchedig D. H. Lloyd, Cwmystwyth, y Parchedig D. J. Evans, Capel Seion, a'r Parchedig O. H. Jones, Llanilar.

Wedi'r fagwrfa yn Nhŷ'r Ysgol, profodd Stanley Lewis brentisiaeth drwyadl gan sicrhau gradd B.D. ac yna hyfforddiant pellach yng Ngholeg y Bala.

Sonnid gan gydnabod y Parchedig Jenkin Lewis yn ardal Glanaman am fugail gofalus. Heb os nac oni bai, cyflawnodd ei nai swyddogaeth debyg wrth warchod preiddiau'r Methodistiaid Calfinaidd yn y Gymru ddiwydiannol a'r Walia wledig.

Ymateb i'r alwad gan aelodau Horeb yn Nhreherbert wnaeth Stanley Lewis yn dilyn ei ordeinio i'r weinidogaeth. Dechreuodd ar y gwaith yn 1948. Dyma gyfnod pan ddeuai cynulleidfaoedd niferus i foli'r Arglwydd mewn oedfaon ar noson waith heb sôn am ar y Sul.

Yng nghwrs hanner can mlynedd a mwy, bu'n dyst o'r newidiadau aruthrol yn y gymdeithas o fewn muriau'r capel a'r byd sef y maes cenhadu y tu allan. Treuliodd gyfnodau'n pregethu'r Gair ac yn gweinyddu'r Sacramentau mewn pedair gofalaeth wahanol ar hyd a lled y wlad ar ôl ffarwelio â bro ddiwydiannol y Rhondda. Aeth i Lanwrtyd, Abergwaun a Chaergybi cyn cwblhau ei weinidogaeth swyddogol yn y Drenewydd.

Er y cyfeirir at wŷr yn ymddeol o'r weinidogaeth, ni feddyliodd Stanley Lewis am roi'r gorau i fugeilio pobl am weddill ei oes. Wedi ymgartrefu yn Llannon ar arfordir Ceredigion ac yn ddiweddarach yn Aberaeron, bu'n gennad cyson ym mhulpudau'r fro ac mewn gwasanaethau amrywiol. Yr oedd ei frwdfrydedd yn heintus a châi flas arbennig ar baratoi pregethau i aelodau'r gofalaethau a anwesodd yn ystod ei weinidogaeth.

Ystyriai'r cyfle i annerch yn ogystal â phregethu ym Mlaenplwyf, capel ei faboed, pan ddathlwyd canmlwyddiant yr achos yno yn 1978, yn anrhydedd o'r radd flaenaf. Tystiwyd ei fod yn caru Duw ac yn caru dyn. Llwyddodd y radical eangfrydig i uno'r ddwy elfen yn gelfydd.

Er i salwch ei alltudio o'r pulpud am gyfnod yn y blynyddoedd olaf, dychwelodd i bregethu gan ddiolch am y fraint o addoli Crist.

Yr oedd hefyd yn frogarwr heb ei ail. Maldodai'r llwybrau a'r meysydd o gwmpas Tŷ'r Ysgol. Datblygodd yn gariad at Gymru'r genedl ac yn gefnogaeth i Blaid Cymru. Gweithiodd mab hynaf Tŷ'r Ysgol yn ddygn i hybu neges Plaid Cymru am gyfran helaeth o'i oes. Bu'n cyd-gerdded â Saunders Lewis a Gwynfor Evans heb sôn am gyfeillion yn sir Benfro fel D. J. Williams a Waldo. Gwasanaethodd fel cynghorydd ar Gyngor Tref y Drenewydd.

Mae'n sicr mai penllanw'r anogaeth oedd llwyddiant Cynog Dafis yn Etholiad Seneddol 1992 pan gipiodd sedd Ceredigion a Gogledd Penfro. Yr oedd gwên y gwron o Chancery y tu allan i San Steffan yn esboniad teg o'r ymadrodd am wenu fel cath swydd Gaer. Trysorwyd yr achlysur hanesyddol gan lun a dynnwyd yn y man a'r lle. Llwyddodd i ddatgan y llawenydd a deimlai Stanley Lewis wrth wireddu breuddwyd.

Mae'n anodd dirnad ei ddylanwad wrth iddo bledio achos y Gymraeg mewn sefyllfaoedd swyddogol a diwylliannol. Lleisiodd ei gefnogaeth i'r bwriad i sefydlu ysgol gynradd Gymraeg yng Nghaergybi a chyfrannodd i'r trafodaethau ynglŷn â deddf newydd i'r iaith. Ymfalchïai pan gyhoeddwyd argymhellion gan Weithgor Deddf Newydd yr Iaith Gymraeg ar ôl ystyried safle'r Gymraeg yn 1982. Wrth gydnabod y datblygiadau a fu yn ystod oes Stanley Lewis, mae'r pwnc yn ymwneud ã'r defnydd o'r Gymraeg gan gyrff cyhoeddus a phreifat yn parhau heb ei ddatrys.

Yr oedd Stanley Lewis yn ŵr o argyhoeddiad. Cyhoeddodd yn daer ei wrthwynebiad i ryfel a safodd yn wrthwynebydd cydwybodol er y pardduo. Ymfalchïai fod y Parchedig David Jones, a ddaeth i ofalu am Flaenplwyf ac Elim yn 1946, hefyd yn wrthwynebydd cydwybodol. Tystiodd mai peth anghyffredin oedd cael Gweinidog a roddai'r lle canolog i heddwch yn ei bregethu grymus. Argraffwyd angenrheidrwydd neges David Jones mewn nifer o bregethau ar gof mab hynaf Tŷ'r Ysgol. Mabwysiadodd Stanley Lewis y neges gan weithio'n ddygn i gyfannu'r rhwygiadau trwy weithredu a charu yn ysbryd Teyrnas Nefoedd.

Os oedd y ddau yn wrthwynebwyr cydwybodol, yr oeddent hefyd yn feirdd cenedlaethol. Enillodd David Jones y Goron yn Abergwaun yn 1936 ar ôl canu nifer o gerddi gafaelgar yn Salonica adeg y Rhyfel Byd Cyntaf. Mynegiant o'i hiraeth am Gymru i gasineb at ryfel a geir yn y cerddi cynnar.

Ym myd llenyddiaeth meistrolodd Stanley Lewis fesur y delyneg gan sicrhau'r wobr gyntaf yn Eisteddfod Genedlaethol Llanrwst 1989. Yr oedd y wobr hon yn gydnabyddiaeth haeddiannol i fardd a ddechreuodd feithrin ei grefft yn gynnar yn ei fywyd. Cyfrannodd yn helaeth i gystadlaethau barddonol yr Eisteddfod Ryng-golegol a sicrhaodd nifer o wobrau eisteddfodol yn ystod ei ieuenctid.

Cyd-fyfyriwr o'r adeg honno, y Parchedig Eirian Davies, a luniodd y cyflwyniad i'w unig gyfrol, sef *Y Chwalfa a Cherddi Eraill*. Cyfaill ac enaid cytûn yw ei dystiolaeth am y bardd Stanley Lewis. Profodd y dewin geiriau, Dewi Emrys, a fu'n olygydd 'Pabell Awen' *Y Cymro*, yn gaffaeliad amhrisiadwy i'r ddau gyw-fardd ar eu prifiant. Un arall o'i gyfeillion, y

Parchedig D. Ben Rees, a lywiodd y casgliad drwy'r wasg yn 1981 dan ymbarél argraffu Cyhoeddiadau Modern Cymreig. Mabwysiadodd Stanley Lewis yr enw barddol Llolwyn, sef yr afon fechan sy'n rhedeg gerllaw Tŷ'r Ysgol yn Chancery. Bu'n ceisio dethol a didol nifer o gerddi ond ni chyhoeddwyd rhagor o'i gynnyrch cyn ei farwolaeth.

Yr oedd yn olygydd cydwybodol y golofn farddol ym mhapur bro *Llais Aeron*. Rhoddid sylw i gerddi amrywiol gan feirdd lleol yn ogystal â nifer o'r clasuron. Trwy gyfrwng y golofn honno, cyflwynodd ei wybodaeth drylwyr am lenyddiaeth ac erys ôl-rifynnau'n ganllaw gwerthfawr i rywun sy'n dymuno ymgyfoethogi ym maes diwylliant. Treuliodd un mlynedd ar bymtheg yn cribinio deunydd i Gornel y Beirdd a chyflawnodd waith ysgrifennydd y papur hefyd am gyfnod.

Denwyd Stanley Lewis gan hynt a helynt y bêl gron (neu ffwtbol, fel y cyfeiriai ef a'i gyfoedion at y gamp). Yr oedd wrth ei fodd yn chwarae gan arfer y grefft o ymosod ac, yn ddiweddarach, manteisiai ar bob cyfle i dreulio orig yn gwylio gemau.

Gwasanaethodd Glwb Pêl-droed Aberystwyth yn helaeth ar ôl dychwelyd i sir ei febyd. Ystyriai'r swyddogaeth o fod yn gaplan y clwb yn fraint. Yn ogystal â chyflawni hynny, byddai wrthi'n ddygn, boed law neu hindda, yn gwerthu rhaglenni'r gemau ger un o' r mynedfeydd i Goedlan y Parc.

Yr oedd yn mwynhau bod ymhlith pobl, y sgwrs yn ddifyr a'r wên unwaith eto yn datgan ei bleser. Mae'n siŵr y profai'r un emosiynau â'r cefnogwr mwyaf pybyr oherwydd nid oedd bod yn ddiduedd yn nodwedd ohono pan fyddai Aber ar y maes!

Bu farw ei wraig annwyl, Barbara, ym mis Mai 2000. Bu'r nyrs o ardal Treherbert yn gydymaith cyson ac yn fam ofalus o'r pum plentyn. Gedy Euros, Glesni, yr efeilliaid Ceris ac Eiry, a'r cyw melyn olaf Gerallt.

Ffoslas

Deuddeg o ddarnau byrion crafog yn null Colin B. Jones yn *Y Cymro* neu Jac Codi Baw yn *Golwg*

BEIRNIADAETH LYN EBENEZER

O wlad sydd â chymaint o gocynnau hitio cenedlaethol haeddiannol, rydyn ni'n affwysol o dlawd o ran ein dychanwyr. Y Cynulliad ac S4C, Radio Cymru a'n selebs honedig, ambell fardd neu awdur mewnblyg a'r crachach academaidd hunanbwysig – mae'r targedau'n ddihysbydd. Eto i gyd, ar wahân i un rhaglen annigonol ac achlysurol ar S4C, sef Cnecs, a cholofnau Colyn Pigog (gynt) a'i olynydd Madog Lygadog yn *Y Cymro* a Jac Codi Baw yn *Golwg*, does yna ddim oll. Rhaid ein bod ni'n hynod fodlon ar ein byd.

Nid felly y bu hi. Ydych chi'n cofio 'Pupur a Halen' ar Radio Cymru? Hanner awr yn orlawn o ganeuon, sgetsys a jôcs. Ydych chi'n cofio'r 'Swigs' Eisteddfodol nosweithiol ar S4C? Ydych chi'n cofio 'Llythyr y Cwîn' yn *Tafod y Ddraig*, creadigaeth hilariws Gareth Meils? Ydych chi'n cofio'r *Lol* cynnar, a Gareth unwaith eto mewn partneriaeth â'r cartwnydd Elwyn loan gyda'i ddychan miniog ar y Sefydliad? On'd oedden nhw'n ddyddiau da?

Mae dychan yn arwydd o genedl iach, a pharodrwydd y targedau i'w dderbyn yn arwydd iachach fyth. Dychan yw'r arf perffaith i'w ddefnyddio yn erbyn yr hunanbwysig, y twyllwr a'r rhagrithiwr. Ond, er bod digon o'r rhain yn bod, mae hi'n gyfnod tlawd affwysol o ran dychan. Do, fe lwyddodd y Pigog i godi dychan yn ôl i'w briod le. Roedd ei saethau, bron yn ddieithriad, yn taro'r marc. Ac wrth i mi gyfansoddi'r feirniadaeth hon, mae yna arwyddion fod ei olynydd yn araf ennill ei blwyf. Ymddengys colofn Jac Codi Baw fel un sy'n derbyn hanesion difyr oddi wrth unrhyw gyfrannwr. Felly, nid oes iddo'r undod oedd yn perthyn i'r Pigog. Ond diolch amdano.

Er gwaethaf y tlodi dychanol, ymddengys nad oes prinder darpar-ddychanwyr. Denodd y gystadleuaeth hon gymaint ag un ar bymtheg o gystadleuwyr, a da yw cael datgan bod gan bob cystadleuydd rinweddau pendant. Yn wir, gellid gwobrwyo'r mwyafrif mawr ohonynt.

Ni welodd ambell un yn dda i osod penawdau uwchlaw eu pytiau dychanol. Credaf fod pennawd da yn medru ychwanegu at werth neu ddoniolwch stori. Darllenwch golofn lythyrau *Private Eye* i weld hyn ar ei orau. Ymhlith y rhai dibennawd y mae *Pic a Mics, Pws, Pigwr, Carreg Wastad, D. Nesydd* a *Gwenda*. O blith y rhain, mae *Pigwr* yn dangos cryn glyfrwch.

Mae'r targedau'n gyffredin i'r mwyafrif o'r dychanwyr – Radio Cymru, er enghraifft, gyda *Dan y Lach* yn cynnig enwau newydd i'r ddeuawd foreol sef y 'Grawcfran a'r Frân Ddu'. Aeth *Dan y Lach* a *Jones, B. Colyn X* ati i greu teulu. Dyna i chi Daniel Ynyr Lach; ei wraig, Sal; y meibion, Tal a Donio; Siaff y ci, a'r baban sydd ar fin cael ei eni, Caw. Y Jonsiaid yw Colyn a'r Musus, Alcwyn y mab a Minshi'r pwdl. A diolch am y mensh.

Daw nifer yn agos at y Dosbarth Cyntaf: *Menna Lili, Iolo, Dan y Lach* (sy'n deall i'r dim anghenion dychan), *Y Barnwr* a *Rhyfedd o Fyd* (cystadleuydd anfoddog 'rhag ofn cael swydd barhaol, yndê, Wa?').

Yn y Dosbarth Cyntaf, daw *Jones, B. Colyn X, D Fanag, Gwenwyn Gwent, Y Crechydd, Gwen, Ond y Dim, Pry Pric* a *Cono Sur*. Mae'r wyth hyn yn hynod gyfartal, gydag arddull slic, dewis da o dargedau a syniad pendant am anghenion dychan. Fe fu hi'n anodd i bob cystadleuydd wrth gadw at y dyddiad cau, sef Diwrnod Ffŵl Ebrill. Golygai hynny na ellid bod yn destunol, un o hanfodion dychan mewn cyfnodolyn. Aeth *Cono Sur* ati i esbonio iddo gyfyngu ei hanesion i ddigwyddiadau a gofnodwyd gan y cyfryngau, print ac electronig, yn ystod yr wythnos a arweiniai at y dyddiad cau.

Yn ogystal â hynny, mae colofn *Cono Sur* yn gytbwys, slic, crafog a doniol. Hwyrach iddo fynd yn rhy faith gyda'i ail hanesyn. Mae ei bynciau'n amrywio o'i ffarwel i Colin B Jones i lambastio Plaid Cymru am ddiarddel merch ifanc; o John Toshack i golofnau marwolaeth y *Daily Post*; o anwybodaeth Cadeirydd Pwyllgor Meddygol Gogledd Cymru i gogydd nad yw'n deall sut i ffrio macrell. Cyfeirir ddwywaith at ffars Plaid Lafur Cymru wrth aralleirio 'Delilah'. Estynnir pelten haeddiannol i Warren Gatland; llwyddodd i gysylltu estrys â'r amgylchedd ac fe hiraetha am yr hen ffordd Gymreig o ailgylchu poteli. Mae'n gorffen gyda jôc sy'n cysylltu cenhedlu a bwyta ffa. Gwobrwyer *Cono Sur*. Dylai Colin fod yn falch ohono.

Y deuddeg o ddarnau byrion crafog yn null Colin B. Jones neu Jac Codi Baw

COLOFN CONO SUR

Gair bach o eglurhad, chwedl Eirwyn Pontshân. Gan fod deunydd Colin B. Jones a Jac Codi Baw yn gorfod bod yn amserol, cyfyngais innau fy hun i ddigwyddiadau a gofnodwyd gan y cyfryngau, print ac electronig, yn ystod yr wythnos a arweiniai at y dyddiad cau, Ebrill 1af 2009.

Wylofain ar ôl Wil
Nid fi yw'r unig un sy'n siomedig bod William H. Owen yn rhoi'r gorau i olygyddiaeth *Y Cymro*. Un o blith nifer lawer o'i gymwynasau fu darganfod nawddsarff y gystadleuaeth hon, Colin B. Jones, y Pigog ei hun. Er cymaint camp oedd honno, ei gymwynas fwyaf oedd anadlu bywyd i bapur a oedd wedi diffygio'n arw. Bydd colled ar ôl Wil. Y math o golled y ceisiaf ei chyfleu nid mewn cerdd ond yn hytrach ar ffurf pennawd: Wil Owen a Rhincian Dannedd.

Diarddel Arianwen, 17
O ddegawd i ddegawd, o etholiad i etholiad, fe ddaeth yn gynyddol amlwg nad oes gan filiynau ar filiynau o bobol yr ynysoedd hyn, pobol o bob oed, y diddordeb lleiaf mewn pleidleisio dros nac yn erbyn neb na dim. Trech difaterwch na democratiaeth, mae'n ymddangos.

Pobol ifanc dan 30 oed sydd fwyaf tebygol o ymwrthod yn llwyr â'r drefn ddemocrataidd. Beth ydach chi'n ei ddychmygu, felly, fyddai ymateb plaid wleidyddol i'r newydd fod merch 17 oed, nad yw eto'n cael pleidleisio, wedi ymaelodi yn ei rhengoedd? Fe fyddai'n cael croeso twymgalon, oni fyddai? A byddai'n cael ei thrysori, siŵr o fod? A'i meithrin? A'i gwneud i deimlo'n arbennig?

Na fyddai, mae arnaf ofn. Ddim yn achos Plaid Cymru. Mae Arianwen Caiach-Taylor o Drimsaran yn ddisgybl chweched dosbarth sydd â'i bryd ar fynd ymlaen i brifysgol. Nid yn annisgwyl, roedd hi'n grac bod Ieuan Wyn Jones a gweinidogion Plaid Cymru yn y Llywodraeth glymblaid wedi cefnogi Llafur ar fater ffioedd dysgu myfyrwyr. Anfonodd e-bost at Ieuan Wyn Jones yn anghymeradwyo hynny'n ffyrnig. Ac fe ryddhaodd hi gynnwys yr e-bost i'r wasg. (Dyna ei 'chamgymeriad', wrth gwrs.) Am hynny, fe gafodd hi ei diarddel o Blaid Cymru. Dywedaf eto, yn ferch ysgol 17 oed, cafodd Arianwen ei diarddel. A hynny, cofier, er gwaetha'r ffaith mai polisi swyddogol Plaid Cymru yw gwrthwynebu'r ffioedd dysgu Llafuraidd hyn.

Arianwen, wedi'r cyfan, sy'n driw i bolisi Plaid Cymru. Ieuan Wyn a'i weinidogion sydd wedi mynd yn groes i'r polisi hwnnw. Ac fe gawson nhw eu hatgoffa o hynny'n hollol ddiamwys gan Adam Price, aelod seneddol Plaid Cymru dros Ddinefwr a Dwyrain Caerfyrddin. Wrth gwrs, 'fu dim sôn am geryddu Adam Price. Ac afraid dweud na fyddai'r Blaid wedi meiddio meddwl am ddiarddel Adam. Ac eto mae hi'n gallu gwneud hynny i Arianwen, 17 oed. Ych a fi. Gweithred y cachwr a'r bwli yw gweithred o'r fath.

Yr hanesydd, yr Arglwydd Acton, ddywedodd bod grym absoliwt yn llygru'n absoliwt. Beth, tybed, fyddai ganddo i'w ddweud am Blaid Cymru? Yn ei hachos hi, mae'r mymryn lleiaf o rym yn llygru'n absoliwt.

Wylit, Wylit, Mark Hughes

Nid colli yn erbyn y Ffindir yng Nghaerdydd o 2-0 oedd pechod pennaf tîm pêl-droed cenedlaethol Cymru ar Sadwrn olaf mis Mawrth. Y diffyg ymroddiad a'r dihidrwydd oedd yn brifo. Fel pyndit, gynt, ar deledu'r BBC, 'fu neb erioed yn fwy dilornus o ymdrechion Cymru dan Mark Hughes na John Toshack. Mae Tosh, felly, yn ffodus ryfeddol bod Mark yn ormod o ŵr bonheddig – ac yn ormod o Gymro – i fynd ar y teledu i dynnu tactegau amheus ac eilyddio di-glem y rheolwr presennol yn llyfrïau.

Marw yn Saesneg

Mae'n bur debyg fod mwy na hanner y cyhoeddiadau marwolaeth a gyhoeddir yn y *Daily Post* naill ai'n uniaith Gymraeg neu'n ddwyieithog. Dyna fu'r patrwm ar hyd y blynyddoedd. Hyd yn oed ers talwm, ar adeg pan oedd bron pob cyhoeddiad swyddogol yn Saesneg, ystyrid y Gymraeg o hyd yn iaith briodol i farw ynddi. Gyda gofid, fodd bynnag, mae'r Cono wedi dechrau sylwi ar duedd newydd. Un sy'n anesmwytho dyn. Yn y misoedd diwethaf, bu dau achos lle cyhoeddwyd, yn Saesneg yn unig, y manylion am angladdau pobol y gwyddwn i, i sicrwydd, mai Cymraeg oedd eu hiaith gyntaf. A Chymraeg hefyd yw iaith eu teuluoedd. Mae'n peri dychryn i mi fod Cymry glân gloyw mewn llefydd gwerinol Gymraeg yng Ngwynedd a Môn erbyn hyn wedi dechrau marw yn Saesneg.

Pwy yw'r Betsi 'ma?

Dyna gwestiwn haerllug ac anwybodus un Dr Gruff Jones, 'Cadair' Pwyllgor Meddygol Gogledd Cymru. Mae o, os gwelwch chi'n dda, eisiau i'r Gweinidog Iechyd, Edwina Hart, roi'r gorau i'r bwriad i alw Bwrdd Iechyd diwygiedig y Gogledd yn Fwrdd Iechyd Betsi Cadwaladr. Yn ôl Dr Gruff bydd pobol yn cael eu mwydro'n lân gan enw diystyr o'r fath. Diystyr, sylwer. Onid yw hi'n drist nad yw meddyg o Gymro yn gwybod dim oll am nyrs o'r Bala a weithiai ochr yn ochr â Florence Nightingale i ymgeleddu milwyr Rhyfel y Crimea? Ond be' arall ydach chi'n ei ddisgwyl gan ddyn sy'n ei alw ei hun yn Gadair? Dyw cadair ddeutroed yn dda i ddim i neb.

Macrell wedi ei ffrïo

Bryan Webb yw perchennog a chogydd un o'r tai bwyta gorau yng Nghymru, Tyddyn Llan yn Llandrillo, ger Corwen. Yn ei golofn fwyd yn atodiad Sadyrnol y *Daily Post*, mae o'n canu clodydd mecryll. Ond och a gwae! Mae'r dyn yn honni'n gwbl gyfeiliornus bod mecryll ar eu gorau yn amrwd fwy neu lai. Ie, ychydig iawn o goginio sydd ei angen ar bysgod yn gyffredinol. Mae hynny'n berffaith wir. Ond nid felly'r macrell. Tasa Bryan druan ddim ond wedi gwrando ar Endaf Emlyn – efo'n gilydd rŵan: UN, DAU, TRI: 'Macrell wedi ei ffrïo a'i ymylon wedi *crimpio*. Macrell wedi ei ffrïo fasa'n dda'.

Hefyd, ystyrier hyn: pam ddaru'r *Post* gyhoeddi myfyrdodau macrellyddol Bryan ar Fawrth yr 28ain? 'Fydd dim mecryll gwerth sôn amdanyn nhw i'w cael oddi ar ein glannau am ddeufis arall.

'Delilah'!

Sur neu beidio o ran enw, y gwir ydi bod gan y Cono Sur galon feddal. Wel, mae ganddo galon o leiaf. A thosturi'n bennaf a deimlaf tuag at wneuthurwyr y parodi ar y gân 'Delilah' a 'gynhyrchwyd' – llac yw fy nefnydd o'r gair – a'i gosod ar y we gan y Blaid Lafur Gymreig. Dim ots gen i fod y geiriau a'r delweddau'n orchestol wael. Dim ots gen i fod y canu'n fflat ac allan o diwn. Dim ots gen i fod y cyfan yn gythreulig o anfedrus ac anghelfydd a naff. Ond mae ots gen i am y Blaid Lafur. Mae ots gen i fod plaid yr ymddiriedodd y Cymry ynddi am y rhan helaethaf o gan mlynedd wedi ymostwng i fod mor fas a disylwedd â hyn. Wrth geisio cofleidio karaoke, roedd gweithred ffôl Eluned Morgan yn f'atgoffa yn hytrach o air Siapaneaidd arall sy'n cychwyn efo 'k' – *kamikaze*.

Os nad 'Delilah'?

Ar y we bu trafod bywiog ynglŷn â pherthnasedd neu ddiffyg perthnasedd defnydd Llafur o 'Delilah', cân yr hen Dom. Hynny ydi, ei pherthnasedd i'r gynulleidfa darged. Yn dreiddgar iawn, mynegwyd y farn gan amryw o bobol ifanc nad oedd cyfeirio at Thatcher a Streic y Glowyr, o gynfyd wyth degau'r ganrif ddiwethaf, yn taro unrhyw fath o dant efo llaweroedd o syrffwyr y we. Ac os oedd Eluned Morgan a'i chrônis yn credu bod 'Amcan Un a Phlaid Cymru' yn bwnc a fyddai'n cyffroi pobol ifanc, yna roedd Llafur Cymru, ysywaeth, wedi colli'r plot yn llwyr. Ys gwn i a fyddai'r to iau yn caniatáu imi awgrymu nad 'Delilah' Tom Jones yw'r gân orau i gyfleu dirywiad y Blaid Lafur yng Nghymru – a'r tu hwnt? Ydach chi'n cofio Roy Orbison? Ydach chi'n cofio cân Orbison, 'It's Over'? Ac aralleirio Ifas y Tryc, *honna* ydi hi! Mae'r sgrifen ar y mur – ac ar yr i-pod a'r we – i Lafur.

Is féidir lin!

Am ddyddiau lawer ar ôl eu buddugoliaeth yn erbyn Cymru yn Stadiwm y Mileniwm, roedd y Gwyddelod wedi gwirioni. Hon, wedi'r cyfan, oedd Camp Lawn gyntaf Iwerddon ers 61 o flynyddoedd. Ac fe ddaeth hi ar yr union adeg pan oedd ar y Gwyddel o ddifrif angen hwb i'w ysbryd. Bu Iwerddon yn wlad dlawd. Bu'n affwysol a dirdynnol dlawd. Yn dlawd yn yr un modd yn union ag y mae rhai o wledydd y Trydydd Byd yn dlawd. Bu'n angheuol dlawd.

Ond yn naw degau'r ugeinfed ganrif gweddnewidiwyd Iwerddon. Ymgyfoethogodd. Eithr yn nannedd y dirwasgiad a oddiweddodd y byd Gorllewinol ar derfyn 2008, clafychodd economi Iwerddon. Diflannodd y Teigr Celtaidd. Ond bellach, yn sgîl eu buddugoliaeth yng Nghaerdydd, synhwyrir bod ysbryd gobaith yn cyniwair eto drwy Iwerddon. Gobaith, coeliwch fi neu beidio, a fynegwyd yr wythnos hon yn dairieithog yn yr *Irish Independent,* efo'r Gymraeg yn flaenaf. Dechreuodd Jason O'Brien ei erthygl: 'Grand achievement a tonic for the nation' drwy adleisio byrdwn araith arlywyddol gyntaf Barack Obama: 'Ie, fe allwn ni! Is féidir lin! Yes, we can!'

Beth mae hyn oll yn ei ddweud am ein Warren Gatland ni? Dw i'n gegrwth o hyd ar ôl clywed y dyn dwl yn mynnu mai curo'r Gwyddel, 'y gelyn', sy'n rhoi'r pleser mwyaf i Gymro. Dyw Toshack ei hun ddim yn gallu siarad y fath *tosh* â hynna.

Dameg yr Estrys

Y noson o'r blaen ar sianel deledu lloeren yr ardderchog *National Geographic,* clywais y ffaith hon: 'Mae llygaid estrys yn fwy na'i ymennydd'. Ond problem pobol ydi fod eu llygaid yn fwy na'u boliau (er mor fawr ydi'r rheini). Dyna pam mae gwaredu'r holl fwyd rydan ni'n ei daflu – a'r pecynnu diangen sy'n amgylchynu bwydydd o bob math – yn gymaint o boen amgylcheddol.

Yr hen ffordd Gymreig o ailgylchu

Haleliwia! Heddiw ddiwethaf yn *Barn,* darllenais erthygl gan wyddonydd sydd â'i thraed ar y ddaear. Wrth drafod y dulliau gwastraffus presennol o ailgylchu gwydr, mae Bethan Wyn Jones yn siarad synnwyr perffaith. Yr hen ffordd Gymreig o ailgylchu, meddai, oedd: a) gadael poteli llefrith gwag ar garreg y drws i'r llaethdy eu defnyddio nhw eto; b) rhoi tair ceiniog i bawb a fyddai'n dychwelyd potel bop i'r siop lle prynwyd hi; (c) ailddefnyddio hen jariau ar gyfer ein jam a'n siytni cartref ein hunain. Ys dywed Bethan, roeddem ni'n ailgylchu cyn i neb fathu'r gair ailgylchu. A hynny'n effeithiol ac effeithlon.

Ac yn olaf . . .

Fe honnir ar y we fod yr Asiantaeth Cynnal Plant yn Detroit wedi derbyn yr ateb a ganlyn i'r cwestiwn, 'Pwy yw tad eich plentyn?': 'Dwn i ddim. Ar ôl bwyta platiad o ffa, mae'n anodd dweud pa ffeuen yn union a barodd i chi dorri gwynt'.

Cono Sur

Colofn o newyddion dychmygol ar gyfer papur bro gyda'r pwyslais ar y doniol a'r dychanol (oddeutu 500 o eiriau).

BEIRNIADAETH WILLIAM H. OWEN

Gyda rhyw hanner cant o bapurau bro, a mwy o ddarllen arnynt, meddir, nag ar ein papur a'n cylchgrawn wythnosol cenedlaethol, gellid disgwyl ymateb i gystadleuaeth fel hon. Dyma gyfle i fod yn ddoniol ac yn ddychanol a gwneud tipyn o hwyl am ben cynnwys y papurau misol. Yn sicr, nid ydynt uwchlaw hynny er bod ambell un wedi bod yn eu trin fel buchod rhy sanctaidd.

Nid oedd prinder o geisio trin eu harddull yn ysgafn a dychanol yng ngwaith y deunaw a ymgeisiodd. Llwyddodd y rhan fwyaf i danlinellu nodweddion amlwg y colofnau lleol neu ganolbwyntio ar y math o ysgrifennu sydd i'w gael wrth gyflwyno stori un pwnc. Nid oedd yr un ymdrech wael ond maent yn rhannu'n ddau ddosbarth.

YR AIL DDOSBARTH

Cwmeithin: Ymgais wedi ei gosod mewn dwy golofn fel ambell bapur bro. Er bod ambell bwt doniol ymhlith y tameidiau lleol, roedd yn ymdrechu'n rhy galed, yn arbennig gydag enwau llefydd a phobl.

Clecs Abercwmscwt. Wedi ei anelu i bapur bro *Clochdar*, Cwm Cynon. Dechrau'n addawol wrth nodi mai merched sy'n cynnal y papur, ond heb gynnal y safon yn y pytiau newyddion dilynol.

Siriws: Yn sicr yn cyd-fynd â'i ffugenw, gan mai 'Morglawdd Newydd y Gogledd' yw ei bwnc. Er ei fod yn dechrau drwy sôn am 'Ebrill y cyntaf', mae'n drymaidd ei arddull a braidd yn llafurus ei ddychan.

Gwenda: Gosododd newyddion Pentre Llan mewn dwy golofn. Er y tro bach difyr ar y diwedd mewn nodyn gan y golygydd, nid oedd ei gynnwys yn ddigon doniol na dychanol.

Mr Brightside: Eto wedi ei osod ar gyfer papur bro – *Llais y Mynach* y tro hwn. Beirniadu Cynllun Ysgolion Cyngor Sir yw'r pwnc ar gyfer y dudalen flaen. Ambell gic boenus ond rhy drwm drwyddo draw.

Llinos y Lliniarwr. Colofn newyddion Pontlolian, a'r deunydd yn od o debyg i'r hyn a geir mewn papur bro. Roedd cyffyrddiadau doniol a dychanol yma acw. Y ffugenw'n adrodd cyfrolau am golofnau newyddion lleol.

Co Cei: Adroddiad am gyfarfod pwyllgor llawn y Cyngor Sir a dyfodol y Maes, Caernarfon, sydd dan sylw. Digon o ddychanu cynghorwyr ac anelu bwledi ond nid yw'n ddigon bachog ei arddull.

Fioled: Newyddion i bapur bro *Coli*. Dewis da o bynciau a chymysgedd o ddoniolwch a dychan. Yn nes at yr hyn yr oedd ei angen ond gormod o chwarae ar enwau pobl a lleoedd.

Sgŵp: Newyddion Cwm Celwydd gyda chyffyrddiadau doniol. Ond trueni fod hen stori am 'werthu buwch gyda dim ond tair teth' wedi ei defnyddio fel pwt o newyddion i dynnu oddi wrtho.

Carreg o'r Afon: Ymweliad Anne Robinson â Chwmafonsgythrog i agor gardd gymunedol newydd. Er mor annhebygol yw'r digwyddiad, mae yma ddychanu crafog iawn a'r cyflwynydd pigog yn ei chael hi. Mae hi'n torri'r rhuban gyda'i gên!

S B S.: Ymdrech dda i wneud rhywbeth gwahanol gyda thema'r dirwasgiad a'r byd ariannol yn gwau drwyddo. *Llain Arian* yw'r papur a 'Y Sentan Ola'' yw enw'r golofn. Gorddefnydd o chwarae ar eiriau ac enwau.

Iolo: Dechrau'n addawol wrth sôn am ymgyrch nesaf Merched y Wawr, 'cael gwared â'ch niceri', ond yn dirywio yn ei ddoniolwch cyn y diwedd. Gresyn fod hen jôc ymweliad y dyn tarw potel wedi ei defnyddio fel newyddion.

Don: 'Cathod Caeroswyn yn ennill eto!' yw'r pennawd. Adroddiad am gêm rygbi ac ymdrech i wneud rhywbeth gwahanol o fewn terfynau'r gystadleuaeth. Serch hynny, mae'n rhy amleiriog ac yn gorddefnyddio enwau gwneud gan gynnwys yr hen ffefryn Dan Din.

Gwil Owen: Adroddiad i *Pethe Penllyn* am Pyjama Ma-Mâ. Y Tywysog Charles yn agor ail estyniad Ffatri Byjama'r Bala, er bod hynny'n anodd ei gredu. Difyr ond heb lwyr daro'r botwm doniolwch na 'phrocio a phryfocio' yn llwyddiannus.

Ap Llwydrew: Newyddion Nant Llwydrew gydag elfennau o ddychan oeraidd. Nid yw'n llwyddo i gyrraedd y nod ym mhob un o'r pytiau.

Gorffen yn dda gyda chywiriad am y dryswch yn y rhifyn blaenorol. 'Hoffem nodi nad oedd gan y llun o'r Clinig Atal Cenhedlu sy'n rhannu'r un adeilad â'r Clwb Ieuenctid ddim byd i'w wneud â'r pennawd 'Y To sy'n Codi'.

Dr Gonzo: Ymdrech arall i bapur *Llais Mynach* dan y pennawd 'Camdreulio?' am bwnc treuliau cynghorwyr, sydd yn un llosg bob amser. Mae'n welliant ar gynnig *Mr Brightside*. Ond roedd angen i'r dychan fod yn fwy cynnil iddo lwyddo.

Emyr: Newyddion Llan Lladron gan y gohebydd Rhian ap Iorwerth. Ymdrech fwy traddodiadol ei naws yn cynnwys adroddiad am y Cyngor Cymuned, Llys yr Ynadon a'r Ysgol Gynradd ymhlith pethau pentrefol eraill. Clec ysgafn a chynnil fan hyn a fan draw.

Richard: 'Sgŵp' i *Drych y Dyffryn* am 'Heddlu Arfog ym Mryn Brwmstan'. Difyr i'w ddarllen ond mwy o stori fer na cholofn o newyddion ac ymgais i roi cic i Heddlu'r Gogledd am 'sefyllfa argaeledd staff' wrth ffonio am gymorth.

Er bod pob ymgais yn cynnwys rhyw elfen o newyddion dychmygol doniol ac/neu ddychanol oedd yn taro deuddeg, nid oedd y safon yn ddigon cyson o'r dechrau i'r diwedd yn y mwyafrif ohonynt. Yn sicr, roedd yr ymgeiswyr yn ymwybodol iawn o'r hyn a geir yn y papurau bro ac yn medru eu taro yn eu gwendid, ond ni theimlaf fod yr un ohonynt wedi cyrraedd yr uchelfannau a ddisgwylid nac yn haeddu'r wobr lawn, arian y byddai pob golygydd papur a chylchgrawn yn y Gymru sydd ohoni yn gwirioni o'i gael i dalu i un cyfrannwr. Oherwydd y rheolau, does dim i'w wneud ond atal y wobr.

Monolog ar thema: Unigrwydd

BEIRNIADAETH GWEN LASARUS

Be' ydi monolog? Yn ôl y *Collins National Dictionary*, ystyr *monologue* ydi 'a dramatic scene in which an actor soliloquises'. Yn syml, drama i un cymeriad sy'n siarad efo fo'i hun. Gall y cymeriad siarad â rhywun neu rywbeth yn ystod y ddrama i'w helpu i 'ddeud ei ddeud'. A'r hyn sy'n bwysig ydi bod gan y cymeriad rywbeth gwerth ei ddweud wrthym ni, ei gynulleidfa. Peidied 'chwaith ag anghofio am y gynulleidfa oherwydd eu presenoldeb nhw sydd yn diffinio mai monolog ydi'r gwaith ac nid stori fer. Mi syrthiodd ambell gystadleuydd i'r fagl o ysgrifennu stori fer yn hytrach na monolog. Daeth un fonolog ar ddeg i law ac 'roedd hynny'n hynod galonogol i mi. Braf iawn yw gweld bod awduron yn fodlon mentro i ysgrifennu drama mewn hinsawdd mor fregus, lle mae prinder ariannol sylweddol i hybu'r celfyddydau. Diolch i chi i gyd am gynnig ar y gystadleuaeth hon.

Dyma ychydig eiriau am y monologau yn y drefn y derbyniais nhw.

Cari: Ma' hi'n fore'r Nadolig ac mae Menai newydd ddod nôl o'r Capel. Gwelwn hi'n mynd ati i osod ei chardiau Nadolig ar y silff ben tân, hen rai o'r gorffennol gan bobl nad ydyn nhw efo hi mwyach a thri cherdyn newydd. Hel atgofion y mae hi am ei gorffennol hapus, llawn hwyl a chwerthin. Mae hi'n gosod y bwrdd ar gyfer y cinio Nadolig i ddau berson sef hi ei hun a'i mam sydd wedi marw. Gwelwn Menai'n siarad efo'i mam mewn iaith lafar gredadwy, fel 'tasa hi yno go iawn ac yn cael rhyw gysur rhyfedd o hynny. Llwyddir i greu cymeriad stoïc, sionc ond, o dan yr wyneb, gwelwn unigrwydd Menai. Teimlais fod diwedd y fonolog wedi dod rhy sydyn rywsut a bod mwy o'i stori'n llechu yn rhywle. Efallai y byddai'n werth ailedrych ar y diwedd.

Lois: Stori merch yn colli ei thad yn y rhyfel pan nad oedd hi ond blwydd oed ac wedyn yn colli ei mam pan oedd yn wyth, gan ei gadael yn blentyn amddifad. Cafodd ei magu gan ei nain a'i modryb, sy'n dotio arni hi. Digwydd stori Lois yn y gorffennol gan mwyaf, ac mae'n mynd â ni'n ôl i'w phlentyndod pell. Dw i'n hoff o'r darnau lle mae'r plentyn yn siarad gan fod llais y plentyn yn glir a chredadwy, a gallwn weld y darnau hynny'n dod yn fyw ar lwyfan. Byddai cyfarwyddiadau llwyfan wedi bod o help dw i'n teimlo. Efallai fod tuedd i fynd ychydig yn bregethwrol tua diwedd y gwaith. Byddai gorffen y gwaith yn llais y plentyn yn gofyn 'Sut bydda i'n nabod Dad pan fydda i farw a minnau 'rioed yn cofio'i weld o?' wedi bod llawer mwy effeithiol.

Dyma Fo: 'Lwcus na sgen ti ddim traed, boi . . .' ydi llinell gyntaf Wendy Woolworth wrth ei physgodyn aur. Clasur o linell sy'n dod â hiwmor Wendy i ni'n syth. Hanes Wendy sydd wedi colli ei gwaith yn siop Woolworth a gawn ni, er mai dymuniad ei thad oedd iddi fynd i'r coleg. Ond nid felly y bu gan i Wendy fod yn disgwyl babi ac roedd rhaid iddi gael gwaith yn siop Woolworth. Mae hi'n cael y babi, Sam, sydd bellach wedi tyfu. Ar ddiwedd y fonolog, mae hi'n cael gwydriad o win ac yn awgrymu bod ei thad yn alcoholig a'i bod hi ofn ei bod hithau'n mynd ar hyd y llwybr hwnnw hefyd. Dw i'n sicr fod mwy i stori Wendy Woolworth, ac mae'n drueni fod *Dyma Fo* wedi gorffen y fonolog pan mae Wendy'n dechrau yfed y gwin. Mi fasa'n hwyl ei gweld hi'n meddwi a chlywed mwy o'i straeon! Un camgymeriad bychan (ac mi ddylech gywiro eich gwaith cyn ei gyflwyno): cafodd *Sam* ei alw'n *Stan* mewn un man. Oni fyddai codi ei gwydr gwin a rhoi *cheers* i'r pysgodyn wedi gorffen yn well? Hoffais Wendy yn arw iawn, ac er ei bod yn unig mae hi'n gymeriad crwn, credadwy a doniol iawn (e.e. 'dw i'n cofio mynd i siop Wil Jones a gofyn am rai [sef jeli bebis] o'dd yn hogia i gyd er mwyn ca'l mwy am fy mhres').

Shandi: Monolog fodern ydi monolog *Shandi* ac iddi thema fodern. Hanes merch ifanc briod o'r enw Gwen, a'i gŵr llwyddiannus, wedi symud o'u cartref yn y wlad i'r dref. Dydi Gwen ddim yn hapus am iddi orfod rhoi'r gorau i'w gwaith fel athrawes a bod yn wraig tŷ. Gwelwn Gwen yn eistedd y tu allan i gaffi yn y dre ac yn siarad â babi bach mewn pram. Down i wybod pa mor ddiystyr yw ei bywyd, ac am ei chasineb at ei gŵr. Cymaint yw ei diflastod fel y penderfyna ddwyn y babi ar y diwedd. Dw i'n teimlo mai ar y pwynt yma y mae'r stori'n dechrau a difyr fyddai cael gweld i ble mae dwyn y babi yn arwain Gwen. Er cymaint yw unigrwydd Gwen, ac er mor ddiflas yw ei bywyd, profodd yn anodd imi gydymdeimlo'n llwyr â hi fel cymeriad. Braf, fodd bynnag, oedd gweld stori fodern ar y thema.

Ffowc: Hanes ffarmwr canol oed yn dweud hanes ei fab sydd newydd gyrraedd adref o'r coleg yn annisgwyl. Mae gan y mab newyddion drwg i'w dweud wrth ei dad, sef ei fod, un noson, wedi gofalu am fyfyrwraig feddw a'i rhoi yn y gwely. Pan ddeffrodd yn y bore wrth ei hymyl, dychrynodd weld ei fod wedi cysgu efo hi. Canlyniad hyn oll yw bod y fyfyrwraig yn dwyn achos o drais yn ei erbyn a'i fod yn wynebu carchar. Cawn yr holl hanes drwy lygad y ffermwr ac er bod eiliadau doniol yn y dweud, teimlais fod yr holl ddeialog yn trymhau'r gwaith ac yn ei wneud yn feichus. Byddai'n gweithio'n well fel drama rhwng y tad a'r mab. Cefais anhawster i wybod pwy oedd yn unig yn y stori hon.

Tomos: Cawn hanes gwraig weddw oedrannus sydd yn byw ar ei phen ei hun mewn bwthyn bach yng nghanol nunlle. Ni ddaw neb yno i'w gweld a phrin ei bod hi'n siarad â neb o un dydd i'r llall. Deallwn fod ei mab yn byw yn

Awstralia gyda'i wraig a'i blant, a bod ei merch yn byw yn Llundain gyda'i theulu hi. Prin eu bod nhw'n cysylltu â hi ond, a hitha'n ychydig ddyddiau cyn y Nadolig, mae hi'n derbyn dau gerdyn Nadolig, un oddi wrth Trefor, y mab, a'r llall oddi wrth ei merch, Rhiannon. Mae'r ddau gerdyn yn dweud wrthi eu bod yn dod i'w gweld yn y Flwyddyn Newydd a bod ganddyn nhw syrpreis iddi hi (sef bod Trefor wedi cael swydd Rheolwr Banc y Dref ac yn symud i fyw yno i dŷ efo *Granny Flat*). Mae hyn yn trawsnewid bywyd yr hen wreigan. Efallai fod monolog *Tomos* ychydig yn arwynebol ac fe fyddwn wedi hoffi gweld mwy o haenau cymhlethdod cymeriad yr hen wreigan yn yr ysgrifennu. Pe byddid wedi cyflwyno rhywbeth arall i'r ddrama (e.e. llais ar y radio, a hithau'n siarad â hwnnw'n achlysurol), efallai y byddwn wedi dod i adnabod ychydig mwy arni hi fel person.

Gwenda: Clywn Bet yn siarad â'i chath a deuwn i'w nabod yn syth fel hen wreigan ar ei phensiwn sy'n byw ar ei phen ei hun. Mae stori Bet yn llifo'n esmwyth a'i hiaith lafar yn hawdd gwrando arni. Gallwn gredu yn Bet, person unig ond, ar y diwrnod hwn, caiff dipyn o wefr wrth ddod o hyd i restr siopa merch ifanc yn ei throli. Mae hi'n penderfynu prynu popeth sydd ar y rhestr honno yn hytrach na'i rhestr hi ei hun. Mae hi'n troi'n sefyllfa gomig gan nad yw Bet yn arfer prynu bwydydd braidd yn egsotig. Mae'r holl brofiad yn gwneud iddi deimlo'n ferch ifanc unwaith eto ac mae hi'n mynd mor bell â dweud wrth y ferch wrth y til ei bod yn coginio pryd o fwyd i'w mab a'i wraig, sy'n anwiredd, wrth gwrs. Hoffais Bet yn arw gan ei bod yn gredadwy iawn a gallwn ddychmygu rhywun yn ceisio bywiogi ei bywyd fel hyn er mwyn osgoi'r undonedd.

Y Dyn yn y fan felen: Arddull delynegol a berthyn i waith y cystadleuydd hwn gan ei fod wedi defnyddio arddull stori dylwyth deg i gyflwyno'i stori bersonol am golli cariad. Dengys, ar y naill law, harddwch a hyfrydwch pellgyrhaeddol cariad rhamantus, y math o gariad a welwn mewn straeon megis *Sleeping Beauty*, a'r eiliad nesa' cawn ein cyflwyno i ddarlun hollol wahanol a'n taflu i'r pegwn arall; 'graffeg cyfrifiadurol' yw'r cyfan. Yn hytrach na 'phersawr hyfryd' y blodau yn ein gwneud yn 'benysgafn', doedd 'dim ond tarth ceir ac awyrennau yn tagu'r ddaear'. Mae yma sawl thema yn ogystal ag unigrwydd: colli cariad, cwestiynau am y ffydd Gristnogol, ffyddlondeb pobol i'w gilydd neu ddiffyg hynny, iechyd meddwl, realiti ac anwiredd. Mae yma gwestiynau mawr sydd yn werth eu gofyn a'u harchwilio. Teimlaf fod gan *Y Dyn yn y fan felen* lawer mwy i'w ddweud wrthym ni ac mai dim ond y dechrau yw'r fonolog hon. Credaf fod potensial dramodydd yma a byddai'n werth ystyried ysgrifennu drama hir yn y dyfodol. Dalied ati.

Esgair Llyn: Ymunwn â Miss Jones sydd mewn parti'n llawn pobol yn cael hwyl – sefyllfa ddelfrydol i rywun deimlo'n unig ac mae pethau'n mynd o ddrwg i waeth gan ei bod yn cyfaddef i ni ei bod wedi ymweld â'r doctor a'i bod bellach yn grediniol ei bod yn bur wael. Sefyllfa anhapus iawn i fod ynddi, felly. Pan ganodd ei ffôn bach, sydd yn dechneg hynod ddefnyddiol i'w defnyddio mewn monolog, caniatâ i gymeriad arall ddod i'r stori. Trueni na fuasai *Esgair Llyn* wedi cynnal y sgwrs am yr anemia i gyd ar y ffôn efo'r doctor. Mi fyddai'n llawer cryfach o'i wneud felly. Trueni hefyd fod dechrau'r fonolog fel stori fer; byddai hepgor y darn am fynd i fesur glaw efo taid, a mynd â ni'n syth i'r parti, wedi creu mwy o argraff. Hoffais enwau bachog rhai o'r cymeriadau yn y parti.

Basged Wag: Dynes sydd yn byw mewn dau fyd sydd ym monolog hynod fodern *Basged Wag* – y byd real y mae hi'n byw ynddo o ddydd i ddydd gyda rhywun (na chawn ddod i'w 'nabod o gwbl) a'r byd lle mae hi'n mynd â choffi i'w chariad i'r gwely, lle mae hi'n caru rhwng cynfasau gwyn, glân a lle mae hi'n cael cysur. Ei byd dychmygol hi ydi hwn ac eto efallai mai atgof ydyw o gariad oedd ganddi ers talwm, ei chariad go iawn, a'i bod yn rhoi caniatâd iddi hi ei hun ymweld ag o bob hyn a hyn 'pan mae pethau'n galed'. Mae yma ambell berl o linell, fel 'yn fanno, sydd ddim ond penderfyniad o fama' ac '. . . weithiau, pan mae pethau'n galed, a blwyddyn arall wedi mynd heibio, mae o'n gysur gwybod mai ond trwch papur ydi'r mur'. Hoffais waith *Basged Wag* yn arw iawn gan fod iddo naws fodern, a'r syniad yn un syml. Cawn yma ysgrifennu crefftus ac aeddfed, does dim sy'n ddiangen, ac mae hyder yr awdur yn sgleinio drwy'r ysgrifennu. Braidd yn rhy fyr oedd y gwaith a byddwn wedi hoffi gwybod lle'r oedd hi (e.e. mewn caffi, carchar, adra, ar lan y môr, mewn lleiandy). Gallai hynny fod wedi bod o help i ddod â'r cymeriad yn nes atom ni.

Spong: Dynes sydd yma ac mae hi wedi mynd i seintwar Sant Beuno, un o'r pethau y bu arni hi eisiau ei wneud cyn ei bod yn hanner cant. Wrth grwydro'r coridorau, cyfyd cwestiynau mawr yn ei meddwl, cwestiynau am ei ffydd, cariad, a chariad cudd sydd yn awgrymu efallai ei bod wedi, neu yn, cael affêr. Hoffais y llinell 'dw i 'di meddwl 'rioed y liciwn i fod yn lleian, yn union fel Julie Andrews'. Gallaf weld y fonolog hon yn llwyddo ar lwyfan gan fod y lluniau ar y waliau'n cynnig set wych, ac yn ffordd o gynnig naws theatrig effeithiol. Efallai fod y cyfeiriadau at lenorion a'u gwaith yn ddiangen, a'r her mewn unrhyw ddarn o waith ydi dod o hyd i'n lleisiau arbennig ni ein hunain.

Llongyfarchaf bawb ar eu gwaith ac, yn arbennig *Dyma Fo,* sydd yn cipio'r wobr gyntaf am y portread o Wendy Woolworth, cymeriad agos-atoch, hoffus a chredadwy iawn. Edrychaf ymlaen at weld Wendy ar lwyfannau theatrau Cymru cyn bo hir. Hoffwn ychwanegu bod *Basged Wag* yn dynn ar sodlau'r enillydd am fonolog fentrus, hyderus a hyfryd yn ei symlrwydd, a hefyd *Cari* am ymgais gaboledig ac iaith lafar, lithrig.

Y Fonolog

UNIGRWYDD

Lleoliad: Ystafell mewn tŷ eitha' cyffredin gyda ffenestr yn edrych allan ar dai unffurf. Dodrefn wedi dyddio braidd, dwy gadair, soffa, hen biano a 'music centre' mawr hen ffasiwn. Dresel yn llawn llestri, mygiau, a chreiriau'n cynnwys pethau fel 'A present from Blackpool' yn eu mysg. Llenni o les gwyn wedi dechrau melynu ac ar y bwrdd mae bowlen wydr yn cynnwys pysgodyn aur. Daw dynes ganol oed i mewn i'r ystafell yn cario dau fag, un yn fag 'gwyrdd' Tesco a'r llall yn fag plastig Woolworth. Mae golwg flinedig arni ac nid yw'n or-daclus 'chwaith. Dyma Wendy. Mae'n rhoi'r bagiau i lawr ar un o'r cadeiriau, yn eistedd ar un arall a thynnu ei hesgidiau. Mae'n edrych i gyfeiriad y pysgodyn aur.

Lwcus na sgen ti ddim traed, boi. Yli, ma' rhai fi wedi chwyddo fel balŵns ac yn drwm fel cerrig, a bod yn onast efo ti. Ond dyna fo, fedra inna ddim nofio 'chwaith, na fedra! Ond wyddost ti be, mi fedrwn i ers talwm. O medrwn, bron cystal â chdi, coelia' ne' beidio. Ro'n i'n dena' fel sliwan ac wrth fy modd yn y dŵr. Rois i fwyd i ti bora 'ma, dŵad? Dw i'n dechra' anghofio, ysti, ond does dim angan llawar arnat ti, nag oes, mwy na finna erbyn hyn. Petha' *basic* ydan ni'n dau 'u hangan rŵan, 'te?

(*Yn tynnu ei chôt a dechrau tynnu pethau o'r bagiau.*) Wyth deg ceiniog am dorth bach wen a chrystyn fel cadach llawr arni, a dw i'n 'u cofio nhw'n ddim ond wyth geiniog, ac mi fedrwn i dorri tafall dena', dena' fel blancad wyrcws. A hynny'n ôl ac ymlaen. Ond rhaid imi beidio â sôn am betha' felly, a dw i ofn gorfod mynd i gartra neu rwla felly.

(*Yn estyn dau dun 'syrup' o un o'r bagiau.*) 'Buy one get one get one free' o'dd y rhain, er ma' dim ond un o'dd arna i isio, 'taswn i'n deud y gwir. Fel'na ma'r hen siopa mawr 'ma, 'te, temtio rhywun o hyd. Ond dyna fo, un hawdd i 'nhemtio fûm i rioed, a dw i'n gwbod hynny'n well na neb. Dyna pam bu raid i mi fynd i weithio i Woolworth yn lle mynd i'r coleg fel ro'dd 'nhad isio. Ei siomi o 'nes i a 'nath o byth fadda imi 'chwaith, ond mi 'nath mam yn y diwadd.

(*Yn edrych ar bowlen y pysgodyn aur.*) Mi newidia i dy ddŵr di bora 'fory, dw i wedi blino gormod i 'neud hynny rŵan. Mi fydd dy bowlan di'n lân neis wedyn . . .

(*Yn rhoi slipars am ei thraed a sylwi ar lestri'r dresel wrth godi ei phen.*) Mi fasa'r rhain yn medru gneud hefo gweld dŵr hefyd erbyn meddwl. Dwn i ddim sut roeddwn i'n ca'l amsar pan oeddwn i'n gweithio, ond rŵan a Woolworth wedi cau mi ddyla fod gin i amsar i bob math o betha'.

(*Yn estyn gweddill y neges o'r ddau fag ac yn plygu bag Woolworth yn daclus.*) Pam gythral dw i'n cadw hwn? I be? Petha' pobol erill sy' ynddo fo rŵan, petha' Tesco, petha' Aldi, petha' Lidl, ond bag Woolworth ydi o o hyd, 'tê. Wendy Woolworth ma' pawb yn fy ngalw inna o hyd hefyd, a dyna fydda i bellach ma' siŵr. Rhyfadd fel ma' enwa'n aros hyd yn oed pan ma' pobol wedi darfod. Hogyn Wendy Woolworth ydi Sam hefyd gin bawb, er nad oes 'na ddim llawar yn gwbod pwy ydi'i dad o 'chwaith. Ond dw i'n gwbod na fedra i ddim anghofio hynny.

(*Yn agor un o gypyrddau'r dresel ac yn estyn dau ddilledyn plant allan.*) Del ydyn nhw, 'tê. 'Ladybird' yn enw da ar ddillad plant, 'tydi. Defnydd da ynddyn nhw hefyd. Dw i'n dal i'w golchi nhw weithia a'u gada'l nhw allan yn y gwynt amball fora fel 'taswn i'n trio golchi 'mhechod i ffwr'. Dw i'n cyfadda ma'u dwyn nhw wnes i adag sêl yn Woolworth a neb rywsut isio nhw, ac mi o'dd Sam yn bictiwr ynddyn nhw. Ond dyna fo, doeddwn i ddim isio Sam 'chwaith ar y dechra'. 'Gwarth' o'dd y gair a ddefnyddiodd 'nhad, gwarth ar y teulu a'r pentra, medda fo, a 'nath o rioed gymryd at Sam. 'Tasa fo'n 'i weld o rŵan ella basa fo'n newid 'i feddwl.

Neli sylwodd gynta' mod i'n disgwl. Ar fora Gwenar y bydda hi'n dŵad i'r siop, run amsar bron bob tro a mynd yn syth at y tunia bwyd cath cyn prynu bagiad o 'Pick a Mix' a dechra'u byta nhw bron cyn talu. Neli Pick a Mix' o'dd y *manager* yn 'i galw hi. 'Wedi bod yn hogan ddrwg wt ti,' medda hi wrth wthio dyrnaid o'r fferins bob lliw i'w cheg fach gron a syllu ar fy mol i. Do'n i ddim wedi teimlo'n euog cyn hynny. Ifanc a gwirion ddeudodd mam pan gafodd hi wybod ac mi gwelis i hi'n crio'n ddistaw bach a meddwl nad o'dd neb yn 'i gweld hi ac am hynny dw i'n teimlo'n euog, nid am gael Sam. Mi fasa hi wrth ei bodd ei weld o rŵan, dw i'n gwbod hynny. Meddwl nad oes neb isio chi ydi unigrwydd i mi, a dim ond genod Woolworth fuo'n gefn imi radeg honno. Dw i'n cerddad heibio'r siop wag ddwy ne' dair gwaith bob wsnos, gweld fy hun yn y ffenast fawr 'na a chofio enwa pawb o'dd yn gweithio yno ac enw amball gwsmar hefyd. Ydyn nhw'n fy nghofio i, tybad ? Oes 'na rywun yn gofyn: 'Welsoch chi Wendy Woolworth yn ddiweddar?' Ma' cau siop yn golygu mwy na chau drws.

Mi faswn i wrth fy modd 'taswn i wedi ca'l mynd i'r coleg, er Duw a ŵyr be' faswn i wedi'i 'neud 'chwaith. Stydio Saesneg o'dd 'nhad isio i mi 'neud, am fod gynno fo lot o lyfra ar y silff er nad o'dd o'n darllan llawar 'chwaith, dim ond 'u prynu nhw i bobol ga'l 'u gweld nhw. Does gen i fawr i'w ddeud wrth lyfra' bellach, 'well gen i betha' fel hyn. (*Yn tynnu 'A present from Blackpool' oddi ar y dresel.*) Sgert biws o'dd gin i'n mynd ar y trip a honno braidd yn gwta, ac mi welis un o ddynion o'r capal yn sbïo ar fy nghoesa i wrth i mi fynd i'r *bus* ac mi rois i winc arno fo. I mam y prynis i hwn am 'i bod hi'n methu dŵad. Mi faswn i wedi prynu rhwbath gwell ond do'dd gin i ddim pres ar ôl erbyn amsar dŵad adra, a phrynis i gythral o ddim i 'nhad. Peth braf ydi bod yng nghanol pobol a neb yn ych nabod chi weithia, a felly ro'dd hi'r diwrnod hwnnw nes i Tomi Griff fy ngweld i a gofyn imi fynd ar y 'Ghost Train' hefo fo. Ac mi es. Mi roth 'i fraich amdana i wrth i mi sgrechian yn y twllwch a rhoi cusan slei ar fy moch wrth inni ddŵad yn ôl i ola dydd a gofyn i mi fynd ar y 'Big Wheel' hefo fo. Gwrthod 'nes i, a dw i'n cofio gweld y siom ar 'i wynab o wrth i Julie a finna redag i ffwr'. Ys gwn i ble ma' Julie rŵan? 'Nath hi ddim cysylltu o gwbwl ar ôl mynd i'r coleg.

Mi 'nillis i 'Employee of the month' unwaith a cha'l bwnsiad o floda' gin yr *Area Manager*. Ogla drwg ar 'i wynt o wrth iddo fo roi cusan i mi ac ogla *Old Spice* ar i groen o. Roedd o'n gafa'l yn rhy dynn yna i, ond 'faswn i ddim yn deud wrth neb ar y pryd. Does 'na ddim blodyn wedi bod yn y tŷ 'ma ers talwm, ond marw a gneud llanast ma' petha felly a does gen i fawr o awydd rhedag ar ôl llwch beth bynnag.

(*Yn estyn potel o win coch o un o'r bagiau a phaced o Jelly Babies a dechrau siarad gyda'r pysgodyn aur unwaith eto.*) Ddylwn i ddim bod wedi prynu'r rhain, ysti, ond *extra points*, meddan nhw, er na wn i ddim be' i'w 'neud hefo petha felly 'chwaith. Yncl Jim fydda'n prynu'r rhain i mi ers talwm (*Yn codi bag y Jelly Babies*) ac ma'n well gen i'r rhai melyn na'r lleill, ond fedra i ddim diodda rhai du. Ydi hynny'n *politically correct*, dwad? Beth bynnag ydi hynny yn Gymraeg. Mi fydda'r rhain i'w ca'l yn rhydd ers talwm, ysti, a dw i'n cofio mynd i siop Wil Jones a gofyn am rai o'dd yn hogia i gyd er mwyn ca'l mwy am fy mhres, ac mi ddeudodd y diawl wrth 'nhad. Peltan ges i ac mi daflodd y bagiad i'r bin.

(*Yn byseddu'r botel win.*) Un rhad ydi hi ysti, dim ond £2.99 ac mi fydd blas fel piso mochyn arno fo, ond mi fydd yn gwmni, 'n bydd. Dim ond glasiad ne' ddau heno rhag ofn i mi fynd yn sâl hefo'r tabledi 'na ges i gin y doctor i fy helpu fi gysgu. Does dim rhaid i ti gysgu, nag oes, ond mi fedrwn inna 'neud heb fy nghwsg ers talwm hefyd. Mi fedrwn i 'neud heb y gwin 'ma, cofia, a 'tasa 'na rywun yma faswn i mo'i angan o 'chwaith ma siŵr. Cwmni ydi o, 'tê, ne' dyna fy esgus i beth bynnag. Mi fasa joch yn dy ladd di, yn basa, ac ella 'na dyna wnaiff o i minna yn y diwadd hefyd. Ar y slei y bydda' nhad yn 'i yfad o. Dw i'n cofio'i glywad o a mam yn ffraeo weithia' am na fasa fo'n onast am y peth yn lle cuddio poteli yma ac acw, ond sgen i ddim co' iddo fo newid 'chwaith. 'Wna i inna ddim ma' siŵr, ac mi fedra i dy drystio di, 'n medra.

(*Mae'n codi'r bag Tesco gwag.*) Ma' hwn yn werth i'w gadw a does dim angan ailgylchu na dim, ond fedra i ddim taflu'r un Woolworth yna 'chwaith er bod yr enw'n codi hiraeth. Ma' 'na sôn y daw 'na siop arall yn 'i lle hi, ond ma' gwestiwn gen i, a beth bynnag a ddaw 'fydd hi ddim run fath. Ddim i mi beth bynnag. Ella' y ca i air gan Sam heno, ond 'na'i ddim sôn 'mod i wedi prynu'r botal win 'chwaith rhag ofn iddo fo feddwl 'mod i'n alci ne' rwbath. (*Mae'n agor y botel a thywallt gwydryn.*)

Dyma Fo

Llythyr doniol/dychanol gan ymgeisydd am swydd (oddeutu 1,000 o eiriau)

BEIRNIADAETH PETER HUGHES GRIFFITHS

Profodd hon yn gystadleuaeth boblogaidd iawn gan i un ar bymtheg o lythyron ddod i law. Er bod llawer o hiwmor a dychan digon gwreiddiol yn y rhan fwyaf ohonynt, temtiwyd sawl un i grwydro lawer gormod oddi wrth wir bwrpas ei lythyr nes peri i mi amau ambell dro ai llythyr cais am swydd oedd e mewn gwirionedd!

Roedd cael y weledigaeth o anfon llythyr cais a dewis at ba sefydliad penodol yn help mawr i gynnal y doniolwch a'r dychan ac, fel y gwelwch, fe gafwyd amrywiaeth diddorol iawn o lythyrau.

Alun ap Helen: Hwn gafodd y syniad mwyaf gwreiddiol o'r holl gystadleuwyr. Mae safon ei Gymraeg yn bwrpasol ddiffygiol wrth iddo ymgeisio am swydd cyfieithydd gyda Bwrdd yr Iaith. Mae'n llythyr doniol ac yn llawn dychan ond yn llawer rhy fyr. Rhyw 400 o eiriau yn unig sydd yn ei lythyr ac mae'r gystadleuaeth yn gofyn am oddeutu 1,000.

Yvonne: Cais gan ddynes trin gwallt, coluro a harddu sydd yma i fod yn gaffaeliad i fusnes Ymgymerwr a Threfnydd Angladdau er mwyn sicrhau mai 'cyrff Cadwaladr Urddas Jones fydd y cyrff harddaf yng Nghymru wrth gynnig yr unig wasanaeth corff-harddu, er bod Califfornia'n llawn ohonyn nhw'. Mae rhannau o'r llythyr hwn yn ddeifiol ddigri ond mae'n crwydro lawer gormod oddi wrth wir bwrpas ei gais.

Tom Tŷ To Sinc: Ceisio am swydd gyda Chyngor 'Shi-gaa' y mae *Tom*, ac er mai 'jobyn bach yn y caban wrth y gat' yw ei flaenoriaeth, mae'n barod i dderbyn unrhyw swydd gan egluro pam. Braidd yn anghyson yw ei ddoniolwch, a'i ddychan yn dibynnu'n llwyr ar wybodaeth bersonol y beirniad o'r safle, a'r hyn y mae'n cyfeirio ato! Bu hynny o fantais fawr iddo.

Yr Arbennig-Ŵr: Yr anfarwol Arthur Picton, cyn-reolwr tîm pêl-droed Bryncoch sydd yma'n ysgrifennu at berchennog Clwb Pêl-droed Chelsea yn ymgeisio am swydd rheolwr. Mae'n ddifyr iawn yn sôn am ei brofiad helaeth gyda Tecs a Wali ac eraill ond yn brin o ddychan da.

Pellenig: Nid oes cyfeiriad nac enw wrth y llythyr hwn sy'n cael ei anfon at Lywydd Cymdeithas Pêl-droed Papua Guinea Newydd gan 'Eich Rheolwr Nesaf'. Eto, fel llawer o'r llythyrau yn y gystadleuaeth, rhannau ohono sy'n ddoniol ac yn ddychanol.

Un di-lol: Mae Mr S. Cruise yn ymgeisio am sawl swydd yng ngharchar newydd Caernarfon ac yn awgrymu, ymhlith pethau eraill, gan fod ei Gymraeg mor dda, y gallai gael gwybodaeth gan y cenedlaetholwyr rhonc gan y byddent yn ymddiried ynddo! Nid yw cynnwys ei gais am rai o'r swyddi'n ddoniol iawn nac yn ddychanol 'chwaith.

Y Parchedig Daf: Cais am swydd Bugail Bro yn ardal y Bala sydd gan y Parchedig go anarferol hwn! Er yn wreiddiol ei syniadau – megis y syniad o 'Garchar Bro' ym mhob tref – ac yn ddychanol wrth sôn am 'Gapel Teggid Appartments' i famau di-briod, aeth i bregethu lawer gormod a chymhlethu ei gais.

Gŵr Marged-llyncu-pocer: Llythyr cais yw hwn yn nhafodiaith ardal Cwm Tawe am swydd 'bwydo llewod mewn sw'. Arddull adroddiad digri sydd ganddo yn hytrach na llythyr ac er bod tipyn o ddoniolwch, prin yw'r dychan sy'n gafael.

Dilys Dafad: Mae rhywbeth yn rhyfedd yn y cais hwn gan ddafad sy'n ymgeisio am swydd ci defaid! Mewn ffordd o siarad, mae hi'n ddidwyll, ddoniol yn cyflwyno'i hachos a'i syniadau'n llawn dychan. Er hynny, mae yma ryw gymhlethdod sy'n rhwystr rhag argyhoeddi'n llwyr.

Anne E Vyrr: Dyma'r llythyr cais 'rhyfeddaf' yn y gystadleuaeth, sef ceisio am swydd 'Dewiswr Lliwiau Pinnau Bawd'. Llwyddodd i drin a thrafod y maes cyfyng hwn gyda chryn ddoniolwch ond rhyw droi yn yr unfan yr oedd o'r dechrau i'r diwedd.

Amen: Cais am swydd torrwr beddau yn Aberdâr sydd yma. Ceir rhai paragraffau reit ddoniol ond ni lwyddwyd i gynnal y dychan na'r hiwmor wrth ymdrin â sefyllfa go ddifrifol.

Y pump nesaf yw'r goreuon yn y gystadleuaeth.

Diau: Cynnig am 'Swydd Prif Yrrwr Cerbyd Cadeirydd Cyngor Ceribryn' y mae Evan Thomas Triumph Jones, neu Ianto TT i'w ffrindiau. Mae'n llythyr medrus iawn ac yn llawn dychan gyda rhyw ddoniolwch tywyll dan yr wyneb. Rhaid aros a meddwl ac ailfeddwl wrth ddarllen darnau o'i lythyr ac mae'n athronyddu llawer trwy ei osodiadau. Creodd hyn beth ansicrwydd ac aneglurder.

Miss-Ffit: Llythyr yn ei llawysgrifen ei hun 'gan fenyw frwdfrydig yn erfyn am swydd gyda'r Archdderwydd' oedd hwn. Mae'n ysgrifennu'n union fel y mae'n siarad mewn steil ac acen debyg i Ifans y Tryc. Mae'n ddoniol tu hwnt wrth gynnig ei gwasanaeth i'r Archdderwydd ac i edrych ar ôl ei gorn gwlad a llawer mwy! Mae ei hiaith yn fratiog iawn ond yn gwbl bwrpasol i'w chymeriad a dyna pam y credaf mai fel eitem ddigri gyhoeddus y byddai'r cynnwys ar ei orau yn hytrach na llythyr cais am swydd.

Persews: Tony Blair sydd yn anfon llythyr at aelodau seneddol Llafur yn gwneud cais am ei hen swydd yn ôl. Mae llawer o ddychan miniog yn dod i'r wyneb wrth gyfeirio at Gordon Brown a Saddam a'r ffaith nad yw Cherie yn cael symiau mawr o arian am ddarlithio bellach oherwydd y wasgfa ariannol. Mae arwyddocâd cynnil iawn yn y ffaith ei fod yn gorffen ei lythyr gyda'r cyfarchiad: 'Yn ddiffuant, ddiffuant, ddiffuant'.

Iolo: Ymgeisio y mae Abdwl ap Siôn am swydd Pennaeth Ysgol sy'n ddigwyddiad eitha' cyffredin, mae'n siŵr, ond llwyddodd hwn i dynnu blewyn o drwyn yr holl system arferol o benodi penaethiaid trwy ddychanu'n effeithiol iawn y rhinweddau angenrheidiol wrth ymdrin â'r 'Cyfnod Sylfaen' gan ddysgu trwy chwarae'n unig, hyfforddiant mewn swydd sy'n gyfle i athrawon gael diwrnod bant, ac yn y blaen. Mae ei ymdriniaeth a'i ganmoliaeth o Lywodraethwyr fel pobl deg a diragfarn yn arbennig. Yna, yn ei baragraff olaf ond un, mae'n datgelu ei fod 'yn tynnu at ei drigain oed, yn groenddu ac yn gwisgo tyrban, ac yn ddiweddar – 'deuthum allan'. Mae hwn yn llythyr llawn hiwmor cynnil a dychan effeithiol.

Alaw: Llythyr Bronwen M. Michael (Miss) am swydd Prif Weithredwr Cyngor Ynys Môn yw'r gorau yn y gystadleuaeth, 'gyda'r nod a'r weledigaeth i wneud y Cyngor hwnnw y mwyaf effeithlon a chost-effeithiol . . . Cyngor y bydd pob Cyngor arall yn rhyfeddu at ei ragoriaeth'. O dan y gwahanol benawdau pwrpasol mae'r doniolwch a'r dychan yn fwrlwm drwyddo gyda'r weledigaeth fawr o durio twnnel o Gaergybi i Ddulyn a hwnnw'n cael ei ariannu gan Fanc Gwlad yr Iâ, ynghyd â rhedeg pibell i gario Guinness yn union o'r bragdy yn Nulyn i Gaergybi ac i bob tafarn ym Môn gan greu pob math o bosibiliadau cynhyrfus ar yr Ynys. Mae'n llwyddo i'n hargyhoeddi'n llwyr sut y gall ei sgiliau diplomyddol (ac mae angen y rheini ym Môn!), ar ôl iddi fod yn gweithio i Saddam Hussein, drawsnewid agwedd y cynghorwyr a sut y bydd y cofnodion yn batrwm aneglur ond yn gwbl dderbyniol gan unrhyw archwiliwr. Mae gan Miss Michael 'y profiad', 'y sgiliau', 'y cymwysterau', a'r 'weledigaeth' i ennill y gystadleuaeth hon.

Gwobrwyer *Alaw* a phob hwyl iddi wrth sicrhau trefn ar Gyngor Ynys Môn – hynny yw, os caiff hi swydd y Prif Weithredwr!

Y Llythyr Doniol/Dychanol gan ymgeisydd am swydd

Y Mans,
Stryd y Farchnad,
ABERELWY.

Ebrill laf 2009

Annwyl Syr,

Swydd: Prif Weithredwr Cyngor Ynys Môn

Mae'n bleser gennyf gyflwyno'r cais hwn am y swydd uchod. Credaf fod gennyf y profiad, y sgiliau a'r cymwysterau yn ogystal â'r weledigaeth i gyflawni dyletswyddau'r swydd ac i wneud Cyngor Ynys Môn y cyngor mwyaf effeithlon a chost-effeithiol ar unrhyw ynys ym Mhrydain Fawr, Cyngor y bydd pob cyngor arall yn rhyfeddu at ei ragoriaeth.

Profiad

Er nad wyf yn or-hoff o'r dywediad annwyl 'moch Môn' i ddisgrifio trigolion yr Ynys (er, rhaid cyfaddef, roedd ail wraig fy nghyfyrder yn hanu o Langefni ac roedd yn rêl hwch), bydd fy nghefndir amaethyddol o gryn fantais yn y swydd gan y gallaf uniaethu â nifer o gynghorwyr pwerus y Sir sydd â baw gwartheg ar eu hesgidiau.

Treuliais bum mlynedd yn athro ar blant blwyddyn 4 yng Nghastell Nedd a dod yn gyfarwydd â checru a ffraeo, bwlio a gweiddi ar draws ei gilydd, nodweddion cyffredin ymysg plant yr oedran hwn. O fewn wythnos, roedd gennyf ddisgyblaeth o'r radd flaenaf. Chwarae plant i mi, felly, fydd trin a thrafod gyda chynghorwyr yr Ynys ac ymdopi â chyfarfodydd y Cyngor.

Sgiliau

Rwyf yn rhugl ddwyieithog ac yn deall rhegfeydd yn y ddwy iaith (Cymraeg a Saesneg). Roeddwn yn gyfarwydd iawn â chael fy enllibio pan oeddwn yn y fyddin ers talwm ac mae'r profiad yn fyw iawn yn fy nghof. Roedd fy nain (mam fy nhad) yn dod o Niwbwrch yn wreiddiol ac felly mae tafodiaith ac idiomau'r Ynys ar flaenau fy mysedd, megis 'y pry' a gododd o gachu sy'n hedfan ucha'.

Treuliais gyfnod yn llysgenhadaeth Prydain Fawr yn Irác yng nghyfnod fy ffrind, Saddam Hussein, lle cefais gyfle i fireinio fy sgiliau diplomyddol a bydd hynny'n gaffaeliad amhrisiadwy imi pan gychwynnaf ar y swydd hon. Bûm hefyd am gyfnod (byr, rwy'n cyfaddef) yn gofnodydd yn San Steffan lle y cefais hyfforddiant ar sut i wahaniaethu rhwng efrau a hadau geiriol gan gofnodi yn Hansard yr hyn oedd yn weddus ac yn fanteisiol i'r Llywodraeth yn unig. Yn wir, cefais air o werthfawrogiad gan un Gweinidog y Goron, nid anenwog am arddel ei ddyrnau, am gofnodi ei eiriau mewn iaith lawer mwy grymus a blodeuog na'r gwreiddiol, gan hepgor y gwallau iaith a chystrawen a'r ffeithiau anghywir. Medraf eich sicrhau y bydd cofnodion eich Cyngor yn batrwm o Gymraeg/Saesneg aneglur a fydd wrth fodd unrhyw archwiliwr.

Cymwysterau

Fel y dengys fy CV mae gennyf ddiploma mewn 'Datrys Anghydfod' a gradd mewn Astudiaethau Beiblaidd. Yn goron ar fy ngyrfa academaidd, cefais M.A. am draethawd hir ar y testun 'Gwrywgydiaeth ymysg Derwyddon ardal Llanfaes yn yr Ail Ganrif O.C.'. Rwy'n sicr y cytunwch fod y cymwysterau hyn yn ddelfrydol ar gyfer y swydd.

Gydol fy ngyrfa bûm yn fwy na pharod i fynychu cyrsiau hyfforddiant a dymunaf barhau i wneud hynny ar yr adegau prin pan ddeuaf i gyffyrddiad â maes sydd braidd yn ddieithr imi.

Gweledigaeth

Credaf yn gydwybodol bod Ynys Môn wedi dioddef dros yr hanner canrif ddiwethaf oherwydd diffyg gweledigaeth a phlwyfoldeb ei harweinwyr. Mae 'Gwlad y Medra' wedi troi'n 'Wlad y Metha'.

Rhaid wrth yr arweiniad doeth ac arloesol yr wyf fi'n ei gynnig ichwi os am godi'r hen Ynys ar ei thraed wedi'r blynyddoedd blin. Fy mhrosiect cyntaf fydd turio twnnel o Gaergybi i Ddulyn er mwyn sicrhau ffyniant economaidd yr Ynys (ac Ynys Môn hefyd). Rwyf eisoes wedi cwblhau'r cynlluniau ac mae'r gwaith yn barod i fynd allan i dendr. Bydd y twnnel wedi ei gwblhau o fewn pum mlynedd i'r diwrnod y dechreuaf yn y swydd.

Ariennir y gwaith gan Fanc Kaupthing, Singer & Friedlander o Wlad yr Iâ, banc y mae gennyf gysylltiad agos ag ef ers nifer o flynyddoedd. Bydd y twnnel wedi talu amdano'i hun erbyn y flwyddyn 2020, a hynny oherwydd un syniad ysbrydoledig. Yn cydredeg â'r twnnel, bydd pibell 15cm i gario Guinness yn uniongyrchol o'r bragdy yn Nulyn i Gaergybi, ac ymlaen trwy bibellau llai i bob tafarn ym Môn. Codir treth arbennig ar bob peint. Am y tro cyntaf mewn hanes, bydd peint o'r hylif du yn blasu cystal yn nhafarnau Môn ag y mae ar Stryd O'Connell, ac yfwyr yn mwynhau talu am y twnnel wrth ei yfed.

Ni chaniateir i'r pibellau cwrw groesi'r Fenai i'r Tir Mawr ac felly bydd pobl yn heidio i'r Ynys i flasu'r wyrth. Byddwn yn lladd dau dderyn efo un ergyd: y twnnel yn denu cwmnïau i fuddsoddi a chreu gwaith a'r diwydiant ymwelwyr yn ffynnu hefyd.

Ail ran y fenter fydd sicrhau trydedd bont tros y Fenai, a hynny'n ddi-gost i'r Cyngor. Bydd yr holl glai a phridd o'r twnnel yn cael ei gludo a'i ollwng yn y Fenai ym Moel y Don. Bydd y can biliwn tunnell a ollyngir yno yn culhau culfor Menai yn sylweddol iawn, gan symud y dŵr i gyd i lan ddeheuol y Fenai ger y Felinheli. Ni fydd yr afon yn fwy na 25 medr o led erbyn inni orffen y gwaith. Pe bai angen mwy o bridd, byddwn yn gwastatáu Mynydd Parys a chreu parc hamdden yn y fan honno er budd trigolion ardal Amlwch. Yn naturiol, Cyngor Gwynedd fydd yn gyfrifol wedyn am godi trydedd bont dros y Fenai, gan mai ar eu hochor hwy o'r ffin fydd y dŵr.

Hyderaf y byddwch yn rhoi pob ystyriaeth i'r cais hwn er lles yr Ynys sydd yn annwyl iawn yng ngolwg pob un ohonom. Edrychaf ymlaen at ehangu ar y syniadau uchod a chynnig eraill yn ystod y cyfweliad, ac yna i gydweithio gyda chwi. Ni chewch eich siomi.

Yr eiddoch yn ddiffuant,
Bronwen M. Michael (Miss), B.A., B.D., M.A.

Alaw

Cystadleuaeth i rai sydd wedi byw yn y Wladfa ar hyd eu hoes, ac yn dal i fyw yn yr Ariannin. Hanes Côr neu Gorau yn y Wladfa.

BEIRNIADAETH AUR ROBERTS

Derbyniwyd tair ymgais i'r gystadleuaeth eleni, a'r tri chystadleuydd wedi defnyddio cyfrifiadur i gyflwyno gwaith cymen a chynhwysfawr.

O gofio'r bri a'r brwdfrydedd a fodolai ym myd canu corawl y Wladfa yn y gorffennol, ac yn parhau felly hyd heddiw, siomedig yw nifer yr ymgeiswyr. Corau'r Dyffryn yn unig sydd wedi symbylu'r ymgeiswyr. Gresyn na dderbyniwyd ymgais am hanes corau'r Andes hefyd.

Hoffwn roi teyrnged arbennig iawn i arweinyddion a chyfeilyddion y corau a ffurfiwyd yn gynnar yn hanes y Wladfa, y rhan fwyaf ohonynt yn amaethwyr heb dderbyn unrhyw addysg gerddorol. Rhoddasant i gyd wasanaeth clodwiw iawn dan amgylchiadau digon anodd yn aml. Dyma air am y tri ymgeisydd fel y cawsant eu cofrestru.

Lole: Ar ddechrau ei draethawd, cawn atgofion difyr gan *Lole* am fynd gyda'i rieni i'r Ysgol Gân, fel y gelwid ymarferion Corawl yn y Wladfa, ddwy noson yr wythnos. Roedd taith o 6 cilomedr o'u cartref i fferm Rhymni, a theithient mewn cerbyd a cheffyl. Cyrchai teuluoedd cyfan o ardaloedd Bryn Crwn a Bethesda i sied ar fferm Rhymni, lle'r eisteddent ar feinciau, bocsys a sachau grawn yn ystod ymarferion Côr Rhymni. Byddai oddeutu 60 o drigolion yn ymgynnull, a châi'r plant bleser mawr yn chwarae gyda'i gilydd tra oedd eu rhieni'n canu. Â ymlaen i ddisgrifio mynd gyda'r Côr i Eisteddfodau Gaiman a Threlew pan oedd yn blentyn a chael profiad cyffrous o deithio ar y trên i Drelew drwy'r twnnel. Yn ogystal â'r prif Eisteddfodau, cynhelid Cyrddau Cystadleuol yn eu tro yn ardaloedd Bryn Crwn, Gaiman, Bethesda a Dolavon. Roedd Côr a chôr plant ymhob capel yn yr ardaloedd hyn, a byddent yn cystadlu yn erbyn ei gilydd a chael llawer o fwynhad. Bu bri mawr ar y Cyrddau Cystadleuol hyn am flynyddoedd lawer a'r cyfan yn Gymraeg. Trist yw deall i'r arferiad o'u cynnal ddod i ben oherwydd diboblogi, a'r unig un i oroesi yw Cwrdd Cystadleuol y Gaiman. Mae'n sicr i'r Cyrddau hyn fod yn fagwrfa ardderchog i'r trigolion ac yn grud i'r diwylliant Cymraeg yn y Dyffryn.

Yn ddiweddarach, ymunodd *Lole* â Chôr Cymysg Ysgol Gerdd Gaiman o'i sefydlu yn y flwyddyn 1989. Cyfeiria at achlysuron di-ri y maent wedi cyfranogi iddynt yn lleol ac yn genedlaethol yn yr Ariannin. Roedd y daith a ymgymerodd y Côr i Gymru yn 1997 yn uchafbwynt i'w profiadau. Mae'n rhoi teyrnged arbennig i'r Arweinyddes, Marli Pugh de Villoria, a'r Cyfeilydd Hector Ariel Macdonald, sydd wedi gwasanaethu'r Côr ers ei sefydlu ugain mlynedd yn ôl. Maent yn cystadlu yn Eisteddfod y Wladfa bob blwyddyn ac i'w canmol yn fawr am eu cefnogaeth ddi-fwlch sy'n sicrhau parhad yr Eisteddfod a'r diwylliant Cymraeg yn y Wladfa. Cyflwynodd *Lole* draethawd cynhwysfawr a diddorol a chefais fwynhad mawr o'i ddarllen.

Esyllt: Teyrnged haeddiannol iawn i'r Cerddor a'r Cyfansoddwr enwog a anwyd ym Mryn Crwn ger y Gaiman a gyflwynodd *Esyllt* i'r gystadleuaeth. Bu farw Clydwyn ap Aeron Jones yn 94 oed y llynedd, gan adael bwlch mawr ar ei ôl ym myd Cerddoriaeth yn yr Ariannin. Er i Clydwyn sefydlu ac arwain Corau enwog ym Muenos Aires a Threlew yn ystod ei yrfa ddisglair, nid yw *Esyllt*, gwaetha'r modd, wedi cadw'n ddigon clòs at ofynion y gystadleuaeth hon sef cyflwyno Hanes Côr neu Gorau yn y Wladfa. Mae'n amlwg fod ganddi drysorfa o wybodaeth drylwyr am gyfraniad y cerddor dylanwadol hwn ac mae wedi cyflwyno cofiant teilwng iawn iddo.

Gobaith: Dyma draethawd wedi ei gyflwyno'n grefftus a threfnus gan gynnwys llun o Gôr Tir Halen yn y flwyddyn 1934 ynghyd ag enwau'r 54 aelod dan arweinyddiaeth y Bnr Robert Davies. Cefais fy swyno gan agoriad gwaith *Gobaith* gyda'r dyfyniad: 'Os gwelwch chi dri neu bedwar Cymro yn cwrdd â'i gilydd, maent yn siŵr o ddechrau canu' a'i ymateb yntau i'r dyfyniad, sef 'mae'n dda mai canu sydd yn eu gwaed ac nid rhyfela'. Diddorol, hefyd, oedd hanes y criw a ddilynai'r peiriant dyrnu o fferm i fferm yn cymdeithasu gyda'r teulu a'r cymdogion wedi swpera, ac yn siŵr o dorri allan i ganu gyda'i gilydd. Cyfeiria at arferiad yr Indiaid o ddod i wrando ar y canu y tu allan i'r capeli ac edrych drwy'r ffenestri; yna, ymhen amser, mentrai rhai i mewn i'r capel a gwrando'n astud. Hyfryd oedd yr hanes am yr ymfudwyr ar fwrdd y Mimosa yn canu emynau yn ystod eu mordaith. Ceir hanes Eisteddfod a gynhaliwyd ym 1877 mewn lloches ar Boncyn Betsie Hughes lle'r oedd dau barti Corawl yn cystadlu. Yn ddiweddarach yn hanes y Wladfa, roedd gan bob ardal gôr ac mae'r awdur yn eu rhestru. Ceir ganddo atgof plentyn am fynd i Ysgol Gân yng nghapel Bryn Crwn gyda'i rieni a dychwelyd adref yng ngolau sêr a'r lleuad. Mae'n darlunio arweinydd y Côr, y Bnr Edward Morgan, yn fyw iawn, gŵr a fu'n arwain y Côr am dros ddeugain mlynedd. Pan oedd yr awdur yn ei arddegau, symudodd y teulu o Fryn Crwn i fyw yn Nhir Halen, ac yno ymuno â Chôr y Bnr Robert Davies. Cawn hanes cryno am gôr Bethel, Tir Halen, gan ddarlunio'r olygfa ar noson Ysgol Gân o'r festri a thân mawr yn y grât. Mae'n enwi'r Anthemau y byddent yn eu canu ac yn rhoi teyrnged glodwiw iawn i'r Arweinydd cymeradwy.

'Prifddinas y corau' yw'r enw a roddir ar Chubut yn dilyn sefydlu'r holl gorau, ac roedd yn rhyfeddod i lawer o'r tu allan fod y Cymry wedi llwyddo i ddod â'r traddodiad cerddorol gyda nhw dros yr Iwerydd. Rhydd deyrnged arbennig i'r Cerddor Clydwyn ap Aeron Jones a fu'n fawr ei gyfraniad i gerddoriaeth ym Muenos Aires ar ddechrau ei yrfa ac, yn ddiweddarach, yn Nhrelew a'r Dyffryn. Bu cyfraniad Clydwyn yn amhrisiadwy yn meithrin a hyfforddi Arweinyddion Corau sy'n gwasanaethu'r Wladfa heddiw. Cofia am y Gymanfa fythgofiadwy, dan arweiniad Clydwyn, i ddathlu Canmlwyddiant y Wladfa ym 1965. Roedd cannoedd o bobl yn y gynulleidfa a'r Neuadd dan ei sang. I gloi ei draethawd graenus, mae *Gobaith* yn adrodd hanesyn diddorol am gôr Bryn Crwn, gan ddatgan fod y Cythraul Canu yn bodoli yn y Wladfa hefyd!

Diolchaf i'r tri am waith glân a chynhwysfawr a llongyfarchaf hwy am lwyddo i gyflwyno'r hanesion diddorol mewn iaith naturiol. Dyfarnaf y wobr gyntaf o £80 am waith canmoladwy a chaboledig iawn i *Gobaith*. Yn ail agos iawn, mae *Lole* sy'n cael £70, ac *Esyllt* yn drydydd yn cael £50.

Cystadleuaeth i rai sydd wedi byw yn y Wladfa ar hyd eu hoes, ac yn dal i fyw yn yr Ariannin

PETH O HANES CANU CORAWL Y WLADFA GAN GANOLBWYNTIO AR GÔR ROBERT DAVIES, TIR HALEN.

Clywais Ysbaenwr yn dweud ryw dro: 'Os gwelwch chi dri neu bedwar *galenso* (Cymro) yn cwrdd â'i gilydd, maent yn sicr o ddechrau canu'. Meddyliais innau mai da oedd mai canu sydd yn eu gwaed ac nid rhyfela. Mae'n sicr fod y Sbaenwr hwn wedi bod yn canlyn criw dyrnu mewn ffarm, gan fod rhyw bedwar o ddynion yn sefydlog yn aros o ddydd Llun hyd nos Sadwrn, yn perthyn i'r peiriant dyrnu ac yn cael ambell gymydog i helpu hefyd. Ar ôl swper, byddai pawb yn sgwrsio a dweud straeon a chanu, wrth gwrs. Cyfle weithiau i ymarfer rhyw dôn i'w dysgu at y cyrddau llenyddol. Gwyddom hefyd am hanes yr Indiaid oedd o gwmpas y Dyffryn yn dod i wrando wrth gapel, ac yn edrych trwy'r ffenestr a phob yn dipyn yn mentro eistedd i mewn a gwrando'n astud.

Mae'r hanes yn dweud bod canu eu ffydd yn cael ei le ar fwrdd y Mimosa a chanu oeddynt hefyd i haul a rhyddid ym Mhatagonia bell, llwm, ansicr i ddyfodol eu bywyd. Yn y flwyddyn 1877, roedd yr hen Gymry yn cynnal Eisteddfod fach mewn lloches yr oeddynt wedi'i chodi ar 'Boncyn Betsie Hughes' gyda sachau llawn i eistedd arnynt ac roedd dau barti corawl yn cystadlu.

Heb os, mae corau'r Wladfa mewn cysylltiad â'r holl Eisteddfodau a fu'n perthyn i'r Wladfa – ond ymlaen yn yr amser yr oedd gan bob ardal ei chôr a gwyddom am arweinyddion enwog fel Dalar Evans, Joseph Jones (Trelew), Tom Rowlands (Bryn Crwn), Carrog Jones (Drofa Dulog), William O. Evans ac Edward Williams (Bryn Gwyn), Robert Davies (Tir Halen). Gwn fod cystadleuaeth wedi bod mewn Eisteddfod yn Chubut tua 1968 yn crynhoi hanes 'Corau'r Wladfa ac enwau eu harweinyddion yn ystod y can mlynedd cyntaf'. Felly, gwaith i ni ydyw hel hanes o hynny ymlaen, ond gadawaf hynny i rai sydd wedi brwydro erioed ar dir y canu oherwydd fy mod wedi bod yn absennol am dros chwarter ganrif allan o'r Dyffryn.

Cof da sydd gennyf am yr amser pan oeddwn yn blentyn bach ac yn byw ar ffarm yn Bryn Crwn. Fy rhieni'n mynd i Gapel yr ardal i'r Ysgol Gân a ninnau blant yn eistedd ar waelod y cerbyd gyda mantell fach a bricsen gynnes wrth ein traed os oedd y tywydd yn oer iawn. Mynd gyda'r nos a dod adref yng ngolau'r sêr a'r lleuad. Caf alwad ar y funud i gofio siâp yr arweinydd, y Br Edward Morgan, dyn corfforol, gwridog, gwallt gwyn a thamaid o fwstas a barf fach wen dan ei ên. Cyrraedd mewn cerbyd dwy sêt gyda'i wraig a saith o ferched talentog a siapus. Ar geffylau y deuai eu dau fab, Iorwerth a Samy. Pawb ohonynt â lleisiau bendigedig. Bu Edward Morgan dros ddeugain mlynedd yn arwain y canu a chystadlu'n aml. Mae llawer o'i ddisgynyddion hyd heddiw yn arwain ar ei ôl.

Pan oeddwn ar fy arddegau, aethom i fyw i Tir Halen ac yno deuthum i adnabod yr arweinydd Robert Davies ac ar y côr hwn yr wyf am ganolbwyntio'n awr. Caf fy ysbrydoli gydag atgofion am y Band of Hope yng nghapel Bethel bob wythnos, dan ofal y Parch E. R. Williams a'i wraig fwyn a oedd yn dysgu adrodd a chanu ynghyd â rhoi ar y cof adnodau erbyn y Sul. Pleser i ni blant oedd cwrdd â'n gilydd a dechrau ymwneud hefyd â'r bywyd crefyddol. Roedd amryw'n fedrus i arwain y canu yn y Capel ond Bob David Davies oedd yn codi hwyl a phob yn dipyn ffurfiodd gôr plant a phartïon gyda'r bobl hynaf. Mab i'r blaenor, David Davies, a'i wraig Cathrin Humphreys, unawdydd gampus, oedd Bob, sef Robert Davies. Cofiaf yr hen ŵr, tua'r tri degau, gyda'i farf wen, lân, laes yn dod yn selog i'r Capel, yn aml iawn ar ei draed gan ei fod yn heini ac yn hoff o gerdded. Byddai'r rhaw goes hir wedi ei gadael y noson cynt, wedi ei phlannu'n syth ar y cae i ddangos mai segur oedd i fod ar ddydd Sul. Bu'r teulu'n byw i ddechrau yn ardal Drofa Gabaits (Dyffryn Isaf) ond wedi rhai blynyddoedd aethant i ymsefydlu yn Nhir Halen ar ffarm o'r enw Bryn Siriol a oedd gyferbyn â'r Ysgol ddyddiol.

Roeddynt yn ddeg o blant, a Robert, wedi ei eni ym mis Awst 1894, oedd yr un a dangosai ddiddordeb neilltuol mewn cerddoriaeth yn ifanc iawn. Meistrolodd y Sol-ffa a chyda chyfeiliant ffrindiau, fel Ap Owen Roberts a Rhaedr Prichard, dechreuodd ambell gyda'r nos gyda rhyw dôn arbennig a mentrodd o hynny ymlaen i ymarfer rhyw barti erbyn aml i ddathliad yn y Capel.

Wedi marwolaeth Gruffydd N. Jones, arweinydd y canu yng Nghapel Bethel Tir Halen, enwyd Robert Davies i gymryd ei le. Nid oedd neb bron yn cael llawer o addysg yr adeg honno ond llwyddodd trwy'i ymdrechion ei hun a chymorth y Br Ap Owen Roberts, unig organydd yr Eglwys. Roedd yn meistroli'r Sol-ffa ac ymhen amser dechreuodd ymarfer côr yn yr ardal a bu'n llwyddiannus iawn.

Yn y flwyddyn 1919, fe briododd â Margaret Davies, 'Y Boncyn', ac ymhen amser cawsant ddau o blant, sef Elmer ac Irfon. Yng nghyfnod cynnar y Wladfa, rhaid i ni gofio mai ffermwyr oedd y dynion, y mwyafrif wedi gweithio'n galed i agor y camlesi i fedru dyfrio'u ffermydd i godi cynnyrch at eu bywoliaeth. Llawer ohonynt wedi troi eu llaw at wneud gorchwylion eraill fel gwaith saer, trwsio peirannau, torri gwallt, trwsio esgidiau, rhoddi addysg i'w plant, sefydlu newyddiadur, ac ati, ond roedd pawb yn cyrchu tua'r capel yn deuluoedd lluosog y rhan amlaf i gadw eu crefydd ac ymuno'n frwd yn y canu ac yn barod i fynd ymlaen yn y corau. Ar nos Sadwrn, roedd Robert Davies yn cadw Ysgol Gân gyda chôr y rhai mwyaf yn y Capel a hynny ar unrhyw dywydd ond 'roedd y lleisiau'n dod yn selog i ymarfer yn y festri, â thân mawr yn y simdde, a thra eisteddai rhai ar y meinciau o gwmpas, clywn eraill yn 'practeisio' o gwmpas yr organ lle'r oedd Ap Owen yn cyfeilio.

Yn y flwyddyn 1931, dechreuwyd trwy gadw Arwest mewn tent fawr yn Rhymni, ffarm Aeron Jones ym Mryn Crwn. Syniad Eluned Morgan fu cael tent o'r Hen Wad er mwyn i Gymru o dop y Dyffryn fedru cyrraedd i gael Eisteddfod gan fod y rhai blaenorol wedi eu dathlu yn Neuadd Dewi Sant yn Nhrelew er 1913, ymhell o gyrraedd y Dyffryn Uchaf a dim ond cerbyd a cheffyl neu wagen i'w cludo.

Yn yr Arwest hon, bu côr Robert Davies yn cystadlu'n gyhoeddus am y tro cyntaf, ac yno roedd ei ferch, Elmer, yn naw oed, yn ennill ar ganu unawd. Cychwyn gyda'i thad a David Adna Davies, a oedd yn cyfeilio iddi, yn fore cyn i'r haul godi a mynd â rhywbeth i'w fwyta iddynt hwy a hefyd gwellt i'r ceffyl rhwng y ddau gwrdd. Felly pan oedd yn ei dri degau, mentrodd Bob allan o'r ardal a chyrhaeddodd ei gampwaith fel arweinydd.

Yn Bethel, roedd wedi codi côr Plant hefyd ac ynddo y buais i'n canu am dair blynedd. Dyn rhadlon oedd ef, hefyd, yn arbennig gyda'r plant. Gyda'i gôr mawr, arweiniodd mewn Eisteddfodau nifer o anthemau fel 'Pebyll yr Arglwydd', 'Emyn y Greadigaeth', 'Mae'th Dad wrth y Llyw', 'Dyddiau Dyn sydd fel glaswelltyn' a 'Hen Aelwyd Cartref' (hon mewn sied sinc a oedd yn perthyn i Gwmni'r Rheilffordd ac wedi ei hadeiladu'n groes dros y ffos fawr sydd yn mynd trwy dref Dolavon). Cefais hanes y diwrnod hwnnw gan Nancy Davies a oedd yn perthyn i'r côr a thros ei 90 heddiw a da gennyf ddweud bod un wraig arall yn fyw hefyd, sef Eurwen Brunt, sydd tua 95 oed. 'Hen Aelwyd Cartref' oedd yr ail gystadleuaeth, a phump o gorau'n cydymgeisio sef: Tir Halen, Côr Dyffryn Uchaf, Gaiman, Bryn Crwn a Trelew. Un o'r beirniaid oedd y cerddor Carrog Jones, y sonnir amdano'n sychu ei chwys gyda chadach boced goch. Cododd ar ei draed i roi'r feirniadaeth a dywedodd bod canu rhagorol wedi bod ond mai Côr Tir Halen oedd wedi ennill, a dyna sŵn clapio dwylo am hir. Pan ostegodd y sŵn mawr, dyna Carrog yn sychu'r chwys eto ac yn dweud ar dop ei lais: 'Côr Tir Halen sydd i gael y wobr, Arweinydd y llaw chwith, myn giafr'. Robert Davies oedd yr arweinydd buddugol a phawb o'r corau eraill yn foddlon iawn fod y côr yma wedi ennill a bu cymeradwyaeth tu hwnt iddo ar ôl hynny. Roedd ef yn adnabyddus trwy'r Dyffryn am ei fod yn arwain gyda'i law chwith. Yn lle baton, defnyddiai ddalen o bapur wedi ei rowlio'n dda, ond dywedodd ei ferch Elmer mewn sgwrs ddiweddar â fi bod rhywun wedi mynd i dorri cangen fach o goeden tarnarisco a dweud wrtho: 'Gwell i ti ddefnyddio hon na'r ddalen bapur' ac felly bu, fe'i cadwodd at y job o hynny ymlaen.

Yn 1934, tynnwyd llun o'r côr gan y ffotograffydd Stillitani o Drelew a 54 o aelodau'r côr yn y llun . . . [Gol: Nid oedd modd atgynhyrchu'r llun yn y gyfrol hon.] [Roedd] William Williams, Lle Cul, yn eistedd yn y canol a Robert Davies . . . yn ei ymyl. Mae'r organydd Ap Owen Roberts yn un o'r côr ac felly oedd yr arferiad ar gyfer pob Eisteddfod gan fod gan Ap Owen lais da. William Williams wrth yr organ er mwyn i Ap Owen fod yn un o'r côr.

Ar ddydd Gŵyl y Glaniad, byddai'r côr yn canu penillion o waith beirdd enwog y Wladfa, sef James Peter Jones, Prysor Williams, Cynan Jones a David Iâl Jones, ei frawd, ar gerddoriaeth adnabyddus o ddewis yr arweinydd.

Mae Nancy'n cofio hefyd am ei ferch Elmer yn eneth fach dair oed yn mynd i Gapel Bethel gyda'i mam oedd yn canu yn y côr. Rhoddai'r ferch dan ofal ei hewyrth oedd yn gwrando ond mynnai hi fynd i'r sêt ar yr esgynlawr a phan glywai ei thad yn taro'r 'pitch' roedd y fach yn gweiddi'r nodyn. Yntau'n edrych yn ffyrnig a hithau'n mynd trwy'r festri i'r ochr arall i'r llwyfan a gwneud yr un peth eto. Felly cafodd yr ewyrth arwydd i fynd â hi allan ddigon pell a hithau'n bloeddio crio wedi iddi gael codwm wrth fynd allan. Nid yw'n rhyfeddol ei bod wedi cael y ddawn ysbrydol at y miwsig gan ei bod wedi arwain ei chôr bach ei hun yn bedair ar ddeg oed ac wrthi'n ddyfal heddiw, yn ei hwyth degau o flaen côr bach Dolavon ac ynddo ugain o aelodau yn canu'n foddhaol iawn, yn bennaf emynau yr ydym yn eu trysori fel Cymry, mewn sawl cyngerdd, angladd neu ryw amgylchiad arbennig. Dynes fechan fywiog ydyw â'i gwallt yn wyn fel eira. Pleser o'r mwyaf oedd gwrando ar ei chôr meibion yn cystadlu gyda chôr ei thad yn y darn adnabyddus 'Cyfri'r Geifr'. Dyna'r ddau gôr ddaeth i'r llwyfan y noson honno, a'r Br Newton Hughes (Moriah) oedd y beirniad. Yn ei farn ef, ychydig o wahaniaeth oedd rhyngddynt ond wedi iddo wneud ei gyfri, Côr Elmer a gipiodd y wobr gyntaf, yn hollol deg, oherwydd iddynt ganu'n ysgafnach a chyflymach.

Roedd yn wirioneddol braf cael gwrando ar gôr Bob yn canu 'Myfanwy' mor dyner ac wedyn 'Chwi feibion dewrion' gyda'r organ yn ei holl nerth hefyd, nes i'r gynulleidfa godi ar ei thraed i gael ailwrando arnynt yn eu buddugoliaeth. Wedi i'r Eisteddfod ailddechrau yn y flwyddyn 1965, yr hon a gafodd ei hatal am bymtheng mlynedd wedi'r Ail Ryfel Byd, rhoddodd côr Robert Davies y gorau i gystadlu mewn Eisteddfodau gan ei fod ef bellach yn ei saith degau ac yn wan ei iechyd a llawer o aelodau'r côr wedi ymadael. Er hynny, ni wnaeth yr arweinydd na'r gweddill laesu dwylo, ond yn hytrach parhau i ganu yng Ngŵyl y Glaniad ac mewn rhyw gyngherddau bach lleol, bron hyd y diwedd.

Cofia Nancy Davies eto am eiriau'r bardd ar y dôn 'Hen Aelwyd Cartref': 'Ac mae'r hen aelwyd honno yn awr heb dad na mam/ Ond aros mae dylanwad y cylch yn fyw o hyd'. Gwanhaodd iechyd Bob nes y cyrhaeddodd ei 77 mlwydd oed pan fu farw yn 1971. Y dydd canlynol, cafodd ei gladdu ym mynwent Tir Halen. Y Br Gerallt Williams oedd yn gwasanaethu ac Edward Davies Hyde Park yn canu'r organ yn ei gartref. Pawb yn bresennol er parch i'r cyfaill annwyl a ddysgodd ganu i'r rhan fwyaf o'r ardal a mawr ein hiraeth a'n cydnabyddiaeth am ei holl garedigrwydd. Dyna amcan yr ychydig eiriau a roddaf ar bapur heddiw fel teyrnged iddo a diolchaf am y cyfle a roddodd testun yr Eisteddfod Genedlaethol yn y Bala ar gyfer disgynyddion o'r Cymry sydd wedi eu geni yn y Wladfa ac yn byw yno o hyd.

Diolch hefyd i Miss Nancy Davies, Eurgain Roberts (merch Ap Owen Roberts), ac Elmer (merch Robert Davies), am eu hatgofion gwerthfawr. Gwnes i fel y dywed yn y Beibl: 'Sefwch ar y ffyrdd, ac edrychwch, a gofynnwch am yr hen lwybrau a rhodiwch trwyddynt' a dyna sut y cwrddais â'r hen ffrindiau gyda'r atgofion i ychwanegu at yr hyn a gofiwn.

'Prifddinas y corau' y maent yn galw Chubut er pan oedd corau mawr y Dyffryn yn canu'n gyson. Bu'n rhyfeddod i lawer o'r tu allan nad oeddynt yn gyfarwydd â'r diwylliant a gariodd y Cymry dros y môr i Batagonia pan nad oedd hon ond diffeithwch yn yr Ariannin. Tipyn cyn y Canmlwyddiant yn 1965, dychwelodd i'n plith y Proffesor Clydwyn Ap Aeron Jones, yn enedigol o ardal Bryn Crwn ac wedi llwyddo i gael addysg uchel a gwneud yn fawr ohono. Bu am flynyddoedd yn y Brifddinas, Buenos Aires, gyda'i wraig Alicia yn cyfeilio a'r ddau'n perthyn i'r College Musicum. Cododd gôr yno a chofia llawer o'r nyrsys a aeth o'r Wladfa i weithio i'r Ysbyty Prydeinig yno, eu bod wedi bod yn perthyn i'r Côr am flynyddoedd ac yn y Gymdeithas Gymraeg a oedd wedi ei sefydlu yno hefyd. Wedi iddo ddychwelyd yma, cafodd ef a'i briod swyddi uchel yn y Brifysgol. Aethant drwy ranbarth Chubut i drefnu corau a gwersi, heblaw'r un oedd wedi ei ffurfio yma i ddechrau yn y Brifysgol. I ddathlu'r Canmlwyddiant gofynnodd Cymdeithas Dewi Sant a fuasai'n trefnu Cymanfa o hynny ymlaen. Gyda chymorth y Pwyllgor, anfonwyd nodyn i bob ardal gyda rhestr o emynau a gwahoddiad i bawb oedd â diddordeb yn y canu. Erbyn y diwedd cyrchodd cannoedd i gyngerdd bythgofiadwy yn y neuadd ganolog yn Nhrelew i ganu gyda'i gilydd. Bu hwyl tu hwnt ar y canu yn yr Ŵyl dan arweiniad Clydwyn ac roedd y Neuadd dan ei sang.

Ers hynny, mae Cymdeithas Dewi Sant wedi parhau, gan fanteisio ar yr arweinwyr ifanc sydd wedi cael addysg uchel trwy law Clydwyn a'i wraig wedi iddynt godi Ysgol Fiwsig yn Nhrelew gyda chytundeb y Llywodraeth i dalu costau'r offerynnau ac ati. Mae'r Pwyllgor yn trefnu ym mha gapel y mae'r Ŵyl i fod gan ddechrau ym mis Mawrth drwy ddathlu Gŵyl Dewi, ac unwaith y mis mae pob Capel trwy'r Dyffryn yn cael y cyfle i gael Cymanfa Ganu. Gwaetha'r modd, mae Clydwyn wedi ffarwelio â ni ers blwyddyn bellach wedi iddo gyrraedd yr oedran teg o 94 mlwydd oed, ond yn mwmian canu ei hoff emynau yn ei gystudd hir.

Dyma enwau rhai o'r arweinwyr corau sydd i'w cael heddiw yn gwasanaethu'n wastad heblaw'r rhai sydd wedi hoffi meistroli offerynnau fel piano, organ, gitâr, ffliwt, ac ati.

Mae Mrs Edith Macdonald yn hyfforddi corau a phartïon ers blynyddoedd; Marli Pugh gyda chôr cymysg, côr meibion a pharti merched yr un modd, a Mirna Jones. Hefyd mae Gladys Thomas gyda chorau plant, Rebeca White, Ida Williams, Sonia Baliente, ac eraill. Daniel Garavano, yntau wedi codi côr ym Mhorth Madryn ac wrthi'n trefnu ymweliad corau cydwladol bob dwy flynedd. Hefyd mae gennym gyfeilydd gwych sydd yn llawn deilwng o holl gyfarchion pob beirniad canu sef y Br Hector Ariel Macdonald. Mae ef yn barod wrth y piano neu'r organ o'r dechrau i'r diwedd os bydd ei angen.

Dyma arweinyddion da rydym wedi eu colli'n ddiweddar iawn: Br Osian Hughes, mab y Br Morris Ap Hughes o Moriah, fu'n cadw côr Trelew yn gyson ac am ddim dros ddeng mlynedd. Hefyd Gerallt Williams o Bryn Crwn, yntau'n ŵyr i Edward Morgan y soniais amdano ar y dechrau. Cofiaf Gerallt yn Eisteddfod y llynedd yn camu i'r llwyfan i ganu mewn côr a'i gefn wedi crymu'n arw, effaith holl waith caled ar ffarm Bod Iwan ond bu trwy ei oes yn canu ac yn arwain ei brif fwynder er y blinder lluddedig.

Dylwn ddweud bod corau'r Wladfa wedi cynyddu wedi i'r Cymry ymfudo i wahanol ardaloedd i sefydlu yno fel Esquel a Threfelin yn yr Andes ac yn ffyddlon i ddod bob blwyddyn i gystadlu yn Eisteddfod y Plant ac ymhellach ymlaen i Eisteddfod y rhai dros 25 oed. Hefyd mae corau niferus ym Mhorth Madryn, gan fod Elved Williams, a'i briod Eilid, wedi cychwyn yno flynyddoedd yn ôl ac yn dod â'i griw i'r Eisteddfod yn enwedig gyda phartïon teuluol, ond yn awr mae'r Cymry yno wedi cymysgu i mewn i'r Sbaeneg ac mae llawer ohonynt yn canu yn y ddwy iaith.

Pan ffurfiwyd Cymdeithas fach 'Dewi Sant' yn Comodoro Rivadavia, ardal yr olew, yn y tri degau, roedd digon o griw i gadw côr a chynyddodd yn y dyfodol dan arweiniad y Br Arthur Lowndes a fuodd yn dod 400 cilomedr trwy lwybrau caregog a llychlyd am 12 mlynedd yn ddi-stop. Mae Arthur Lowndes yn byw yn awr yn agos i Trefelin ac yn dal i wasanaethu gyda'r corau. Ein diolch yn fawr i bob un ohonynt am fod mor ffyddlon i gadw ein hiaith â'n traddodiadau.

Wrth rodio o hyd yn yr hen lwybrau, cefais hanesyn diddorol ym myd yr hen gorau i gloi'r ysgrif hon. Fel y dywedais, yr oedd fy rhieni yn perthyn i ardal Bryn Crwn, sef y Dyffryn Uchaf amser hynny tua 1925, a bu digwyddiad yr oedd mam yn sôn amdano wedi iddynt ddechrau dysgu 'Drylliwyd y Delyn'. Yr oedd yn arferiad gan Tom Rowlands, yr arweinydd, fynd o amgylch y teuluoedd a oedd ar y ffermydd i'w hysbysu y byddai'n cynnal Ysgol Gân at yr Eisteddfod ym mis Mai bob nos Sadwrn i gychwyn. A chyfeilydd côr Dyffryn Uchaf oedd Joseph Davies, Llanddewi. Daeth y côr yn gryno i gapel Bethesda ar y nos Sadwrn cyntaf a'r ffyddlon Joseph Davies yno gyda hwy. Ond y noson honno, ar ôl iddo fynd adref, trawyd ef yn wael iawn, a'r dydd Sadwrn dilynol, yr oedd ef wedi gadael côr y Dyffryn Uchaf i alaru ar ei ôl. Y tro cyntaf i'r côr gydgwrdd ar ôl hynny, dyna Tom Rowlands yn dweud wrthynt: 'Yr wyf yn gobeithio y gwnewch eich gorau i ganu "Drylliwyd y Delyn" er cof am eich cyfeilydd Joseph Davies'. Cawsant gyfeilydd arall, sef y Br William Williams, Lle Cul. Credaf fod y côr wedi ymdrechu'r flwyddyn honno i ganu, ac i fod yn fwy ffyddlon nag erioed, a Chôr y Dyffryn Uchaf a enillodd y wobr gyda chanmoliaeth fawr; y côr arall oedd yn cystadlu oedd côr y Dyffryn Isaf dan arweiniad y Br Joseph Jones, Trelew. Adroddodd Clydwyn Ap Aeron Jones yn ddiweddar ei fod yn cofio'r gystadleuaeth hon gan fod ei fam yn y Côr, ac yng nghôr y Dyffryn Isaf yr oedd ei chwaer hi, sef Mrs Joseph Jones, yr arweinydd. Pan gwrddai'r ddwy chwaer cyn yr Eisteddfod, pwnc y côr oedd yn cael ei drin ac, yn naturiol, y naill a'r llall yn sicr o'r fuddugoliaeth. Siom aruthrol fu barn y beirniad i'r fodryb druan a phan oedd y gynulleidfa'n mynd allan, arafodd ei cham a dywedodd yn reit ffyrnig wrth Carrog Jones, ar dop ei llais: 'Gofalwch eich bod yn glanhau eich clustiau erbyn y tro nesaf, Carrog!'

Felly, fel mae'n digwydd erioed, nid pob un o'r aelodau sydd yn fodlon ar ddyfarniad y beirniad, yn ôl yr hanes.

Gobaith

ADRAN DRAMA

Drama hir agored dros 50 munud o hyd

BEIRNIADAETH GWION LYNCH A DYFAN ROBERTS

Derbyniwyd saith ymgais. Cyflwynir y sylwadau isod yn nhrefn darllen y dramâu, ar wahân i'r olaf (a ystyrir yr orau yn y gystadleuaeth).

Pros Kairon: 'A'r Hawl i Fesur ei Hyd'. Drama wedi ei seilio ar hanes gwir yn Lloegr am chwaraewr rygbi clwyfedig yn dewis euthanasia mewn clinig yn hytrach na wynebu oes o gaethiwed i gadair olwyn. Mae'r ddrama'n ymwneud nid yn gymaint â'r claf ei hun ond â'r llu o bobol o'i gwmpas, megis ei rieni, ei chwaer, doctoriaid, seicolegydd, swyddogion y clinig euthanasia a'r newyddiadurwraig sy'n ymwneud â'r stori yn y Wasg. Tuedd nifer o'r cymeriadau yw gwneud dim mwy na gyrru'r stori yn ei blaen a chawn gan y meddyg ormod o fanylion sydd, er yn ffeithiol gywir, heb gyfrannu fawr ddim at y tyndra. Mae'r cymeriadau i gyd yn siarad mewn brawddegau byrion a thuedda hynny i fynd yn fwrn ar y glust. Er bod y stori'n un ddirdynnol, mae hi braidd yn rhy syml a gwastad. Disgwylir rhyw dro neu ergyd yn y gynffon ond yr unig beth a ddatgelir yw bod y bachgen wedi gwrthod tocyn adref o'r clinig ar y Cyfandir a thrwy hynny leddfu rhywfaint ar y cyhuddiad yn erbyn y rhieni o fod wedi ei berswadio i farw yn erbyn ei ewyllys. Nid yw hwn yn ddatgeliad mor enfawr â hynny ac mae'r diwedd o ganlyniad braidd yn swta. Y golygfeydd rhwng y rhieni a'r chwaer yw cryfder y ddrama. Ond cymaint cryfach fyddai'r cyfan wedi bod pe bai'r claf ei hun yn gymeriad yn y ddrama – byddai ei weld ef yn y clinig yn gwrthod dod adref yn dod â gwir emosiynau i'r wyneb a byddai'r gynulleidfa wedyn yn rhan go iawn o'r dewisiadau anodd y mae pawb yn eu hwynebu. Serch hynny, ymgais dda ar bwnc anodd a gwerthfawrogwn ddiffuantrwydd yr awdur.

Marc: 'Barat'. 'Gyda diolch i William Shakespeare', medd yr awdur ar ddechrau'r ddrama. Diolch yn dalpiau i'r hen Wil, medd y beirniaid hefyd, gan nad yw'r ddrama hon ond atgynhyrchiad eilradd o *Julius Caesar*, o enwau'r cymeriadau (Brython am Brutus, Cai am Cassius) i'r digwyddiadau (cynllwynio i ladd yr arglwydd, tymestl ar noson y llofruddio ac yna'r cyfan yn diweddu gyda hunanladdiad). Os oedd *Marc* mor benderfynol o lynu at y stori wreiddiol, byddai o leiaf wedi cael rhywfaint o faddeuant pe bai wedi creu cymeriadau difyr a defnyddio deialog ffres a lliwgar. Gwell fyth fyddai defnyddio drama Shakespeare fel man cychwyn i ddrama gwbl newydd. Byddai drama am Joseff y plymar a gawn yn gweithio yn nhŷ Brython wedi bod yn ddifyr a thybed na fyddai modd creu perthynas rhyngddo a gwraig Brython? Dim ond awgrym, ond rydym yn amau y byddai hynny'n heresi i awdur sydd mor driw i'r epig wreiddiol.

An Obaith: 'Trech Rhech na Gorthrech'. Byddai'r awdur yma wedi bod yn gartrefol iawn ymysg criw Monty Python – ac nid gwneud y te y byddai ond cyfrannu. Heb os, dyma awdur mwyaf ffraeth y gystadleuaeth. Rhyw fath o bantomeim gwleidyddol ynglŷn â'r diwydiant croeso a'i effaith afreal ar economi Gogledd Cymru ydyw. Agorir yn ysgafn a hwyliog gyda dilyniant o luniau gyda throslais ac yna caneuon gan grŵp gwerin a thîm o ddynion mewn siwtiau. Wedyn, mewn cyfres o sgetsys, cyflwynir y prif gymeriadau gyda llysenwau anhygoel megis Dalai Dosh a Gresi Emyn; yn wir, cryfder diamheuol yr awdur yw ei ysgrifennu lliwgar a'i ddywediadau gogleisiol a'r hiwmor sy'n codi o'r cymeriadau. Yn ffrwtian o dan yr wyneb, mae 'na ymdrech i ddychanu a cholbio ambell sefydliad, hefyd. Gwaetha'r modd, nid oes fawr o feddwl wedi ei roi i strwythur y ddrama a rhyw neidio sydd yma o un sefyllfa wallgof i'r llall ac mae'n rhwydd i'r cyfan orffen, fel mae'r teitl yn ei awgrymu, gyda hiwmor toiledaidd. Cyflwyniad digrif sydd yma yn hytrach na drama ond, yn bendant, mae yma gomedïwr amryddawn, un sy'n haeddu llwyfan i'w waith.

El Cid: 'Pum Diwrnod o Ryfyg'. Mae hon yn ddrama sydd wedi ei darlledu ar y radio yn dilyn ei gwobrwyo yn Eisteddfod yr Urdd Sir Conwy 2008. Teimlad y beirniaid oedd y dylid ei chadw'n rhan o'r gystadleuaeth a chanmol yr awdur am geisio pob llwyfan posibl i'w waith, boed hynny'n torri'r rheolau neu beidio. Thrilar wleidyddol am dwyll a brad yn swyddfa'r Prif Weinidog a'i gyfaill yn y Trysorlys a geir yma. Er bod y stori'n ddifyr, braidd yn afreal ydyw, ac mae'r cyfan yn digwydd yn rhy rwydd o'r hanner. Mwy buddiol fyddai i'r dramodydd ganolbwyntio ar y berthynas rhwng y cymeriadau – yr emosiynau sy'n gysylltiedig â thwyll a rhagrith a sut y gall hynny newid pobol. Byddai'r cyfan wedyn yn fwy o ddrama ac yn llai o stori. A oedd rhaid lleoli'r ddrama yn Llundain? Onid yw'r coridorau grym yng Nghaerdydd yn lle am sgandals? Byddai hynny wedi rhoi dimensiwn mwy ffres a Chymreig i'r gwaith. Mae'r ddrama hefyd yn gweiddi am dipyn o hiwmor a dweud lliwgar fel sy'n nodweddiadol o sawl gwleidydd; tueddiad y cymeriadau yma yw ymdoddi i'w gilydd a mynd yn llwydaidd iawn. Er y beiau uchod, drama apelgar gyda graen naturiol ar yr ysgrifennu, plot da a diweddglo diddorol ac mae'r amrywiaeth o arddulliau llwyfan i'w ganmol hefyd.

Mam: '. . . a phlant hefyd'. Anghyfiawnder yn y Dwyrain Canol sy'n poeni'r dramdodydd a'r ffaith fod y Cenhedloedd Unedig, er gwaethaf eu datganiadau ar hawliau dynol ym 1948 ac ar hawliau plant ym 1959, yn bypedau bach di-rym. Mae'r ddrama'n cael ei gosod yng nghyfnod y proffwyd Eseia ac ef a'i wraig, Miriam, yw'r prif gymeriadau; gwneir defnydd o glown a phrotestwyr fel rhyw gyswllt rhwng y golygfeydd. Maen nhw'n dod â dipyn o liw a digwyddiadau dramatig i'r llwyfan. Mae yma ymgais i roi gwedd fodern i hen stori a hynny'n rhoi'r argraff nad oes dim wedi newid dros y canrifoedd. Ceir llinellau pwerus megis: 'Ers pryd mae gynnau'n gyfiawnder a bomio'n amddiffyn?' Ond pregeth sydd yma a cheir rhestr ddiddiwedd o ffeithiau ac, er yn ysgytwol, straen fyddai gwrando arnynt ar lwyfan a buan y collent eu heffaith. Mae'r ffaith fod pum llefarydd yn y ddrama'n dweud cyfrolau amdani. Ceir y cymeriadau'n siarad mewn areithiau hir ond, gyda chryn dipyn o docio, fe ellid ei chyflwyno fel pasiant crefyddol; wedi'r cyfan, rydym yng nghwmni awdur sydd â rhywbeth i'w ddweud.

Cae Helyg: 'Ar Gefn fy Nhadcu'. Y thema yw'r bwlch rhwng bywyd gweithwyr Cymraeg cyffredin cymunedau'r gorllewin a byd Cyfryngau'r Ddinas Fawr Ddrwg. Drama mewn dwy act, y gyntaf yn llwyddo i greu darlun digon credadwy o Ifor Jones hen ffasiwn, diniwed a'i fêts yn ffatri UPVC Ffenestri Aman, a'r ail lle mae drama Ifor yn cael ei gwobrwyo mewn stiwdios teledu yng Nghaerdydd ac yntau'n diweddu mewn orji rywiol afiach mewn stiwdio dywyll gyda holl staff y rhaglen! A dweud y gwir, mae'n drueni fod yn rhaid i Ifor fynd o'i fro o gwbl, gan fod yr awdur ar ei orau yn ysgrifennu am ei gymuned ei hun. Mae ganddo ddawn i ddal tafodiaith hyfryd Cwm Aman, gyda deialog llawn priod-ddulliau praff, fel yn sgwrs Dai a Bil am ysgrifenyddes y cwmni sy'n gyndyn o ymateb i serchiadau Ifor:

> Dai: . . . Nid ar redeg mae aredig, Bil, yn enwedig pan fo caseg yn y shafftie . . .
>
> Bil: . . . Ces i ddim fy nghodi ar fferm fel tithe . . . ond dwedwn i bod tipyn o waith ceibio 'da Ifor cyn cyrraedd y glo.

Dyna gyfuniad o draddodiad gwledig a thraddodiad glofäol y cwm yn cael ei adlewyrchu yn sylwadau doniol a naturiol dau werinwr. Mae deunydd dramodydd yn y cystadleuydd hwn. Mwyngloddio o wythïen gyfoethog ei filltir sgwâr yw'r ffordd ymlaen iddo. Mae digon o ddrama o gwmpas ei draed heb iddo fynd i ysgrifennu am fyd pell nad oes ganddo fawr o brofiad ohono.

J. D.: 'Tân Mewn Drain'. O eiliad gyntaf y ddrama hon, rydym mewn byd creulon, hunllefus ac anifeilaidd. Daw Gwyn, ffermwr Sarn Hen, i mewn yn waed drosto wedi dod o hyd i gorff oen bach wedi ei larpio gan lwynog. Mae'n canfod ei wraig, Nesta, yn siglo ar siglen plentyn, yn galaru hyd at obsesiwn am eu mab, Daniel, a laddwyd yn y rhyfel yn Afghanistan. Daw

Sara, eu merch un ar bymtheg oed, i'r gegin mewn sgert fer, yn torri ei bol eisiau gadael cartref. Yn y dafarn leol, mae hi'n dod ar draws Phil, cyn-filwr o Gaergybi a fu ei hun yn Afghanistan, ac sy'n honni ei fod yn medru cysylltu'n seicig â Daniel. Phil yw'r catalydd sy'n rhwygo'r teulu'n racs. Mae 'Tân Mewn Drain' yn gweithio ar sawl lefel fel stori gyfoes yn ymdrin â sefyllfaoedd heddiw a chyda'r cymeriadau'n newid trwy gydol y ddrama ac mae'r gynulleidfa'n dyst i'r broses yma. Rydym yn gwylio rhywbeth byw. Ar lefel arall, gall y gynulleidfa ddarganfod sawl thema oesol, megis y cyferbyniad celfydd rhwng fferm Sarn Hen a'i thraddodiad heddychlon Cymreig a byd real brwydro erchyll Afghanistan, rhwng aros a gadael, rhwng cofio a cheisio anghofio. Mae cymaint mwy yma nag a welir ar yr wyneb. Oes, mae gwendidau. Mae ar y dramodydd angen mynd dan groen ei gymeriadau fwyfwy. Hoffem wybod rhagor am gymhelliad Phil wrth ymwthio i fywyd y teulu a pha ddileit a gaiff o'i driciau. Ysglyfaeth i'w ffawd ydi Phil, hefyd, ond mae angen gwyntyllu hynny ymhellach. Braidd yn ffwrdd-â-hi yw ambell olygfa, megis pan yw Phil yn cael ei ffordd efo Sara. Mae angen mwy o adeiladwaith yma, o gofio'r profiad a gawsai Sara yn ferch fach. Ond llwyddodd y dramodydd i greu chwilfrydedd ynom i gael gwybod mwy – mae'r dychymyg wedi'i danio.

Mae hon yn ddrama sy'n codi i dir uwch na phawb arall yn y gystadleuaeth ac mae gan yr awdur barch at eiriau; nid siarad mae'r cymeriadau ond dweud rhywbeth. Mae'r ddrama'n canu fel darn o farddoniaeth – gosodwyd y ddeialog fel llinellau o *vers libre* a her i actorion fyddai darfanfod rhythm y dweud a gwneud tegwch â'r gwaith. Dyma'r ddrama hir fuddugol eleni.

Y Fedal Ddrama

Mae drama fuddugol cystadleuaeth y Ddrama Hir eleni, sef 'Tân Mewn Drain' gan *J. D.*, hefyd yn ennill y Fedal Ddrama ac yn llawn haeddu'r wobr.

BEIRNIADAETH GWION LYNCH A DYFAN ROBERTS

Mae cwmnïau drama ledled Cymru'n gweiddi am ddramâu byrion, boed yn gomedïau ffarsaidd neu'n ddeunydd mwy sylweddol. Ein gobaith oedd y byddai'r gystadleuaeth hon yn diwallu rhywfaint ar yr angen hwnnw fel na fyddai cwmnïau'n gorfod dibynnu mor drwm ar addasiadau a chyfieithiadau. Gwaetha'r modd, ar wahân i ddwy neu dair sy'n codi i'r brig, braidd yn siomedig oedd y safon. Derbyniwyd deg ymgais ac fe'u rhennir yn ddau ddosbarth.

YR AIL DDOSBARTH

Shelley: 'Y Cyfarfod'. Trafodaeth hir ar bobol ag anhwylder meddwl mewn cymdeithas a geir yma. Nid yw'r cymeriadau'n ddim ond haniaethau sy'n cynrychioli safbwynt yn y drafodaeth. Mae gan yr awdur ddiddordeb diffuant yn y sefyllfa ond erthygl mewn wythnosolyn ddylai hon fod. Nid oes yma ymgais i gymeriadu nac i lunio deialog fywiog nac ychwaith i saernïo stori ddifyr.

Cae Helyg: 'Cyfaill Tri Choes'. Mae ôl brys a blerwch ar yr ysgrifennu ac mae'r thema, sef cymharu cath dair coes gyda gŵr sy'n dioddef o *gangrene*, yn ymylu ar y di-chwaeth. Hirwyntog yw'r ddeialog drwyddi draw ac nid oes fawr o liw i'r cymeriadau. Prin hefyd yw'r doniolwch gweledol ar y llwyfan. Mae angen tipyn mwy o amrywiaeth i gynnal hanner awr o adloniant.

Mêl y Ceirw: 'Dyro i ni Heddiw'. Drama am ragfarn hiliol yn erbyn gweithwyr tramor, sy'n dod fwyfwy i'r amlwg wrth i bobol leol golli eu gwaith – thema bwysig a pherthnasol. Cawn hanes teulu sy'n ddrych o'r hyn sy'n digwydd mewn cymdeithas. Mae Petra, merch o Wlad Pŵyl, a Llŷr, sy'n athro, yn briod â'i gilydd ac yn byw gyda rhieni Llŷr, er mai dim ond Meri'r fam a welwn. Mae'r tad wedi colli ei swydd ac allan yn trefnu protest. Trueni, achos mae'n swnio'n gymeriad difyr. Diffyg amlwg y ddrama yw nad oes fawr yn digwydd ar y llwyfan, drama o siarad a checru ydi hi a fawr o ddatblygu ar y cymeriadau. Swta hefyd yw'r diweddglo, fel pe bai'r awdur yn benderfynol o orffen ar nodyn hapus. Serch hynny, ni lwyddwyd i godi'r awydd ynom i gael gwybod rhagor am y teulu; felly, eled ati i gaboli'r ddrama fel bod y cymeriadau'n dod yn llawer mwy byw a pherthnasol gan mai dim ond crafu'r wyneb a wneir ar hyn o bryd.

Ffion: 'Yr Alwad'. Comedi dair act dros 52 tudalen; go brin, felly, y gellir ei hystyried yn ddrama fer. Diangen yw Act 2 a 3 gan fod Act 1 yn sefyll ar ei thraed ei hun fel comedi daclus y byddai sawl cwmni drama'n cael difyrrwch mawr o'i pherfformio. Mae'r ddeialog yn ddoniol a ffraeth a'r cymeriadau'n cynnig digon o botensial i actorion. Mae'r golygfeydd yn y dafarn leol yn wirioneddol ddoniol ond mae'r cyfan yn cloffi wrth symud i 'stafell fyw dau o'r prif gymeriadau. Naws braidd yn hen ffasiwn sydd i'r cyfan, yn enwedig y syniad fod arian ewyllys rhyw hen berthynas wedi ei guddio yn y simdde. Yr argraff a gawsom oedd bod Act 2 a 3 yn rhyw gymysgedd o ddramâu eraill a oedd gan yr awdur mewn drôr a bod y demtasiwn yn ormod iddo geisio'u himpio i'w gilydd. Gwaetha'r modd, ni fu hynny'n llwyddiannus ond, ar sail yr Act gyntaf, mae yma ddramodydd a all oglais cynulleidfa yng nghanol trymder gaeaf.

Y DOSBARTH CYNTAF

Y Dewin a Fi: 'Setlo Sgôr'. Sgript 102 tudalen, yn defnyddio lleoliadau mor wrthgyferbyniol ag ysgol, fflat, ysbyty ac yn diweddu ar draeth yn Torremolinos. Mae wedi ei hysgrifennu'n hwyliog yn arddull iaith y stryd yng Nghaernarfon, tebyg i'r gyfres 'Tipyn o Stad'. A dyna ydi hi yn y bôn, sgript deledu awr o hyd, ond byddai modd ei haddasu i'r llwyfan. Braidd yn ffwrdd-â-hi yw'r cyfan, heb fawr o ymgais i fynd dan groen rhai o'r cymeriadau fel bod y gynulleidfa'n gallu uniaethu o ddifrif gyda nhw. Mae arnom angen cael ein tynnu fwyfwy i mewn i stad y cymeriadau o feddwl ac ymestyn ambell olygfa yn hytrach na neidio'n gyflym o un lle i'r llall. Nid oes dwywaith nad oes gan yr awdur yma ddawn ysgrifennu ond mae angen iddo fod dipyn mwy beirniadol o'i waith ei hun ac, o bosibl, meddwl mwy yn nhermau drama lwyfan gan mai dyma'r lle i feithrin crefft cyn symud ymlaen i waith teledu.

Pleidlais Bost: 'Diwrnod Etholiad'. Comedi wedi ei lleoli mewn gorsaf bleidleisio gyda chyfanswm o un ar ddeg o gymeriadau hwyliog yn cynnwys gwragedd tŷ, plant ysgol ac, wrth gwrs, plisman pentref. Mae digon o gyfleoedd i gael digwyddiadau cwbl ffarsaidd ar y llwyfan a diolch i'r drefn, nid oes gormod o ddeialogi trwm sy'n gwneud fawr mwy na gyrru'r stori yn ei blaen. Y plot yn syml yw bod Magwen, y swyddog pleidleisio, yn ceisio, trwy bob ystryw, gael cant y cant o'r etholwyr i fwrw pleidlais ac o ganlyniad rhoi'r pentref yn y *Guinness Book of Records*. Fel rhyw dro i'r stori, mae lladron yn dwyn o amryw o dai lleol gan fod rhywun o'r orsaf bleidleisio'n rhoi gwybodaeth am dai gwag iddynt. Er bod digon yma i godi gwên, mae angen mwy o waith eto ar y cymeriadau i'w gwneud yn wirioneddol ddoniol. Ond mae yma ddeunydd i gwmni weithio arno ac mae hynny'n rhan hanfodol o'r holl broses. Diolch i

Pleidlais Bost am barhau'r traddodiad o ysgrifennu comedi ar gyfer cwmnïau lleol.

Uchadda: 'Hau a Medi'. Monolog yw hon, lle mae Megan, gwraig 30 oed, yn rhannu'r problemau a gafodd wrth geisio beichiogi deirgwaith. Mae'r sgript wedi ei hysgrifennu mewn arddull lafar tafodiaith Ceredigion a'r stori ddirdynnol yn cael ei dweud yn naturiol a diffwdan. Daw Megan drosodd fel cymeriad hoffus, credadwy ac mae'r ffordd y mae hi'n delio â'r trawmâu yn ei bywyd yn ein tynnu ni ati. Mae angen digon o amrywiaeth mewn monolog fel nad yw'r dweud yn mynd yn undonog. Efallai bod tuedd i ganolbwyntio'n ormodol ar y cyfnodau pan oedd Megan yn feichiog. Hoffem wybod mwy am ei chefndir a'r profiadau a saernïodd ei chymeriad. Rhyw un-onglog yw'r portread ohoni, braidd. Efallai bod angen technegau i dorri ar yr areithiau hir. Beth am lais doctor, nyrs neu dderbynnydd clinig, neu hyd yn oed ei gŵr ar beiriant ateb? Serch hynny, ymdrech dda, sy'n agos at y brig.

Croesor: 'Dau'. Drama am ŵr yn dychwelyd at ei wraig ar ôl ffugio'i farwolaeth ei hun i bwrpas hawlio arian yswiriant, yn amlwg wedi ei hysbrydoli gan achos tebyg yn y newyddion yn ddiweddar. Mae potensial di-ben-draw yma i ymdrin â chyflwr meddyliol y gŵr a'r wraig a thrafod y cymhelliad y tu ôl i'r twyll – gallasai'r wraig a'r gŵr yn rhwydd ennyn ein cydymdeimlad. Ond, gwaetha'r modd, mae'r awdur yn tueddu i ganolbwyntio'n ormodol ar berthynas rywiol a threisgar y gŵr a'i wraig. Wedi sawl tudalen o regi, cymodi, ffraeo a chymodi eto, yr ydym fel cynulleidfa'n dechrau colli amynedd. A phan fydd y ddau'n eu lladd eu hunain drwy sefyll o flaen trên ar y diwedd, nid oes waeth gennym amdanynt, i ddweud y gwir. Rhyw deimlad a gawsom oedd bod y dramodydd wedi colli cyfle a'i fod yn tueddu i gyfansoddi wrth fynd yn ei flaen yn hytrach na bod ganddo strategaeth fanwl. Mae'r sefyllfa'n gofyn am ymdriniaeth glir, fel bod y gynulleidfa o leiaf yn dod i adnabod rhywfaint ar y ddau gymeriad cymhleth yma.

Ap Tom: 'Gwnawn Briddfeini a'u Crasu'n Galed'. Drama symbolaidd am dorrwr beddau a'i brentis yn claddu'r iaith Gymraeg. Dilyn gorchymyn y Wladwriaeth a wna'r torrwr a'i brentis wrth roi siaradwr olaf yr iaith Gymraeg yn ei bedd a phaentio'r garreg yn ddu fel na fydd neb yn gallu ei darllen – hynny ydi, difa iaith. Ond daw rhyw obaith ar y diwedd wrth i'r torrwr gofio'r gair 'taid' a'r awgrym na all trefn ladd iaith tra bo pobol yn ei chofio yn y dirgel. Nid yw deialog y cymeriadau'n gwyro fawr oddi wrth y dasg dan sylw, sef claddu'r hen wreigan, ac mae tueddiad i'r cyfan droi yn ei unfan. Gellid bod wedi gwyntyllu rhagor ar y gwahaniaeth rhwng y ddau gymeriad o ran eu hoedran a'u cefndiroedd gwahanol. Byddai hynny wedi rhoi mwy o dyndra eto i'r digwydd. Daeth *Ap Tom* yn agos iawn i'r brig yn y gystadleuaeth, ond baglodd wrth y llinell oherwydd mai braidd yn hen ffasiwn yw drama ddamhegol fel hyn ac mae ei harddull fetafforegol yn perthyn i chwe degau'r ganrif ddiwethaf. Serch hynny, edrychwn ymlaen i'w gweld yn cael ei pherfformio; gydag actorion a chyfarwyddwr profiadol, byddai'r ddrama'n siŵr o gipio sawl gwobr mewn gwyliau drama.

Byw mewn Gobaith: 'Meindia dy Fusnes'. Mae stori gref yn sail i'r ddrama hon. Mae'r awdur yn ein tywys trwy brofiad y prif gymeriad, Gareth, dyn digon cyffredin sy'n derbyn ergyd ysgytwol gan y meddyg ar ddechrau'r ddrama. 'Fel roedden ni'n amau, Mr Huws, mae gynnoch chi gancr. Hodgkin's Lymphoma'. Golygfeydd byr a dramatig yw gweddill y ddrama rhwng Gareth a'i ffrind, ei wraig, y nyrs a'r doctor. Mae Gareth yn dygymod â'r driniaeth a ninnau fel cynulleidfa'n mynd drwy'r profiad efo fo. Rydym yn gallu chwerthin a chrio, yn enwedig felly yn yr olygfa lle mae Gareth yn ceisio cynhyrchu ei had ei hun i'w gadw mewn tiwb rhag ofn i'r cancr ei wneud yn ddiffrwyth.

Arddull syml iawn sydd i'r ddrama, nid oes ymgais i wneud argraff gyda thriciau dramatig ond, weithiau, mae hi'n rhy syml gyda thueddiad i'r golygfeydd golli'r ymdeimlad o realiti. Mae lle yma i ymestyn cryn dipyn fel ein bod yn cael rhagor o droadau annisgwyl. Nid oes ymgais yma i gymhlethu'r berthynas rhwng y cymeriadau a rhoi ychydig mwy o sbeis i'r cyfan. Ond, ar y llaw arall, efallai mai yn ei symlrwydd y mae ei chryfder a bod y sefyllfa ynddi ei hun yn ddigon dramatig, gan ei bod yn dweud cyfrolau am y Dyn Cyffredin yn wyneb bywyd a marwolaeth. Mae'r ddrama hon yn haeddu'r wobr gyntaf ond cyn ei llwyfannu, buddiol fyddai i'r awdur chwysu ychydig mwy uwch ei phen a throi drama fer dda yn un gofiadwy.

Trosi dwy ddrama fer i'r Gymraeg: *Surfing Carmarthen Bay,* Roger Williams; *Bedside Manner,* Frank Vickery; *Coming Home,* Phil Nash; *A Strong Smell of Burning,* Graham J. Evans; *Stiletto,* Peter Hartley; *Sharks in the Custard,* Tony Leighton; *A Great Bunch of Lads,* Brian Williams

BEIRNIADAETH EDNYFED WILLIAMS.

Fe ddaeth saith o ymgeiswyr i'r maes a chafodd chwech o'r saith drama sylw ganddynt. Maen nhw i gyd yn ddramâu cyfoes mewn iaith fodern, er i un gael ei gosod yn y nawfed ganrif! Wrth gwrs, does yr un ddrama'n fyw nes cael ei chlywed a'i gweld. Fe benderfynais innau geisio darllen y cynnyrch 'efo fy nghlustia', fel y dywedodd y meistr, Wil Sam Jones, ryw dro, gan chwilio am (i) ystwythder a rhythmau llafar a naturiol yn y ddeialog, (ii) llwybr canol rhwng bod yn rhy gaeth i'r gwreiddiol a chrwydro'n rhy bell nes cyfansoddi yn lle cyfieithu, a (iii) ceisio penderfynu a wnâi'r trosiad 'weithio' ar lwyfan.

Gair am y trosiadau fesul drama. Comedi ysgafn ydi *Bedside Manner* wedi ei lleoli mewn ward ysbyty, lle mae Marlene, un o'r cleifion, sy'n 'dipyn o gymêr', fel y dywedwn yn y Gogledd, yn gwerthu tocynnau raffl at achos da ac yna'n penderfynu rhoi'r arian ar geffyl mewn ras. Fe gafwyd pedair ymgais, gan *Llifon, Roy Bowen, Cae Llwyd* a *Mam.* Llwyddodd pob un i gadw naws a hwyl y ddrama yn ardderchog, ond roedd gwahaniaethau wrth drin idiomau, a thermau rasio fel *straight win, each way, even money.* Weithiau, roedd tuedd i adael y gwreiddiol ormod, e.e. *'Good God'* gan Marlene yn rhoi i ni 'Blydi Hel'; *'Gangway Girls'* yn aros yn Saesneg gan un ond yn rhoi 'Gwnewch le, genod' gan un arall; *'Go to waste'* yn rhoi 'mynd yn wasd' gan un a 'mynd yn ofer' gan un arall. Fe geisiodd *Cae Llwyd* roi i ni amrywiaeth o acenion, a hon oedd yr ymgais gryfaf ar y ddrama hon.

Ray Bowen, Cefenshidan a *Dai Di-Ddim* a gynigiodd ar *Surfing in Carmarthen Bay* – hanes tri pherson ifanc mewn parti syrffio ar draeth Caerfyrddin. Mae'r ddrama'n llawn o sgwrsio cyflym, slic pobl ifanc gyda thermau slang fel *cool, spouting on, Aussie bum* a *chuffed* yn gryn her. Roedd y tri chynnig yn dda iawn, pob un â'i gryfderau ei hun. Doedd tafodiaith y Gogledd gan *Ray Bowen* yn ddim tramgwydd i mi er gwaethaf y lleoliad, a chawsom aml drawiad byw iawn ganddo. Rhoes *Dai Di-Ddim* i ni drawiadau da fel *'Let'make a dash for it'* – 'Dere i ni ga'l baglu 'ddi. Roedd *Cefenshidan* wedi cael gafael dda iawn ar rythmau'r siarad, hyd yn oed yn yr areithiau ychydig meithach tua'r diwedd. Dyma'i gynnig gorau o'i ddwy ddrama, ac yn un o oreuon y gystadleuaeth.

Mae *Coming Home* a gynigiwyd gan *Llifon* a *Gwalia* yn ddrama densiwn mewn tair golygfa fer yn dweud hanes Meic yn dychwelyd at ei deulu o ryfel y Gwlff ar ddydd angladd ei daid. Sefyllfa o dyndra sydd yma sy'n troi o gwmpas ymddygiad od Meic. Mae effaith y ddrama'n dibynnu ar y llythyr a ddaw, tra bo Meic allan, yn hysbysu'r teulu iddo gael ei ladd yn y rhyfel. Ymhlith yr heriau i gyfieithydd yr oedd dau baragraff yn disgrifio sgwrs yn y fyddin ac yn rhoi manylion am y dryll. Gadawodd un cystadleuydd, *Gwalia,* yr adran yma yn y Saesneg fel rhan o 'ôl-fflach' Meic, a thueddaf i gytuno bod hynny'n effeithiol ond doeddwn i ddim yn cytuno â newid '*Soldiers of the Queen*' yn 'Rwyf innau'n filwr Bychan'. Dyma ddwy ymgais dda ar ddrama a oedd yn cynnig problemau sylweddol.

Sharks in the Custard, comedi sy'n gwneud hwyl am ben ffasiynau mewn celf drwy enau nifer o ferched glanhau mewn oriel gelf, oedd yn rhan o gynigion *Cae Llwyd* a *Gwalia.* Dyma ddau gynnig graenus dros ben yn nhafodiaith y Gogledd. Tuedd *Gwalia,* os rhywbeth, oedd mynd weithiau'n rhy bell oddi wrth y gwreiddiol; e.e. '*Been sharing it about*' – 'wedi bod yn cysgu allan', ond 'wedi bod yn hael 'i ffafra' gan *Cae Llwyd,* yr un mor bell oddi wrth y gwreiddiol o bosibl ond yn cyfleu'r ystyr yn well o lawer. Cynnig *Cae Llwyd* oedd y gorau ar y ddrama hon.

Roedd y ddrama *Stiletto* yn ddrama sefyllfa wedi ei lleoli yn yr Eidal, yn adrodd hanes gweddw'n teithio i'r Eidal i ddial ar feistres ei diweddar ŵr. Cyflwyna broblemau sylweddol i gyfieithydd, gan fod ynddi gymysgedd o ddeialog gyflym a miniog, ac areithiau athronyddol a chymhleth hirach a fyddai'n cynnig her i actores yn y Saesneg hyd yn oed. Gwnaed cynigion teg gan *Cefenshidan* a *Mam.* Roedd y rhannau cyflym yn effeithiol gan y ddau ond eu tuedd oedd mynd yn rhy bell oddi wrth y gwreiddiol yn yr areithiau haniaethol meithach. Rwyf yn tueddu i feddwl bod y broblem yn y ddrama wreiddiol o ran hynny.

Yn olaf, fe gawsom ddrama wahanol a doniol iawn yn *A Strong Smell of Burning,* hanes o'r nawfed ganrif am y brenin Alfred yn llosgi'r cacennau, y cyfan mewn Saesneg cyfoes, gydag agweddau cyfoes. Cynigiwyd trosiad mewn tafodiaith ddeheuol gref gan *Dai Di-Ddim,* ac mae llawer iawn o bethau da ynddo a fyddai'n llwyddiant ar y llwyfan. Ond mae hefyd ormod o grwydro oddi wrth y gwreiddiol: '*He's in a bad way*' – 'Ma hwn 'di ca'l coten'; '*That cow's too old to have a go at anyone*' – 'Mae'r fuwch yn rhy hen i estyn cic, mae'n rhy wan i aros ar 'i thra'd'. Eglurhad, nid cyfieithiad, yw rhan olaf y frawddeg yn yr achos yma.

Dyma gystadleuaeth amrywiol iawn a gynhyrchodd ddigon o ddeunydd i gwmnïau ieuenctid neu grwpiau lleol. Ymhlith y goreuon, y mae *Cefenshidan* a *Dai Di-Ddim,* y ddau gydag un trosiad yn gryfach na'r llall. Yn dynn iawn ar eu sodlau mewn cystadleuaeth bur glòs, mae *Gwalia, Mam, Llifon* a *Ray Bowen.* Ond gyda throsi gwastad, da dros y ddwy ddrama, y gorau gen i ydi *Cae Llwyd.*

Dramateiddio unrhyw chwedl i'w pherfformio gan blant – hyd at 30 munud o hyd

BEIRNIADAETH MAIR TOMOS IFANS

Gan fod adrodd chwedlau a gweithio efo plant yn gymaint rhan o'm bywyd o ddydd i ddydd, roeddwn yn falch iawn o dderbyn y cynnig i feirniadu'r gystadleuaeth hon; mae ein chwedlau a'n straeon traddodiadol yn eifeddiaeth gyfoethog, a rhaid manteisio ar bob cyfle i'w trosgwlyddo i'n plant.

Mae gofynion y gystadleuaeth yn nodi y dylai'r ddrama fod hyd at 30 munud o hyd a'i bod i gael ei pherfformio gan blant – ond nid yw'n nodi plant o ba oedran. Nid yw cyfrwng y ddrama'n cael ei nodi 'chwaith – felly, gallai'r awduron fod wedi dramateiddio gogyfer y llwyfan, y radio, teledu neu ffilm.

Er mai dramateiddio chwedl yw gofynion y gystadleuaeth, lle mae'r stori, y plot a'r cymeriadau'n bod yn barod, roeddwn yn chwilio am sgript fywiog a gwreiddiol, y cymeriadu'n ddiddorol, y geiriau'n byrlymu'n naturiol a'r ieithwedd yn addas i blant heddiw.

Tair chwedl wedi eu dramateiddio a ddaeth i law.

Esther: 'Y Delyn Aur'. Addasiad o chwedl o ardal Dolgellau. Fel mae'n digwydd, mae hon yn un o'm hoff straeon ac rwyf yn ei hadrodd yn aml iawn. Sgript ar gyfer rhyw hanner dwsin o gymeriadau penodol a nifer amhenodol o dylwyth teg a ffrindiau a gafwyd gan *Esther*. Mae'r addasiad hwn yn ddigon bywiog ac yn cynnwys caneuon ac alawon gwerin sy'n rhoi naws hyfryd i'r ddrama. Mae'r ddrama wedi ei saernïo'n eithaf crefftus ond mae'r areithiau weithiau braidd yn hirwyntog ac yn orddisgrifiadol. Ar adegau, mae rhannau o'r ddrama'n adleisio'n ormodol fersiwn brintiedig y gwn i amdani, ac mae'r addasiad ar brydiau ychydig yn glogyrnaidd. Teimlwn weithiau fod y ddeialog hefyd ychydig yn anystwyth a ffurfiol er efallai mai ymgais yw hynny i gyfleu cyfnod arbennig yn ein hanes. Byddai'r ddrama yma'n addas ar gyfer criw o blant hynaf ysgolion cynradd neu flynyddoedd cynnar ysgolion uwchradd ond byddai rhaid ei rhuthro'n bur arw i'w pherfformio mewn 30 munud.

Rhys: 'Chwedl Rhys a Meinir'. Hanes trist Nant Gwrtheyrn. Drama syml sy'n adrodd y stori mewn pum golygfa gyda deuddeg cymeriad a nifer amhenodol o gymeriadau torfol. Mae'r ddrama'n dibynnu ar Lefarydd i agor a chloi'r cyflwyniad. Credaf y byddai hepgor y Llefarydd yn cryfhau'r ddrama. Byddai plant ysgolion cynradd yn ymdopi efo'r ddrama hon a dw i'n weddol ffyddiog y byddai modd ei llwyfannu o fewn 30 munud. Mae'r ymgomio ar y cyfan yn naturiol ac mae'r defnydd o idiomau a chymariaethau yn cyfoethogi'r dweud. Mae gan *Rhys* glust dda at rythmau'r Gymraeg lafar.

Wdi: 'Jac a'r Bluen Aur'. Drama wedi ei seilio ar un o chwedlau Abram Wood, sef Brenin y Penwaig. Dim ond deg cymeriad sydd yn y ddrama hon, a rhannau mawr iawn i'r ddau brif gymeriad, Jac a'r Hen Ŵr/Ceffyl sydd yn ymddangos ymhob un o'r tair golygfa ar ddeg. Mae'r berthynas rhwng y ddau gymeriad yma yn un ddoniol iawn. Mae *Wdi* yn sgriptiwr penigamp ac yn llwyddo dro ar ôl tro i wneud i ni chwerthin efo'i ddywediadau bachog a'i glyfrwch geiriol. Ond mae angen golygu rhywfaint ar y sgript er mwyn ei thynhau a'i chryfhau. Mae'r cyfeiriadau at y llwyfan yn y sgript yn dangos yn glir mai ar gyfer y llwyfan y bwriadwyd y ddrama hon, ond mae'n llawer hirach na 30 munud. Mae angen siswrn go finiog er mwyn llwyddo i'w pherfformio o fewn yr amser penodedig – ac yna mae peryg' y byddai'r ddrama fel cyfanwaith yn dioddef. Byddai'n bosibl iddi gael ei pherfformio fel drama deledu, ffilm neu gartŵn efallai mewn 30 munud gan y byddai modd cyfleu llawer ohoni'n weledol. Mae'r rhannau actio yn y ddrama hon yn gofyn am aeddfedrwydd perfformiadol a thybiaf, felly, y byddai'n addas ar gyfer grwp hŷn o blant neu bobl ifanc, aelodau o gwmni cymunedol neu ysgol berfformio, efallai. Mae angen cyfarwyddwr go ddyfeisgar yn ogystal, gan fod y gofynion technegol yn eithaf heriol. Byddai'r ddrama hon hefyd yn addas iawn ar gyfer ei pherfformio i gynulleidfa o blant gan fod iddi arddull a fyddai'n apelio at gwmnïau proffesiynol megis Arad Goch.

'Jac a'r Bluen Aur' wnaeth fy mhlesio i fwyaf fel drama. Mi wnes i fwynhau pob eiliad o'r darllen ac fe fyddwn i wrth fy modd yn gweld perfformiad ohoni. Ond ydi hi yn ateb gofynion y gystadleuaeth? Wel, ydi, yn fy marn i. Er y byddai'n gryn her, gallai plant ei pherfformio. Ond mewn hanner awr? Wn i ddim ond, gyda chymorth golygydd da, mi fyddai'n werth rhoi cynnig arni. Y mae'r wobr gyntaf yn mynd i *Wdi*

Llunio Sgript Pantomeim

BEIRNIADAETH DAFYDD HYWEL

Dim ond un sgript Pantomeim a dderbyniwyd. Mae hynny'n drueni, wrth gwrs, ond efallai ei fod yn dangos pa mor anodd yw creu sgript lwyddiannus. Fodd bynnag, mae potensial da i'r sgript a gyflwynwyd, sef 'Anghenfil Llyn Tegid' o waith *Bobi a Sami*, er y byddai angen tipyn o waith cyfarwyddo arni pe bai'n cael ei llwyfannu.

Rwy'n hoff o'r syniad o rannu'r Pantomeim yn ddwy Act – y naill wedi'i lleoli ganrifoedd yn ôl yn nyddiau teyrnasiad y brenin Tegid a'r ail yn dod â ni i ddyddiau'r Arglwydd Dafydd Êl. (Efallai y gellid perswadio'r dyn ei hun i berfformio yn y cynhyrchiad fel y Brenin Tegid gan iddo'i ystyried ei hun, efallai, yn Frenin Cymru'r presennol!)

Mae sgript yr Act gyntaf yn rhedeg yn rhwydd yn enwedig o safbwynt y berthynas rhwng Lwc y Telynor a Poli'r Parot. Mae'r defnydd o nodweddion cyfoes, fel y Cynulliad a Tesco, yn ddiddorol a hefyd y defnydd a wneir o ganeuon poblogaidd – fel y 'Birdie Song' – a fyddai'n gyfarwydd i bobl ifanc. Ond mae angen bod yn ofalus rhag defnyddio gormod o ganeuon Saesneg eu hiaith. Mae angen gwneud mwy o gyfathrebu gyda'r gynulleidfa fel sy'n digwydd yn yr ail Act ond mae'n siŵr y deuai hynny gan y Cyfarwyddwr.

Mae'r cymeriadau arferol yn bresennol yma – yr Arwr, y Dyn Drwg a'r Brenin – ond byddai defnyddio dawnswyr hefyd o gymorth. Er nad yw hynny wedi'i nodi, rwy'n cymryd mai'r un actorion sy'n actio yn yn yr ail Act ag yn gyntaf a buasai'r gynulleidfa wrth eu bodd gydag ymddangosiad anghenfil. Yr hyn sy'n bwysig yma yw fod hwnnw'n edrych yn realistig.

Gan nad oes sgript i'r ail Act, mae'n eithaf anodd gweld sut y byddai rhai o'r golygfeydd yn gweithio, ond mae ambell syniad a gynigir yn dda dros ben. Mi fuaswn wedi hoffi cael syniad o'r math o set oedd gan yr awduron mewn golwg, yn enwedig ar gyfer yr ail Act ac, fel y cyfeiriais yn gynharach, mae potensial i'r gwaith yma. Fe ddylid cofio, felly, pe bai'r Pantomeim yma'n mynd ar daith, byddai'n rhaid i'r set fod yn un rhwydd i'w symud o le i le. Mae yma hefyd ormod o gymeriadau i deithio ac fe allai rhai o'u llinellau fod yn fwy *punchy*.

Rwy'n teimlo bod *Bobi a Sami* yn haeddu'r wobr gyntaf oherwydd eu gwaith caled a'u syniadau gwreiddiol y gellid ehangu arnynt mewn cynhyrchiad. Nid yw'r ail Act yn gweithio lawn cystal i mi ond pwy a ŵyr? Fe fwynheais ddarllen y sgript yn fawr iawn. Pob hwyl i *Bobi a Sami* yn y dyfodol.

Creu ffilm fer hyd at ddeng munud o hyd

BEIRNIADAETH CLIFF JONES

Daeth tair ymgais i law sef eiddo *Hynafgwr, Mac* a *Menter y Cwm.*

Hynafgwr: Cawsom atgofion gŵr am ei fywyd yn blentyn, yn filwr ac yn athro. Mae holwr a hynafgwr yn eistedd ar sedd capel yn sgwrsio. Diddychymyg yw'r gwaith camera – i gyd ar un siot heb ymdrech i dorri o gwbl. Gellid bod wedi defnyddio archif, lluniau, etc. i wneud y ffilm yn fwy diddorol yn weledol.

Menter y Cwm: 'Diwydiant a Diwylliant yn Ystradgynlais'. Ffilm fer yn gweithredu fel tywysydd yn mynd â ni o gwmpas Ystradgynlais. Mae angen mwy o waith ar y sgript a oedd braidd yn ailadroddllyd. Roedd yma ymdrech i olygu ac roedd y gwaith camera yn anturus ond, ar y cyfan, braidd yn ddi-fflach oedd y cyfanwaith. Mae lle pendant i ffilmiau o'r fath fel cofnod cymdeithasol ond, fel gydag ymdrech *Hynafgwr*, gellid bod wedi defnyddio dulliau eraill hebalw trosleisio i gyflwyno gwybodaeth am Ystradgynlais – archif, lluniau, hanesion personol – er mwyn cael amrywiaeth yn y cyflwyniad a'i wneud yn fwy diddorol i'r gwyliwr.

Mac: 'Y Ddau *Gaucho* yn y Bala'. Ceir dau actor yn cyflwyno stori am ddau *gaucho*, sy'n ddisgynyddion i Michael D. Jones, yn ymweld â'r Bala i olrhain eu hanes ac i loywi eu Cymraeg. Mae yma ymdrech dda i greu awyrgylch ar ddechrau'r darn a defnydd da o drin lluniau a throsleisio. Maent yn ein tywys o gwmpas rhai mannau a chofgolofnau yn y Bala a Llanuwchllyn ac yn rhoi eu hymateb iddynt. Ceir chwarae ar eiriau ac ambell gyffyrddiad doniol iawn ar brydiau. Ar ddiwedd y darn, cyrhaeddant Bodiwan, cartref 'Yncl Meic' ond does neb gartref. Mae'r syniad ei hun yn un gwreiddiol a phosibiliadau pendant iddo ond unwaith eto roedd angen mwy o waith ar y sgript ac adeiladwaith y darn. Roedd rhai o'r golygfeydd braidd yn rhy hir a'r gwaith camera yn rhydd iawn gan roi'r argraff nad oedd paratoi ac ymarfer y tu ôl iddo; mae hynny'n iawn yn ei hanfod ond *ymddangos* ac nid *bod* yn *ad hoc* a rhydd y dylai ei wneud – mae hon yn dechneg hynod anodd i'w chyflawni'n dda a chaiff ei defnyddio'n aml iawn i guddio diffyg paratoi ac ymarfer.

Er bod y tri darn yn wahanol iawn i'w gilydd a bod i bob darn gryfderau a gwendidau, oherwydd gwreiddioldeb y syniad ac ymgais i ddefnyddio technegau ac effeithiau, rwyf am wobrwyo *Mac*.

ADRAN DYSGWYR

CYFANSODDI I DDYSGWYR

Cystadleuaeth y Gadair

Cerdd: Gwreiddiau. Lefel: Agored

BEIRNIADAETH IFAN PRYS

Mae 27 wedi ymgeisio am y Gadair eleni yn Adran y Dysgwyr. Rhaid cyfaddef nad yw pob un gystal bardd â'i gilydd ond rhaid canmol pob un ohonyn nhw ar eu meistrolaeth o'r iaith. Rydw i wedi cael pleser mawr wrth ddarllen y cynnyrch i gyd, ac erfyniaf arnynt i barhau i gystadlu, nid yn unig mewn cystadlaethau llenyddol ar gyfer dysgwyr ond yn adrannau llenyddol eisteddfodau bach Cymru – byddai'r goreuon yn y gystadleuaeth hon yn gystadleuwyr peryglus iawn.

Gosodaf y cerddi mewn tri dosbarth.

Yr hyn sydd gan y cerddi yn y Trydydd Dosbarth yn gyffredin yw fod y neges y mae'r bardd yn ceisio'i chyfleu yn effeithio ar y farddoniaeth, hynny ynghyd â diffyg uchelgais a thuedd i gyflwyno cerddi byr iawn i'r gystadleuaeth. Mae *Cadwr, Cilfor* a *Myllin* wedi gosod eu cerddi ar bapur ar ffurf englynion gan ddilyn patrwm odli'r mesur hwnnw. Braidd yn rhyddieithol yw cerddi *Crys Duon, Catrin, Jimbob, Barcud, Chwibanogl y Mynydd* a *Gwernen Wen.* Mae cerddi *Yr Ail Rhodri* a *Dilys Dafad* yn llawer mwy uchelgeisiol ond nid yw'r un o'r ddau'n llwyddo, mewn gwirionedd, i gyflawni be' maen nhw wedi gobeithio'i wneud.

Mae'r cerddi sydd wedi eu gosod yn yr Ail Ddosbarth yn codi i dir uwch.

Cymharol fyr yw cerdd *Malwoden* ond mae'n llwyddo i gyfleu meddyliau mam am yr hyn a ddigwydd i'w llwch hi a'i gŵr wedi iddynt farw. Heb fod beddfaen 'Rhaid crwydro trwy'r coed/ I gyffwrdd y rhisgl,/ I glywed y golomen yn llafarganu/ Beddargraff y teulu . . .'

Mae cerdd *Y creadur brawychus o'r blaned Zog* yn un uchelgeisiol iawn. Hon ydi'r gerdd hiraf yn y gystadleuaeth ac efallai mai cadw'r safon mewn cerdd mor hir sydd wedi bod yn draul arno. Mae llawer o bethau i'w canmol ac yn eu plith y ffordd y mae'n adleisio dechrau'r gerdd unwaith eto ar y diwedd.

Mae *Cynfael* yn disgrifio'r dderwen inni, a'r gwynt yn rhwygo'r dail; mae'n disgrifio'r grug 'yn cofleidio'r creigiau' ym mhob tywydd, ac yna'n ein cyflwyno i Dai'r Bont sydd, yntau, allan ym mhob tywydd, ond mae gwreiddiau'r tri, fel ei gilydd, yn ddwfn 'ac mae o'n dal ei dir'.

Sôn am olrhain ei achau yn yr archifdy y mae *Jac-y-Do,* a chlyw lais ei gyndeidiau'n cwestiynu doethineb eu 'dinoethi' nhw. Fel y dywed y cyndeidiau, 'Gwlad arall yw'r gorffennol'.

Gan *Tylluan Wen* cawn gerdd am fam yn marw ar enedigaeth ei phlentyn ond nid unrhyw fam, ond Jane Seymour, trydedd wraig Harri'r Wythfed, ac mae'r cyfeiriadau, fel 'merch fach bengoch', yn llwyddo i osod cyfnod y gerdd yn effeithiol – 'Mor debyg i'r brenin ei thad, roedd hi'n/ dysgu'n gyflym am oroesiad, a sut/ I ddyfeisio ei dyfodol'.

Mae'r *Llygoden lygadrwth* yn mynd â ni'n ôl i dref ei blentyndod, a chawn nifer o ddarluniau byw ganddo o'r cyfnod ac o'r gymdeithas. Ond 'lle mae'r ysgol ar y bryn rwan?/ Bwâu euraid y byns byrgyr buan!' Mae hon yn gerdd effeithiol iawn.

Ym mynwent Sant Mihangel y mae *Turtur* yn ystyried, er mor annealladwy y byddai'i fywyd ef i'w gyndeidiau, y gallai ddysgu llawer am ei wreiddiau ei hun oddi wrthynt.

Mae cerdd *Dim ond Meddwl* yn uniongyrchol iawn. Mae'n gofyn yn y llinell gyntaf: 'Ble mae fy ngwreiddiau i? . . .' ac wrth iddi restru'r holl lefydd yn y byd o ble daw ei chyndeidiau, daw i sylweddoli nad 'hanner Cymraes hyd yn oed ydw i'. Mae hyn yn effeithiol iawn oherwydd, yn ei chyfanrwydd, mae'r gerdd yn datgan yn glir mai Cymraes a dim arall yw hi.

Yr hyn sy'n arbennig am gerdd *Didol* yw ei bod yn llwyddo i drafod ystyr bod â gwreiddiau trwy gyfrwng beth sydd bron yn rhestr o idiomau a diarhebion addas. Byddwn bron yn mentro dweud nad oes llawer o farddoniaeth ynddi, ond mae clyfrwch mawr yn y ffordd y mae *Didol* wedi dwyn yr ymadroddion yma ynghyd. Fel dyfais, gallai weithio'n llawer gwell o roi rhagor o ystyriaeth i hynny.

Un diwrnod wrth ymweld â'r fynwent lle mae ei deulu wedi eu claddu, daw *Gwion Bach* i sylweddoli bod yr ysgrifen ar y cerrig beddau wedi newid o fod yn Gymraeg i fod yn Saesneg rhwng dwy genhedlaeth. 'Fan hyn daeth y toriad,/ Nid o'r teulu –/ Ond o'n hen iaith, o'n hanes'.

Sôn am wreiddiau'r iaith Gymraeg y mae *Idris*. 'Daeth hi o'r Dwyrain/ Dros y peithiau, y fforestydd uchel/ Lle stelcia'r llewpart eira'. Ond bellach mae'r Dwyrain yn ein bygwth ni yn y gorllewin.

Mae pump yn weddill yn y Dosbarth Cyntaf.

Hanes Siwan, gwraig Llywelyn Fawr a gawn ni gan *Heledd*, a chawn yn ei cherdd gyfeiriadaeth at ddrama Saunders Lewis. Gall sefyllfa Siwan fod yn wir heddiw wrth i rai sy'n symud i Gymraeg gael trafferth wrth gymhathu – 'Ond Siwan y gelwir fi yma/ Siwan/ Pwy ydy hi?/ A phaham y rhoesant ei henw i mi?/ Gofynnwn, ond ni wn y geiriau'.

Cawn soned gan *Helygen* yn sôn am ymgolli yn y wefr o hel ei achau – 'Mae crafu mwsog oddi ar y maen/ A dwyn i'r amlwg enwau'i deulu hen/ Yn rhoi ei wefr arferol, iasoer, fain/ I lawr ei gefn a thanio'n llwyr ei ben'. Ond all o ddim fforddio ymgolli mewn hen hanes tra bo gwaith beunyddiol a dyletswyddau'n galw arno ond 'gyda'r nos a'i laptop dyma'r maen/ Helaethu twf ei siart achau 'mlaen'.

 Padarn Beisrudd â ni i fyd y chwedlau mewn breuddwyd uwch ben Segontium yng Nghaernarfon, gan roi adlais i ni o Freuddwyd Macsen. Mae'r bardd hwn yn llwyddo i greu delweddau effeithiol – 'Daeth atgofion pell-i-ffwrdd ataf/ fel plu dant y llew/ ar awel hen haf euraid/ meysydd fy mabandod'.

Mae *Heather Rose O'Hara* yn cael ei rhwygo rhwng 'alawon aeddfed Lloegr' yn galw arni hi ac 'anthemau Cymru' yn ei swyno, ac mae'n gofyn y cwestiwn iddi ei hun 'Pwy wyt ti'n garu?' Daw i'r casgliad fod arni hiraeth am yr 'hen Brydain a'i mamiaith hi' gan y byddai hynny'n gyfaddawd perffaith a fyddai'n gadael iddi 'siarad yr iaith dw i'n garu'.

Nid yn unig y mae *Crawc y Frân* yn sgwennu yn ei ail iaith, mae hefyd yn sgwennu mewn iaith o fewn iaith. Mae *Crawc y Frân* wedi cyflwyno cywydd i'r gystadleuaeth sydd yn parchu rheolau cerdd dafod. Mae'n disgrifio sut y mae dysgu'r iaith wedi ei galluogi i osod gwreiddiau, a hynny fesul gair. Mae yma linellau unigol ardderchog, megis 'Rhith bwci-bo'n llowcio'r lloer' ac 'Ro'n i'n hen ddryw, nid cyw cŵl', ond mae yma hefyd gerdd gyflawn, gyda delwedd yn llifo trwyddi ohoni'n hau hadau'r iaith iddi ei hun. 'Yn llannerch cof y ferch fach' teimlai mai 'Rhyw ne' oedd geiriau newydd', a bellach wedi iddi dyfu '. . . o rych i rych yr af/ I ail-hau geiriau sydd ar goll'. A chanlyniad hyn oll yw 'Bwrw gwraidd a brigau'r iaith/ Rhan had dwys o'm prentisiaith/ I'n hiaith hudol fytholwyrdd/ Â'i cherddi mewn gerddi gwyrdd'.

Pwysleisiaf i hon fod yn gystadleuaeth ragorol, a hoffwn longyfarch pawb a fentrodd iddi. Byddwn wedi bod yn hapus i gadeirio *Heledd, Helygen, Padarn Beisrudd* a *Heather Rose O'Hara* ond eleni, *Crawc y Frân* sy'n mynd â hi.

Y Gerdd

GWREIDDIAU

Yn llannerch cof y ferch fach
Hynod oedd pob cyfrinach:
Harddwch swyn hwiangerddi
Trip mewn tram i mam a mi,
Llais Dad, straeon hir siriol,
Tician cloc a roc-a-rôl.

Sŵn y nos, enwau iasoer
Rhith bwci-bo'n llowcio'r lloer.
Sŵn distawrwydd, bedd heddwch,
Crawc y brain, llefain o'r llwch.
Awen hudol ein hadar
Sawr o jwg, losins o'r jar.

Swyn o ruthr y seiniau rhydd
Rhyw ne' oedd geiriau newydd
A ffodd i annedd fy meddwl.
Ro'n i'n hen ddryw, nid cyw cŵl.

Nid hoender fy mhlentyndod
Sydd yn haint fy henaint od
Ond rhyw haid o eiriau hardd
(Gwynfyd i hen eginfardd)
Haid, teloriaid yn y tes.
Yr heniaith â'i hir hanes.

Ond, yn awr yn hud y nos
I eiriau rwyf yn aros.
I gôr geiriau a garaf.
Ac o rych i rych yr af
I ail-hau geiriau sydd ar goll
Yn wyndwn cof merch bendoll.
Had i hudo, had hyder
Manna i gerdd: yr iaith mewn gêr!

I Dafydd eos Dyfed
Iaith y graig ac iaith ei gred.
Heuwr cerdd oedd ef i'r carn
Yn y maes a'r coed masarn.

Cerdd felys sy'n grymuso
Fy mryd i gerdded fy mro
Bwrw gwraidd a brigau'r iaith
Rhan had dwys o'm prentisiaith
I'n hiaith hudol fytholwyrdd
Â'i cherddi mewn gerddi gwyrdd.

Crawc y Frân

Cystadleuaeth y Tlws Rhyddiaith

Darn o ryddiaith: Gŵyl. Lefel: Agored

BEIRNIADAETH FFLUR DAFYDD

Cafwyd amrywiaeth diddorol o ddeunydd yn y gystadleuaeth hon eleni, ac roedd hi'n braf gweld cystadleuwyr yn ymateb yn ddychmygus i'r testun, heb gael eu caethiwo ganddo. Nid dim ond ymateb yn ffeithiol i'r cysyniad o 'ŵyl' a wnaed ond ymateb yn greadigol, yn heriol ac yn llawn egni a bwrlwm. Er mai cystadleuaeth ar gyfer dysgwyr yw hi, roeddwn yn chwilio am fwy na chywirdeb iaith yn unig, a'r rhai sydd wedi llwyddo i wneud yr argraff fwyaf arnaf i yw'r rheini sydd wedi bod yn ddigon dewr i ddangos ychydig o ddyfeisgarwch wrth ddefnyddio'r iaith. Dyma air byr, felly, am bob cystadleuydd. Am fod y safon yn wastad drwyddi draw, nid wyf wedi gosod y rhain mewn unrhyw drefn arbennig.

Dolen: Cyflwynodd *Dolen* hanes lliwgar a difyr Gŵyl Gregynog ym mis Mehefin 1995, mewn Cymraeg bywiog a safonol. Cafwyd hanes sefydlu'r ŵyl, ac roedd yr arddull ar y cyfan yn ystwyth a llyfn, gan gyfuno'r ffeithiol a'r personol mewn modd effeithiol dros ben.

Hebog Dramor: Naws wahanol a greodd yr ymgeisydd hwn – rhyw fath o ymson yn yr ail berson, mewn sgwrs joclyd gyda chymeriad o'r enw Dai. 'Mynd i hwyl, ddwedest ti, Dai? Na, dim o gwbl, mynd i ŵyl . . .', etc. Mae 'na ddoniolwch yma, ac fe allai'r darn hwn gael ei ddatblygu'n ddarn dramatig difyr.

Cadwr: Er nad yw crebwyll yr awdur hwn o'r iaith gystal â rhai o'r gweddill, mae yma lais diddorol iawn o ran y naratif. Rhyw olwg chwerw ar Ŵyl y Banc ydyw, a'r troeon trwstan a ddaw i ran yr awdur. Mae angen mwy o sylw wrth olygu, gan fod yma nifer o fân frychau a chamdreigladau ond, ar y cyfan, mae yma ddoniolwch.

Huw Puw: Rhyw fath o stori arswyd sydd yn y fan hon, wedi ei fframio'n daclus mewn naratif digon cofiadwy. Rydym yn clywed hanes tad yr awdur, a aeth ar fordaith gyda chymeriad o'r enw Jac Abertawe, ac mae'n diflannu'n sydyn wrth ddilyn Dawns Angau yng Ngŵyl y Meirw yn Valparaiso. Nid yw'r awdur bob amser yn sicr o ran iaith ond o ran gwreiddioldeb a dawn dweud, ac o ran ymateb gyda gweledigaeth i'r testun, mae'r stori hon yn taro deuddeg.

Y Wiwer Goch: Ysgrif ffeithiol a phersonol a gafwyd, yn olrhain hanes Gŵyl Ddewi. Mae'n newyddiadurol ac yn rhannu gwybodaeth â'r gynulleidfa ond hefyd yn perthnasoli'r cynnwys i'r awdur ei hun. Mae ambell wall yma ac acw ond mae'r darn yn llifo ar y cyfan.

Ffarwel Haf: Hanes Ffair Llan, neu Ffair Calan Gaeaf, a gafwyd ond, yn fwy na hynny, mae'r awdur sensitif hwn yn portreadu'r modd y collwyd ffordd o fyw wrth i'r ffair ddirywio. 'Llynedd, yn y niwl, doedd dim llawer o hwyl, ac roedd popeth yn dawel'. Mae'r iaith yn llifo ac er bod mân frychau, mae'r gwaith, ar y cyfan, yn ddarlun clir o ddigwyddiad diwylliannol.

Jinni Lyn: Er bod egni yng ngwaith y cystadleuydd hwn, mae yna ansicrwydd wrth ddefnyddio ansoddeiriau – e.e. 'lliwiog' – ac efallai fod angen twtio'r gystrawen yma ac acw. Ond er gwaethaf y mân frychau, cafwyd darlun hyfryd o fwrlwm Gŵyl Rhuthun, a chofnod o'r dre a'i phobl.

Jonny 5: Darn hunangofiannol byr a gafwyd yma, yn olrhain hanes yr awdur wrth iddo ymlwybro tuag at ŵyl Sesiwn Fawr Dolgellau am y tro cyntaf. Mae defnydd da o ymadroddion fel 'dan ei sang' a 'dros y Sul' ond mae darnau eithaf di-fflach am ddilyn arwyddion ffordd a pharcio'r car, etc., sy'n arafu'r dweud. Ond, ar y cyfan, darn hwyliog sy'n darllen yn gymharol rwydd ac yn dangos mwynhad yr awdur.

Yn ôl o Dimbuktu: Gwelwyd ychydig mwy o greadigrwydd yn y darn hwn, wrth edrych ar Sesiwn Fawr Dolgellau trwy lygaid Elis Siôn Siamas. Mae yma ymadroddion a delweddau hyfryd – 'mae'r gitarau hyd yn oed yn ymddangos yn alarus', 'mae'r bas yn pwnio hen adeiladau cerrig y dref', ac mae yma lais hyderus sy'n barod i fentro gyda'r iaith.

Gwengolo: Stori syml sydd yma, gyda gŵyl Geltaidd yn gefnlen iddi, ond mae'r iaith yn llifo ac mae'r naws a grëir gan y stori yn effeithiol dros ben. Mae 'na ddisgrifiadau trawiadol o'r ŵyl: 'Fflachiodd eu dillad lliwgar a sbonciodd y penwisgoedd yn yr awyr wrth iddynt ymrannu'n barau . . .', 'Ffurfiodd y dawnswyr gynffon hir . . .', ac er bod angen ystwytho'r dweud yma ac acw a thwtio'r darn ryw fymryn, mae gwir addewid yng ngwaith yr awdur hwn.

y ferch hapus: Sôn am benwythnos 'Northern Soul' Cleethorpes y mae'r ymgeisydd hwn, gyda'r angerdd at y gerddoriaeth yn amlwg o'r darn. Cafwyd ambell ymadrodd trwsgl – 'llawn o gyrff chwysu', er enghraifft – ac mae'r dweud yn swnio'n gloff ar adegau. Ond braf gweld gogwydd gwahanol yma.

Amheus: Gŵyl y Faenol sydd dan sylw yn y fan hon, ac er bod y darllen yn ddifyr mae yna ambell ymadrodd hynafol ('lle gwely a boreubwyd') ac ansicrwydd o ran treigladau ('pawb yn ymuno yn y ganu') sydd yn tarfu ar lif y darn. Ond crëir naws effeithiol ar y cyfan.

Eira: Sesiwn Fawr Dolgellau sydd dan sylw yma eto, ac mae bwrlwm ac afiaith yn y sgwennu. Cafwyd defnydd ansicr o idiomau (e.e. y disgrifiad o'r ferch fach 'yn wên i gyd – yn debyg iawn i gath Caer') ac nid yw'n llwyddo cystal drwyddi draw.

Crawc y Frân: Yn ôl i'r gorffennol yr awn yng nghwmni'r ymgeisydd hwn, sy'n sôn am ŵyl fawr 1176 a drefnwyd gan yr Arglwydd Rhys, ac mae 'na sbri a dychan yma. 'Mae beirdd yn hoffi sŵn lleisiau eu hunain', yn ôl yr ymgeisydd! Disgrifia'r merched 'megis pili-palod lliwgar' ac mae bwrlwm a gwreiddioldeb yn y sgwennu.

Y creadur brawychus o'r blaned Zog: Mae gan yr ymgeisydd hwn lais cyffrous, ac mae yn yr agoriad adleisiau o *Dan y Wenallt*: 'Cerddodd Billy Bardd o dafarn y Ddafad Ddu trwy noson ddi-loer a du-feibl [*sic*] yn y dref aeafol dawch dawel'. Mae'n sôn am gymuned fechan yn ceisio trefnu gŵyl ac mae 'na dinc swreal-ddigon i'r cyfanwaith. Ond weithiau, mewn gor-ymdrech i fod yn wreiddiol, efallai, mae'n colli ychydig o reolaeth ar yr arddull, ac mae'n darllen yn herciog braidd.

Er y gallwn fod wedi gwobrwyo sawl un o'r rhain, a hynny'n bennaf o ran addewid, y darn mwyaf gorffenedig i mi yw naratif syml ond hyfryd *Gwengolo*, ac felly ef neu hi sy'n haeddu'r anrhydedd hon eleni.

Y Darn Rhyddiaith

GŴYL

'Yr Ŵyl Geltaidd . . . ym Mhorthcawl . . . nos Sadwrn a dydd Sul . . . Aros mewn carafán . . . 'wnei di fwynhau, achan, gei di weld!'

Daeth geiriau ei ffrind Tom yn ôl i gof Rhys wrth i'r dorf groesawu carfan o ddawnswyr o Lydaw i'r llawr dawnsio. Roedd y dawnswyr wedi'u gwisgo yn eu dillad Llydewig traddodiadol, y merched yn arbennig o drawiadol yn eu penwisgoedd les uchel. I gyfeiliant cerddoriaeth rythmig, dechreuodd y dawnswyr weu patrymau cymhleth ar draws y llawr, y dynion yn sionc a chryf, y merched yn wylaidd a swil. Fflachiodd eu dillad lliwgar a sbonciodd y penwisgoedd yn yr awyr wrth iddynt ymrannu'n barau neu ffurfio llinellau mewn golygfa ysblennydd a hudol. Ac yna, sylwodd Rhys ar y ferch am y tro cyntaf.

Roedd hi'n ifanc, tua'r un oedran â Rhys. Merch eithaf tal, eiddil a lluniaidd ei chorff oedd hi, gyda gwallt dudew, llygaid brown, a gwên fach ddel oedd yn chwarae ar ei gwefusau. Dawnsiai â symudiadau pert a chynnil. Ni allai Rhys dynnu ei lygaid oddi arni.

'Fe ddônt yn ôl yn nes ymlaen,' meddai Tom, wrth ei ochr. 'Bydd Fest Noz ar ôl y sioe.'

'Beth yw hwnna?'

'Math o dwmpath Llydewig. Bydd pawb yn ymuno yn yr hwyl.'

Roedd y dawnsio drosodd. Ai ei dychmygu yr oedd Rhys, ynteu a wenodd y ferch feindlws arno wrth iddi ymadael â'r llawr?

Roedd Rhys ar bigau'r drain wrth i olyniad o fandiau o'r gwahanol wledydd Celtaidd ddiddanu'r gynulleidfa yn eu tro. Ond o'r diwedd, dirwynodd y cyngerdd i ben, a dechreuodd y Fest Noz. Yn ddisymwth, o nunlle, wrth i Rhys nesáu at y llawr dawnsio, dyma'r ddawnswraig Lydewig ifanc yn sefyll o'i flaen, ac yn gwenu arno'n bert. Ciliodd y bwrlwm o'u cwmpas. Edrychasant ar ei gilydd. Ymbalfalodd Rhys am eiriau anghofiedig ei Ffrangeg ysgol.

'Y-y-y, *je m'apelle* . . . Rhys . . .'

Siriolodd ei hwyneb.

'Ah bôn! . . . je m'apelle Gwenola . . . Viens! . . . Come! I teach you dance!'

Bachgen digon ysgafndroed oedd Rhys, a buan y dysgodd y camau angenrheidiol. Ffurfiodd y dawnswyr gynffon hir ddolennog a ddirwynai o amgylch y llawr, gan greu cylchoedd â thorchau a ymhlethai trwy'i gilydd yn gyson, i gyfeiliant y gerddoriaeth swynol. Yng nghwmni Gwenola, yn ymwybodol o'i chyffwrdd, ei chwerthin, ei chorff gosgeiddig, roedd Rhys yn ei seithfed nef. Ond o'r diwedd, fe ddaeth y Fest Noz i ben.

Cydiodd Gwenola yn ei ddwylo, â golwg taer yn ei llygaid tywyll. *Á demain? . . . See you tomorrow?'*

'Yes!'

'Noz vat!'

A chyda sws ar ei foch, diflannodd hi unwaith eto i'r dorf.

* * *

Roedd yn hwyr ar y ddau fachgen yn codi drannoeth. Roedd gwynt cryf a glaw trwm yn pwnio'r garafán. Brwydrasant trwy'r ddrycin i ganolfan yr Ŵyl. Ond doedd dim sôn am y Llydäwyr. Holodd Rhys un o'r trefnwyr.

'Y Llydäwyr? Wedi codi pac a'i heglu hi am y fferi'n hwyr neithiwr, cyn i'r tywydd waethygu . . .'

Trodd Rhys i ffwrdd. Er cymaint ei siom, fe wyddai na fyddai byth yn anghofio'r ferch ddel, hudol o Lydaw.

Gwengolo

Deialog (holi ac ateb). Tua 100 o eiriau. Lefel: Mynediad

BEIRNIADAETH GLENYS HUGHES

Naw ymgais a ddaeth i law; byddai'n braf gweld mwy yn mentro. Mwynheais ddarllen pob un ac maent i gyd yn haeddu canmoliaeth. Tasg anodd oedd eu rhoi mewn trefn; yn un peth, roedd rhinweddau'n perthyn i bob un ohonynt ac, yn ail, roedd pob cystadleuydd wedi bod yn ddigon hyderus a dewr i fentro ymgeisio. Llongyfarchiadau iddynt a phob lwc yn y dyfodol. Daliwch ati i siarad ac i ysgrifennu.

Ar y cyfan, roeddynt yn arddangos gafael ar batrymau iaith amrywiol a hefyd roedd yma ffraethineb a diffuantrwydd yn byrlymu o'u cyfansoddiadau sy'n adlewyrchu'r mwynhad y maent yn ei gael wrth ddysgu a defnyddio'r iaith Gymraeg. Mae hyn yn deillio o'u dosbarthiadau, a dyfalbarhad a diddordeb heintus eu tiwtoriaid.

Eirian Siôn a Cheadlewits: Cafwyd deialog lawn hiwmor gan *Eirian Siôn a Cheadlewits* yn cyfleu darlun doniol a pherthnasol iawn o'r camgymeriadau sydd yn gallu digwydd wrth ddysgu iaith arall. Dyma'r ddeialog orau o ran sefyllfa a digrifwch ond, gwaetha'r modd, roedd y gwallau (nid y rhai bwriadol), yn arbennig y teitl gwallus, yn ei thorri allan o'r dosbarth gorau. Byddai hon yn addas i'w pherfformio mewn noson o adloniant. Gwaith i'w ganmol yn fawr.

Trysorydd: Mae'r awdur yma'n defnyddio iaith raenus ac yn arddangos gafael arbennig ar gystrawennau a phatrymau. Ceir yma ddeialog gyffrous a'r darllenydd yn ceisio dyfalu beth, sut a phwy. Mae'r ddeialog fel pe bai wedi ei thynnu allan o sefyllfa ehangach; byddai'n dda pe bai *Trysorydd* wedi ei gosod yn ei chyd-destun. Efallai y gall fynd ati i ysgrifennu mwy a datblygu'r plot. Gwaith graenus dros ben.

Ann Voaden-Bard: Deialog syml rhwng dwy ddraig a geir yma, draig fach, sef y fam-gu, a'r ddraig fawr. Mi weddai'r sefyllfa i'r dim i lyfryn plant gyda'r ddeialog ochr yn ochr â chyfres o luniau lliwgar o'r dreigiau. Er bod yma fân wallau, mae'r iaith ar y cyfan yn foddhaol iawn. Ymgais dda.

Eli: Cafwyd gwaith diddorol ac uchelgeisiol iawn gan *Eli* gyda chyfeiriadau crefyddol a gwyddonol pwrpasol ynddo. Gwaetha'r modd, dydi'r iaith ddim bob amser yn gallu cynnal yr ystyr a'r syniadaeth neu, yn sicr, byddai'r ddeialog yma'n nes at y brig yn y gystadleuaeth. Dalier ati i ysgrifennu.

Hanner Ceiniog: Mae'r ddeialog yma wedi ei llunio'n ofalus mewn iaith hynod o raenus ar ffurf sgwrs ffôn rhwng dau ffrind. Wrth ddisgrifio helyntion ei ddiwrnod, gwna'r awdur ddefnydd helaeth o'r amser gorffennol wrth adrodd yr hanes amdano'n dal pedwar pysgodyn a hen degell copr! Cyfanwaith canmoladwy.

Eirin Ysgawen: Deialog yn disgrifio'r gwanwyn yn deffro i gyffyrddiad hudol y pili pala. Unwaith eto yn y gystadleuaeth hon, gellir dychmygu'r sgwrs yma'n cyd-fynd â darluniau hardd llawn lliw a chyffro mewn llyfryn i blant. Yn ogystal â hynny, mae *Eirin Ysgawen* wedi trefnu geiriau i gân adnabyddus a fyddai'n annog plant i ddysgu enwau Cymraeg ein blodau gwyllt. Trueni fod y gwallau iaith yn gostwng y safon. Dalier ati.

Koala Lou: Tomos a Jeri sydd yma'n holi'i gilydd am eu teuluoedd, eu diddordebau a'u hoff fwyd! Gwneir hyn yn effeithiol iawn a'r iaith yn llifo'n rhugl. Ceir safon uchel iawn o gywirdeb ond, yn anffodus, ni cheir cymaint o amrywiaeth patrymau iaith ac ar y cyfan maent yn fwy sylfaenol ac yn llai uchelgeisiol na'r hyn a geir yng ngwaith y goreuon. Ymdrech dda iawn.

Thomasina Dylan: Mae'r awdur yma wedi creu sgwrs ddychmygol rhwng pysgodyn, sglodion a phys slwts! Syniad gwreiddiol ac addas i'r dasg hon. Ceir ystod eang o batrymau iaith, safon uchel o gywirdeb ar y cyfan, deialog ddoniol, ysgafn ei naws a chlo brathog. Cyfanwaith o safon dda iawn.

Pili Pala Euraid: Ceir yma ymgais dda i lunio deialog a'r tro hwn mae'r ddau gymeriad yn mynychu dosbarth Cymraeg. Arddangosir gafael sicr ar batrymau sylfaenol a safon uchel o gywirdeb. Ychydig yn rhy fyr ydi hi i'w rhoi ymysg y goreuon. Mae'n rhaid dweud mai dyma'r dasg orau o ran safon y cyflwyniad a'r diwyg. Da iawn.

Er bod nifer y cystadleuwyr braidd yn siomedig, mae safon y gwaith a ddaeth i law yn galonogol iawn a llongyfarchiadau eto i'r naw ohonynt.

Trwch blewyn sydd rhwng *Koala Lou* ac *Eirian Siôn a Cheadlewits* a'r tri sydd, oherwydd safon uchel eu gwaith, ar y brig, sef *Thomasina Dylan, Hanner Ceiniog* a *Trysorydd*. *Trysorydd* sy'n mynd â hi, gyda *Hanner Ceiniog* a *Thomasina Dylan* yn dynn ar ei sodlau.

Darn o ryddiaith: Ddoe. Lefel Sylfaen

BEIRNIADAETH IOAN TALFRYN

Daeth 47 o ddarnau i law ar gyfer y gystadleuaeth hon ac roedd pob un ohonynt, yn ieithyddol, wedi cyrraedd safon Sylfaen. Er bod safon iaith y cystadleuwyr yn eithaf cyfartal ar y cyfan, cafwyd amrywiaeth fawr yn y ffordd yr aeth pawb ati i ddehongli'r testun. Penderfynodd rhai cystadleuwyr adrodd hanesion personol ynglŷn â digwyddiad penodol diweddar (*Twm Siôn Cati 1* a *Twm Siôn Cati 2, Hen Ddysgwraig, Bluebird, Shynney, Besley, Deian Williams*) neu atgofion bywyd (*Sali Mali, Crys Duon, Selyf, Sidan Pert, Mair, Cesare Andreotti, Ffilys Salw, Blodyn*). Roedd rhai o'r hanesion hyn yn cyfeirio at droeon trwstan (*Nessa Dorma, Buddug Eirinen, Wpsi Daesi*) ond cafwyd hanesion tristach hefyd (*ChrissieP, Fethalymal, Derwenlas, Meritmor*). Penderfynodd sawl cystadleuydd ddilyn trywydd mwy gwrthrychol, hanesyddol a thrafod agweddau ar 'Ddoe' rhyw ardal benodol (*Gwlad yr Haf, Hyacinth, Barcud, Trên Mwmbwls, Sŵn y Môr, Seren Fawr*). Deffrodd y testun yr awydd i bensynnu neu athronyddu yn ambell un (*Miri Mawr, Dechreuwr Henaidd, Gobaith, Pererin, Y Ffrwd, Physio, Dewi o Swydd Efrog, Eirian Siôn*), tra ysgogwyd eraill i drafod rygbi o safbwynt Ddoe (*Magnus, Heini*). Ceisiodd ychydig o'r cystadleuwyr ddwyn hiwmor i mewn i'w gwaith (*Taid, Y Gath Caer, The Dovey Belle, Buddug Eirinen*) a bu rhai ohonynt yn ddyfeisgar a dychmygus (*NOG, Y Coblyn, Derwenlas, Y Peiriannwr*). Derbyniwyd un gerdd mewn odl (*Annie Vale*) a rhai gweithiau a oedd yn ymddangos fel cerddi rhyddiaith (*Fethalymal, Pioden Hud, Merch Y Mynydd*).

Daeth 7 o'r darnau uchod yn agos at y brig am y rhesymau a ganlyn: *Fethalymal* oherwydd ei ddawn disgrifio, *Nessa Dorma* oherwydd ei fynegiant cadarn, *Y Coblyn* oherwydd ei ddawn dweud stori, *Buddug Eirinen* oherwydd ei hiwmor, *Merch y Mynydd* am grisialu profiad mor glir, *Nog* am ddyfeisgarwch (sillafu'r gair Eisteddfod trwy ddefnyddio llythyren gyntaf gair allan o bob paragraff) a *Meritmor* oherwydd ei ddawn dweud: 'Cynigiodd hi roi aer yn fy nheiars. Yn lle hynny rhoddodd hi gariad yn fy nghalon i'.

Buaswn wedi bod yn hapus i wobrwyo unrhyw un o'r saith uchod (a llawer o'r gweddill hefyd) ond eleni, o drwch blewyn efallai, *Meritmor* sy'n haeddu'r wobr.

Y Darn Rhyddiaith

DDOE

Ddoe, gwelais i hi am y tro olaf. O leia', dw i'n credu hynny. Dw i'n dwli arni hi ond dw i wedi colli gobaith. Angharad oedd enw fy nghariad i.

Cwrddais i â hi y llynedd yn y garej. Roedd cipolwg yn ddigon. Ro'n i mewn cariad. Heb obaith. Cynigiodd hi roi aer yn fy nheiars. Yn lle hynny, rhoddodd hi gariad yn fy nghalon i.

Ro'n i'n gwybod bod bywyd ar ddechrau. Cyneuodd e fel tân yn fy enaid i.

Ro'n ni'n arfer crwydro ger y môr law yn llaw yn gwylio'r gwylanod yn troi yn yr awyr. Roedd fy nghalon yn canu wrth ddarllen ei barddoniaeth.

Yn sydyn digwyddodd rhywbeth. Doedd hi ddim eisiau fy ngweld i. Doedd hi ddim yn ateb y ffôn.

Wedyn, gwelais i hi'n chwerthin gyda dyn arall. Mae fy nghalon yn curo iddi hi. Nawr, mae fy mreuddwyd yn y gorffennol, ddoe.

Meritmor

Gwaith Grŵp: Cyfres o eitemau amrywiol i lenwi dwy dudalen maint A4, mewn arddull cylchgrawn megis *Lingo Newydd*: Lefel: Agored

BEIRNIADAETH MELERI WYN JAMES

Gwych oedd gweld poblogrwydd cystadleuaeth yn gofyn am ddeunydd ar gyfer cylchgrawn megis *Lingo Newydd*. Cystadlodd pedwar ar bymtheg o grwpiau ac, yn gyffredinol, roedd y safon yn dda iawn. Yn wir, roedd deunydd amrywiol a deniadol gan y rhan fwya' a byddai nifer fawr o'r pynciau a gafodd eu trin a'u trafod yn addas iawn ar gyfer tudalennau *Lingo Newydd*.

A oedd cael cystal safon yn gwneud gwaith beirniad yn hawdd? Wel, nac oedd, mae arna' i ofn! I'r gwrthwyneb, roedd ceisio rhoi trefn ar gymaint o ddeunydd darllenadwy yn dipyn o benbleth!

Ymhlith y cynigion, cafwyd erthyglau byrion, cyfweliadau, ryseitiau, deunydd creadigol, posau, jôcs, colofnau, a sêr. Ac roedd y rhan fwya' wedi rhoi cynnig hefyd ar ddylunio'r ddwy dudalen gan gynnwys lluniau a lliw. Yn wir, roedd yn amlwg fod o leia' dri grŵp wedi bod yn astudio dyluniad *Lingo Newydd* ac wedi dilyn y patrwm dylunio yn agos iawn. Roedd rhai hefyd yn cynnwys rhestr geiriau neu eirfa ac ymgais i lefelu'r cynnwys yn yr un modd ag y mae *Lingo Newydd* yn ei wneud. Ac er bod tipyn bach o waith golygu ar bob cynnig, o ran cywirdeb iaith roedd y safon yn ganmoladwy iawn.

Beth oedd rhai o'r uchafbwyntiau, 'te? Cyfweliad pedair dysgwraig gyda Bryn Terfel (er yr hoffwn gael cwestiynau amgenach na hoff rif a hoff liw hefyd!); colofn ddifyr yn dadlau dros golli pwysau drwy lanhau'r ardal leol o wastraff dros oriau'n chwysu yn y gampfa; cyngor ffres ynghylch sut i guro'r 'Crwnsh Credyd'; ymgais i 'fwrw bol' am y diffyg sylw i gerddoriaeth draddodiadol Cymru; diffygion Cynulliad Cenedlaethol Cymru; erthygl fer am ŵyl jazz Aberhonddu, a cholofn yn gwyntyllu'r dirywiad yn y dref honno. Er bod nifer o rai da yn eu plith, ni lwyddodd y rhai a ganlyn i gyrraedd y Dosbarth Cyntaf y tro hwn: *Y Gymdeithas Werthfawrogi, Eirin Ysgawen, Gobeithiol, Y Dewin Cymreig, Y Sospaniaid, Y Bilidowcars, Tonnau Dysynni, Y Cathod Fach* ac *Adar Branwen*.

Rwy'n gosod y rhai a ganlyn ymhlith y goreuon: *Y Morwyr Unedig, Abersaith, Dim Syniad, Teloriaid y Gwerni, Pobl ar ben y bryn, Y Llygod Eglwys, Dysgwyr Doeth, Grŵp Tawe, Merched y Bannau a'r Brian* a *Tri o Friwsion*.

Sut, felly, oedd dewis perl ymhlith perlau? Wel, rhaid cyfadde' 'mod i'n dipyn o garwr cylchgronau. Fe ellid dweud – ac mae'r gŵr yn dweud, yn aml – fy mod i'n gylchgrawn-oholig. Felly, pa un o blith y goreuon sy' wedi fy nenu i i ddarllen y rhifyn nesa'? Roedd un yn sefyll yn amlwg ar y silff lyfrau – *Y Morwyr Unedig* yw hwnnw.

Mae undod i'r gwaith hwn gyda'r thema o deithio yn clymu'r deunydd amrywiol a ffraeth a gynigiwyd. Gall taith olygu sawl peth i sawl person ac yma mae'n uno'r Cymry a ddaeth o dramor i'r wlad hon i fyw, taith peiriant ager y K1 o Loegr i Borthmadog ble mae'n tynnu trenau ers 2007, ac ateb posib i'r bygythiad sy' bellach yn wynebu un sy'n teithio yn ei gwaith – y wenynen fach. Mae'r stori am weld Bryn Terfel ym maes awyr Efrog Newydd a'r 'byd bach' a roddodd yn ymateb i weld gogs yn y fan honno'n crisialu'r feddylfryd y tu ôl i'r deunydd hwn. Mae cael deunydd difyr ynddo'i hun yn ddiddorol ond gall arddull fywiog a ffordd wahanol o ddweud stori droi'r cyffredin yn anghyffredin. Mae dawn dweud gan sawl un o gyfranwyr y grŵp hwn; yn fwy na hynny, mae yma ffraethineb naturiol sy'n gwneud i'r darllenydd wenu a chwerthin yn uchel am ben ambell beth hefyd! Dyna i chi brofiad hwyr yn nos y lamas yn y Groeslon, wedi ei adrodd o enau Rodrigo'r lama! Diddorol oedd darllen sut y mae seremoni te 'macha' yn ymlacio a helpu hiraeth am Siapan . . . ac am y Pibgorn, hen offeryn cerdd Cymreig o'r bedwaredd ganrif ar ddeg sy'n cael ei ddefnyddio gan y grŵp Crasdant heddiw. A rhaid crybwyll y Sêr! Mae'r proffwydo'n ddi-flewyn ar dafod (a thafod yn y boch) ac ro'n i'n morio chwerthin am ben ambell beth! Dyna'r Efeilliaid, er enghraifft, arwydd sidydd y beirniad, gyda llaw . . . 'Diolch byth am bobl fel chi. Sant dach chi: helpu eich cymdogion, helpu hen ferched dros y ffordd a helpu anifeiliaid sâl i wella. Dach chi'n haeddu medal ond, mae'n ddrwg gen i, chewch chi ddim un y mis yma!' Ie, *Y Morwyr Unedig* sy'n mynd â hi. Un cwestiwn sy'n weddill? Pryd mae'r rhifyn nesa'n cael ei gyhoeddi?

Dyddiadur Tridiau. Tua 250 o eiriau. Lefel Canolradd

BEIRNIADAETH IAN COLIN WILLIAMS

Eleni, mentrodd 19 ar y gystadleuaeth hon. Ar y cyfan, gwelwyd cywirdeb iaith a chystrawen yn gweddu i'r lefel hon. Yn ogystal, llwyddodd y goreuon i ysgrifennu'n ddifyr ac yn wreiddiol gan gadw mewn cof arddull dyddiaduron. Dyma air am bob un yn ei dro.

Rhiannon: Defnyddia'r ddyfais o ysgrifennu tridiau yn hanes bywyd person enwog, sef Elizabeth Barrett, ym Medi 1846 a cheir cipolwg synhwyrus arni yn ei salwch a'i bywyd gyda'i gŵr, y bardd Saesneg Robert Browning.

Barti Las: Rhanna ei ddiddordeb yn llyfrau CD Gwasg Gomer wrth iddynt ei gyrraedd ddiwedd Ionawr. Llwydda i ddisgrifio'r golygfeydd gaeafol yn effeithiol.

Patricia: Sonia am yrru i Birmingham ac mae'r beirniad hwn yn falch nad oedd ar yr un heol y diwrnod hwnnw! Meddai *Patricia*: 'a dweud y gwir roeddwn yn nerfus achos alla i ddim bacio yn ôl pan fydd rhaid i mi'! Cofnodir aduniad tair chwaer 'heb ddynion, heb blant, heb anifeiliaid anwes a heb goginio' ac maent yn bwrw ati i helpu un ohonynt i roi trefn ar ei gardd. Garddio'n amlwg yw ei diléit ac ysgrifenna'n ddisgrifiadol gywir.

Megan: Wrth ddarllen y cynnig hwn, ymddangosodd y wên gyntaf ar fy wyneb. Americanes a mam brysur wedi ymgartrefu yng Nghymru ydyw a bydd yn sicr o lwyddo yn ei hymdrech i ymdoddi yn y gymuned Gymraeg leol. Mae ganddi'r ddawn i ysgrifennu'n wrthrychol am ei chynefin mabwysiedig ac mae ei synnwyr digrifwch a'i sylwgarwch yn swyno. Bu ei mab, Steffan, mewn Eisteddfod ac 'roedd rhaid i ni eistedd mewn neuadd boeth, boeth iawn gyda 150 o rieni eraill am bum awr. Gwrandewais ar un gân 29 gwaith! Beth yn y byd oedd hwnna? (ac enillodd e ddim)'. Trueni nad yw hi wedi meistroli'r patrwm 'cas beth' achos fy nghas beth i am hanes ei thridiau oedd ei '*pet-peeves*'! Ar wahân i hynny, gwnaeth *Megan* argraff ac aeth i ben y pentwr.

Smwddio: Ysgrifennodd yn ddigon cywir mewn llawysgrifen ond mae fel pe bai'n dilyn fformiwla: dechrau pob brawddeg naill ai gyda 'mi' neu 'roedd'! Mae ei thridiau'n gofnod o ddigwyddiadau cyffredin beunyddiol: siopa, bwyta, gwylio'r teledu ac ati, nes iddi gael profiad arallfydol cyn cloi! Credaf iddi gyfarfod â thylwythen deg neu'i thebyg!

Caerdroia: Ymgeisydd sy'n ei thaflu ei hun i mewn i fwrlwm y bywyd Cymraeg lleol gan gynnwys cwis a drefnwyd gan Ferched y Wawr. Mae'n disgrifio'i hymdrech i ysgrifennu'i dyddiadur ar waethaf cynghorion ei ffrind sy bob amser yn bwyta'i bisgedi siocled, ac mae bisgedi siocled yn cael lle amlwg yn ei bywyd: 'dw i'n meddwl fod ti'n dwp achos dwyt ti ddim yn medru cofio beth ddigwyddodd ddoe'. Mae'n ysgrifennu'n rhwydd a llwydda hithau i godi gwên.

Rhosyn: Treulia dridiau ar ddechrau mis Mawrth yn ddiwylliedig dros ben. Mae'n ymweld â'r llyfrgell i gyrchu llyfr ar y gynghanedd, gwylio Dai Jones ar y teledu ac yn 'nabod ei westeion, darllen *Budapest* Elin Meek, mynd i gyngerdd Catrin Finch a Cimorran, ystyried cystadlu ar y limrig a'r bryddest 'fel arfer' yn yr eisteddfod leol, a mynd i ddarllediad byw o *Pawb â'i Farn*. 'Fyddai dyddiadur aelod o Wisg Wen yr Orsedd ddim prysurach! Does ryfedd iddi fynd 'i'r gwely – wedi blino'n lân'. Gwerthfawrogais ei sylw wrth iddi gloriannu'r rhaglen deledu: 'siomedig oedd y panel! Pawb yn cytuno . . .' Gall hon fod yn broblem yn y Gymru fach ac mae'r dyddiadurwr hwn wedi adnabod hynny. Mae'n sicr iawn o'i threigladau, 'Es i siop Denofus'.

Nain: Mewn llawysgrifen y cyflwyna'i hanes am dridiau cyntaf Mawrth. Cawn ein hatgoffa o hen goelion gwlad, neges ein nawddsant ac arferion sydd yn gysylltiedig â'r Pasg, gan gynnwys anrhegion amgen i'w hwyrion. Mae hi'n sylwgar dros ben wrth ddisgrifio adfywiad natur a'r fantell annisgwyl o eira 'yn disgleirio efo llawer o ddiamwnt ymhobman. Roedd gweoedd pryfed cop yn hongian fel mwclis tlws', cyn diweddu pan ddaw atgof o brofiad bore oes i darfu arni tra mewn gwasanaeth eglwysig adeg y Grawys. Roedd *Nain* yn fy swyno a gosodais yr ymgais yn agos i'r brig yn dilyn y darlleniad cyntaf.

Eirian Siôn: Cyfansoddiad byr a ysgrifennwyd mewn arddull dyddiadur. Mae'r deuddydd cyntaf yn dwyn i gof stori garu ystrydebol, 'Mae o'n dywyll a golygus . . . O'n i'n teimlo fy mod i'n gallu boddi yn ei lygaid'. Yna, fel llaw dieithryn ar fy ngwegil wrth imi bendwmpian, mae'n fy nharo nad stori garu bymtheg y dwsin mo hon: 'Rŵan mae o'n gallu blincio er mwyn ateb fy nghwestiynau a dan ni'n ffeindio nad oedd ei ymennydd wedi cael cymaint o niwed ag oedden ni'n meddwl ar y dechrau'. Llwyddodd *Eirian Siôn* i greu dramodig ac er mai lefel Canolradd ydyw, mae yma ddoniau llenor ar waith – ond mae yma wallau diofal yn ogystal.

Kenny Bach: Bu'r ymgeisydd hwn yn ddigon ffodus i ymweld â Sydney a Hong Kong. Ysgrifenna'n gywir a graenus am y profiadau a gafodd y beirniad ei hun yn yr union gyrchfannau twristaidd poblogaidd hynny ond yng nghanol y mwynhau daw newyddion am brofedigaeth aelod o'r teulu. Mae hwn yn ymgeisydd cryf ac ymwthiodd i fod ymysg goreuon y gystadleuaeth.

Buddug Eirinen: Hanes tridiau cynhyrfus ym mywyd dysgwraig ymroddedig a gawn. Mae ei hiaith yn gywir. Mae'n adrodd ei hanes yn codi llyfrau o'r llyfrgell, bedwar ar y tro. Mae'n hoff o gymdeithasu gyda'i ffrindiau yn Gymraeg, mynychu Sadyrnau Siarad, deall 'pa mor bwysig ydi "paned" yng Nghymru' ac mae'n gwybod sut i ddadebru fore trannoeth yn dilyn noson o eisteddfota – 'dw i wedi goroesi efo Rescue Remedy a Red Bull'! Dyma ymdrech gref arall.

Y Barcud: Dyddiadur cath ddu'n cael ei dal yng nghanol prysurdeb teulu'n mudo a geir y tro hwn. Mae'r ymgeisydd yn ysgrifennu'n gywir yn y person cyntaf ac mae'r ddyfais lenyddol yn argyhoeddi: 'Ar ôl i fi fwyta, roeddwn i'n teimlo'n ddewrach . . . Dw i'n eistedd ar y gangen uchaf nawr yn chwilio am fannau lle bydda i'n dal llygod. Hefyd, dw i newydd weld cwrcath golygus iawn yn yr ardd drws nesaf'. Mae trawma'r mudo drosodd iddi!

Tŵts: Hanes gwraig lawn helbul a geir yn y dyddiadur hwn – mae'n prynu siwmper arall, mae'n ffansïo'r siopwr, mae ei merch yn cwympo, mae ei gŵr druan yn garddio a choginio tra'i bod hi'n 'meddwl am wneud y smwddio' ac yn gofalu amdani'i hun: 'Amser fi. Ond dylwn i lanhau'r tŷ'.

ChrissieP: Dysgwraig gerddorol yn byw bywyd cymdeithasol llawn. Mae'n cofnodi digwyddiadau'r tridiau yn ddigon boddhaol ond fel y dywed am ei chyngerdd: 'Roedd e'n o lew, sbo, ond dylai . . . fod yn well'. Nid da lle gellir gwell yw hi yn achos *ChrissieP*.

Catrinelin: Dysgwraig ar ddeiet yw hon ac yn ysgrifennu'n gywir iawn am y gweithgareddau Cymraeg y mae'n ymwneud â nhw, am ei gorchwylion teuluol, gan gynnwys llawdriniaeth ei chi. Yn dilyn ymweliad arall â'r archfarchnad, deallwn fod *Catrinelin* hefyd yn rhoi gwersi piano. Dyddiadur llawn a'r mynegiant yn lân.

Neli: Mae cofnod ei hail ddiwrnod yn foel: 'Dw i'n dal i aros'. Aros am beth, meddwn i. Yn y trydydd cofnod, daw popeth yn glir, 'Mi ddechreuodd pethau ddigwydd yng nghanol y nos ac roedd popeth drosodd cyn brecwast'. Mae'n gallu bod yn athronyddol: 'ond dyma ni yn dechrau rhywbeth arall. Y peth mwyaf arbennig yn y byd, bywyd ei hun. I ddweud y gwir, do'n i ddim yn aros am rywbeth, ond rhywun'. Mae *Neli* yn llwyddo i gyfleu'r wefr o roi genedigaeth i'w merch yn gywrain iawn.

Dilly Dally: Yn ddi-os, dyma'r ymgeisydd sydd â'r doniau TG gorau yn y gystadleuaeth. Mae'r diwyg, yr orgraff a'r lluniau lliw yn drawiadol dros ben. Mae'n dathlu pen-blwydd go arbennig a chafodd syrpreis hyfryd – tocyn i sioe yn Llundain, a chwarae teg i'w gŵr, 'dw i wedi cael tridiau gorau fy mywyd'.

Wpsi Daesi: Diwrnodau cyntaf tri mis cyntaf y flwyddyn sydd yn y dyddiadur a hanes gwneud addunedau ac yna'r profiad cyfarwydd o beidio'u cadw. Mae'r ddyfais yn effeithiol ac mae'n cloi drwy osod her iddo/iddi'i hun a hithau'n ddydd Gŵyl Dewi, 'Y Gymraeg? Wel dal ati . . . mae'n amser i mi wneud gwaith cartref rŵan'. Onid dyna beth mae pob tiwtor am ei glywed!

Cronidoff: Dyma'r ymgais olaf a ddaeth allan o'r amlen. Yng nghanol ffws a ffwdan ceisio canfod tafarn sydd yn dangos gêm rygbi ryngwladol yn Gymraeg yn Aberystwyth (!), mae'r ymgeisydd yma'n cael profiad gwirioneddol syfrdanol: 'ar yr olwg gyntaf, roedd ei braich hi'n dal braich arall heb gorff . . . daeth y dyn gyda ffon wen yn araf i'r golwg. Wyth o bobl i gyd yn helpu'i gilydd fel mwclis dynol'. Mae'n ymweld â'r Llyfrgell Genedlaethol ac mae'n rhyfeddu at lyfrau prin a chelfyddyd gain. Gall ennill bywoliaeth yn gweithio i'r Bwrdd Croeso yn hysbysebu rhinweddau Aberystwyth. Ond y rhyfeddod cyntaf o ddod ar draws wyth cyfaill dall, a'r ffordd y mynegodd *Cronidoff* y profiad, a greodd argraff arnaf.

Gan fod cynifer o ymgeiswyr erbyn hyn ar y brig, dymchwelodd y pentwr papurau ar fy nesg. Mae hi'n agos iawn rhwng *Crindoff, Buddug Eirinen, Kenny Bach, Eirian Siôn, Nain, Rhosyn* a *Megan*. Yn sicr, mae teilyngdod ac mae safon y gystadleuaeth drwyddi draw yn ganmoladwy er bod diofalwch hyd yn oed yng ngwaith y goreuon. Maent i gyd yn haeddu canmoliaeth a'u tiwtoriaid ein gwerthfawrogiad. Hiwmor *Megan* sydd yn goglais ac anodd yw gollwng gafael ar *Nain*! Oherwydd safon mynegiant a chywirdeb ei ddyddiadur, roeddwn yn barod i wobrwyo *Kenny Bach*. Ond gwelir ei fod, yn ei frwdfrydedd, wedi ysgrifennu dros ddwywaith nifer y geiriau y gofynnai'r gystadleuaeth amdanynt. Felly, y dyddiadur sydd wedi fy nghyffwrdd ac sy'n cipio'r wobr gyntaf eleni yw eiddo *Eirian Siôn*. Llongyfarchiadau iddi.

Y Dyddiadur Tridiau

DIWRNOD 1

Diwrnod ardderchog heddiw. Annisgwyl hollol! Roedd y tywydd yn boeth iawn, diwrnod o haf hyfryd. Ro'n i gwisgo ffrog newydd, liwgar ac ro'n i teimlo'n hyderus a hapus. Ro'n i'n gwybod bod rhywbeth neis am ddigwydd.

Cyfarfyddais i Darren am y tro cyntaf y bore 'ma. Mae o'n dywyll a golygus. Roedd o yn y neuadd efo ffrindiau. Yn amlwg ro'n i am gerdded draw a chloncian efo nhw. Ro'n i'n teimlo fy mod i'n gallu boddi yn ei lygaid. Ro'n i siarad gormod ac addo mynd i'r pwll nofio yfory.

DIWRNOD 2

Roedd rhaid i mi godi'n gynnar y bore 'ma i fynd i'r pwll cyn dechrau gwaith. Ro'n i'n gwisgo'n ofalus. Hoffwn i wneud argraff dda. Roedd Darren a Sue yno'n barod. Roedd y dŵr yn gynnes iawn a wnes i ddim teimlo fel gweithio ar ôl hanner awr efo nhw.

Ro'n i'n siarad trwy'r amser ond edrychodd o fel bod ganddo fo ddiddordeb. Dw i'n edrych ymlaen at gael ei nabod yn well. Dw i'n meddwl amdano fo fwy a mwy.

DIWRNOD 3

Mi wnes i gyfarfod Sue y bore 'ma. Mae hi'n teimlo, efo amser a nofio a llawer o ffysio cyson, mae'n bosib y bydd o'n ddigon cryf i sefyll ar ei draed. Rŵan mae o'n gallu blincio er mwyn ateb fy nghwestiynau i a 'dan ni'n ffeindio nad ydi ei ymennydd wedi cael cymaint o niwed ag oedden ni'n meddwl ar y dechrau.

Eirian Siôn

BEIRNIADAETH LEN JONES

Daeth pum cynnig i law ac roedd hi'n gystadleuaeth ddiddorol. Beth y dylwn i chwilio amdano oedd y broblem. Ai croesair soffistigedig gan ddysgwr profiadol ynteu croesair syml, cywir gan ddysgwr oedd yn amlwg yn ddechreuwr? Credaf imi gael enghreifftiau o'r ddau fath ymysg y pum cynnig. Mae angen ymlafnio a chwysu yn aml os am gael croesair sy'n llwyddo i gynnwys cliwiau heriol a dyfeisgar, ac i gynnig her i'r datrysydd. Ond wedyn pwy yw'r datrysydd hwnnw neu honno? Ai dechreuwyr o ddysgwyr ydynt hwythau? Wedi pendroni fel hyn, dyma air am bob un o'r cynigion, yn y drefn y cofnodwyd hwy gan Swyddfa'r Eisteddfod.

Anest: Dyma gystadleuydd sy'n cyfuno rhai cliwiau cryptig clyfar, gydag ambell un syml, diffiniadol. Yn sicr, hi yw'r ymgeisydd mwyaf uchelgeisiol. Mae'n bradychu natur y dysgwr ambell dro, drwy gamdreiglo, e.e. 'i cynhyrchu'. Nid wyf yn hollol hapus gyda'r gair 'Talment' fel un o'r atebion, er ei fod i'w gael mewn geiriaduron. Mae'n debyg ei bod hi mewn cornel, a dim gair gwell yn ei gynnig ei hun iddi. Efallai, hefyd, fod ambell gliw yn dangos gor-ymdrech ac mae yma enghraifft neu ddwy o ddiofalwch. Ond cynnig dyfeisgar yw hwn, gyda chryn her i ddatryswyr ymhlith nifer da o'r 32 cliw.

Y creadur brawychus o'r blaned Zog: Ffugenw hir, ond rhai byrion yw'r cliwiau syml, o natur diffiniad-geiriadurol. Mae hwn yn gynnig eithaf cywir a glân ar y cyfan, yn cynnwys 43 o gliwiau. Ceir ambell nam, er hynny: 'Mi fyddi'n di'n gweld nhw mewn barddoniaeth weithiau' yw un cliw, a'r ateb 'Odl' – cymysgu unigol/lluosog, felly. Cliw arall, ar gyfer yr ateb 'Botwm', yw 'Petha bach rownd ar grys'. Diofalwch, tybed, sy'n gyfrifol am 'rownd' a 'petha'? Anghofiodd y cystadleuydd gynnig cliw ar gyfer 11 *I Lawr*. Hoffais yr elfen o ddoniolwch ganddo, e.e. 'Reis' yw un o'r atebion, a phan fethwyd cael gair gwahanol i 'Reis' ymhellach ymlaen yn y sgwaryn, y cliw yw 'Yr ail blatiad!' Da!

Megan: Dyma'r unig gystadleuydd i nodi ei chynulleidfa pan ddywed mai 'addas i lefel Sylfaen/Canolradd' yw'r croesair hwn. *Megan* hefyd yw'r unig gystadleuydd i lunio croesair anghonfensiynol, yn yr ystyr nad sgwaryn cymesur a ddefnyddiodd hi ond nifer o eiriau'n croesi ei gilydd. Aeth *Megan* ati i lunio'r croesair hwn y llynedd, gan mai un cliw yw: 'Cynhelir yr Eisteddfod yma eleni' a'r ateb yw 'Yr Wyddgrug'. Go brin y gellir derbyn 'Atyn' fel gair i lenwi'r bwlch yn 'Paid â gweiddi . . . nhw!' a cheir y camsillafiad 'lluesog' ('lluosog') ganddi, er nad yw hynny'n difetha'r croesair. Gwall mwy difrifol yw 'Dwyiethog' fel ateb, gan na fyddai'r ffurf gywir yn ffitio o gwbl. Cynhwysa'r croesair 14 cliw yn unig, a'r rheini'n rhai 'geiriadurol' eu naws. Mae yna flas dosbarthiadau dysgu Cymraeg ar y cliwiau a'r atebion, er nad yw hynny ynddo'i hun yn ddiffyg, wrth gwrs.

Ysbryd y Môr: Os blas dosbarthiadau dysgwyr sydd ar groesair *Megan*, yna blas eisteddfod sydd ar y cynnig hwn, sy'n cynnwys 30 o gliwiau. Ymdrech, felly, i greu croesair thematig. Gall hynny fod yn ddiddorol ond gall hefyd fod yn llesteiriol. Ar wahân i lithro trwy sillafu 'Meirionnydd' gydag un 'n', gwan hefyd yw cliw megis 'Bydd rhywun sydd wedi gwneud hyn yn ennill cystadleuaeth Dysgwr y Flwyddyn' a'r ateb: 'Dyfal Donc.' 'Tybed?' meddwn innau. Wedyn, ceir 'Gwisgwch het ar y Maes er mwyn osgoi llosg haul ar eich . . . (3)'. 'Pen' a ddaw i'r meddwl, yntê? Ond yr ateb yw 'Iad'. Enghraifft arall o fod mewn cornel gyfyng oherwydd yr ateb yn hytrach na'r cliw. Byddai'n rhaid newid gair neu ddau arall yn y sgwaryn cyn canfod gair mwy cyffredin nag 'Iad'. (Byddai newid ateb *5 I Lawr* yn 'Colli Gwaith', er enghraifft, yn caniatáu 'Lled' neu 'Llid' yn lle 'Iad'.)

Pippin: Dyma groesair eitha syml eto, nad yw'n cynnwys ond 16 cliw yn unig. Croesair syml yn yr ystyr ei fod yn llawn o gliwiau megis 'Y dydd ar ôl heddiw' neu 'Fel Samson'. Yma eto mae gormod o ddibynnu ar gliwiau llenwi'r bwlch, megis '. . . cinio (5)'. Ar y cyfan, fodd bynnag, mae hwn yn groesair cywir, er i'r awdur anghofio nodi'r rhif yn y sgwaryn ar gyfer un ateb. Croesair addas i ddysgwr yn nosbarth y dechreuwyr, efallai.

Pwy sy'n mynd â hi, felly? Wedi gwerthfawrogi ymdrech pob un, ac edmygu cynigion *Y creadur brawychus o'r blaned Zog* ac *Ysbryd y Môr*, dyfarnaf y wobr i *Anest*, am iddi anelu'n uchel a llwyddo i fod yn ddyfeisgar ei chliwiau. Diolch i bob un a ymgeisiodd.

PARATOI DEUNYDD AR GYFER DYSGWYR
Agored i ddysgwyr a siaradwyr Cymraeg

Deunyddiau amlgyfrwng i helpu gyda geirfa a threigladau

BEIRNIADAETH EMYR DAVIES

Mae'r gair 'amlgyfrwng' yn awgrymu i mi fod angen paratoi deunyddiau gan ddefnyddio cyfryngau electronig, ar ffurf gwefan o bosib, yn cynnwys ffeiliau sain neu glipiau ffilm/dvd hyd yn oed. Pe na bai modd i gystadleuwyr baratoi deunyddiau ar ffurf ddigidol eu hunain, byddai cynllun clir o sut y dylid trosi'r deunydd i fanteisio ar y cyfryngau gwahanol wedi bod yn dderbyniol. Mae digon o angen adnoddau o bob math i'w defnyddio yn y dosbarth, neu gan ddysgwyr sy'n dysgu gartref, ac mae disgwyl erbyn hyn i bethau fod ar gael ar ffurf hylaw, electronig. Gellir cael hyd i enghreifftiau ar y wefan-gylchgrawn i diwtoriaid Cymraeg i oedolion, sef www.ytiwtor.org.

Dim ond un a geisiodd yn y gystadleuaeth hon, sef *Araf Deg*, a diolch iddo am gystadlu. Mae'r bocs yn cynnwys nifer o weithgareddau a gemau, i'w defnyddio mae'n debyg dan arweiniad tiwtor. Mae rhai'n ddigon syml, e.e. 'Un Mwy', lle bo'n rhaid i'r chwaraewyr greu gair o'r newydd gan ddefnyddio cardiau cytseiniaid/llafariaid. Mae'r pum jig-so, lle y disgwylir i'r chwaraewyr baru'r geiriau Cymraeg a Saesneg er mwyn ffitio'r sgwariau ynghyd, yn ddifyr iawn. Syniad da hefyd yw'r gemau geirfa, lle bo'r chwaraewyr yn rhoi grwpiau geiriau ynghyd, e.e. tri gair sy'n ymwneud â thema. Mae'r gemau treiglo'n ddyfeisgar ond yn rhy gymhleth, ac felly, hefyd, y 'cylch rheolau' i'r treigladau. Fodd bynnag, dau faen tramgwydd sydd i'r pecyn. Yn gyntaf, mae cymaint o gardiau bach, bach mewn amlenni gwahanol nes ei gwneud yn rhy hawdd eu colli neu eu cawlio. Yn wir, daeth nifer o'r cardiau'n rhydd wrth i mi agor y bocs, heb fod modd gwybod o ba amlen y daethant. Yn ail, ni ddefnyddir cyfryngau gwahanol o gwbl, a'r cyfan wedi ei ysgrifennu â beiro (yn flêr weithiau) ar gardiau a'u gludo ynghyd. Gellir dadlau ynghylch beth a olygir wrth 'amlgyfrwng', ond nid yw'r cais hwn yn adlewyrchu'r diffiniad arferol o'r gair.

Rhaid canmol dyfeisgarwch rhai o'r gemau, a sylweddolaf fod oriau di-rif o waith wedi'u treulio ar lunio'r cardiau i gyd, ond nid yw'r cais hwn yn cwrdd â gofynion y gystadleuaeth yn fy marn i. Mae'n ddrwg gennyf ond ni allaf ddyfarnu *Araf Deg* yn deilwng y tro hwn.

ADRAN CERDDORIAETH

CYFANSODDI

Emyn-dôn i eiriau Tecwyn Owen

BEIRNIADAETH WALTER GLYN DAVIES

Daeth 45 o emyn-donau i law, sydd yn sypyn calonogol iawn. Cyn bwrw golwg ar unrhyw un ohonynt, roeddwn wedi edrych yn fanwl ar yr emyn, er mwyn sicrhau fy mod yn glir fy meddwl sut emyn-dôn yr oeddwn yn chwilio amdani. Awgrymaf yn gryf y dylai pob cyfansoddwr, cyn iddo/iddi ysgrifennu'r nodyn cyntaf, lwyr ymgyfarwyddo â chynnwys, mydr a gofynion geiriau'r emyn. Y geiriau bob amser sydd yn penderfynu ar naws y dôn. Gwnaf y pwynt yma gan fod enghreifftiau ar lefel genedlaethol a lleol lle ceir ymgeisydd yn cyflwyno tôn sydd ynddi ei hun yn dôn ardderchog, ac efallai wedi ennill mewn cystadleuaeth arall efo geiriau hollol wahanol, ond heb fod yn asio'n gyffyrddus efo geiriau penodol y gystadleuaeth arbennig hon.

Emyn ysgafn ei naws, yn llawn gobaith a geir yma, a llawenydd yn thema ganolog iddi. Dyma, felly, y math o dôn yr oeddwn yn chwilio amdani. Cofiwch, gyfansoddwyr, mai holl bwrpas ysgrifennu unrhyw ddarn o gerddoriaeth yw'r gobaith y caiff ei berfformio ryw ddydd. Nid ymarferiad ydyw i arddangos techneg, lle mae'r gwaith wedyn yn cael ei gadw dan lestr; nid dyna bwrpas y gystadleuaeth. Cofiwch, hefyd, ofyn i chi eich hun – i bwy'r ydych yn ysgrifennu'r gwaith. Efo geiriau â chymaint o ffresni a llawenydd ynddynt, credaf y dylid anelu at y to ifanc sydd yn ein capeli a'n heglwysi. Heb ymateb i'r bwlch yma, mae canu cynulleidfaol ein moliant yn mynd i edwino a diflannu.

O fod wedi cael y fraint o wrando ar nifer o donau cyfoes, a'u dadansoddi, tros y blynyddoedd, sylwaf fod un gwendid yn mynnu dod i'r wyneb byth a beunydd, sef y gred bod yn rhaid i unrhyw emyn newydd gynnwys bron pob cord y mae modd ei gael. O wneud hynny, mae'r cyfan yn mynd yn ddim byd amgenach nag adlewyrchiad o werslyfrau fel rhai'r athrawon Kitson ac R. O. Morris, a'n cynulleidfaoedd yn cwyno bod pob dim newydd, yn eu barn hwy, yn 'anghanadwy'. Cofiwch mai'r hyn sy'n gwneud cyfansoddwr da yw nid faint o syniadau y gellir eu cyflwyno i'r gwaith ond yn hytrach sut y cyflwynir ac y datblygir un syniad neu ddau.

Felly'r llinyn mesur a ddefnyddiwyd gennyf oedd: 'Emyn dôn addas i gynulleidfa', gan gofio o hyd am ein pobl ifainc.

Mae'r cynigion a ddaeth i law yn rhannu'n naturiol yn bedwar dosbarth a'r un yw fy ngwerthfawrogiad a'm diolch i ymgeiswyr pob dosbarth. Gwahaniaeth profiad, ynghyd â gwir ddealltwriaeth o reolau a gofynion cynghanedd cerdd, sy'n gosod y cystadleuwyr yn y gwahanol ddosbarthiadau.

Yn y Pedwerydd Dosbarth, ceir chwe ymdrech gan *Malcolm*. Dylai *Malcolm* gofio bod yn rhaid ysgrifennu i bedwar llais neu gyfrwng penodol arall efo cyfeiliant. Alaw yn unig a gafwyd yma.

Yn y Trydydd Dosbarth, ceir 22 o ymdrechion sef eiddo *Elsi, Dynrafon, Yniben, Dinesydd, Awel, Emrys, Tom Prys, Gellideg, Erfyniad, Gwydryn, Graig Ddu, Ogarth, Caereini, Llangower, Wddyn, Melyslais, Penybryn, Gwyneth, Ail Ddechre, Emyr, Impiad y Dail* a *Seren.*

Nodaf dri phwynt ynglŷn â'r Dosbarth yma: (i) ceir ambell wythfed a phumed dilynol rhwng bas a thenor, ac weithiau roedd y gynghanedd yn wan wrth i'r cyfansoddwr geisio osgoi'r patrwm hwnnw; (ii) dewis cywair annoeth. Ni ddylid dewis y cywair lleiaf i eiriau fel y rhain. At hynny, dylid osgoi cyweirnod llwyd fel E meddalnod mwyaf; (iii). cynghanedd gymhleth i ddim pwrpas.

Yn yr Ail Ddosbarth, ceir 11 o ymdrechion, sef eiddo *Gŵr o'r Graig, Tafwys, Mawl, Angorfa, Tŷ Golau, Glanrhyd, Hafren, Cadi-Ha, Jac a Wil, Efa* a *Morlais.* Y prif wendidau yma oedd: (i) Ceisio gor-wneud y llinell denor ar draul yr alto ac oherwydd hynny collir y cydbwysedd lleisiol; (ii) cynghanedd orgymhleth er mwyn ceisio creu newydd-deb; (iii) ambell dôn gywir iawn ond anaddas i'r geiriau penodol yn y gystadleuaeth yma.

Yn y Dosbarth Cyntaf, ceir chwe ymdrech sef eiddo *Iago, Ffynhonnau, Cwsg Endymion, Iolo Penstryd, Cadwaladr* a *Cwm Eithin*. Ceir safon ardderchog yma ac mae gan bob un o'r chwech rinweddau arbennig.

Iago: Canadwy o'r dechrau, gyda gweledigaeth o safbwynt anelu at uchafbwynt. Gwyliwch rhag gor-wneud nodau cromatig i eiriau fel y rhain.

Ffynhonnau: Unawd efo cyfeiliant gyda'r naill a'r llall yn asio'n braf. Ceir brawddegau llyfn pwrpasol yma. Wedi dweud hynny, nid yw naws 'fawreddog' y dôn yn llwyr adlewyrchu asbri'r geiriau.

Cwsg Endymion: Dyma ymgais fwyaf uchelgeisiol y gystadleuaeth. Ysgrifennwyd ar gyfer organ cadeirlan, cerddorfa linynnol, côr cymysg, unawd bechgyn, tenor, obo a glocenspiel. Cefais hefyd gryno-ddisg o'r gwaith. Mewn gair: rhagorol ac, yn ei gyd-destun, yn llawn haeddu cael unrhyw lwyfan. Gobeithiaf weld rhywun yn rhywle yn sicrhau hynny.

Iolo Penstryd: Yma eto ceir cyfanwaith mwy mentrus, sef i SATB, deuawd, unawd gyda chyfeiliant uchelgeisiol. Mae'r defnydd o leisiau merched a dynion mewn priodas â'r geiriau yn hynod lwyddiannus, ac mae'r gwaith yma yn llawn haeddu cael ei glywed yn gyhoeddus. Gobeithio y gwelir hynny'n digwydd ar lwyfan lle ceir adnoddau addas.

Cadwaladr: Tôn symlach, eithriadol o gywir ei chystrawen a'r brawddegau cerdd yn hynod feistrolgar. Er bod yr harmoni'n draddodiadol, mae'r awdur yn ceisio dod ag asbri i'r gwaith trwy ddefnyddio nodau camu a hynny i bwrpas. Gwaith hyfryd i'r glust, ac er nad yw wedi cyrraedd y brig eleni, mae'n haeddu gwrandawiad.

Cwm Eithin: Tôn hollol syml mewn arddull adnabyddus yn cyfleu neges y geiriau i'r dim. Mae yma hefyd weledigaeth o ddefnyddio cytgan a choda sy'n osgoi unrhyw undonedd. Fel y geiriau, ei symlrwydd yw ei chryfder ac fe obeithiaf y gwêl y dôn yma le mewn detholiad i bobl ifanc.

A dweud y gwir, wrth ddadansoddi 'roeddwn yn gwisgo het arall hefyd, fel llywydd Pwyllgor Mawl Cydenwadol Cymru, a'r gri flynyddol sy'n dod atom o bob cwr o Gymru am emyn-dôn ganadwy a gafaelgar y gellir ei chanu gan gynulleidfaoedd ein dyddiau ni. Gobeithiaf fod fy newis yn ateb y gri genedlaethol honno. Wrth ddiolch i bawb am roi o'u hamser a'u dawn i gystadlu, mae'n bleser cael cyhoeddi mai *Cwm Eithin* yw cyfansoddwr yr emyn-dôn fuddugol i eiriau hyfryd Tecwyn Owen yn Eisteddfod Meirion a'r Cyffiniau 2009.

Yr Emyn-dôn Fuddugol 2009
(i eiriau Tecwyn Owen)

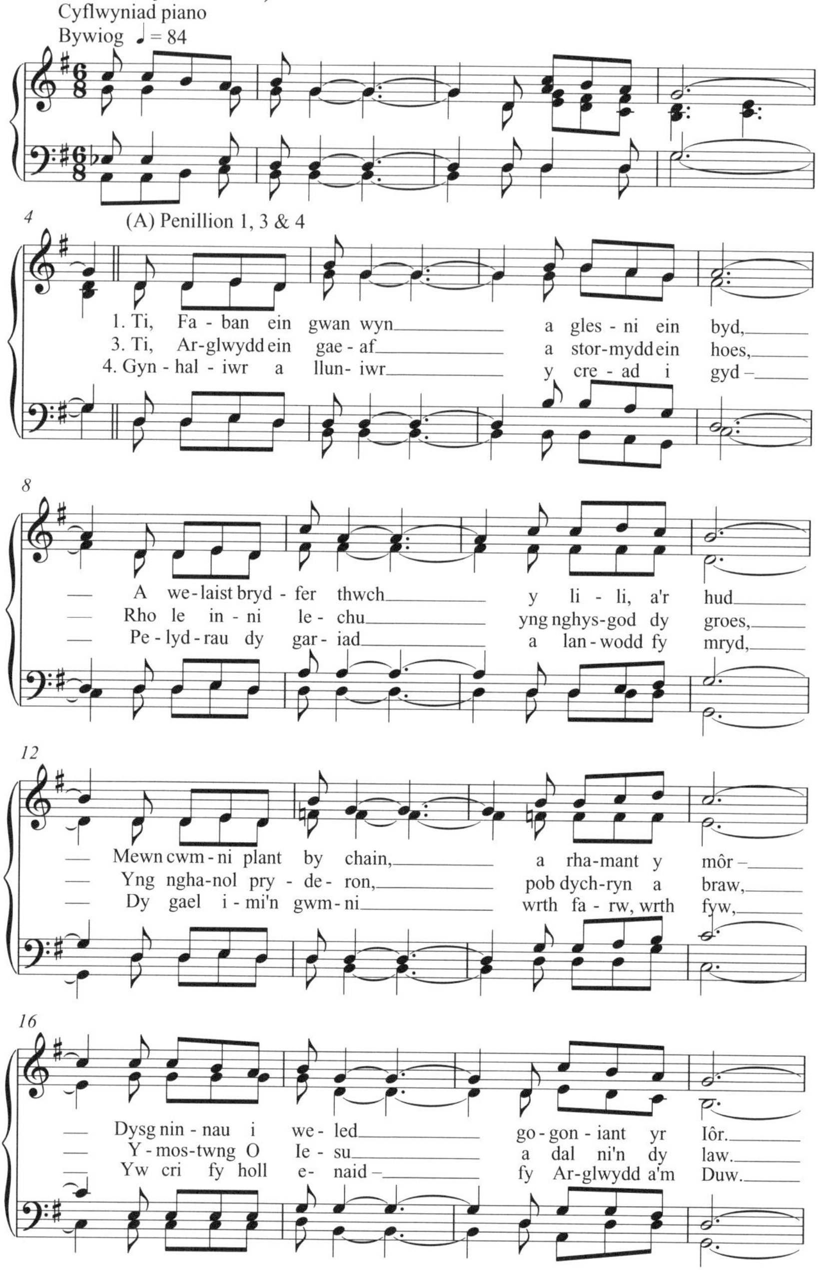

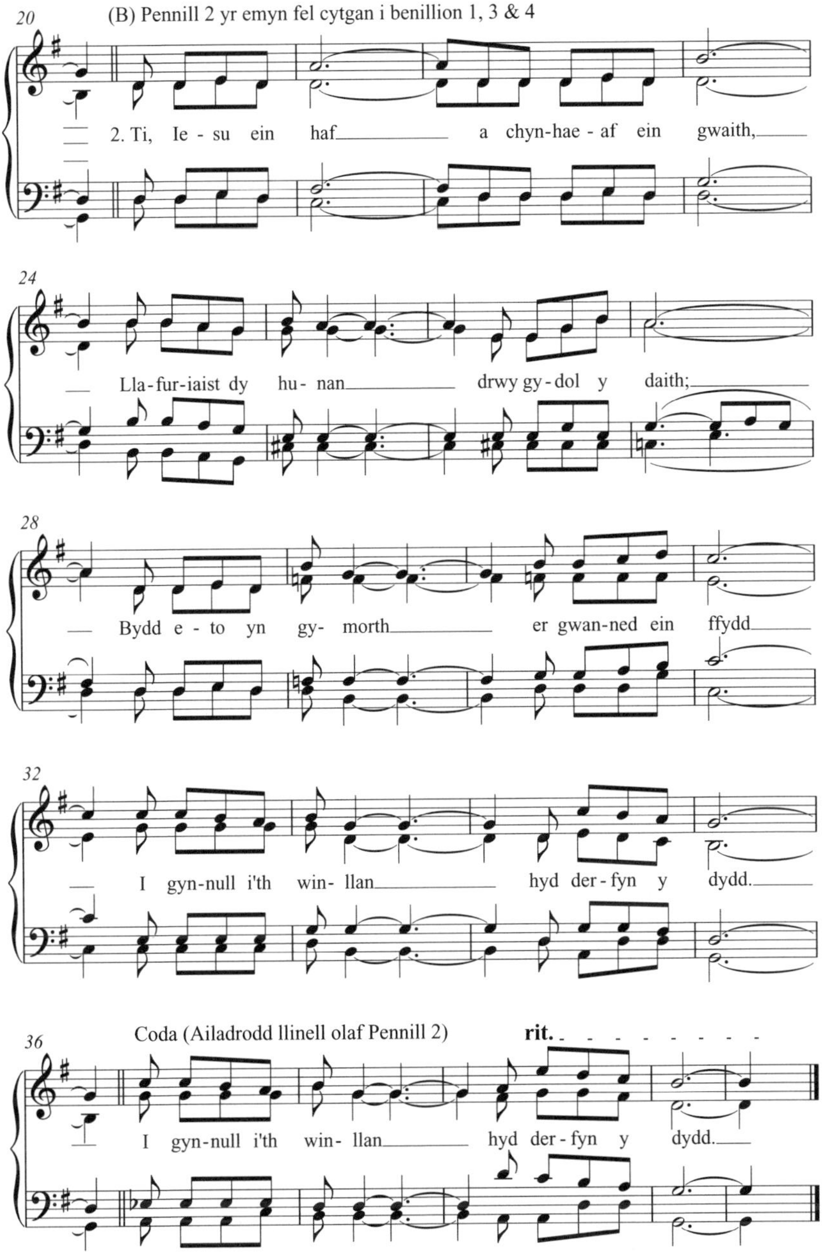
(B) Pennill 2 yr emyn fel cytgan i benillion 1, 3 & 4
2. Ti, Ie - su ein haf a chyn-hae - af ein gwaith,
Lla-fur-iaist dy hu- nan drwy gy-dol y daith;
Bydd e - to yn gy- morth er gwan-ned ein ffydd
I gyn-null i'th win- llan hyd der - fyn y dydd.
Coda (Ailadrodd llinell olaf Pennill 2)
rit.
I gyn-null i'th win- llan hyd der - fyn y dydd.

Cwm Eithin

Yr Emyn-dôn Fuddugol 2009
(i eiriau Tecwyn Owen)

Cyflwyniad piano
Bywiog ♩ = 84

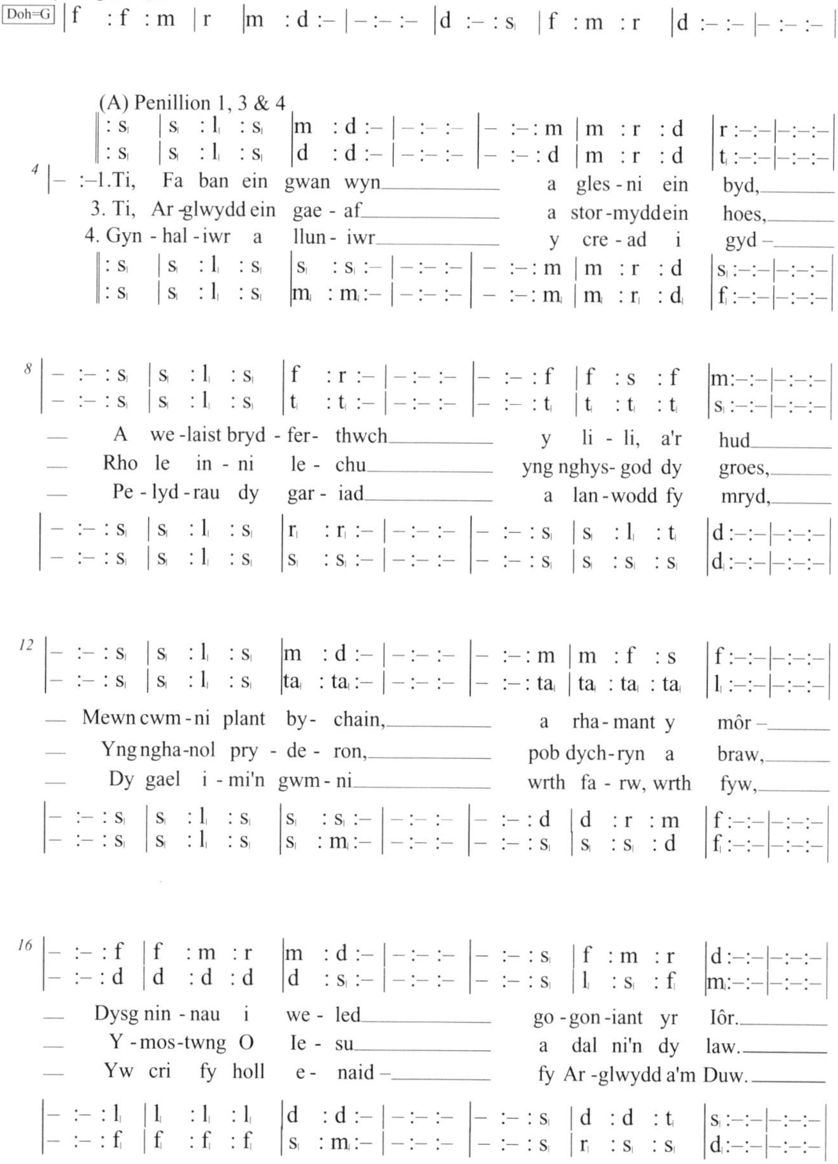

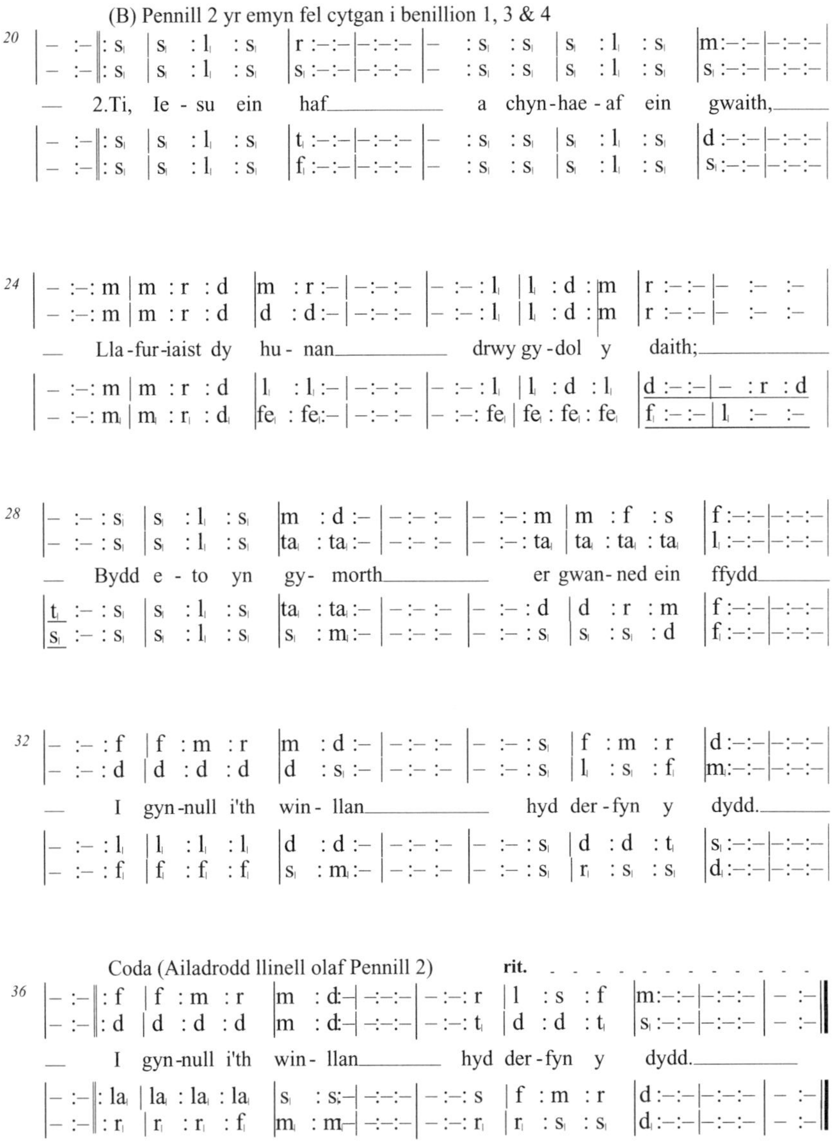
(B) Pennill 2 yr emyn fel cytgan i benillion 1, 3 & 4
2.Ti, Ie - su ein haf a chyn-hae - af ein gwaith,
Lla-fur-iaist dy hu- nan drwy gy-dol y daith;
Bydd e - to yn gy- morth er gwan- ned ein ffydd
I gyn-null i'th win- llan hyd der-fyn y dydd.
Coda (Ailadrodd llinell olaf Pennill 2)
rit.
I gyn-null i'th win- llan hyd der-fyn y dydd.

Cwm Eithin

Darn ar gyfer TTBB addas i'w berfformio mewn cystadleuaeth heb fod yn hwy na phum munud mewn hyd

BEIRNIADAETH GERAINT ROBERTS

Daeth saith ymgais i law ac roedd rhywbeth diddorol yn perthyn i bob un o'r darnau a gyflwynwyd.

Alltud:'*Y Llyw Olaf*'. Darn gyda chyfeiliant diddorol sy'n llawn amrywiaeth o fewn y gwahanol adrannau. Serch hynny, mae yma lawer o syniadau ond rhaid sicrhau dilyniant o fewn y gwaith i greu cydlyniad. Mae yma osodiad effeithiol o eiriau Gwyn Thomas a defnydd da o harmoni ac mae cywirdeb yn gryfder o fewn y gwaith ond mae angen edrych ar y gosodiad lleisiol eto. O edrych a dadansoddi, er enghraifft y barrau agoriadol, byddai'n well gen i pe na bai'r rhannau lleisiol yn croesi gymaint.

Gethin:'Y Doethion'. Geiriau cyfarwydd I. D. Hooson sydd yma a cheir gosodiad pur effeithiol o'r farddoniaeth. Mae'r agoriad yn eitha' tywyll gyda'r lleisiau'n canu cordiau sy'n ychwanegu at yr awyrgylch. Mae`r elfen rythmig yn ddiddorol iawn a'r newid amseriad o far i far yn ychwanegu at rythm y geiriau. Mae'n amlwg fod y cyfansoddwr hwn yn deall lleisiau dynion ac yn gwybod sut i ysgrifennu ar gyfer y cyfrwng. Mae cywirdeb yn rhan anatod o'r gwaith. Efallai bod elfen o golli cyfle i baentio gair neu frawddeg mewn ambell far – er enghraifft, 'llysoedd gwych' a 'phlygu i'r llawr'.

Osian: 'Cenwch i'r Arglwydd'. Gosodiad o adnodau 1 a 5 o Salm 100 a geir yma. Gwaith rhythmig, yn llawn dychymyg sy'n gweddu i'r geiriau'n hynod effeithiol. Mae'n agor gyda chyfeiliant piano sy'n newid o 2/4 i 6/8 cyn i'r lleisiau ymuno gyda gosodiad o'r geiriau 'Cenwch yn llafar i'r Arglwydd'. Mae'r gosodiad yn hynod drawiadol a'r defnydd o seibiau'n wych! Mae'r elfen rythmig yn rhan hanfodol o'r gwaith hwn – a hoffais yr ymdriniaeth o gordiau, a'r newid amser o far i far. Mae adran ganol y gwaith yn hyfryd ac yn gwrthgyferbynnu'n wych gyda'r agoriad. Hoffais yr ymdriniaeth o 'Canys da yw'r Arglwydd' ac mae'r llyfnder lleisiol angenrheidiol yn rhan B1 a B2 yn her i unrhyw gôr lle mae gofyn am ganu unsain soniarus. Mae'r harmonïau a ddefnyddir yn hyfryd, yn enwedig ar y geiriau 'Aleliwia' ac yna yn y diweddglo, 'Cenwch', pan mae'r lleisiau a'r piano'n seinio bob yn ail. Mae yma gordiau cyfoes yn llawn cyffro.

Te Bendicamos: 'Bendithiaf yr Arglwydd'. Dyma osodiad o Salm 34 gyda chyfeiliant piano effeithiol. Mae yma agoriad rhythmig ac egnïol, yn hollol addas i naws ac ystyr y geiriau. Mae llawer o syniadau o fewn y darn a gwrthgyferbynnu o adran i adran ond efallai bod gormod o syniadau drwodd a thro, a hynny'n amharu ar gydlyniad y darn yn ei gyfanrwydd. Mae cywirdeb cerddorol ac ymwybyddiaeth o harmoni yn rhan annatod o'r gwaith ac mae yma gordiau a harmonïau sy'n llawn dychymyg. Ceir hefyd ddealltwriaeth amlwg o gyfansoddi lleisiol. Dyma waith sydd i'w ganmol yn fawr ac yn hollol addas i ofynion y gystadleuaeth.

Ffynhonnau: 'Ceisiwn Arglwydd'. Dyma osodiad digyfeiliant o eiriau cyfoes. Ar y cyfan, mae'n effeithiol o ran dilyn rhythmau ac ystyr y geiriau. Mae'r darn mewn ffurf stroffig ac felly'n ddarn o fewn y terfynau hynny, ac efallai fymryn yn ailadroddllyd. Gwaetha'r modd, mae gwallau o ran defnydd o harmoni gyda chwmpawdau olynol o un cord i'r llall. Nid wyf yn siŵr a yw hynny'n fwriadol i greu effaith arbennig. Serch hynny, mae llawer i'w ganmol yn y gwaith; er enghraifft, mae yma ddealltwriaeth o allu lleisiol, gosod geiriau a brawddegau. Ond nid wyf yn sicr a gawsom ddarn heriol ar gyfer cystadleuaeth.

Steffan: 'Sanct, Sanct, Sanct'. Gweddi i'r Drindod a gafwyd – darn gyda chyfeiliant piano ac, yn gyffredinol, mae'n waith effeithiol. Hoffais y rhagarweiniad piano a'r defnydd o ostinato rhythmig. Mae yma ymdriniaeth ddefosiynol a cherddorol o'r weddi drwyddi draw ac mae hynny'n gryfder yn y gwaith. Mae yma harmonïau effeithiol ac mae'r gwaith yn lân a chywir, gyda dealltwriaeth amlwg o ysgrifennu lleisiol a hefyd o allu lleisiol côr meibion. Rhaid cyfeirio at y cyfeiliant piano, gan ei fod yn ychwanegu llawer at wead y gerddoriaeth. Hoffais y diweddglo'n arw – diweddglo dwys ac effeithiol gyda'r 'Amen'.

Morgan : 'Yr Adfail'. Gosodiad o waith Robin Hughes a geir yma. Mae'n waith hynod effeithiol ac i'w berfformio'n ddigyfeiliant. Hoffais yr ymdriniaeth leisiol a'r ddealltwriaeth sy'n amlwg o ysgrifennu i leisiau tenor a bas. Mae yma waith glân a safonol a defnydd arbennig o harmonïau. Mae'r elfen o wrthbwynt yn adran B yn creu gwrthgyferbyniad a diddordeb o fewn y gwaith. Ceir rhai cyffyrddiadau hyfryd drwyddo draw – er enghraifft, y gosodiad o'r frawddeg 'lle gynt bu gorsedd gras'. Hoffais hefyd yr ymdriniaeth o gyweirnodau yn ystod y gwaith. Er mai gwaith cymharol fyr a gafwyd, mae'n waith digon heriol ac felly'n ateb gofynion y gystadleuaeth. Hoffwn glywed gwaith *Morgan* yn cael ei berfformio.

Er bod rhinweddau'n perthyn i bob un o'r ymdrechion, braidd yn siomedig yw'r gystadleuaeth drwyddi draw. Er hynny, rwy'n hapus i roi'r wobr i *Osian*.

Casgliad o chwech o unawdau gyda chyfeiliant piano ar gyfer plant 9-11 oed

BEIRNIADAETH J. EIRIAN JONES

Pedwar ymgeisydd yn unig a fentrodd i'r gystadleuaeth hon. Roeddwn braidd yn siomedig yn hynny o beth o ystyried geiriad penagored y gystadleuaeth a'r galw parhaol sydd am ddeunydd newydd a deniadol i blant yn ein hysgolion a'n heisteddfodau. Rhaid canmol y pedwar ymgeisydd am arfer gofal wrth ddewis geiriau i'w gosod ac osgoi rhoi pwysau annoeth ar leisiau ifanc. Mater pwysig arall i'w ystyried, wrth gwrs, yw'r cyfeiliant piano; mae angen iddo gynnig cefnogaeth heb fod yn rhy ymwthiol ac i fod, hefyd, o fewn cyrraedd pianyddion llai profiadol.

Olwen: Cafwyd amrywiaeth braf o fewn y casgliad hwn – yn ymestyn o hanesion y Mabinogi at hwiangerdd, carol Nadolig a chaneuon mewn arddull Sioe Gerdd. Gwelwyd bod yr ysgrifennu lleisiol yn syrthio'n gyffyrddus o fewn cwmpawd yr oedran o dan sylw gyda'r cyfeiliant piano yn llwyddo i sefydlu'r naws briodol bob tro. Mae i bob cân ffurf glir gyda'r geiriau wedi eu gosod yn gywir. Sefydlwyd awyrgylch hyfryd yr hwiangerdd yn ffigwr cyfeiliant barrau agoriadol 'Pais Dinogad' ac mae cyfeiliant cyffrous a rhythmig 'Culhwch a'r Twrch Trwyth' yn hoelio'n sylw ar unwaith ac yn fodd i greu cyferbyniad da o fewn y casgliad. Hoffais yn arbennig y gosodiad hyfryd o 'Cân y Seren' gyda'i gyfeiliant syml ond trawiadol a hefyd cytgan afaelgar y gân sy'n cloi'r gyfres, 'Cadwyn o Gariad'. Nodwyd yr holl gerddoriaeth yn daclus iawn gan ddefnyddio meddalwedd gerddorol. Ymdrech i'w chanmol.

Mistar Woolworth: Hoffais deitl bachog y casgliad, 'Caneuon Pic a Mics', ynghyd ag arwyddocâd y ffugenw! Teitl addas o ystyried yr amrediad eang o farddoniaeth ac arddulliau cerddorol o fewn y casgliad. Darparodd y cyfansoddwr gopi o'r geiriau ar wahân i'r gerddoriaeth hefyd – defnyddiol iawn. Eto yn y fan hon defnyddiwyd rhaglen gyfrifiadurol i gofnodi'r gwaith er bod nifer o fanylion wedi eu hychwanegu â llaw hefyd. Mae'r caneuon yn frith o syniadau cerddorol gwreiddiol a dychmygus, yn arbennig y gân 'Pam mae mam yn mad am sgidiau?' Dechreua 'Pe bawn' yn addawol hefyd ond nid wyf yn gwbl argyhoeddedig ynghylch llwyddiant y cymal 'Falle'. Hoffais y cyffyrddiadadau harmonig diddorol iawn a gafwyd yn adran ganol 'Mai' ac mae'r gosodiad o 'Dy Enw Di' yn un deniadol dros ben gydag iaith harmonig a ffigwr cyfeiliant trawiadol. Bydded yn ofalus er hynny gydag ambell ddilyniant cordiol amheus a gwallau wrth nodi rhai rhythmau ar bapur. Ond cyfansoddwr addawol!

Llwyd: Cynlluniwyd ymdrech 'Llwyd' ar ffurf cylch o ganeuon i'w perfformio (efallai) yn ddi-dor. Amlygwyd syniadau ffres iawn yn y gân 'Troi'n ôl' ac mae dyfeisgarwch rhythmig caneuon fel 'Jam Traffig', sy'n cynnwys barrau gyda phump a deg curiad i'r bar, ac eto 'Mynd i'r lleuad', i'w canmol. Yn bersonol, buaswn yn hoffi rhagarweiniad ar y piano i bob un o'r caneuon (nid oes cyflwyniad i dair cân) a braidd yn fyr yw rhai ohonynt os bwriedir eu perfformio fel caneuon unigol. Teimlaf, hefyd, fod ambell gymal ychydig yn uchel o gofio ystod oedran y plant sydd o dan sylw. Byddai ceisio ymestyn o'r E isel i fyny wythawd at yr E uchel ar y gair 'mol' yn heriol iawn ('Mynd am Dro') ac yn gosod tipyn o straen ar leisiau ifanc. Da fyddai ailystyried ambell gymal lleisiol er mwyn osgoi'r broblem hon.

Alipops: Mae'r llinyn cyswllt rhwng caneuon *Alipops* yn un amlwg gan fod y farddoniaeth i gyd o eiddo un bardd, sef T. Llew Jones. Mae'r chwe cherdd a ddewiswyd yn rhai addas ac yn sicr o fewn dealltwriaeth ystod oedran y gystadleuaeth. Eto, mae'r cerddi'n wrthgyferbyniol ac yn cynnig digon o gyfle i gael amrywiaeth o fewn y casgliad. Nodwyd y cyfan ar bapur erwydd mewn llawysgrifen ddestlus iawn ac fe all pob un o'r caneuon gael eu perfformio'n unigol os dymunir. Teimlaf y byddai cael ychydig o farrau o gyflwyniad ar y piano wedi bod o gymorth i sefydlu'r naws briodol yn 'Y Ceffylau Bach' yn ogystal â bod yn ganllaw sicr i'r canwr neu'r gantores ifanc. Llwyddwyd i ddal hiwmor y geiriau yn 'Ifan y Mul' ac fe hoffwyd hefyd gyfeiliant bachog 'Jac y Do'. Cafwyd gosodiad effeithiol iawn o 'Ar Noson fel Heno' gyda'i chyfeiliant sensitif a'i chyffyrddiadau moddawl. Teimlaf, serch hynny, fod ambell gymal ychydig yn uchel i leisiau ifanc, a heriol hefyd fyddai ceisio dygymod â neidio cyfyngau tebyg i'r chweched a'r wythfed sy'n britho ambell gân.

Diolch i'r holl gyfansoddwyr am eu hymdrechion a diolch, hefyd, iddynt am y pleser o gael bwrw llinyn mesur dros eu gwaith. Dyfarnaf y wobr i *Olwen* gan obeithio y cawn weld cyhoeddi'r casgliad yn fuan!

Ensemble offerynnol mewn arddull jazz addas ar gyfer disgyblion oedran ysgol uwchradd – heb fod yn hwy na phum munud mewn hyd

BEIRNIADAETH EINION DAFYDD

Ymatebodd dau gystadleuydd i her sy'n ymrannu'n dair elfen: ensemble offerynnol, arddull jazz, oedran ysgol uwchradd. Mae'r elfen gyntaf yn ddigon eglur – h.y. dim lleisiau. Yr ail elfen – wel, rhaid gofyn beth ydi'r elfennau sylfaenol mewn jazz: rhythmau swing a thrawsacennog, harmonïau'n drwch o seithfedau a nodau 'gleision' – y *blue notes* hudolus – ac, yn anad dim arall, byrfyfyrio. Mae'r drydedd elfen yn cyfeirio at ystod eang iawn o allu cerddorol o'r cerddorion meistrolgar i'r newydd-ddyfodiaid sy'n profi dull newydd o gerddora.

Rwy'n ddiolchgar i *Ffynhonnau* am anfon 'Bwgi Brycheiniog!' eto eleni – o'r herwydd, carwn gyfeirio'r darllenwyr at gyfrol *Cyfansoddiadau a Beirniadaethau Eisteddfod Caerdydd a'r Cylch 2008* am fy sylwadau.

Mae *Jac Jac-y-do* wedi llunio sgôr ddeallus a destlus ar gyfer seithawd telyn. Dim lleisiau, felly – rhagorol! Mae'r darn 'Ar y Trên Jazz' yn llawn nodweddion jazzaidd er efallai'n awgrymu pa mor anodd yw jazz go iawn ar y delyn. Eto i gyd, mae'r rhannau offerynnol yn arddangos ystod o ofynion technegol sy'n gweddu i'r oedran. Nid yw'r sgôr yn dweud ai cwaferau swing a ddylai gael eu chwarae. Hefyd, mae perygl i ambell ran o'r 'Trên' fod yn undonog ond gallaf feddwl am amryw o ddarnau tebyg yn repertoire chwaraewyr adnabyddus lle mae'r effaith yn cael ei chreu yn swyn y perfformiad. Mae ambell dinc o Gil Evans a Hancock yn treiddio trwy'r darn hwn sy'n haeddu'r wobr gyntaf – ond *Jac*, 'achan, 'sdim cyfle i'r telynorion jamio!

Ensemble lleisiol/offerynnol ar gyfer grŵp o 4-8 mewn nifer

BEIRNIADAETH DIANA DAVIES

Daeth pum cyfansoddiad i law, pob un ar gyfer *ensemble* offerynnol a'r cyfan yn amrywio o ran offeryniaeth, gydag offerynnau llinynnol yn cymryd rhan flaengar ym mhob un ohonynt. Mae'r arddull yn arbrofol ac anniatonig gan mwyaf a llwyddir i gynnal diddordeb trwy amrywio offeryniaeth a thechnegau perfformio'r offerynnau hynny o fewn adrannau unigol yn y cyfanwaith.

Roedd tair sgôr wedi eu cysodi ar gyfrifiadur a dwy mewn llawysgrif. Rhaid canmol y cywirdeb a'r manylder a ddangoswyd ym mhob ymgais.

Ffynhonnau: Gwaith ar gyfer pedwarawd llinynnol. Dyma waith safonol ac mae'n amlwg fod y cyfansoddwr yn hollol gartrefol gyda'r cyfrwng. Cynlluniwyd y gwaith tri symudiad yn gelfydd a meistrolgar o ran strwythur. Mae'r symudiad cyntaf yn bwerus ac angerddol ei naws gyda llawer o newidiadau tempo a deunydd thematig. Byr iawn yw'r ail symudiad gyda'i lyfnder melodig a'i harmoni cyfoethog yn brif nodweddion. Daw'r trydydd symudiad â'r gwaith i ben gyda'i alaw rythmig, egnïol yn gweithio'n wrthbwyntiol o fewn yr *ensemble.*

Gwiwer nytcins: Cyfansoddiad llawn dychymyg gyda llawer o wreiddioldeb yn ei nodweddu. Diddorol sylwi i'r cyfansoddwr ddewis clymu cadwyn o saith darn byr at ei gilydd mewn cyfanwaith yn dwyn y teitl 'Englynion', pob adran gydag is-deitl ac iddo enw un o fesurau'r englyn. Sgoriwyd y gwaith ar gyfer clarinét, basŵn, corn yn F, pedwarawd llinynnol a bas dwbl. Gwaith crefftus o ran ffurf gyda deunydd adran un yn dychwelyd yn adrannau tri a saith mewn cyfuniadau offerynnol amrywiol. Mae'r sgôr yn llawn cyfarwyddiadau mynegiant o ran tempo a thechnegau perfformio. Ar brydiau, mae amlder rhai motifau pytiog yn rhy amlwg gennyf ond mae rhai rhannau trawiadol, e.e. naws werinol adran chwech.

Cai Jôs: Gwaith un symudiad yw 'Dawns y Corachod' ar gyfer ffliwt, clarinét, offerynnau taro, piano, ffidil a cello. Bu'r cyfansoddwr yn garedig iawn yn cynnwys cyflwyniad i'r gwaith a recordiad cryno-ddisg o'r sgôr gyfrifiadur. Ysbrydolwyd y darn gan gerddoriaeth y cyfansoddwr Cymreig, Mervyn Burtch. Dyma waith egnïol sy'n cadw at yr un tempo bywiog drwy'r darn i nodweddu'r ddawns. Mae'r adeiladwaith yn seiliedig ar ychydig o ddeunydd thematig sy'n cael ei ddatblygu mewn amrywiol ffyrdd trwy'r gerddoriaeth a'r offeryniaeth. Teimlaf fod y gwaith yn eithaf cerddorfaol ei naws, a'r sgorio, ar brydiau, braidd yn drwm oherwydd y dyblu rhannau gyda'r bwriad o ychwanegu at y tyndra, mi dybiaf. Braf fyddai clywed perfformiad o'r gwaith ar yr union offerynnau a nodir yn y sgôr.

Gwdi-hŵ: Cyfansoddiad cymhleth mewn tri symudiad cyferbyniol ar gyfer ffidil, fiola, cello, ffliwt ac offer taro yw eiddo'r cyfansoddwr yma. Mae'r sgôr ysgrifenedig yn daclus a llawn o ran y sylw a roddir i farciau mynegiant, technegau perfformio, ac ati. Idiom gyfoes sydd i'r gwaith ac mae llawer o'r motifau byrion yn yr adeiladwaith cerddorol yn seiliedig ar resyddiaeth. Cryfder pennaf y gwaith, yn fy marn i, yw cynildeb y sgorio a'r amrywiaeth ddiddorol o offerynnau a ddefnyddir yn y tri symudiad i greu cyfanwaith gorffenedig.

Pili-Pala: Cyflwynwyd y gwaith mewn llawysgrifen ac mae'r mynegiant cerddorol mewn idiom gyfoes. Dyma waith hynod fentrus a gwahanol o ran yr *ensemble* a ddefnyddir gan fod yr ysgrifennu ar gyfer chwe ffidil. O'i gyfieithu, teitl y gwaith yw 'Harmoni Cyfochrog', a seilir y symudiad, sydd mewn arwydd-amser a thempo cymedrol cyson, ar bentyrru nodau ar ben ei gilydd i greu anghyseinedd a chydseinio cyfochrog sy'n sail i'r holl waith arbrofol hwn. Wrth ddefnyddio ffidlau'n unig, mae'r cyfansoddwr wedi cyfyngu ar yr amrywiol liwiau offerynnol sy'n nodweddu gweddill y cyfansoddiadau.

Cystadleuaeth o safon uchel. Mae i bob cyfansoddiad ei ragoriaethau ond, am waith sy'n llwyddo i fy argyhoeddi, gwobrwyer *Ffynhonnau.*

Tlws y Cerddor. Chwech o ganeuon, un ar gyfer pob un o'r lleisiau yn y cystadlaethau unawdau dros 25ain oed gyda chyfeiliant piano.

BEIRNIADAETH LYN DAVIES A SHAN COTHI

Roedd gofynion y gystadleuaeth hon eleni yn cynnig cryn her o gofio natur amatur y cantorion.

Dim ond pedwar a fentrodd i'r maes ac mae hynny'n siomedig o ystyried bod cystadleuaeth megis Cyfansoddwr Ifanc Dyfed yn medru apelio at gymaint â deg ar hugain o gyfansoddwyr hyderus a medrus.

Gwiwer Cyfrinachol: Cafwyd chwe chân yn darlunio tirwedd Sir Benfro a'r cerddi a osodwyd yn cynnwys gwaith Waldo, Eirwyn George, ac eraill. Cyflwynwyd y gwaith yn ddestlus, ond ailadroddedig a braidd yn undonog yw'r cynnwys ac mewn arddull sydd, ar brydiau, braidd yn anodd o gofio gofynion y gystadleuaeth. Y mae yma hefyd rai pethau digon herciog a lletchwith, megis rhagarweiniad y piano yn y gân olaf.

Con Passionate: Mae'r un peth yn wir am ganeuon y cyfansoddwr hwn (sy'n amlwg yn ymwybodol o ran un o'r beirniaid eleni mewn cyfres deledu adnabyddus!). Y mae'r gerddoriaeth a'r geiriau gan yr un person ac yn ymwneud â rygbi. Am ein byw, ni allwn weld bod geiriau megis, 'Mae'r Bwrdd Rygbi Rhyngwladol wedi enwi'r asgellwr Cymreig Shane Williams fel chwaraewr y Flwyddyn' yn gweddu ar gyfer eu gosod ar gerddoriaeth. Mae'r gerddoriaeth hefyd yr un mor ddi-fflach, gwaetha'r modd.

Yr Ysgol Gyfun: Mae mwy o obaith yng ngwaith y cystadleuydd hwn, lle ceir gofynion traddodiadol addas ar gyfer y gystadleuaeth. Yn anffodus iddo ef, neu hi, mae angen tocio a chynilo tipyn o'r cynnwys cerddorol ac wedi gwneud hynny byddai'r gosodiadau hyn o waith Geraint Roberts yn nes at y lan, efallai.

Cyfoeth: Dyma, yn sicr ddigon, y cyfansoddwr mwyaf galluog o safbwynt techneg. Mae'r arddull yn aeddfed a'r cyfan wedi ei gyflwyno'n broffesiynol. Gosodiadau sydd yma o gerddi adnabyddus gan John Morris-Jones. Mae'r cyfansoddwr hefyd yn ymwybodol o dechnegau *sprechgesang* ac o ysgrifennu cwbl idiomatig i'r piano. Popeth yn iawn. Ond mae yma hefyd ofynion technegol a lleisiol sydd ymhell y tu hwnt i allu cystadleuwyr amatur. Yn wir, mae'r pedwerydd gosodiad ar gyfer llais bas mewn cwmpawd mor isel fel na allai llawer o gantorion proffesiynol blymio i'r dyfnderoedd hyn – heb sôn am y gosodiad sydd braidd yn sillafog, a dweud y lleiaf.

Y mae'r sylwadau uchod yn awgrymu un peth yn unig. Y mae'n wir ddrwg gennym ein dau ond mae'n rhaid atal y wobr eleni.

ADRAN GWYDDONIAETH A THECHNOLEG

CYFANSODDI

Erthygl Wyddonol. Ysgrifennu erthygl Gymraeg sy'n ymwneud â phwnc gwyddonol ac yn addas i gynulleidfa eang. Croesewir y defnydd o dablau, diagramau a lluniau amrywiol. Gobeithir gweld cyhoeddi'r erthygl fuddugol mewn cyfnodolyn Cymraeg. Disgwylir oddeutu 2000 o eiriau. Caniateir mwy nag un awdur.

BEIRNIADAETH IOLO AP GWYNN A ROBIN WILLIAMS

Daeth saith ymgais i law o gynnwys ac arddulliau amrywiol. Rhaid edrych yn gyntaf, felly, ar ba rai o'r cyfansoddiadau sy'n ateb gofynion y gystadleuaeth agosaf. Un o'r ymadroddion pwysig yw 'cynulleidfa eang'. Adlewyrchir hynny yn y gosodiad mai oddeutu 2000 o eiriau a ddisgwylir ynghyd â defnydd o luniau, diagramau a thablau. Felly, mae'n rhaid i'r cynnwys a'r arddull fod yn addas i'r fath gynulleidfa. Rhaid iddo hefyd 'ymwneud â phwnc gwyddonol'. Dehonglir hynny i olygu trafod pwnc penodol wyddonol ac nid hanesyddol. Mae'r canllawiau, felly, yn eithaf clir a chyflawnwyd y gwaith o feirniadu drwy ddilyn y rheini. Mae'r wobr yn un anrhydeddus ac felly mae disgwyl gwaith da gydag elfennau o wreiddioldeb, o leiaf, i'w hennill. Roeddem yn edrych nid yn unig am arddull fywiog a chywirdeb iaith ond hefyd am gywirdeb gwyddonol. Cawsom yr hyn yr oeddem yn gobeithio amdano ac yr ydym yn falch iawn o gyhoeddi bod teilyngdod ymysg y cyfansoddiadau. Diolch i bawb a gystadlodd a gobeithiwn y byddant yn dal ati i gyfansoddi gwaith am wyddoniaeth yn y Gymraeg.

Os ydych am drafod pwnc gwyddonol mewn erthygl fel hon, dylai pwrpas y testun fod yn hollol glir a chryno a'r ieithwedd yn addas ar gyfer darllenwyr anarbenigol. Amserol iawn, o gofio am ben-blwydd Charles Darwin, oedd derbyn erthygl am 'Storm Wyddonol Enfawr 1859' gan *Modlan*. Er mor ddifyr ydoedd, ac wedi ei hysgrifennu'n dda a chyda lluniau o Wallace a Darwin (ond heb gydnabod o ble cafwyd y lluniau, na chyfeiriadaeth o unrhyw fath yn cydnabod ffynonellau'r wybodaeth), stori hanesyddol a gawn yma ac nid ymgais i drafod syniadaeth wyddonol y ddau wron na chyflwyno syniadau gwreiddiol. Oherwydd hynny, diystyrir yr ymgais hon.

Gwahanol iawn oedd ymgais *Cennin Pedr* i drafod 'Mesuryddion Pŵer ar gyfer y Dyfodol'. Er y dechrau da, trafodaeth am ddefnydd o fath arbennig o dechnoleg a geir yma, yng nghyd-destun yr angen am reolaeth fwy hyblyg o'n dull o ddefnyddio trydan. Mae hwn yn bwnc amserol oherwydd yr angen am ddatblygu ffyrdd o fedru rheoli dulliau mân-gynhyrchu trydan o ffynonellau adnewyddol. Yr oeddem yn siomedig nad oedd ymgais o gwbl i egluro'r wyddoniaeth y tu ôl i'r dechnoleg a chafwyd trafodaeth a oedd yn fwy gwleidyddol na gwyddonol. Oherwydd hyn, nid oedd yr erthygl hon ymysg y goreuon.

Aeth *Pengelli* ati i baratoi 'Dau flog Gwyddoniaeth ar gyfer Papur Dyddiol Wythnosol electronig y dyfodol'. Cafwyd un ffigwr (wedi ei gopïo o ffynhonnell Saesneg – heb ddim cydnabyddiaeth) nad oedd yn cyfrannu llawer at egluro'r pwnc. Arwynebol iawn oedd y drafodaeth ar y ddau bwnc (sef 'Pwy allwn gredu ar Newid Hinsawdd' a 'Nano a Ni'), fel sy'n dueddol o ddigwydd mewn 'blogiau', ac er bod y pynciau'n ffasiynol, doedd y darllenydd fawr gwell ei ddealltwriaeth o'r wyddoniaeth ar y diwedd. Gellid bod wedi paratoi erthyglau diddorol ar unrhyw un o'r ddau destun, gyda digon o wyddoniaeth i'w egluro a'i drafod. Ond nid dyna a gafwyd, gwaetha'r modd.

'Ochr Dywyll y Bydysawd' oedd testun erthygl *Robert Hughes*. Ymgais sydd yma i drafod rhai syniadau am natur y bydysawd. Rhoddir ychydig o hanes a hefyd eglurebau syml o rai o'r syniadau. Defnyddiwyd un graff syml ac un llun o Andromeda (heb gydnabyddiaeth i bwy a'i tynnodd). Doedd dim rhestr o gyfeiriadau ychwaith – nodwedd bwysig iawn pe bai'r darllenydd wedi cael ei danio i ddarllen ymhellach ar y pwnc. Roedd yr awdur yn cyfleu bod ansicrwydd yn ein dealltwriaeth o'r maes hwn ond gwell fyddai pe bai wedi canolbwyntio ar egluro'n fanylach y syniadaeth am y mater tywyll. Er yn eithaf da, ond gyda diweddglo siomedig, nid oedd hon yn taro deuddeg.

Canolbwyntio ar y pwnc amserol o newid hinsawdd a wnaeth *Antares*. Teitl yr erthygl oedd 'Dyrchafaf fy Llygaid i'r Mynyddoedd . . .', gan awgrymu y bydd yn rhaid i ni oll ffoi i'r tiroedd uwch cyn bo hir wrth i'r rhewlifoedd pegynol ddadmer o ganlyniad i newid hinsawdd. Cyflwynwyd lluniau addas i'r pwnc ond heb gydnabod o ble y daethant (mae'n weddol sicr nad yr awdur a'u tynnodd!). Cafwyd dau graff (wedi eu haddasu o rywle – dim cydnabyddiaeth eto) a map gydag eglurebau Saesneg, eto heb gydnabod o ble y daeth. Does dim rhestr o gydnabyddiaethau ychwaith. Trafodir y dystiolaeth am newid hinsawdd sydd mewn creiddiau o rew'r pegynau – ond heb egluro ar ba sail wyddonol y sylfeinir y dystiolaeth honno. Mae iaith y testun yn eithaf diddorol, yn rhwydd i'w darllen ac yn addas i'r pwrpas ond mae ymgais yma i geisio gwneud gormod a thrwy hynny fethu egluro'r wyddoniaeth. Byddai canolbwyntio mewn rhagor o fanylder, dyweder, ar egluro'r wyddoniaeth yn gywir o safbwynt y berthynas rhwng lefel CO_2 a thymheredd yr atmosffer wedi bod yn well.

Cafwyd llyfryddiaeth yn y ddwy erthygl orau: 'Ffynonellau ein Fferyllion – O ble mae'n Pils yn Dod?' gan *Pen y Dalar* ac 'Mae'n Bodolaeth yn Nwylo'r Byd Cirol' gan *Pwll y Gawnen*. Er hynny, ni chydnabuwyd ffynhonnell y diagramau na'r lluniau yn y ddwy erthygl. Mae ymgais *Pen y Dalar* yn arolwg o hanes a chefndir gwyddonol amryw o fferyllion. Mae'r erthygl wedi ei hysgrifennu'n dda a'r cynnwys yn ddiddorol a byddai wedi bod yn addas, fel yr awgryma'r awdur, i'w chynnwys yn *Y Gwyddonydd* – gyda pheth golygu. Trafodir cyffuriau lladd poen, gwrthfiotigau, inswlin a chyffuriau gwrth-ganser. Byddai wedi bod yn llawer gwell canolbwyntio ar unrhyw un o'r meysydd hyn, gan ddefnyddio'r cyfle i arddangos sut y mae'n bosib defnyddio ein gwybodaeth am fiocemeg i addasu'r molecylau defnyddiol hyn. Mae'n ymdrech reit dda ond efallai'n ceisio gwneud gormod ac felly'n cwympo rhwng dwy stôl.

Roedd gwaith *Pwll y Gawnen* yn wahanol. Canolbwyntio ar un agwedd – sef natur girol llawer o folecylau sydd yma. Ceir eglurhad syml o'r egwyddor ac yna enghreifftiau diddorol o sut y mae hyn yn gallu bod o werth ymarferol mewn gwahanol feysydd. Bydd y darllenydd, ar y diwedd, yn teimlo'i fod wedi cael dealltwriaeth o agwedd bwysig a gweddol gymhleth o gemeg. Mae'r erthygl wedi cael ei hysgrifennu'n gryno ac yn glir ac yr oeddem yn hoff o'r diweddglo. Drwy ychwanegu cydnabyddiaethau am y ffigurau nad ydynt yn wreiddiol, byddai'r erthygl hon yn addas i'w chyhoeddi gydag ychydig iawn o olygu.

Byddem yn fodlon i'r wobr fynd i naill ai *Pwll y Gawnen* neu *Pen y Dalar,* ond erthygl *Pwll y Gawnen* ar 'Mae'n Bodolaeth yn Nwylo'r Byd Cirol' oedd yr orau o gryn dipyn ac yn llwyr haeddu'r wobr o £500. Gobeithiwn y caiff yr erthygl ei chyhoeddi ac y cawn weld rhagor o waith yr awdur yma yn ymddangos yn fuan.

Cyflwyniad: Y Gofod – Gwaith unigolyn dan 16 oed. Cyflwyniad ar unrhyw ffurf i ddathlu Blwyddyn Ryngwladol Seryddiaeth 2009

BEIRNIADAETH ALWYN LLOYD JONES AC ELERI PRYSE

Croesawn y gystadleuaeth hon, sydd wedi'i chyfeirio at ddathliad rhyngwladol seryddiaeth 2009. Bwriad y dathliad yw ysgogi diddordeb mewn seryddiaeth, yn arbennig ymysg yr ifanc. Mae'r Eisteddfod i'w llongyfarch am hybu'r gweithgaredd.

Wrth feirniadu, roeddem yn edrych am gyflwyniad cynhwysfawr ar y testun. Byddai cyfeiriadau at flwyddyn y dathlu yn ddymunol, gyda sôn am rai o arsylwadau'r gofod. Roeddem hefyd yn chwilio am gyflwyniad deniadol, gyda'r ffeithiau wedi'u cyflwyno'n gywir a chytbwys mewn arddull raenus.

Pedair ymgais a ddaeth i law; i gyd ar ffurf ffeil PowerPoint. Nodwyd oedrannau'r cystadleuwyr ar bob ymgais, gyda'r ystod rhwng 9 ac 11 oed. Yn naturiol, roedd safon cynnwys y cyflwyniadau'n is na'r hyn a ddisgwylid gan blant yn eu harddegau. Gyda chaniatâd yr Eisteddfod, rydym felly yn beirniadu fel pe bai'r gystadleuaeth ar gyfer unigolion dan 12 oed. Mae 'Y Gofod' yn addas ar gyfer yr oedran hwn hefyd, gyda'r posibilrwydd o gywain llawer o wybodaeth sylfaenol ar y testun drwy'r rhyngrwyd. Mae pob ymgeisydd i'w longyfarch yn fawr iawn ar ei sgiliau technoleg gwybodaeth PowerPoint, yr ymdrech i ddarganfod ffeithiau ar y testun, ac ar y cyflwyniad. Roedd mân gamgymeriadau yn y cyflwyniadau, ieithyddol yn bennaf, ond yn y rhan fwyaf o'r gweithiau ni theimlwyd bod y rhain yn amharu'n ormodol ar y cyfanwaith. Hoffem nodi y dylid cydnabod tarddiad darluniau a ffigurau a gynhwysir, oni bai eu bod yn wreiddiol. Ymhelaethir isod ar y pwyntiau sy'n gwahaniaethu'r cyflwyniadau.

Apollo 11: Cafwyd cyflwyniad cynhwysfawr iawn gan y cystadleuydd hwn. Mae'n amlwg ei fod wedi cael mwynhad yn ymchwilio i ffeithiau. Roedd yma gynllunio gofalus, gyda chyfres o sleidiau cytbwys yn dirwyn o'r galaethau i'r sêr, yr Haul, y planedau a'r lleuad. Soniwyd hefyd am y twll du a chomed. Roedd y cyflwyniad PowerPoint yn ddeniadol gydag effeithiau sain.

Y Gwyddonydd Bach: Canolbwyntiodd yr ymgeisydd hwn ar y sêr, y lleuad a'r planedau. Cyflwynwyd ffeithiau am y rhain mewn arddull gytbwys a deniadol, mewn cyflwyniad yn dwyn y teitl 'Dathlu Seryddiaeth 2009'. Cawsom ein hatgoffa o'r fforwyr cyntaf a fu ar y lleuad, a'u swyddogaeth fel aelodau'r criw yn y digwyddiad hanesyddol yma.

Y Clanger: Gwelir cynllun clir yn y cynnig hwn, a chawsom ein tywys o'r bydysawd, i'n galaeth, ac yna i gysawd yr haul mewn cyflwyniad trawiadol. Soniwyd hefyd am y twll du. Roedd ymgais dda ar ddechrau'r gwaith i gyflwyno ffeithiau ond prin oedd y manylion erbyn cyrraedd y planedau a chollwyd cydbwysedd y ffeithiau yn y sleidiau.

Mars: Mae sgiliau PowerPoint *Mars* i'w cymeradwyo'n fawr iawn, gydag effaith sain drawiadol a labelu planedau cywrain. Roedd yma ymdrech i ddarganfod ffeithiau am y gofod. Fodd bynnag, roedd camgymeriadau sylfaenol mewn ambell gysyniad gwyddonol ac amharodd hynny ar y cyfanwaith.

Mae'r cystadleuwyr i gyd i'w canmol yn fawr iawn am eu gwaith ond rydym yn unfrydol mai *Apollo 11* sy'n haeddu'r wobr o £150. Serch hynny, mae ymgeiswyr eraill yn y gystadleuaeth yn agos, a byddem wedi hoffi gwobrwyo'r rhain hefyd pe byddai rheolau'r Eisteddfod yn caniatáu hynny. Awgrymwn yn garedig fod yr Eisteddfod yn ystyried hyblygrwydd yn y rheolau neu eiriad cystadleuaeth o'r fath i blant yn y dyfodol, a fyddai'n caniatáu rhannu'r wobr megis £100 i'r cyntaf a £50 i'r ail.

Diolchwn i bob ymgeisydd am gystadlu, ac anogwn bob un o'r seryddwyr ifanc hyn i ddatblygu ymhellach eu diddordeb mewn seryddiaeth a gwyddoniaeth.